साहित्यालोचन

साहित्यालोचन

अर्थात्

साहित्य के अंगों और उपांगों का
विवेचन और निरूपण

डॉ. श्यामसुन्दरदास

वाणी प्रकाशन
प्रकाशन के उत्कृष्टतम 63 वर्ष

पेपरबैक पहला संस्करण : 2014
पेपरबैक दूसरा संस्करण : 2026

vaniprakashan.com

वाणी प्रकाशन
4695, 21-ए, दरियागंज, नयी दिल्ली-110 002
फ़ोन : + 91 11 23273167, 23275710
शाखाएँ
अशोक राजपथ, पटना-800 004, बिहार
कॉफ़ी हाउस कैम्पस, महात्मा गांधी मार्ग, प्रयागराज-211 001, उत्तर प्रदेश
महात्मा गांधी अन्तरराष्ट्रीय हिन्दी विश्वविद्यालय, वर्धा-442 001, महाराष्ट्र
sales@vaniprakashan.in
vaniprakashan@gmail.com

Sahityalochan
by Dr. Shyamsunderdas

ISBN : 978-93-5072-383-8
Criticism

मूल्य : ₹195

जी.एस. ऑफ़सेट, दिल्ली-110 095 में मुद्रित

वाणी प्रकाशन का लोगो मक़बूल फ़िदा हुसैन की कूची से

भूमिका

इस ग्रंथ का पहला संस्करण संवत् 1979 में प्रकाशित हुआ था। इस बात को आज लगभग 20 वर्ष हो चुके हैं। इस अंतर में इसकी 5 आवृत्तियाँ छपीं। प्रथम चार आवृत्तियों में कोई परिवर्तन नहीं किया गया था। पाँच-छः संस्करण में समस्त पुस्तक का परिवर्तन और संशोधन किया गया। इस छठें संस्करण में साधारण संशोधन-मात्र किया गया है। यद्यपि मेरे लिये यह काम आनंद का ही नहीं, वरन् अभिमान की बात भी मानी जा सकती है कि यह "साहित्यालोचन" गत 20 वर्षों से विद्यार्थीवर्ग की सहायता करता आ रहा है और अभी तक उसकी माँग बनी हुई है, पर साथ ही मुझे इस बात का दुःख है कि इस ग्रंथ के आलोच्य विषयों को लेकर किसी ने आगे बढ़ने का उद्योग नहीं किया। इस ग्रंथ को सहस्रों विद्यार्थियों ने ध्यानपूर्वक पढ़ा होगा। पर एक ने भी आगे बढ़ने का सफल प्रयास नहीं किया। यह मानना कि जो कुछ साहित्यालोचन में लिखा गया है उसके आगे लिखने को कुछ रह नहीं गया है, केवल दंभ-मात्र होगा। हिन्दी में साहित्यिक आलोचना दिनोंदिन बढ़ती जाती रही है। कितना अच्छा होता यदि योग्य विद्यार्थी हिन्दी साहित्य के प्रत्येक अंग और उपांग पर अलग-अलग पुस्तकें लिखते और इस प्रकार इस साहित्य के भण्डार-पूर्ति में सहायक होते।

किस स्थिति में इस ग्रन्थ के लिखने का सूत्रपात हुआ और किन-किन लोगों ने इस कार्य में मेरी सहायता की, इन सब बातों का पूर्व-संस्करणों में वर्णन हो चुका है। अतएव उसे दुहराने की आवश्यकता नहीं है।

6-8-1942 **श्यामसुंदरदास**

अध्यायों की सूची

साहित्यालोचन

पहला अध्याय

कला का विवेचन

संस्कार और वृत्तियाँ

मनुष्य चेतना-संपन्न प्राणी है। वह अपने चारों ओर की सृष्टि का अनुभव प्राप्त करता है। वह उसे देखता-सुनता है और उसकी छाप उस पर पड़ती है। वासना रूप से उसमें भिन्न-भिन्न वस्तुओं के छाया-चित्र अंकित होते रहते हैं और तदनुकूल ही उनके संस्कार बनते रहते हैं। मानव सभ्यता का जैसे-जैसे विकास होता है वैसे ही वैसे यह सृष्टि-प्रसार मनुष्य को अधिकाधिक व्यापक रूप में प्रभावित करता है। आदि काल में मनुष्य की आवश्यकताएँ थोड़ी थीं और उसका अनुभव भी साधारण था। वह अपने आस-पास, जंगल-झाड़, पशु-पक्षी आदि को ही देखता था और इने-गिने पदार्थों से ही अपना काम चलाता था। उसका क्रिया-कलाप एक सीमित क्षेत्र में ही होता था। इसीलिए उसके अनुभवों की संख्या थोड़ी और उनका विस्तार भी स्वल्प था। सभ्यता के विकास के साथ मनुष्य की आवश्यकताएँ बढ़ीं और क्रमशः अधिकाधिक जीव-जगत् उसके संपर्क तथा साक्षात्कार में आया। इस संपर्क और साक्षात्कार के विस्तार के साथ मनुष्य के अनुभवों की भी वद्धि हुई और उसकी चेतना अधिकाधिक विस्तृत तथा परिमार्जित होती गयी। धीरे-धीरे उसमें स्मृति, इच्छा, कल्पना आदि शक्तियों का आविर्भाव हुआ और सदसद्विवेक-बुद्धि का विकास हुआ। आरम्भ में तो मनुष्य अपने आस-पास के दृश्यों से ही परिचित था और उसकी इच्छा-शक्ति भी उन्हीं तक परिमित थी। क्रमशः वह अदृश्य तथा अश्रुत वस्तुओं की भी कल्पना करने लगा। उसकी इच्छाओं और अभिलाषाओं का क्षेत्र भी बढ़ा और साथ ही उसमें सुन्दर-असुन्दर, सत्-असत् तथा उचित-अनुचित की धारणा बद्धमूल हुई। प्रारंभ में ये धारणाएँ बहुत कुछ अविकसित अवस्था में रही होंगी। आवश्यकता और उपयोगिता के अनुसार मनुष्य के प्रयोग-क्षेत्र मे जो वस्तुएँ आयीं, उन पर उसने भले-बुरे भाव का आरोप किया। समय पाकर उसके संस्कार दृढ़ होते गये, उसकी चेतना का विकास होता गया और उसकी बोधवृत्ति भी क्रम-क्रम से सुव्यवस्थित तथा परिपुष्ट होती गयी। आगे चलकर ये ही संस्कार और वृत्तियाँ इतनी विकसित हुईं और मनुष्य-समाज से इनका इतना घनिष्ठ संबंध स्थापित हुआ कि ये ही मनुष्य की सभ्यता का मानदंड मानी जाने लगीं। जिस व्यक्ति की अथवा जिस समाज की ये वृत्तियाँ जितनी अधिक व्यापक और समन्वयपूर्ण हैं वह व्यक्ति अथवा वह समाज उतना ही समुन्नत समझा जाता है।

अभिव्यंजना की शक्ति

जिस प्रकार चेतन मनुष्य पर बाह्य सृष्टि की विविध वस्तुओं की छाप पड़ती है उसी प्रकार उसमें अनेक भिन्न-भिन्न प्रभावों को अभिव्यक्त करने की शक्ति का भी उन्मेष होता है। यह शक्ति मनुष्य मात्र के अस्तित्व के मूल में साथ लगी हुई है। मनुष्य के शारीरिक तथा मानसिक संघटन के मूल में इस शक्ति का समावेश है। उसकी अंतरात्मा अपने चारों ओर की सृष्टि को जिस रूप में ग्रहण करती है उसे उसी रूप में व्यक्त भी करना चाहती है। बाह्य सृष्टि मनुष्य पर सुख-दुःख, रूप-विरूप, हित-अहित आदि की जो भावनाएँ उत्पन्न करती हैं, उनको अभिव्यंजित करना मनुष्य के लिए अनिवार्य-सा है। मानव-मस्तिष्क का निर्माण ही कुछ इस प्रकार से हुआ है कि वह

अपनी इस प्रवृत्ति को रोक नहीं सकता। जिस प्रकार चंचल समीर जलराशि पर स्वतः अपना चित्र अंकित कर देता है अथवा जैसे सूर्य की किरणें शिलाखंडों पर आप ही अपना शीतोष्ण गुण समाहित कर जाती हैं उसी प्रकार मनुष्य के मस्तिष्क से संपूर्ण जीव-जगत् का चित्र आप-से-आप अंकित हो जाता है। मस्तिष्क में ये चित्र अदृश्य रूप से अंकित रहते हैं और मनुष्य की अंतरात्मा उन चित्रों को गोचर रूप में चित्रित कर देना चाहती है। आरंभ में साधनों के अभाव के कारण मनुष्य इंगितों अथवा अन्य स्थूल उपायों से इन्हें अंकित करने की चेष्टा करता था। इस क्रिया से उसे यत्किंचित् संतोष और समाधान प्राप्त होता था, पर इनसे उसके मनोभाव स्पष्ट रूप से व्यक्त नहीं होते थे। कालानुक्रम से अभिव्यंजना की शक्ति का विकास होता गया और साथ ही अभिव्यंजना की भिन्न-भिन्न विधियाँ भी प्रतिष्ठित होती गयीं। अभिव्यंजना की इन्हीं विधियों को 'कला' संज्ञा दी गयी। वर्तमान समय में मनुष्य की अभिव्यंजना-शक्ति इतनी अधिक विकसित हो गयी है कि वह अपने मस्तिष्क-पट पर बाह्य सृष्टि के जिन छायाचित्रों को ग्रहण करता है, उन्हें अनायास ही व्यक्त करने में समर्थ होता है। अब तो यहाँ तक कहा जाता है कि भिन्न-भिन्न प्रभाव-चित्रों के ग्रहण और उनके अभिव्यंजन में कोई भेद नहीं है। वे तो एक ही क्रियाचक्र के अंग हैं जो अभिन्न रूप से कार्य करते रहते हैं।

कला और अभिव्यंजना

इस प्रकार यद्यपि अभिव्यंजना को ही 'कला' का नाम दिया गया है तथापि संपूर्ण अभिव्यंजना 'कला' नहीं है। यह मनुष्य की शक्ति के अंतर्गत है कि वह केवल भिन्न-भिन्न प्राकृतिक चित्रों को ग्रहण कर उनका उद्घाटन ही न करे, वरन् उनके संबंध में अपना मत, सिद्धान्त अथवा नियम भी प्रकट करे। मनुष्य की बुद्धि में यह सामर्थ्य होती है कि वह केवल वस्तुओं का चित्रांकन ही नहीं करती, प्रत्युत उनकी मीमांसा, उनका श्रेणी-विभाग और नियम-निर्धारण आदि भी करती है। मनुष्य केवल कलाकार ही नहीं होता, वह दार्शनिक भी होता है। वह अपने सूक्ष्म दर्शन से सृष्टिचक्र के संबंध में अनेक प्रकार के विवेचन, विश्लेषण और श्रेणी-विभाग करता है। वह सूक्ष्म रूप में अनेक प्रकार के सिद्धान्त व्यक्त करता है, जो उपदेश के रूप में ज्ञान की सामग्री बन जाते हैं। इस प्रकार भिन्न-भिन्न वैज्ञानिक तथ्यों का निरूपण तथा दर्शन-शास्त्र की प्रतिष्ठा होती है। किन्तु यह दार्शनिक सिद्धांत-समुच्चय और वैज्ञानिक तथ्य 'कला' नहीं है, यद्यपि यह भी मनुष्य की अभिव्यंजना-शक्ति का एक अंग है। तर्कशास्त्र की विविध प्रणालियाँ और प्रक्रियाएँ कला की श्रेणी में नहीं आ सकतीं। कला का संबंध नियमों से नहीं है, वह तो रूप की अभिव्यक्ति मात्र है। बाह्य जगत् की भिन्न-भिन्न वस्तुओं का—एक-एक वस्तु का—जैसा प्रतिबिंब मानस-मुकुर पर पड़ता है, कला का सीधा संबंध उसी से है। वह सदैव व्यष्टि से संपर्कित करता है। नियम-निर्माण और सिद्धांत-समुच्चय उसकी सीमा से बाहर हैं। इतिहास का क्षेत्र भी 'कला' का ही क्षेत्र है, क्योंकि उसमें भी नियम-निरूपण नहीं किया जाता वरन् व्यक्तियों का चरित्र-चित्रण किया जाता है। परन्तु इतिहास में केवल स्थूल और घटित घटनाओं तथा वास्तविक व्यक्तियों का ही चित्रण किया जाता है। ऐतिहासिक चरित्र-चित्रण में यद्यपि कल्पना का पुट किसी न किसी मात्रा में रहता है, पर कलाओं की भाँति इतिहास में कल्पना की अबाध गति नहीं पायी जाती। इस प्रकार कला की व्यापकता इतिहास की अपेक्षा अधिक है। कलाओं के अंतर्गत सृष्टि के समस्त वास्तविक और काल्पनिक क्रिया-कलाप की व्यंजना की जा सकती है। मनुष्य की अनुभूतियों, कल्पनाओं और उसके संपूर्ण ज्ञान का एक बृहदंश कला का विषय बन सकता है। भिन्न-भिन्न वैज्ञानिक अनुसंधानों, दार्शनिक तथ्यों तथा तार्किक सरणियों के सांगोपांग वर्णन भी कला के ही घेरे में आते हैं। न्यायशास्त्र के नियम कला नहीं कहे जा सकते, पर वे इस प्रकार सजाकर उपस्थित किये जा सकते हैं कि उनमें कला दीख पड़े। सारांश यह कि मनुष्य की

भावनाओं का जहाँ तक विस्तार है वह सब कला का विषय है और यह तो विदित ही है कि मानव-भावनाओं का विस्तार विराट् और प्रायः सीमारहित है।

कला और मनःशक्तियाँ

कुछ पाश्चात्य विद्वानों ने मनुष्य की मानसिक क्रिया को तीन विभागों में विभक्त किया है—ज्ञान (knowing), भावना (feeling) और इच्छा (willing)। भारतीय शास्त्रों में भी इस प्रकार का श्रेणी-विभाग है। संस्कृत साहित्य में ज्ञान, इच्छा और प्रयत्न बुद्धि-व्यापार की नीति प्रक्रियाएं मानी गयी हैं। संस्कृत के पंडितों ने भावनाशक्ति को नहीं माना है। इन दोनों विभागों में यही विशेष अंतर है। मनोविज्ञान के अनुसार ये शक्तियाँ एक दूसरी से अविच्छिन्न रूप में मिली हुई हैं और अलग नहीं की जा सकती। यद्यपि कला के मूल में भावना-शक्ति का प्राधान्य है, पर भावना-शक्ति का विश्लेषण करने पर उसमें भी ज्ञान और इच्छा की शक्तियाँ सन्निहित दीख पड़ती हैं। भारतीय साहित्य और कलाओं के मूल में जो स्थायी भाव माने गये हैं, वे केवल विक्षिप्तों की विवेक-भावनाएँ नहीं हैं, उनके साथ ज्ञान-शक्ति का भी समन्वय है। ऐसा न होता तो कलाकार और विक्षिप्त में भेद ही क्या रह जाता? इसी प्रकार भावना के साथ इच्छा-शक्ति का योग रहता है। पाश्चात्य विद्वान् अब तक यह विवाद करने में लगे हैं कि आरंभ में मनुष्य की इच्छा-शक्ति का प्रादुर्भाव हुआ या भावना-शक्ति का। एक प्रसिद्ध-कला-शास्त्री का मत है कि मनुष्य की भावना-शक्ति को, इच्छा-शक्ति को परवर्ती मानना उचित नहीं। कला का संबंध मनुष्य की भावना से ही है, इच्छा से नहीं। कला के मूल में यद्यपि भावना का ही अस्तित्व स्वीकार किया जा सकता है, पर सभ्यता के विकास के साथ ज्यों-ज्यों मनुष्य की परिस्थितियाँ जटिल होती गयीं और उसमें समाज के हित-अहित का ध्यान बढ़ता गया, त्यों-त्यों उसकी इच्छाशक्ति दृढ़ होती गयी और समय पाकर वह उसके मानसिक संघटन का एक दृढ़ अंग बन गयी। कालांतर में मनुष्य की इच्छा-शक्ति उसकी भावनाओं पर नियंत्रण करने लगी और अब तो मनुष्य का 'ज्ञान और उसकी इच्छाएँ, उसकी सम्पूर्ण भावनाओं से सर्वथा मिली देख पड़ती हैं। मनुष्य की ज्ञान-शक्ति उसकी भावनाओं को चैतन्य बनाती और उसकी इच्छा-शक्ति उन भावनाओं को शृंखलित तथा संयमित रखती है। इस प्रकार इन तीनों के संयोग से कलाओं द्वारा मानवहित का संपादन होता है और मनुष्यों में सदाचार की प्रतिष्ठा होती है। यदि भावना-शक्ति के साथ ज्ञान-शक्ति का समन्वय न होता तो कलाएँ अपने आदि रूप से विकसित होकर वर्तमान उन्नति न प्राप्त करतीं और यदि भावना-शक्ति के साथ इच्छा-शक्ति का समन्वय न होता तो कलाओं की उच्छृंखलता को रोकना असंभव हो जाता। अपनी आदिम अवस्था में मनुष्य की इच्छा-शक्ति के साथ लोकहित का संबंध चाहे न रहा हो, पर समाज की सभ्यता की वृद्धि होने का तो उसकी इच्छाएँ लोक-मंगल की ओर अवश्य उन्मुख हुईं। संभव है आरंभ में आहार, निद्रा, भय, मैथुन आदि प्रवृत्तियाँ ही मनुष्य की इच्छा-वृत्तियाँ रही हों पर आगे चलकर इनके स्थान पर अथवा इनके साथ ही साथ अन्य लोकोपकारी प्रवृत्तियों का उदय हुआ और वे प्रवृत्तियाँ मनुष्य की भावनाओं में एकाकार होकर उसके मानसिक संघटन का अभिन्न अंग बन गयीं। सारांश यह कि सतत वर्द्धमान विवेकशक्ति और उसकी सतत् उन्नतिशील इच्छा-शक्ति उसकी भावनाशक्ति के साथ अभिन्न रूप में लगी हुई हैं, और वे तीनों मिलकर मानव-समाज का विकास करने में तत्पर हैं।

ऊपर के विवेचन का सारा तत्त्व इतना ही है कि साहित्य का संबंध मनुष्य के मानसिक व्यापार से है और उस मानस व्यापार में भी भाव[1] की प्रधानता रहती है। पहले ज्ञान आता है,

1. हम भाव और भावना का, एक ही अर्थ में प्रयोग करते हैं पर आगे चलकर 'भाव' का पारिभाषिक अर्थ में भी प्रयोग होगा।

फिर भाव उठता है और फिर कर्म में प्रवृत्ति होती है---यह क्रम पहले के मनोवैज्ञानिक माना करते थे। अब यद्यपि इस क्रम पर विवाद होने लगा है तथापि इतना तो सभी मानते हैं कि मन की तीन प्रवृत्तियाँ होती हैं---(1) ज्ञान-प्रधान, (2) भावप्रधान और (3)कर्मप्रधान। भारतीय साहित्य में इन्हीं तीनों की चर्चा ज्ञान, भक्ति और कर्म के नाम से बार-बार हुई है। यह भी भली भाँति जानते हैं कि कर्म तो प्रत्यक्ष व्यवहार में देख पड़ता है; ज्ञान दर्शन, विज्ञान आदि के शास्त्रों को जन्म देता है और भाव का संबंध साहित्य के सुकुमार जगत् से होता है। इसी से साहित्य में भाव की प्रधानता रहती है।

कला और प्रकृति

प्रकृति के विभिन्न स्वरूपों और रूप-चेष्टाओं का प्रभाव मनुष्य पर पड़ता है और वे ही उसकी अभिव्यंजना के विषय बनते हैं, उसके मन में भाव उत्पन्न करते हैं। इस दृष्टि से कला और प्रकृति का घनिष्ठ संबंध प्रकट होता है। प्रकृति के जो चित्र अपनी विशेषताओं अथवा मनुष्य की अभिरुचि के कारण उसके मन में अंकित होते हैं उन्हें ही वह कलाओं द्वारा व्यंजित करता है। प्रकृति की ओर मनुष्य निसर्गतः आकृष्ट रहता है, क्योंकि उससे उसकी वासनाओं की तृप्ति होती है। इस नैसर्गिक आकर्षण का परिणाम यह होता है कि मनुष्य प्रकृति के उन चित्रों को अपने हृदय के रस से सिक्त कर अभिव्यंजित करता है और वे ही भिन्न-भिन्न कलाओं के रूप में प्रकट हो मानव-हृदय को रसान्वित करते हैं। भारतीय साहित्य में इसे ही 'रस' कहते हैं, पर साहित्य से ही नहीं, अन्य कलाओं से भी इसकी निष्पत्ति होती है। किसी प्राकृतिक दृश्य को देखकर कलाकार के हृदय में जो भावना जितनी तीव्रता अथवा स्थायित्व के साथ उदय होगी वह यदि उतनी ही वास्तविकता (सच्चाई) के साथ उसे व्यक्त करने में समर्थ हो तो उस अभिव्यक्ति के दर्शक, श्रोता अथवा पाठक समाज की भी उतनी ही तृप्ति हो सकती है। मनुष्य-मनुष्य के हृदय-साम्य का यही रहस्य है कि कलाकार की अंतरात्मा का सच्चा भाव उसकी कलावस्तु में निहित होकर अधिकाधिक मानव-समाज को रसान्वित करने में समर्थ होता है। परन्तु जब कभी कलाकार का जीवन अथवा जगत् सम्बन्धी अनुभव सच्चा नहीं होता वह उन्हें उचित रीति से व्यक्त करने में कृतकार्य नहीं होता और मानव-समाज उसकी कृति से तृप्ति नहीं प्राप्त करता। यही कलाकार की असफलता है।

यद्यपि कला को प्रकृति की अभिव्यंजना ही कहा जाता है तथापि भारतीय विद्वान् प्राकृतिक आनन्द और काव्यानन्द में वही भेद मानते हैं जो शरीर और आत्मा में है। इसी से भारत के रसिक आलोचक काव्यानन्द को अलौकिक कहते हैं। इसके विपरीत पश्चिम के अनेक आधुनिक विद्वान् काव्यानन्द और प्राकृतिक आनन्द में कोई तात्त्विक भेद नहीं मानते हैं। इनका विस्तृत विवेचन तो हम आगे के प्रकरणों में ही कर सकेंगे, पर यहाँ इतना अवश्य समझ लेना चाहिए कि भारत के दार्शनिक और काव्यज्ञ मन और अंतःकरण को ही सुख-दुःख का कारण मानते हैं। इसी से वे साधारण इंद्रियजन्य प्राकृतिक अनुभव से मानसिक और स्वसंवेद्य काव्यानंद को बहुत भिन्न मानते हैं। भारतीय मत के अनुसार आनंद आत्मा का गुण है। उस आत्मानंद की तुलना भला स्थूल इंद्रिय-सुख से कैसे की जा सकती है।

अधिक स्पष्ट करने के लिए हमें अनुभव और आनंद के तीन भेद कर लेने चाहिए। पहला अनुभव वह है कि जिसे आहार, निद्रा, भय, मैथुनादि[1] वाला सहज और प्राकृतिक सुख-दुःख का अनुभव कहना चाहिए। दूसरा अनुभव वह है जिसे आलोचना और विद्वान् प्राकृतिक अनुभव कहते हैं अर्थात् प्रकृति से उत्पन्न इंद्रिय-गोचर वह प्रभाव जो कल्पना द्वारा मनुष्य को प्राप्त होता है। यह इंद्रियार्थ संयोग से उत्पन्न प्रभाव सुखद भी हो सकता है और दुःखद भी। तीसरे प्रकार का

1. देखो–आहारनिद्राभयमैथुनं च सामान्यमेतत् पशुभिर्नराणाम्।

अनुभव वह अलौकिक, असाधारण और अप्राकृतिक अनुभव होता है जो मनुष्य को मानस और बौद्धिक कृतियों से प्राप्त होता है और जिसका अनुभव स्थायी भावों तथा वासनाओं के बिना नहीं होता। यह अनुभव बड़ा विचित्र होता है। इसके वर्णन में न जाने कितने ग्रन्थ लिखे जा चुके हैं। वेदांत के शब्दों में उस अनुभव के लिए तीन शब्दों का प्रयोग किया जा सकता है—सत्, चित् और आनन्द। उसी सच्चिदानन्दमय अनुभव का सहोदर आनन्द है काव्यानन्द।

कला और आचार

हम यह उल्लेख कर चुके हैं कि सृष्टि के आदि में चाहे जो अवस्था रही हो, पर सभ्यता के विकास के साथ मनुष्य में भले-बुरे का ज्ञान दृढ़ हुआ और इस प्रकार आचार मानव-प्रकृति का एक अभिन्न अंग बन गया। संपूर्ण कला और साहित्य में मनुष्य के आचार की छाप पड़ी हुई है। मनुष्य की विवेक-बुद्धि उसकी इच्छाओं को संयमित रखती है, जिससे उसकी भावनाएँ परिमार्जित होती जाती हैं। इन परिमार्जित भावनाओं से संपन्न कलाएँ भी सदैव मनुष्य-समाज की सद्वृत्तियों की प्रतिकृति होती हैं। जो देश अथवा जाति जितनी अधिक परिष्कृत तथा सभ्य होगी उसकी कला-कृतियाँ भी उतनी ही अधिक सुन्दर और सुष्ठु होंगी। इससे स्पष्ट है कि कला-निर्माण में आचार का विशेष महत्त्वपूर्ण स्थान है। परन्तु कुछ पाश्चात्य विद्वानों ने इस संबंध में कुछ ऐसे प्रवादों की सृष्टि की है जिससे भ्रम बढ़ रहा है। एक प्रवाद तो उस विद्वद्वर्ग का खड़ा किया हुआ है जो मनोविज्ञान-शास्त्र की जानकारी का गर्व रखता है और यह घोषणा करता है कि कविता और कलाएँ मनुष्य की कल्पना से निस्सृत होती है हैं। कल्पना का विश्लेषण करते हुए इस संप्रदाय के विद्वान् बतलाते हैं कि वास्तविक जगत् में सभ्यता और समाज-व्यवस्था के कारण हमारी जो इच्छाएँ दबी रहती हैं वे ही कल्पना मे आती हैं और कल्पना द्वारा कलाओं में व्यक्त होती हैं। कलाओं में शृङ्गार रस का आधिक्य इस बात का प्रमाण बतलाया जाता है। मनोविश्लेषण करनेवाले पाश्चात्य विद्वानों ने शैली की कविताओं, माईकेल एंजिलो की कला-सृष्टि और शेक्सपियर के काव्य में भी इन्हीं दबी हुई इच्छाओं का उद्रेक दिखाया है। इस वर्ग के आचार्य फ्रायड नामक विद्वान् हैं जिन्होंने स्वप्न-विज्ञान का निर्माण करने की चेष्टा की है और यह सिद्धांत उपस्थित किया है कि स्वप्न में मनुष्य की कल्पना और भावना उन दिशाओं की ओर जाती है जिन दिशाओं में वे समाज की दृष्टि के सामने नहीं जा पातीं। फ्रायड महोदय के इसी स्वप्न सिद्धांत को कुछ विद्वान् कविता तथा कलाओं में भी चरितार्थ करते हैं। परन्तु इस प्रकार के अनोखे सिद्धांत अधिकांश में अर्द्धसत्य ही होते हैं और कलाओं का अनिष्ट करने के सहायक बन सकते हैं। यदि यह स्वप्न-सिद्धान्त स्वीकार कर लिया जाय और काव्य तथा अन्य कलाओं में भी इसका अधिकार हो जाय तब तो कलाओं से आचार का बहिष्कार ही समझना चाहिए। परन्तु इस सिद्धान्त के अपवाद इतने प्रत्यक्ष हैं कि यह किसी प्रकार निर्भ्रांत नहीं माना जा सकता। यदि कोई कवि या कलाकार किसी सुन्दर रमणी का चित्र अंकित करता है तो इसका यह आशय नहीं होता है कि वह कल्पना-जगत् में अपनी विलास-वासना की पूर्ति करता है। अथवा वह किसी साधु-संत का चित्र अंकित करता है तो उसका सर्वथा यही तात्पर्य नहीं है कि वह स्वयं साधु-प्रकृति का और सदाचारी है। संसार के श्रेष्ठ कलाकारों ने अनेक प्रकार की कला-सृष्टियाँ की हैं। स्वप्न-सिद्धांत के अनुसार उनकी मनोवृत्ति की छानबीन करना फलप्रद नहीं हो सकता। इतना तो अवश्य कहा जा सकता है कि संसार की अब तक की श्रेष्ठ कलाकृतियाँ अधिकांश में विवेकवान् और आचारनिष्ठ पुरुषों द्वारा प्रस्तुत की गयी हैं।

विद्वानों का एक दूसरा दल यथार्थवाद के नाम पर भी बहुत कुछ ऐसी ही बातें करता है। मनुष्य के शरीर-संघटन का विश्लेषण करके ये विद्वान् यह आभास देते हैं कि उसकी मूल वृत्तियाँ आहार, निद्रा आदि शारीरिक आवश्यकताओं की तृप्ति के लिए ही होती हैं। इनके अतिरिक्त

मनुष्यों की जो अन्य उदात्त वृत्तियाँ होती हैं वे दृढ़मूल नहीं हैं, केवल सभ्यता के निर्वाह के लिए हैं। हमारे भारतीय मनीषियों ने इस सिद्धांत का सर्वदा विरोध किया है। उन्होंने मनुष्य और पशु का अंतर समझा है और वे उच्च धार्मिक वृत्तियों के उन्नतिशील विकास का सदैव प्रयास करते रहे हैं। यदि पाश्चात्य विद्वानों के अनुसार मनुष्य की मूल मनोवृत्तियाँ केवल शरीरजन्य हैं और उसकी अन्य उदात्त वृत्तियाँ मौलिक नहीं हैं तो भी वे यह स्वीकार करते हैं कि सभ्यता की आवश्यकताओं के अनुसार इनकी सृष्टि हुई है। यदि उनका कथन स्वीकार भी कर लिया जाय तो भी सभ्यता की आवश्यकताएँ क्या कुछ कम महत्त्वपूर्ण हैं? चिर विकासशील सभ्यता के पालन की आवश्यकता समझकर मनुष्य सदाचार का अभ्यास करता है और अभ्यास-परंपरा से वह आचार उसके शारीरिक तथा सदाचार का अभ्यास करता है और अभ्यास-परंपरा से वह आचार उसके शारीरिक तथा मानसिक संघटन का अविच्छेद अंग बन जाता है। फिर तो जिस प्रकार पंक से पंकज की उत्पत्ति होती है उसी प्रकार, शारीरिक वृत्तियों से मनुष्य की उदात्त वृत्तियों का उन्मेष होता है। और कालान्तर में वे परम शोभन रूप धारण करती हैं।

विद्वानों का एक तीसरा वर्ग 'कला के लिए कला' का सिद्धांत उपस्थित करता है और आचार को कला के बाहर की वस्तु ठहराता है। 'कला के लिए कला' के सिद्धांत का अर्थ स्पष्ट न होने के कारण इस संबंध में बहुत सी भ्रांति फैली हुई है। कला के विवेचन में तो हम भिन्न-भिन्न कला वस्तुओं का एक-एक करके विवेचन कर सकते हैं, अथवा दो या अधिक कला-सृष्टियों की अलग-अलग तुलना कर सकते हैं। उन कला-सृष्टियों से स्रष्टा भिन्न मनुष्य होते हैं और सब मनुष्यों के विकास की परिस्थितियाँ भी भिन्न-भिन्न होती हैं। मनुष्य स्वयं एक अज्ञेय प्राणी है। वह अपनी परिस्थिति, देश-काल की परिस्थिति, सभ्यता, आचार, मनःशक्ति आदि का एक जटिल संग्रथित रूप है। जब वही मनुष्य कला-सृष्टि करता है तब उसके द्वारा उत्पन्न कला विवेचन करने में इन संपूर्ण जटिलताओं पर ध्यान रखना पड़ता है। जब एक व्यक्ति की एक कला-सृष्टि में इतनी जटिलताएँ हैं तब तो संसार की संपूर्ण कलाकृतियों को लेकर उसकी और उनका सर्जन करनेवालों की अपार भाव-भिन्नता की कोई सीमा ही नहीं मिल सकती। उस अवस्था में 'कला के लिए कला' का हमारे लिए केवल इतना ही अर्थ रह जाता है कि कला एक स्वतंत्र सृष्टि है। कला-सौंदर्य और कला-अभिव्यंजना के कुछ अपने नियम हैं। उन नियमों का पालन ही 'कला के लिए कला' कहला सकता है। कला के विवेचन में उन नियमों के पालन-अपालन के संबंध की चर्चा की जाती है और कला तथा साहित्य संबंधी शास्त्रों में उन्हीं नियमों का कोटि-क्रम उपस्थित किया जाता है। इसे कलाओं की विन्यास-पद्धति कहना चाहिए। इन नियमों का निरूपण कला के व्यक्तित्व को स्पष्ट करता है और मनुष्य के अन्य क्रिया-कलापों से उसकी पृथक्ता दिखाता है। कलाकार की ओर से आँखें हटाकर केवल उसकी कला-वस्तु की परीक्षा की जाती है और इस परीक्षा में व्यापक कला-तत्त्व ही सामने आते हैं। आचार, सभ्यता और संसार के प्रश्न कला के लिए तात्त्विक नहीं हैं। वे तो एक-एक कलाकृति की अलग-अलग विवेचना करने पर उपस्थित होते हैं। हमारे देश के साहित्यशास्त्रियों ने 'कला के लिए कला' की समस्या को व्यापक रूप से देखा था और उनकी शास्त्रीय समीक्षा की पुस्तकों में ऐसा ही व्यापक विचार है। पश्चिम में इसे लेकर बहुत-सी व्यर्थ की खींचातन हुई है। किंतु तथ्य इतना ही है कि वस्तुरूप में कलाओं का प्रत्यक्षीकरण करते हुए आचार आदि के प्रश्न वास्तव में अंतर्हित हो जाते हैं। इसका यह आशय कदापि नहीं है कि कला का आचार से कोई संबंध ही नहीं। आशय यही है कि कला-संबंधी शास्त्र आचार-संबंधी शास्त्र से भिन्न है।

कलाओं का वर्गीकरण

कलाओं के वर्गीकरण के संबंध में विद्वानों में बड़ा मतभेद है। प्रसिद्ध कलाशास्त्री क्रोचे का

कथन है कि न तो कलाशास्त्र की दृष्टि से और न दार्शनिक दृष्टि से कलाओं का श्रेणी विभाग किया जा सकता है। उसके विचार में कला एक अखंड अभिव्यक्ति है। अतः उसको खंडित नहीं किया जा सकता। वह तो वस्तु-जगत् के भिन्न-भिन्न प्रभावों की मानव मस्तिष्क में मूर्त था अभिव्यक्त होने को ही कला मानता है, अतः इस दृष्टि से कला एक नैसर्गिक विधान है। उसका विभाग नहीं किया जा सकता। परंतु जब हम भिन्न-भिन्न कला सृष्टियों पर विचार करते हैं, कलाओं के उस मूर्तत रूप पर दृष्टि डालते हैं तो कभी किसी सुगठित मूर्ति और कभी किसी मनोहर काव्य के रूप में हमारे इंद्रियगोचर होता है तब हम कलाओं की भिन्नता के दर्शन करते हैं। क्रोचे के मत के अनुसार यह भिन्नता कोई तात्त्विक भिन्नता नहीं, केवल बाह्य भेद है। वास्तव में इसे उपकरण-भेद ही समझना चाहिए। मूल अभिव्यक्ति—कलाकार के अंतर की अभिव्यक्ति—एकरस ही बनी रहती है। कलाकार तो केवल अपनी मानसिक अभिव्यक्ति को—जिसे क्रोचे 'कला' कहता है—कभी चित्र में चित्रित करता, कभी मूर्ति में प्रस्फुटित करता और कभी साहित्य में सन्निविष्ट करता है। इस प्रकार उसकी मानसिक अभिव्यक्ति कला का बाह्य रूप धारण करती है। कभी-कभी तो ऐसा होता है कि बाह्य रूप धारण करने में एक से अधिक उपकरणों की सहायता लेनी पड़ती है। कभी काव्य में चित्रणकला का मेल किया जाता है—रूपक आदि अलंकारों का संयोग होता है—और कभी वस्तुकला में मूर्तिकला सन्निहित की जाती है। इससे स्पष्ट है कि कलाओं का यह वर्गीकरण बाह्य वर्गीकरण ही है। परन्तु व्यावहारिक दृष्टि से इसकी आवश्यकता सबको स्वीकार करनी पड़ती है।

इसी व्यावहारिक दृष्टि से कलाओं को सर्वप्रथम (1) उपयोगी और (2) ललित कला इन दो विभागों में बाँटा गया है। यदि तात्त्विक दृष्टि से देखा जाय तो यह वर्गीकरण संभव नहीं जान पड़ता। यदि उपयोगिता पर विचार किया जाय तो प्रत्येक कला में शारीरिक अथवा मानसिक उपयोगिता होती है। भिन्न-भिन्न व्यक्तियों और देश-काल की भिन्न-भिन्न परिस्थितियों में उनकी उपयोगिता की मात्रा में अन्तर हुआ करता है परन्तु उपयोगिता तो कला का कोई अंतरंग नहीं है। इसी प्रकार ललित कलाओं का लालित्य तो उपयोगी कला में भी होता है। हम बढ़ई की कारीगरी को उपयोगी कहते हैं पर क्या उसमें लालित्य नहीं होता? फिर लालित्य की कोई क्या व्याख्या की जा सकती है अथवा उसकी मर्यादा बाँधी जा सकती है? भिन्न-भिन्न ललित कलाओं में ही भिन्न-भिन्न व्यक्तियों के लालित्य की मात्रा भिन्न-भिन्न परिमाण में मिल सकती है। जब हम यह देखते हैं कि ललित कलाओं में भी उपयोगिता होती है और उपयोगी कलाओं में भी लालित्य होता है, साथ ही जब हम जानते हैं कि ये दोनों सापेक्ष्य शब्द हैं जो केवल कलाओं की विशेषता कहे जा सकते हैं, 'कला' के कोई अंतरंग गुण नहीं, तब हमें यह स्वीकार करना पड़ता है कि इस प्रकार का वर्गीकरण केवल व्यावहारिक सुविधा की दृष्टि से ही किया जा सकता है।

यदि व्यावहारिक सुविधा की दृष्टि से देखा जाय तो कलाओं का वर्गीकरण पूर्ण-अपूर्ण अथवा सफल-असफल के विभागों में किया जा सकता है। कलाओं के समीक्षक की दृष्टि सबसे पहले इसी विभेद की ओर जाती है। जब हम किसी काव्य की आलोचना करते हैं तब यह जानना चाहते हैं कि कवि अपने मनोभावों को व्यक्त करने में कहाँ तक समर्थ हुआ है। काव्य की ही भाँति अन्य कलाओं की भी समीक्षा करते हुए हमारा ध्यान इस विषय पर पहुँचता है कि कलाकार ने अपनी आंतरिक भावना अथवा अनुभूति को जो रूप दिया है वह कहाँ तक यथार्थ कहा जा सकता है। स्पष्टतः इस विचार से कला के दो पक्ष प्रकट होते हैं—अनुभूति पक्ष और रूप-पक्ष। इसी रूप-पक्ष को—अनुभूति के मूर्त रूप देने को—कला की अभिव्यक्ति भी कहा जाता है। अनुभूति और उसकी रूपव्यंजना से कलावस्तु का संघटन होता है, अतः इन दोनों को लेकर कला का वर्गीकरण किया जा सकता है। हम कला-वस्तुओं की समीक्षा करके देखते हैं कि कभी

तो किसी में अनुभूति की कमी और कभी किसी में रूपव्यंजना की असफलता दीख पड़ती है। जब कवि अथवा कलाकार के हृदय में उसकी भावना स्पष्ट नहीं हो पाती—अनुभूति की कमी रहती है—तब भी वह अपनी शब्दशक्ति अथवा कारीगरी से काव्य अथवा कलावस्तु का निर्माण कर डालता है। परंतु इससे उसकी असफलता प्रकट हो जाती है। इसी प्रकार कभी अनुभूति तीव्र होते हुए भी कलाकार शब्दों, रेखाओं आदि का उपकरण जुटाने में पूर्णतः सफल नहीं होता। जब कभी कलाकार की अनुभूति स्पष्ट और प्रांजल होती है, साथ ही वह उसे व्यंजित करने में उपयुक्त सामग्री का प्रयोग करता है तब उसको अपने कार्य में पूर्ण सफलता प्राप्त होती है और वह तथा उसकी कलावस्तु प्रशंसनीय मानी जाती है। सारांश यह कि कलावस्तु के अवयव संघटन की दृष्टि से कलाओं के कई विभाग किये जा सकते हैं—(1) अनुभूति की कमी, पर रूप की विशेषता, (2) अनुभूति की तीव्रता पर रूप की कमी, (3) अनुभूति और रूप दोनों की न्यूनता, (4) अनुभूति तथा रूप का समन्वय। यह तो स्पष्ट है कि इनमें से अंतिम विभाग की कलावस्तुएँ ही श्रेष्ठ समझी जाती हैं और इनके निर्माता कलाकार सफल माने जाते हैं।

इस अवयव-संघटन संबंधी विभाग के अतिरिक्त अन्य श्रेणी-विभाग ऐतिहासिक दृष्टि अथवा रुचि-भेद के आधार पर किये जाते हैं और उनकी भी व्यावहारिक उपयोगिता होती है। सामान्य जन-समाज में काव्यकला की प्रतिष्ठा चिर दिन से चली आ रही है और अधिकांश मनुष्य उससे परिचित तथा लाभान्वित होते रहते हैं। साहित्य के प्रति कुछ देशों में श्रद्धा का भाव पूजा की कोटि तक पहुँच जाता है और मूर्तियों की पूजा तो भारतीय जन-समाज के धर्म का एक अंग बन गयी है। यद्यपि इस प्रकार से कलाओं के वास्तविक निरूपण में बाँधा पड़ती है पर ऐसे अनेक प्रत्यक्ष तथा अप्रत्यक्ष प्रभाव मिलकर कलाओं के अभिन्न अंग-से बन जाते हैं और कला विवेचन में उनका प्रभाव पड़ने लगता है। कभी-कभी तो समयानुक्रम से कलाओं के संबंध में धाराणाएँ बँध जाती हैं और वे भी कला-समीक्षा का साधन बनने लगती हैं। कुछ विद्वान् तो कलाओं का विभाग प्राचीन कला, आधुनिक कला अथवा धार्मिक कला तथा लौकिक कला की श्रेणियों में करते हैं। इसी प्रकार कुछ अन्य विद्वान् कलाओं की संख्या के संबंध में भी अब तक निर्णय नहीं कर सके हैं। उदाहरण के लिए कुछ लोग ललित कलाओं में नृत्य को स्वतन्त्र स्थान देते हैं और कुछ उसे अभिनय का अंग मानते हैं, जो अभिनय दृश्य-काव्य का एक अंग है। इस प्रकार कलाओं के वर्गीकरण में अनेक प्रकार के मतभेद प्रचलित हैं। हमारे विचार में ऐसा होना सर्वथा स्वाभाविक है क्योंकि वर्गीकरण तो कला के बाध्य उपकरणों का किया जाता है। तथापि कुछ विद्वानों का वर्गीकरण तो कला के बाह्य उपकरणों का किया जाता है। तथापि कुछ विद्वानों का वर्गीकरण स्पष्टतः प्रमादपूर्ण दीख पड़ता है.जो उनकी अस्पष्ट विवेचन शक्ति का ही परिचायक होता है। हमारे विचार में कलाओं का वर्गीकरण असंभव नहीं है, वरन् बहुत कुछ क्रम तथा नियमपूर्वक यह वर्गीकरण किया जा सकता है। नीचे हम कुछ बहु-जन-मान्य तथा तर्कसंगत वर्गीकरण उपस्थित करते हैं।

उपयोगी और ललित कलाएँ

प्राकृतिक सृष्टि में जो कुछ देखा जाता है, किसी न किसी रूप में यह सभी उपयोग में आता है। ऐसी एक भी वस्तु नहीं है जिसमें उपादेयता का गुण वर्तमान न हो। यह संभव है कि बहुत-सी वस्तुओं के गुणों को हम अभी तक न जान सके हों, पर ज्यों-ज्यों हमारा ज्ञान बढ़ता जाता है हम उनके गुणों को अधिकाधिक जानते, जाते हैं। प्राकृतिक पदार्थों में उपयोगिता के अतिरिक्त एक और गुण भी पाया जाता है। वह उनका सौन्दर्य है। फल-फूल पशु-पक्षियों, कीट-पतंगों, नदी-नालों, नक्षत्र-तारों आदि सभी में हम किसी न किसी प्रकार का सौंदर्य पाते हैं। इसका यह तात्पर्य नहीं है कि संसार में अनुपयोगिता और कुरूपता का अस्तित्व ही नहीं। उपयोगिता और

अनुपयोगिता, सुरूपता और कुरूपता सापेक्षिक गुण हैं। एक के अस्तित्व से ही दूसरे का अस्तित्व प्रकट होता है। एक के बिना दूसरे का भाव ही मन में उत्पन्न नहीं हो सकता। पर साधारणतः जहाँ तक मनुष्य की सामान्य बुद्धिं जाती है, प्रकृति में चारों ओर उपयोगिता और सुन्दरता दृष्टिगोचर होती है।

इसी प्रकार मनुष्य द्वारा निर्मित पदार्थ में भी हम उपयोगिता और सुन्दरता पाते हैं। एक झोपड़ी को लीजिए। वह शीत से, आतप से, वृष्टि से, वायु से हमारी रक्षा करती है। यही उसकी उपयोगिता है। यदि उस झोपड़ी के बनाने में हम बुद्धि-बल से अपने हाथ का अधिक कौशल दिखाने में समर्थ होते हैं, तो वही झोपड़ी सुन्दरता का गुण भी धारण कर लेती है। इससे उपयोगिता के साथ ही साथ उसमें सुन्दरता भी आ जाती है।

इस दृष्टि से कला के दो विभाग होते हैं—एक उपयोगी कला, दूसरा ललित कला। उपयोगी कला में बढ़ई, लुहार, सुनार, कुम्हार, राज, जुलाहे आदि के व्यवसाय सम्मिलित हैं। ललित-कला के अंतर्गत वास्तु-कला, मूर्ति-कला, चित्र-कला, संगीत-कला और काव्य-कला ये पाँच कला-भेद हैं। पहली अर्थात् उपयोगी कलाओं के द्वारा अधिकतर मनुष्य की आवश्यकताओं की पूर्ति होती है और दूसरी अर्थात् ललित कलाओं के द्वारा उसके अलौकिक आनन्द की अधिकतर सिद्धि होती है। दोनों ही उसकी उन्नति और विकास के द्योतक हैं। भेद इतना ही है कि एक का संबंध मनुष्य की शारीरिक और आर्थिक उन्नति से है तथा दूसरी का उसके मानसिक विकास से।

यह आवश्यक नहीं कि जो वस्तु उपयोगी हो वह सुन्दर हो, परन्तु मनुष्य सौन्दर्योपासक प्राणी है। वह सभी उपयोगी वस्तुओं को यथाशक्ति सुन्दर बनाने का उद्योग करता है। अतएव बहुत से पदार्थ ऐसे हैं जो उपयोगी भी हैं और सुन्दर भी, अर्थात् वे दोनों श्रेणियों के अंतर्गत आ सकते हैं। कुछ पदार्थ ऐसे भी हैं जो उपयोगी की अपेक्षा सुन्दर अधिक होते हैं। यह सब व्यावहारिक भेद हैं।

खाने, पीने, पहनने, ओढ़ने, रहने, बैठने, आने-जाने आदि के सुभीते के लिए मनुष्य को आरंभ से ही अनेक वस्तुओं की आवश्यकता हुई होगी। मनुष्य ज्यों-ज्यों सभ्यता की सीढ़ी पर ऊपर चढ़ता गया, त्यों-त्यों उसकी आवश्यकताएँ बढ़ती गयीं। इस उन्नति के साथ ही साथ मनुष्य का सौन्दर्य ज्ञान भी बढ़ता गया और उसकी मानसिक तृप्ति के लिए सुंदरता का आविर्भाव हुआ। ऐसा किये बिना उसकी तृप्ति नहीं हो सकी। जिस पदार्थ के दर्शन से मन प्रसन्न नहीं होता, वह सुंदर नहीं कहा जा सकता। यही कारण है कि भिन्न-भिन्न देशों के लोग अपनी-अपनी सभ्यता की कसौटी के अनुसार ही सुंदरता का आदर्श स्थिर करते हैं क्योंकि सबका मन एक-सा संस्कृत नहीं होता।

ललित कलाओं का आधार

ललित कलाएँ दो मुख्य भागों में विभक्त की जा सकती हैं—एक तो वे जो नेत्रेंद्रिय के सन्निकर्ष से मानसिक तृप्ति प्रदान करती हैं और दूसरी वे जो श्रवणेंद्रिय के सन्निकर्ष से उस तृप्ति का साधन बनती हैं। इस विचार से वास्तु (मंदिर-निर्माण), मूर्ति (अर्थात् तत्क्षण-कला) और चित्र-कलाएँ तो नेत्र द्वारा तृप्ति का विधान करनेवाली हैं और संगीत तथा काव्य कानों के द्वारा*।

* काव्य के दो भेद हैं, श्रव्य और दृश्य। रूपकाभिनय अर्थात दृश्यकाव्य आँखों का ही विषय है। कान और नेत्र दोनों से उसकी उपलब्धि होती अवश्य है, पर उसमें दृश्यता प्रधान है। शकुंतला को सामने देखने और उसके मुँह से उसका वक्तव्य सुनने, दोनों के योग से हृदय में जिस आनंद का अनुभव होता है वह केवल पुस्तक में लिखा हुआ उसका वक्तव्य सुनकर या पढ़कर नहीं होता।

पहले प्रकार की कला में किसी मूल आधार की आवश्यकता होती है, पर दूसरी में उसकी उतनी आवश्यकता नहीं होती,। इस मूर्त आधार की मात्रा के अनुसार ललित कलाओं की श्रेणियाँ, उत्तम और मंध्यम, स्थिर की जा सकती हैं। जिस कला में मूर्त आधार जितना ही कम रहता है, वह उतनी ही उच्च कोटि की समझी जाती है। इसी भाव के अनुसार काव्य-कला को सबसे ऊँचा स्थान दिया जाता है। क्योंकि उसमें मूर्त आधार का एक प्रकार से पूर्व अभाव रहता है और इसी के अनुसार वास्तु-कला को सबसे नीचा स्थान देते हैं, क्योंकि मूर्त आधार की अधिकता के बिना उनका अस्तित्व ही संभव नहीं। सच तो यही है कि इस आधार को सुचारु रूप से सजाने में ही वास्तु-कला को कला की पदवी प्राप्त होती है। इसके अनंतर दूसरा स्थान मूर्ति-कला का है। उसका भी आधार मूर्त ही होता है। परंतु मूर्तिकार किसी प्रस्तर-खंड को ऐसा रूप देता है जो उस आधार से सर्वथा भिन्न होता है। वह उस प्रस्तर-खंड या धातु-खंड में सजीवता की अनुरूपता उत्पन्न कर देता है। मूर्ति-कला के अनंतर तीसरा स्थान चित्र-कला का है। उसका भी आधार मूर्त ही होता है। प्रत्येक मूर्त अर्थात् साकार पदार्थ में लंबाई, चौड़ाई और मुटाई होती है। वास्तुकार अर्थात् भवन-निर्माण-कर्त्ता और मूर्तिकार को अपना कौशल दिखाने के लिए मूर्त आधार के पूर्वोक्त तीनों गुणों का आश्रय लेना पड़ता है। मुटाई तो चित्र में नाम मात्र को होती है। तात्पर्य यह कि ज्यों-ज्यों हम ललित कलाओं में उत्तरोत्तर उत्तमता की ओर बढ़ते हैं, त्यों-त्यों मूर्त आधार का परित्याग होता जाता है। संगीत में नाद का परिमाण अर्थात् स्वरों का आरोह या अवरोह (उतार-चढ़ाव) ही उसका आधार होता है। उसे सुचारू रूप से व्यवस्थित करने से भिन्न-भिन्न रसों और भावों का आविर्भाव होता है। अंतिम अर्थात् सर्वोच्च स्थान काव्य-कला का है। उसमें मूर्त आधार की आवश्यकता ही नहीं होती है। उसका प्रादुर्भाव शब्द-समूहों या वाक्यों से होता है, जो मनुष्य के मानसिक भावों के द्योतक होते हैं। काव्य में जब केवल अर्थ की रमणीयता रहती है, तब तो मूर्त आधार का अस्तित्व नहीं रहता। पर शब्द की रमणीयता आने से संगीत के सदृश ही नाद-सौंदर्य-रूप मूर्त आधार की उत्पत्ति हो जाती है। भारतीय काव्य-कला में पाश्चात्य काव्य-कला की अपेक्षा नाद-रूप मूर्त आधार की योजना अधिक रहती है। पर यह अर्थ की रमणीयता के समान काव्य का अनिवार्य अंग नहीं है। पर यह अर्थ की रमणीयता काव्य-कला का प्रधान गुण है और नाद की रमणीयता उसका गौण गुण है।

ललित कलाओं के आधार तत्त्व

ऊपर जो कुछ कहा गया है, उससे ललित कलाओं के संबंध में नीचे लिखी बातें ज्ञातव्य होती हैं—(1) सब कलाओं में किसी न किसी प्रकार के आधार की आवश्यकता होती है। (2) जिन उपकरणों द्वारा इन कलाओं का मन से सन्निकर्ष होता है, वे चक्षुरिंद्रिय और कर्णेंद्रिय हैं। (3) ये आधार और उपकरण केवल एक प्रकार के मध्यस्थ का काम देते हैं, जिनके द्वारा कला के उत्पादन का मन देखने या सुननेवाले के मन से संबंध स्थापित करता है और अपने भावों को उस तक पहुँचाकर उसे प्रभावित करता है, अर्थात् सुनने या देखनेवाले का मन अपने मन के सदृश कर देता है। अतएव यह सिद्धान्त निकला कि ललित-कला वह वस्तु या कारीगरी है जिसका अनुभव इंद्रियों की मध्यस्थता द्वारा मन को होता है और जो उन बाह्यार्थों से भिन्न है जिनका प्रत्यक्ष ज्ञान इंद्रियाँ प्राप्त करती हैं। इसलिए हम कह सकते हैं कि ललित कलाएँ मानसिक दृष्टि में सौंदर्य का प्रत्यक्षीकरण हैं।

इस लक्षण को समझने के लिए यह आवश्यक है कि हम प्रत्येक ललित-कला के संबंध में नीचे लिखी तीन बातों पर विचार करें—(1) उसका मूर्त आधार, (2) वह साधन जिसके द्वारा यह आधार गोचर होता है और (3) मानसिक दृष्टि में नित्य पदार्थ का जो प्रत्यक्षीकरण होता है, वह कैसा और कितना है।

वास्तु कला

वास्तु-कला में मूर्त आधार निकृष्ट होता है अर्थात् ईंट, पत्थर, लोहा, लकड़ी आदि जिनसे इमारतें बनायी जाती हैं। ये सब पदार्थ मूर्त हैं, अतएव इनका प्रभाव आँखों पर वैसा ही पड़ता है, जैसा किसी और मूर्त पदार्थ का पड़ सकता है। प्रकाश, छाया, रंग, प्राकृतिक स्थिति आदि साधन कला के सभी उत्पादकों को उपलब्ध रहते हैं। वे उनका उपयोग सुगमता से करके आँखों के द्वारा दर्शक के मन पर अपनी कृति की छाप डाल सकते हैं। इसके दो कारण हैं, एक तो उन्हें जीवित पदार्थों की गति आदि प्रदर्शित करने की आवश्यकता नहीं होती, दूसरे उनकी कृति में रूप, रंग, आकार आदि के वे ही गुण वर्तमान रहते हैं जो अन्य निर्जीव पदार्थों में रहते हैं। यह सब होने पर भी जो कुछ वे प्रदर्शित करते हैं, उसमें स्वाभाविक अनुरूपता होने पर भी मानसिक भावों की प्रतिच्छाया प्रस्तुत रहती है। किसी इमारत को देखकर सज्ञान-जन सुगमता से कह सकते हैं कि यह मंदिर, मसजिद या गिरजा है अथवा यह महल या मकबरा है। विशेषज्ञ यह भी बता सकते हैं कि इसमें हिन्दू, मुसलमान या यूनानी वास्तु-कला की प्रधानता है। धर्म-स्थानों में भिन्न-भिन्न जातियों के धार्मिक विचारों के अनुसार उनके धार्मिक विश्वासों के निदर्शक कलश, गुम्बज, मिहराबें, जालियाँ, झरोखे आदि बनाकर वास्तुकार अपने मानसिक भावों को स्पष्ट कर दिखाता है। यही उसके मानसिक भावों का प्रत्यक्षीकरण है। परंतु इस कला में मूर्त पदार्थों का इतना बाहुल्य रहता है कि दर्शक उन्हीं को प्रत्यक्ष देखकर प्रभावित और आनन्दित होता है; चाहे वे पदार्थ वास्तुकार के मानसिक भावों के यथार्थ निदर्शक हों या न हों, अथवा दर्शक उनके समझने में समर्थ हों या न हों।

मूर्ति-कला

मूर्ति-कला में मूर्त आधार पत्थर, धातु, मिट्टी या लकड़ी आदि के टुकड़े होते हैं, जिन्हें मूर्तिकार काट-छाँटकर या ढालकर अपने अभीष्ट आकार में परिणत करता है। मूर्तिकार की छेनी में असली सजीव या निर्जीव पदार्थ के सब गुण अंतर्हित रहते हैं। वह सब कुछ--अर्थात् रंग, रूप, आकार आदि--प्रदर्शित कर सकता है, केवल गति देना तब तक उसकी सामर्थ्य के बाहर रहता है, जब तक वह किसी कल या पुरजे का आवश्यक उपयोग न करे। परंतु ऐसा करना उसकी कला की सीमा के बाहर है। इसलिए वास्तुकार से मूर्तिकार की स्थिति अधिक महत्त्व की है। उसमें मानसिक भावों का प्रदर्शन वास्तुकार की कृति की अपेक्षा अधिकता से हो सकता है। मूर्तिकार अपने प्रस्तर-खंड या धातु-खंड में जीवधारियों की प्रतिच्छाया बड़ी सुगमता से संगठित कर सकता है। यही कारण है कि मूर्तिकला का मुख्य उद्देश्य शारीरिक या प्राकृतिक सुन्दरता प्रदर्शित करना है।

चित्र-कला

चित्र-कला का आधार कपड़े, कागज, लकड़ी आदि का चित्रपट है, जिस पर चित्रकार अपने बुरुश या कलम की सहायता से भिन्न-भिन्न पदार्थों या जीवधारियों के प्राकृतिक रूप-रंग और आकार आदि का अनुभव करता है। परन्तु मूर्तिकार की अपेक्षा उसके लिए मूर्त आधार का आशय कम रहता है। इसी से उसे अपनी कला की खूबी दिखाने के लिए अधिक कौशल से काम करना पड़ता है। वह अपने बुरुश या कलम से, समतल या सपाट सतह पर स्थूलता, लघुता, दूरी और नैकट्य आदि दिखाता है। वास्तविक पदार्थ को दर्शक जिस परिस्थिति में देखता है, उसी के अनुसार अंकन द्वारा वह अपने चित्रपट पर एक ऐसा चित्र प्रस्तुत करता है, जिसे देखकर दर्शक को चित्रगत वस्तु असली-सी जान पड़ने लगती है। इस प्रकार वास्तुकार और मूर्तिकार की अपेक्षा चित्रकार को अपनी कला के द्वारा ही मानसिक सृष्टि करने का अधिक अवसर मिलता है। उसकी कृति में मूर्तता कम और मानसिकता अधिक रहती है। कोई

ऐतिहासिक घटना या प्राकृतिक दृश्य अंकित करने में चित्रकार को केवल उस घटना या दृश्य के बाहरी अंगों को ही जानना और अंकित करना आवश्यक नहीं होता, अपितु उसे अपने विचार के अनुसार उस घटना या दृश्य को सजीवता देने और मनुष्य या प्रकृति की भावभंगी का प्रतिरूप आँखों के सामने खड़ा करने के लिए अपना बुरुश चलाना और परोक्ष रूप से अपने मानसिक भावों का सजीव चित्र-सा प्रस्तुत करना पड़ता है। अतएव यह स्पष्ट है कि इस कला में मूर्तता का अंश थोड़ा और मानसिकता का बहुत अधिक होता है।

यहाँ तक तो उन कलाओं के सम्बन्ध में विचार किया गया, जो आँखों द्वारा मानसिक तृप्ति प्रदान करती हैं। अब अवशिष्ट दो ललित कलाओं अर्थात् संगीत और काव्य पर विचार किया जायगा जो कर्त्ता द्वारा मानसिक तृप्ति प्रदान करती हैं। इन दोनों में मूर्त आधार की न्यूनता और भावना की अधिकता रहती है।

संगीत-कला

संगीत का आधार नाद है जिसे या तो मनुष्य अपने कंठ से या कई प्रकार के यंत्रों द्वारा उत्पन्न करता है। इस नाद का नियम कुछ निश्चित सिद्धांतों के अनुसार किया गया है। इन सिद्धांतों के स्थिरीकरण में मानव-समाज को अनन्त समय लगा है। संगीत में सप्त स्वर इन सिद्धांतों के आधार हैं। वे ही संगीत कला के प्राण रूप या मूल कारण हैं। इससे स्पष्ट है कि संगीत कला का आधार या संवाहक नाद है। इसी नाद से हम अपने मानसिक भाव प्रकट करते हैं। संगीत की विशेषता इस बात में है कि उसका प्रभाव बहुत विस्तृत है और वह प्रभाव अनादि काल से मनुष्य मात्र की आत्मा पर पड़ता चला आ रहा है। जंगली से जंगली मनुष्य से लेकर सभ्यातिसभ्य मनुष्य तक उसके प्रभाव के वशीभूत हो सकते हैं। मनुष्यों को जाने दीजिए, पशु-पक्षी तक उसका अनुशासन मानते हैं। संगीत हमें रुला सकता है, हमें हँसा सकता है, हमारे हृदय में आनंद की हिलोरें उत्पन्न कर सकता है, हमें शोक-सागर में डुबा सकता है, हमें क्रोध या उद्वेग के वशीभूत करके उन्मत्त बना सकता है और शांतरस का प्रवाह बहाकर हमारे हृदय में शांति की धारा बहा सकता है। संगीत का उद्देश्य हमारी आत्मा को प्रभावित करना है। इसमें यह कला इतनी सफल हुई है जितनी और कोई कला नहीं हो पायी। संगीत हमारे मन को अपने इच्छानुसार चंचल कर सकता है और उसमें विशेष भावों का उत्पादन कर सकता है। इस विचार से यह कला वास्तु, मूर्ति और चित्र-कला से बढ़कर है।

काव्य-कला

काव्य-कला शाब्दिक संकेतों के आधार पर अपना अस्तित्व प्रदर्शित करती है। मन को इसका ज्ञान चक्षुरिंद्रिय या कर्णेंद्रिय द्वारा होता है। जीवन की घटनाओं और प्रकृति के बाहरी दृश्यों के जो काल्पनिक रूप इंद्रियों द्वारा या मन पर अंकित होते हैं वे केवल भावमय होते हैं और उन भावों के द्योतक कुछ सांकेतिक शब्द हैं। अतएव भाव या मानसिक चित्र ही वह सामग्री है जिसके द्वारा काव्य-कला विशारद दूसरे के मन से अपना संबंध स्थापित करता है। इस संबंध-स्थापना की वाहक या सहायक भाषा है जिसका कवि उपयोग करता है।

काव्य-कला से ललितकलाओं का संबंध और परस्पर तुलना

ललित-कलाएँ सौंदर्य की सृष्टि करके श्रोता अथवा दर्शक के हृदय में आनंद का उद्रेक करती हैं। इस भाँति सभी ललित-कलाओं के उद्देश्यों में एकता है। आनंद उत्पन्न करने के अतिरिक्त भी इन कलाओं का मानव-जीवन में कोई उपयोग है या नहीं, इस संबंध में मतभेद है। विद्वानों का एक दल कहता है कि ललित-कलाएँ स्वभाव से ही आनंददायिनी होती हैं और यही उसकी सार्थकता है। इससे अलग किसी प्रकार की उपादेयता कला में ढूँढ़ना अनुचित ही नहीं वरन् स्वयं कला के लिए अनिष्टकर है। किंतु विद्वानों का दूसरा दल कला को जीवन के दूसरे

व्यापारों से अलग कोई स्वतंत्र स्थान नहीं प्रदान नहीं करता। उसके मतानुसार कला को उसी प्रकार जाँचना चाहिए जिस प्रकार हम जीवन के दूसरे अनुभवों, क्रियाओं और पदार्थों को जाँचते हैं। कलाएँ हमारे जीवन पर कैसा प्रभाव डालती हैं यह प्रश्न इस मत के अनुयायियों के लिए बहुत महत्त्व रखता है। दोनों दलों में किसका सिद्धांत ठीक है यह कहना कठिन है; किन्तु इतना अवश्य है कि दूसरे दल का सिद्धांत बहुत पुराना है और प्लेटो तथा अरस्तू के समय से आज तक अधिकतर कला-शास्त्रियों ने इसे अपनाया है। 'कला के लिए कला' वाला सिद्धान्त अभी बहुत नया है और स्थूल दृष्टि से विचार करने पर भी उसमें कई त्रुटियाँ दिखाई पड़ती हैं। यह सबसे पहले सिद्धांत मान लेता है कि कलाओं द्वारा उत्पन्न किया आनंद दूसरी मानसिक क्रियाओं से सर्वथा पृथक् होकर रह सकता है; क्योंकि मस्तिष्क में वर्तमान दूसरे अनुभवों के साथ यदि इसका संपर्क मान लिया जाय तो ऐसा संभव नहीं कि इसका कुछ न कुछ प्रभाव उस पर न पड़े। किंतु, मनोविज्ञान के अनुसार मस्तिष्क में किसी भी अनुभव का इस प्रकार पूर्ण रूप से अकेला होकर रहना संभव नहीं है। दूसरी बात यह है कि यदि कलाओं का काम केवल आनंद देना है तो भी वे उस असाधारण आनंद को उत्पन्न करके हमारी भावनाओं को जागरित और संस्कृत कर देती है और यदि वे इस प्रकार हमारी भावनाओं को पुष्ट और सुसंस्कृत बनाती तथा हमारी कल्पना-शक्ति को तीव्र करती हैं तो हम उन्हें उपादेयता युक्त न कहकर और क्या कहेंगे? कलाओं की जो उपादेयता मनुष्य के व्यक्तिगत जीवन में है वही समाज के लिए भी है। यदि कवि, गायक तथा दूसरे कलाकार न हुए होते तो सभ्य मानव-समाज की मानसिक वृत्तियाँ इतनी तीव्र और सुसंस्कृत न हुई होतीं।

भारतीय कला का जीवन से अत्यन्त घनिष्ठ संबंध रहा है। 'भारत में कला जातीय जीवन के अनुभवों का एक चित्र मात्र है। वह जीवन से उसी प्रकार संबंध रखती है और जीवन में उसी प्रकार काम आती हैं जैसे हमारा रात-दिन का भोजन।'

कविता और संगीत

कविता और संगीत में बहुत साम्य है। महाकवि मिल्टन ने, जो स्वयं संगीत का बहुत प्रेमी था, इन दोनों कलाओं को एक दूसरे की बहिन बताया है। कविता और संगीत दोनों गतिशील कलाएँ हैं। ये दोनों स्थिर रूप में एक बार ही ग्रहण नहीं की जातीं। प्रत्येक पंक्ति के साथ कविता का और स्वर के प्रत्येक आरोह तथा अवरोह के साथ संगीत का प्रभाव आगे बढ़ता है। एक चित्र को हम एक ओर से दूसरी ओर, दाहिने से बायें और ऊपर से नीचे जिस प्रकार चाहें देखकर एक-सा आनंद उठा सकते हैं पर कविता और संगीत में गति आगे की ओर बढ़ती है, इससे आगे से पीछे लौटकर उल्टी रीति से इन कलाओं का आनन्द हम नहीं उठा सकते। फिर, कविता और संगीत दोनों ही ध्वनि और लय का उपयोग करते हैं, यद्यपि कविता की अपेक्षा संगीत में उनका कहीं अच्छा उपयोग होता है। इसका कारण यह है कि संगीत में केवल स्वर वर्ण ही प्रयुक्त किये जाते हैं और इसलिए उसका माध्यम कहीं अधिक लचीला है। कविता में स्वर वर्णों के साथ व्यंजन मिलकर उसके माध्यम को कम लचीला बना देते हैं। दूसरी ओर कविता की विशेषता यह है कि शब्दों की सहायता से वह भावों को अधिक स्पष्ट रूप से प्रकट कर सकती है। संगीत जिस भाव को केवल स्वरों के संकेत मात्र से अवगत करायेगा कविता उसे रूप देकर सामने खड़ा कर देने में समर्थ होती है। दूसरी बात यह है कि संगीत की अपेक्षा कविता का क्षेत्र कहीं अधिक विस्तृत है। संगीत कुछ भाव, कुछ मानसिक परिस्थितियों को ही प्रकट कर सकता है। संगीत द्वारा हर्ष, करुणा और विषाद की बड़ी अच्छी अभिव्यक्ति हो सकती है किन्तु बाह्य जगत् के चित्रण में संगीत का कोई हाथ नहीं। संगीत द्वारा हम किसी युद्ध घटनाओं का वर्णन नहीं कर सकते। कविता बाह्य और अंतर दोनों परिस्थितियों को प्रकट करने में समर्थ है। कविता के द्वारा

कवि घटनाओं और पदार्थों का वर्णन उसी सुगमता से कर सकता है जैसे सुख, दुःख, हर्ष, विस्मय, विषाद आदि भावों का।

परन्तु इस परिमित क्षेत्र में संगीत अपना प्रतिद्वंद्वी नहीं रखता। संगीत कला के सबसे सूक्ष्म और दार्शनिक रूप हैं। एक तो इसका माध्यम सबसे अधिक सूक्ष्म है, दूसरे इसमें पदार्थ और रूप का पृथक् करना संभव नहीं है। 'संगीत हमारे विचारों का नहीं वरन् हमारी इच्छा-शक्ति का प्रतिरूप है, विचार उसके बाह्य रूप हैं।'

कविता अपना प्रभाव उत्पन्न करने के लिए संगीत के माधुर्य से किस प्रकार सहायता लेती है, इस विषय पर हम काव्य की आलोचना करते समय विचार करेंगे। यहाँ पर केवल यह लिख देना पर्याप्त होगा कि कुछ कवियों की कविता अधिक संगीतमय और कुछ की कम संगीतमय है। कुछ कवि अपनी कविता को स्वर और ध्वनि के माधुर्य पर इतना निर्भर कर देते हैं कि कविता संगीत की अनुगामिनी मात्र होकर रह जाती है। अँग्रेजी के कवि स्विनबर्न ने ऐसा ही किया है। इस प्रकार कविता को संगीत पर निर्भर कर देना कविता के महत्त्व को कम करना है।

काव्य-कला और चित्रण-कला

कला के कुछ विवेचन करने वालों ने कविता और चित्रण-कला को बहुत कुछ एक सिद्ध करने का प्रयत्न किया है। उन्होंने चित्र को रेखाबद्ध कविता और कविता को शब्दों द्वारा चित्रण बताया है। ध्यानपूर्वक विचार करने पर यह स्पष्ट हो जायगा कि कविता और चित्रण-कला में संबंध अवश्य है पर इसके होते हुए भी उनमें बहुत कुछ विभिन्नता है।

जैसा कि ऊपर लिखा जा चुका है, काव्य-कला गतिशील कला है: किन्तु चित्रण-कला स्थायी कला है। काव्य में शब्दों की सहायता से क्रियाओं और घटनाओं का वर्णन किया जा सकता है। कविता का प्रवाह समय द्वारा बँधा हुआ नहीं है। समय और कविता दोनों ही प्रगतिशील हैं; इसलिए कविता समय के साथ परिवर्तित होने वाली क्रियाओं, घटनाओं और परिस्थितियों का वर्णन समुचित रूप से कर सकती है। चित्रण-कला स्थायी होने के कारण समय केवल एक पल को—पदार्थों के केवल एक रूप को—अंकित कर सकती है। चित्रण-कला में केवल पदार्थों का चित्रण हो सकता है। कविता में परिवर्तनशील परिस्थितियों, घटनाओं और क्रियाओं का वर्णन हो सकता है इसलिए कहा जा सकता है कि कविता का क्षेत्र चित्र-कला से विस्तृत है। कविता द्वारा व्यक्त किये हुए एक-एक भाव और कभी-कभी कविता के एक शब्द के लिए अलग चित्र उपस्थित किये जा सकते हैं।

किंतु पदार्थों का अस्तित्व समय से परे तो है नहीं, उनका भी रूप समय के साथ बदलता रहता है और ये बदलते हुए रूप बहुत अंशों में समय का प्रभाव प्रकट करते हैं। इसी प्रकार क्रिया और गति, बिना पदार्थों के आधार के संभव नहीं। इस भाँति किसी अंश में कविता पदार्थों का सहारा लेती है और चित्रण-कला प्रगतिवान् समय द्वारा प्रभावित होती है। पर यह सब गौण रूप से होता है।

हमने लिखा है कि पदार्थों का चित्रण चित्र-कला का काम है, कविता का नहीं। इस पर कुछ लोग आपत्ति कर सकते हैं कि काव्य-कला के माध्यम शब्द सर्वशक्तिमान् हैं, उनसे जो काम चाहे लिया जा सकता है; पदार्थों के वर्णन में वे उतने ही काम के हो सकते हैं जितने क्रियाओं के। पर यह स्वीकार करते हुए भी कि शब्द बहुत कुछ करने में समर्थ हैं, यह नहीं माना जा सकता कि वे पदार्थों का चित्रण उसी सुन्दरता से कर सकते हैं जिस सुन्दरता से चित्र। एक चित्र को जब हम देखते हैं तो उसका प्रभाव एक क्षण में एक साथ ही हमारे मस्तिष्क पर पड़ता है। वह प्रभाव इतना सच्चा और सुसंबद्ध होता है कि चित्र को देखते ही हम चित्र को भूलकर चित्रित पदार्थों को देखने लगते हैं, मानो वे हमारी आँखों के सामने आ जाते हैं। पदार्थों को शब्दों द्वारा वर्णित करके

यह सुसंबद्ध प्रभाव नहीं उत्पन्न किया जा सकता। शब्दों द्वारा हम किसी पदार्थ का जब वर्णन करेंगे तब उसके एक-एक अंग का वर्णन क्रम से अलग-अलग करना पड़ेगा। फिर वह चित्र का-सा एक प्रभाव कहाँ रह गया? इसीलिए संसार के बहुत बड़े कवियों ने कविता में चित्रण के ढंग पर रूप-वर्णन की चेष्टा कभी नहीं की। उन्होंने उस सुन्दरता के प्रभाव को दिखाकर ही उसका आभास कराया है। यूनान में हेलेन सुन्दरता की साक्षात् प्रतिमा मानी गयी है किंतु कहीं भी होमर ने उसका नख-शिख वर्णन नहीं किया है। इसी प्रकार गोस्वामी तुलसीदास ने सीता के रूप का वर्णन करते हुए यह लिखा है—

जस छवि सुधा-पयोनिधि होई। परम रूपमय कच्छप सोई।।
सोभा रजु मंदरु सिगारू। मथइ पानि-पंकज निज मारू।।
एहि विधि उपजइ लच्छि जब, सुंदरता-सुख-मूल।
तदपि सकोच-समेत कवि, कहहिं सीय सम तूल।।

अपनी या किसी और की जानकारी के लिए पदार्थों का वर्णन शब्दों द्वारा किया जा सकता है किंतु वह वर्णन एक चित्र के समान कभी न होगा।

मूर्ति-कला, वास्तु-कला तथा कविता

मूर्ति-कलां और वास्तु-कला को हमने काव्य-कला से तुलना के लिए एक साथ लिया है क्योंकि एक ही प्रकार का सौंदर्य दोनों का साधन है। दोनों का प्रभाव रूप-संघटन पर निर्भर है। मूर्तिकार और वास्तु-कलाकार दोनों ही सुडौलता और सामंजस्य का ध्यान रखते हैं, यद्यपि मूर्तिकार पत्थर को काटकर किसी वास्तविक अथवा कल्पित पदार्थ का रूप खड़ा करता है और वास्तुकार पत्थर, लकड़ी, लोहा इत्यादि से सुन्दर गृह-निर्माण करता है।

सुडौलता और सुन्दरता पृथक् नहीं किये जा सकते और कवि को भी उसका ध्यान रखना पड़ता है। भिन्न-भिन्न पद्यों के स्वरूप निर्धारित करने के लिए जो नियम बनाये गये हैं वे इस प्रकार के प्रमाण हैं। छंद-प्रबंध, विभिन्न प्रकार की कविता में आकार, महाकाव्य में कितने सर्ग होंगे, नाटक में कितने अंक होंगे, ये सब बातें कविता में सुडौलपन लाने के लिए ही बनायी गयी हैं। इस भाँति हम देखते हैं कि कविता का बाह्य रूप सौंदर्य के उसी सिद्धान्त पर अवस्थित है जो सिद्धांत मूर्ति-कला और वास्तु-कला का आधार है।

ललित कलाओं का ज्ञान

अपने को छोड़कर अथवा अपने से भिन्न संसार में जितने वास्तविक पदार्थ आदि हैं, उनका विचार हम दो प्रकार से करते हैं। अर्थात् हम अपनी जाग्रत अवस्था में समस्त सांसारिक पदार्थों का अनुभव दो प्रकार से प्राप्त करते हैं—एक तो ज्ञानेन्द्रियों द्वारा उसकी प्रत्यक्ष अनुभूति से और दूसरे उन भावचित्रों द्वारा जो हमारे मस्तिष्क या मन तक सदा पहुँचते रहते हैं। मैं अपने बगीचे के बरामदे में बैठा हूँ। ऐसे समय में जहाँ तक मेरी दृष्टि जाती है, उस स्थान का पेड़ों का फूलों का, फलों का अर्थात् मेरे दृष्टिपथ में जो कुछ आता है उन सबका, मुझे साक्षात् अनुभव या ज्ञान होता है। कल्पना कीजिए कि इसी बीच में मेरा ध्यान किसी और सुंदर बगीचे की ओर चला गया जिसे मैंने कुछ दिन पहले कहीं देखा था, अथवा जिसकी कल्पना मैंने अपने मन में ही कर ली। उस दशा में इन बगीचों में मेरे पूर्व अनुभवों या उनसे जनित भावों का सम्मिश्रण रहेगा। अतएव पहले प्रकार के ज्ञान को हम बाह्य कहेंगे, क्योंकि उसका प्रत्यक्ष संबंध उन सब पदार्थों या जीवों से है, जो मेरे अतिरिक्त वर्तमान हैं और जिनका प्रत्यक्ष अनुभव मुझे अपनी ज्ञानेंद्रियों द्वारा होता है। दूसरे प्रकार के ज्ञान को हम आंतरिक ज्ञान कहेंगे क्योंकि उसका संबंध मेरे पूर्व संचित अनुभवों या मेरी कल्पना-शक्ति से है। ज्ञान का पहला विस्तार मेरी गोचर शक्ति सीमा से परिमित है, पर दूसरा विस्तार उससे अत्यंत अधिक है। उसकी सीमा निर्धारित करना कठिन है।

यह मेरे पूर्व अनुभव पर ही अवलंबित नहीं, इसमें दूसरे लोगों का अनुभव भी सम्मिलित है। इसमें मेरी ही कल्पना-शक्ति सहायक नहीं होती वरन् दूसरों की कल्पना-शक्ति भी सहायक होती है। जिन पूर्ववर्ती लोगों ने अपने-अपने अनुभवों को अंकित करके उन्हें रक्षित या नियंत्रित कर दिया है, चाहे वे इमारत के रूप में हों, चाहे मूर्ति के, चाहे चित्र के और चाहे पुस्तक के; सबसे सहायता प्राप्त करके मैं अपने ज्ञान की वृद्धि कर सकता हूँ। पुस्तकों द्वारा दूसरों का जो संचित ज्ञान मुझे प्राप्त होता है और जो अधिक काल तक मानव-हृदय पर अपना प्रभाव जमाये रहता है उसी की गणना हम काव्य या साहित्य में करते हैं। साहित्य से हमारा अभिप्राय उस ज्ञान-समुदाय से है, जिसे साहित्य-शास्त्रियों ने साहित्य की सीमा के भीतर माना है।

इन विचारों के अनुसार काव्य या साहित्य को हम महाजनों की भावनाओं, विचारों और कल्पनाओं का एक लिखित भण्डार भी कह सकते हैं, जो अनंत काल से भरता आता है और निरंतर भरता जायगा। मानव-सृष्टि के आरंभ से मनुष्य जो कुछ देखता, अनुभव करता और सोचता-विचारता आया है, उन सबका बहुत कुछ अंश इसमें भरा पड़ा है, अतएव यह स्पष्ट है कि मानव-जीवन के लिए यह भण्डार कितना प्रयोजनीय है।

काव्य-कला का महत्त्व

संसार का जो कुछ ज्ञान हम अपने पूर्व अनुभव और काव्य-साहित्य के द्वारा प्राप्त करते हैं, वह हमें इस योग्य बनाता है कि हम इस मूर्त संसार का बाह्य ज्ञान भली-भाँति प्राप्त करें और विविध कलाओं के परिशीलन या प्रकृति के दर्शन से वास्तविक आनंद प्राप्त करें तथा उसका मर्म समझें। संसार की प्रतीति ही हमें उसके मूर्त बाह्य स्वरूप को पूरा-पूरा समझने में समर्थ करती है।

काव्य को हम मानव जाति के अनुभवो, कार्यों अथवा उसकी अंतर्वृत्तियों की समष्टि भी कह सकते हैं। जैसे एक व्यक्ति का अंतःकरण, उसके अनुभव, उसकी भावना, उसके विचार और उसकी कल्पना को—अर्थात् उसके सब प्रकार के ज्ञान को—रक्षित रखता है और उसके रक्षित भंडार की सहायता से वह नष्ट अनुभव और नयी भावनाओं का तथ्य समझता है, उसी प्रकार काव्य जातिविशेष का मस्तिष्क या अंतःकरण है, जो उसके पूर्व अनुभव, भावना, विचार, कल्पना और ज्ञान को रक्षित रखता है और उसी की सहायता से उसकी वर्तमान स्थिति का अनुभव प्राप्त किया जाता है। जैसे ज्ञानेंद्रियों के सब संदेश मस्तिष्क की सहायता और सहयोगिता के बिना अस्पष्ट और निरर्थक होते हैं वैसे ही साहित्य के बिना, पूर्व-संचित ज्ञान-भंडार के बिना मानव-जीवन पाशव-जीवन के समान होता है, उसमें वह विशेषता ही नहीं रह जाती है जिसके कारण वह मनुष्य कहलाने का अधिकारी है।

दूसरा अध्याय
साहित्य का विवेचन

उद्देश्य

बहुत प्राचीन काल में मनुष्य मूर्ति-रचना, चित्रांकन, संगीत तथा कविता की भिन्न-भिन्न प्रणालियों से अपनी भावनाएँ व्यक्त करता था। उसी प्रकार वह आज भी कर रहा है। अतएव इन प्राणियों में किसी एक को दूसरे से अधिक स्वाभाविक अथवा संस्कृत नहीं कहा जा सकता। प्रायः सभी समयों में वे सभी प्रणालियाँ प्रचलित थीं और आज भी प्रचलित हैं। सभी सभ्य देशों में इनका विकास होता रहा है और ये ही उन देशों की सभ्यता का माप-दंड बन रही हैं। इतिहास के शोधक इनके ही आधार पर प्राचीन सभ्यताओं की विशिष्टताओं का निरूपण करते हैं। ऐसी अवस्था में यह भ्रम उत्पन्न नहीं हो सकता कि साहित्य-कला किसी अन्य कला के तत्त्वतः भिन्न अथवा पृथक् है। साहित्य की उत्पत्ति और विकास भी उसी प्रकार से हुआ है जिस प्रकार अन्य कलाओं का हुआ है। साहित्य के मूल में भी वे ही मनोभाव हैं जो सब कलाओं के मूल में हैं, पर अन्य कलाओं की अपेक्षा साहित्य का प्रभाव अधिक विस्तृत तथा उसका दर्शन-शास्त्र अति सूक्ष्म है। यहाँ उसके स्वरूप-निरूपण की आयोजना की जा रही है। संस्कृत आदि प्राचीन उन्नत भाषाओं में तथा आधुनिक पाश्चात्य भाषाओं में इस प्रकार की आलोचनाएँ की जा चुकी हैं और अनेक साहित्य-शास्त्र-संबंधी ग्रंथ लिखे जा चुके हैं। कभी-कभी ये शास्त्र साहित्य-कला के प्रकृति रूप का उद्‌घाटन करने के उचित पथ का परित्याग कर नियम-निर्धारण की पद्धति पर चलने लगते हैं जिसके कारण अनेक प्रकार के प्रवाद प्रचलित हो जाते हैं और साहित्य का अनिष्ट होने लगता है। नियम-निर्धारण के लिए साहित्य-शास्त्र की रचना उचित नहीं जान पड़ती और न स्वाभाविक ही है। साहित्य की वेगवती सरिता नियमों की अवहेलना कर स्वच्छंदतापूर्वक बहने में ही प्रसन्न रहती है। साहित्य संबंधी शास्त्रकार को अनधिकार चेष्टा नहीं करनी चाहिए। उसका यह कार्य नहीं है कि वह सरिता के बहाव के सामने बाँध बाँधने की चेष्टा करे। उसे चाहिए कि वह उस प्रवाह के दर्शन करे, सुगम्य नौका द्वारा उसमें विहार करे, उसके बँधे हुए घाटों तथा तट की शोभा का आनंद ले। अपने इन अनुभवों का लाभ वह अन्य यात्रियों के लिए जितनी ही सुबोध तथा सुचारु रीति से दे सके उसकी उतनी ही अधिक सफलता है। साहित्य संबंधी तथ्यों का उद्‌घाटन करते हुए हमें अपनी परिमित बुद्धि के द्वारा यह ध्यान रखना चाहिए कि अपनी ओर से नियमों का बंधन बनाकर साहित्य की धारा बदलने की चेष्टा न करें। केवल उसके नैसर्गिक नियमों को यथासम्भव प्रकट कर दें। साहित्यालोचन में व्यक्तिगत मत-निरूपण को सदैव दूर रखते हुए साहित्य के स्वभाव का निरूपण हमारा लक्ष्य होना चाहिए।

साहित्य-दर्शन

अन्य ललित-कलाओं की ही भाँति साहित्य का स्रष्टा भी चैतन्य मनुष्य है। यह संसार असंख्य जीवधारियों की निवास-भूमि है। हमारे शास्त्र कहते हैं कि प्रत्येक जीव आत्मवान् है। आत्मा अपने निर्विकल्प रूप में प्रत्यगात्मा है। ज्ञान इच्छा और क्रिया ये आत्मा की तीन वृत्तियां मानी गयी हैं। जिस प्रकार प्रत्येक जीव आत्मवान् है उसी प्रकार प्रत्येक में अनात्मभाव भी है। सांख्य में इसे ही मूल प्रकृति कहा है। आत्म और अनात्म के समिश्रण से ही जीव मात्र की रचना हुई है। गोस्वामी तुलसीदास ने इसी को "जड़ चेतन की ग्रंथि" कहकर अपना प्रसिद्ध रूपक बाँधा है। संसार का संसरण इसी सम्मिश्रण का रूप है। प्रत्यगात्मा और मूल प्रकृति—आत्म और अनात्म—दोनों ही परमात्मा में हैं जिनकी लीला का यह संसार हमारी आँखों के सामने फैला हुआ

है। जितने जीवधारी हैं सबमें आत्मभाव और अनात्मभाव भिन्न-भिन्न मात्राओं, में व्यक्त हो रहा है। इसीलिए जीवों के अगणित रूप हैं। एक परमात्मा का यह अगणित रूप ''एकोऽहं बहुस्याम'' के श्रुतिवाक्य से सिद्ध होता है। किसी जीव में आत्मभाव प्रबल है, किसी में अनात्मभाव प्रबल है। इन्हीं जीवों से एक राष्ट्र का, एक संसार का, एक समष्टि का निर्माण होता है। इसलिए हम बहुधा किसी राष्ट्र को सत्योन्मुख और किसी को असत्योन्मुख कहते हैं, संसार में कभी सतयुग और कभी कलियुग का प्रवेश बतलाते हैं और समष्टि-चक्र में कभी आत्मा की तथा कभी अनात्मा की अधिकता पाते हैं। मूल में पहुँचने पर हम प्रत्येक जीव के आत्मभाव और अनात्मभाव का दर्शन करते हैं, जिसके संयोग से यह बहुरूपी संसार भास रहा है।

यहाँ यह प्रश्न उठता है कि आत्मभाव और अनात्मभाव क्या है जिनका संमिश्रित रूप हम भिन्न-भिन्न जीवों में देख रहे हैं। क्यों हम किसी जीव को साधु तथा सदाचारी और किसी अन्य को असाधु तथा दुराचारी कहते हैं? आज एक व्यक्ति हमारे सामने आता है जो आत्महत्या करने को तैयार है। उसकी बातें किस प्रकार की होती हैं? यह कहता है कि आत्मा कुछ नहीं है, केवल जड़ संसार सबको घेरे हुए है। संसार में न्याय कहीं नहीं, क्लेश सर्वत्र है। आचार के स्थान पर दुराचार और न्याय के स्थान पर अन्याय का ही व्यापार सब ओर फैल रहा है। आज यह सुन लेने के बाद कल किसी दूसरे जीव से आपकी भेंट होती है। वह कहता है—आत्मा ही सब कुछ है। इसके अतिरिक्त और कुछ नहीं। सत्य ही संसार का स्वरूप है। सत् ही आचार है। अब इन दोनों जीवों के वचनों की तुलना कीजिए। एक में आप अनात्मभाव की पराकाष्ठा और दूसरे में आत्मभाव का विशद रूप देखते हैं। ऊपर तो हमने केवल दो उदाहरण लेकर आत्म और अनात्म का विभेद दिखाने की चेष्टा की है। वास्तविक संसार में तो यह विभेद दृष्टिगोचर ही नहीं होता। जितने जीव हैं सब में ये दोनों भाव भिन्न-भिन्न मात्राओं में व्याप्त रहे हैं जिनका आदि-अंत मिलना बहुत ही कठिन है। प्रश्न यह है कि आत्म और अनात्म का भेद क्या है, स्वरूप क्या है, पहचान क्या है?

इन प्रश्नों का उत्तर दार्शनिकों ने अनेक प्रकार से दिया है पर उन सबका प्रस्तुत विषय से संबंध नहीं है। हमारे लिए तो यही जान लेना पर्याप्त है कि आत्म और अनात्म का भेद संसार में दिखाई देता है और इस भेद के अंतर्गत इसके अगणित उपभेद मिलते हैं। ''भिन्न-रुचिर्हिलोकः'', ''मुंडे मुंडे मतिर्भिन्ना'' आदि अनेक उक्तियों में इसी भेद की ध्वनि भरी हुई है। आत्म और अनात्म का स्वरूप क्या है हम ऊपर के उदाहरण में प्रकट कर चुके हैं। इन दोनों के मुख्य-मुख्य लक्षणों पर पंडितों ने प्रकाश डाला है। आत्म गुण आनंदमय ठहराया गया है। आनंद का विस्तार, प्रसार, उन्नयन ये आत्मिक क्रियाएँ कही गयी हैं। इसी के विरोधी गुण तथा क्रियाएँ अनात्मा की मानी गयी हैं। किसी जीवधारी में आनंद का आधिक्य है, किसी में उसकी न्यूनता होती है, किसी अन्य में इसके विपरीत भाव देख पड़ते हैं। इसी चक्र से यह संसार चल रहा है।

आनंद और विषाद, आकर्षण और विकर्षण, अनुराग और विराग ये क्रमशः आत्मा और अनात्मा के विषय हैं और ये ही साहित्य के भी विषय हैं। जेसे नित्यप्रति के जीवन में हमारी ज्ञान, इच्छा और क्रिया की वृत्तियाँ आनंद और विषाद, आकर्षण और विकर्षण, आत्म और अनात्म के अगणित भेदों के साथ संयुक्त हो जाती हैं वैसे ही वे साहित्य में भी होती हैं। जीवन में जो प्रमुख इच्छाएँ और कामनाएँ हैं, साहित्य में वे ही स्थायी भाव हैं। जीवन में जिस प्रकार प्रत्येक जीव अपनी इच्छाओं की पूर्ति द्वारा अपने आनंद का विस्तार करना चाहता है उसी प्रकार साहित्य का भी प्रत्येक पाठक अपने अनुरूप 'रस' को प्राप्त करना चाहता है। जिस प्रकार किसी देश, जाति अथवा राष्ट्र का जीवन उसके प्रत्येक व्यक्ति के जीवन का समष्टि रूप है और जिस प्रकार प्रत्येक व्यक्ति संसार में अपने जीवन को अपने ही पथ पर ले चलता और आप ही अपना विकास करता है उसी प्रकार साहित्य में भी समष्टि रूप से सबके योग्य सामग्री और सबके विकास के

साधन रहते हैं। सारांश यह है कि हमारा साहित्य भी हमारे सृष्टि-चक्र के तुल्य ही नानात्व के सहित है। यदि ऐसा न होता तो उसका साहित्य नाम कैसे सार्थक होता? हमारी समझ नें चैतन्य मनुष्य ने अपने अनुरूप ही साहित्य की यह सजीव प्रतिमा निर्मित की है।

साहित्य आत्म और अनात्म के सहित रहता है। हमारे शास्त्रकारों ने उसका और अधिक ऊहापोह भी किया है। आत्म और अनात्म, पुरुष और प्रकृति इन सब भेदों को परमात्मा में विलीन कर देने की व्यवस्था पुरानी है। हिंदू मत की श्रेष्ठ विशेषता यही है कि वह भेदों के भीतर एक अभेद को देखता है। प्राचीन के इस दर्शन ने ब्रह्म का निरूपण किया था और साहित्य में भी उन्होंने रस का निरूपण किया है। ज्ञान, भक्ति, कर्म आदि के भिन्न-भिन्न मार्गों से उसी एक की प्राप्ति बतलायी गयी है और साहित्य का रस भी उसी के समकक्ष प्रतिष्ठित किया गया है। शास्त्रकारों का कथन है कि साहित्य के रस का आनंद अलौकिक है और वह आनंद ब्रह्मानंद-सहोदर है। उन्होंने इस विषय में अनेक तर्क उपस्थित किये हैं। पानी पीने से प्यास बुझती है; प्यास की इच्छा का उपशमन होता है; तृप्ति मिलती है। वह तृप्ति लौकिक है और जल का आस्वाद भी लौकिक है। परन्तु साहित्य का रस लौकिक नहीं है। हमारी लौकिक इच्छाएँ साहित्य में भावना के रूप धारण करके परिष्कृत हो जाती हैं। जब किसी ग्रन्थ में हम लौकिक घटनाओं का वर्णन पढ़ते हैं तब वे हमारे स्मृतिपटल पर अपना भावना-चिह्न अंकित करती हैं। उनका आस्वाद हमारे लौकिक आस्वाद से भिन्न होता है। जैसे कोई सरिता अपनी गति से प्रवाहित हो रही है और उसका प्रवाह मोड़कर, दूसरी दिशाओं में घुमा-फिराकर फिर उसी सरिता में मिला दिया जाय तो परिणाम यह होगा कि उसका जल अधिक तीव्र गति से वृत्ताकार फिरने लगेगा और फलस्वरूप उसे अधिक गहराई भी प्राप्त होगी। साहित्य का प्रभाव भी साधारण जीवन की घटनाओं की अपेक्षा अधिक तीव्र और गहरे रूप में पड़ता है। वह प्रभाव, वह रस इसीलिए अलौकिक कहा गया है।

साहित्य-कला का रूप

इस प्रकार साहित्य के अनंत भावों को रस के अलौकिक आनंद में सन्निविष्ट कर शास्त्रकार ने साहित्य-कला का रूप निरूपित कर दिया। यदि भावों के साथ रस के अलौकिकत्व की योजना न की जाती तो साहित्य का व्यक्तित्व स्पष्टतः प्रकाश में न आता। अगले अध्यायों में हम साहित्य-कला के अंग-प्रत्याग की परीक्षा करते हुए शास्त्रकार के उपयुक्त निरूपण पर विचार करेंगे। यहाँ हम इतना ही कह सकते हैं कि साहित्य भी अन्य कलाओं की भाँति एक नैसर्गिक और अखंड सृष्टि है। जीवन के असंख्य रंग-रूपों से साहित्य की कला शोभाशालिनी बनती है। हमारे असंख्य भावों से उत्पन्न रस ही साहित्य की सजीव आत्मा है, यही उसकी मूल वस्तु है। इस मूल वस्तु का अस्तित्व जब तक है तब तक साहित्य, साहित्य है। उसमें अनेक प्रकार की उपाधियाँ लग सकती हैं, वह स्वयं अनेकानेक रूप धारण कर सकता है, परन्तु इससे उसका वास्तविक रूप नष्ट नहीं होता। अनेकानेक भावों के नियमों के संयोग से ही रस की निष्पत्ति होती है जिसे अलौकिक आनंद प्रदान करने वाला माना गया है। हमारे साहित्य के शास्त्रकारों ने अलौकिकता की कोई स्पष्ट व्याख्या नहीं की। रसानंद को ब्रह्मानंद-सहोदर बतलाकर उसका कुछ आभास दिया गया है। यूरोपियन कलाशास्त्री क्रोचे भी साहित्य की प्रक्रिया को आध्यात्मिक कहता है। प्रायः रस संप्रदायवालों की अलौकिकता और क्रोचे की आध्यात्मिकता एक ही है। इंग्लैण्ड के योग्य साहित्य-समीक्षक आई० ए० रिचर्ड्स महोदय ने इस विषय पर विशद विवेचन किया है और वे इस निष्कर्ष पर पहुँचे हैं कि साहित्य का आनंद साधारण प्राकृतिक आनंद से तत्त्वतः भिन्न नहीं है। उसका कथन है कि प्राकृतिक वस्तुओं के देखने से चित्त पर जो प्रभाव पड़ता है लगभग उसी प्रकार का प्रभाव उनका वर्णन साहित्य में पढ़ने से पड़ता है। हरित

भूमिखंड, नीले आकाश, वासंती वन-विभूति का जो आनंद है वही साहित्य का आनंद है। यदि कुछ भेद है तो केवल मात्रा का। साहित्य में वह कुछ असाधारण रूप में मिलता है। इसका प्रधान कारण यह है कि साहित्य के द्वारा हमारी भावना-शक्ति अधिक परिष्कृत हुई रहती है, जिससे प्राकृतिक वस्तु की अपेक्षा अधिक प्रभावशाली रूप में साहित्य का आनंद प्राप्त होता है। साहित्य चक्र को एक अलौकिक क्रियाचक्र मानकर चलने वाले व्यक्तियों ने अनेक बार साहित्य को जीवनधारा के स्वच्छ जल से वंचित कर दिया है। ''कला के लिए कला'' का वाद जब बढ़ जाता है तब बहुत से मिथ्याबुद्धि समीक्षक अलौकिक आनंद का अर्थ नीति और आचार शास्त्रों का पालनजन्य पुण्य लगा देते हैं और मनमाने ढंग पर अपनी व्याख्या आरंभ करते हैं। सच्ची बात यह है कि संस्कृत में लौकिक और अलौकिक का प्रायः पारिभाषिक अर्थ में व्यवहार होता है। यहाँ अलौकिक से परलोक, भूतविद्या, अध्यात्म आदि का अर्थ कभी नहीं समझा जाता। अलौकिक का सीधा-सादा अर्थ है संवेदन-जन्य मानसिक और सूक्ष्म। इसी से लौकिक बात में सभी लोग लग जाते हैं पर अलौकिक की ओर कल्पना-संपन्न, शास्त्र-पारंगत विद्वान् और रसिक जन ही जाते हैं। उदाहरण के लिए व्याकरण में लौकिक व्युत्पत्ति को सभी पाठक तथा श्रोता समझ लेते हैं पर अलौकिक व्युत्पत्ति को विशेषज्ञ वैयाकरण ही काम में लाते हैं। इसी प्रकार आनंद की भी बात है। लौकिक आनंद इसी लोक में—हमारे इसी स्थूल शरीर और इंद्रियों के लोक में—मिलता है पर अलौकिक आनंद सूक्ष्म मानस-लोक में और कभी-कभी उससे भी ऊपर उठने पर प्राप्त होता है। अतः लौकिक और अलौकिक में पारिभाषिक अर्थ को समझे बिना आलोचना करना बड़ी भारी भूल है। पहले प्रकरण में भी हम लौकिक और अलौकिक आनंद का थोड़ा भेद दिखा चुके हैं। यहाँ हमें इतना ही और स्मरण रखना चाहिए कि साधारण 'आहार और निद्रा' के सुख का आधार हमारी सहज प्रवृत्तियाँ और इंद्रियाँ दोनों होती हैं पर प्रवृत्तियों का ही प्राधान्य रहता है; आगे बढ़ने पर जिसे हम इंद्रिय सुख अथवा लौकिक सुख कहते हैं उसमें इंद्रियों के साथ मानस कल्पना का भी योग रहता है, पर प्राधान्य रहता है इंद्रियों का ही; इसी से यह सुख भौतिक और स्थूल प्राकृतिक सुख माना जाता है। अंत में वह भूमिका आती है जिसमें कल्पना ही प्रधान हो जाती है और कल्पना के द्वारा विचित्र अनुभूति होती है। इसे कहते हैं अलौकिक। इसका भी संबंध मनुष्य के भौतिक जगत् से रहता है, पर गौण रूप से। लौकिक आनंद में पहले लोक आता है तब आती है कल्पना और अलौकिक आनंद में पहले कल्पना आती है और फिर उस मानस अनुभव का स्थूल प्रभाव इंद्रियों पर पड़ता है। इसी से लौकिक आनंद बिना अभ्यास और ज्ञान के भी संभव होता है पर अलौकिक आनंद के लिए तो अभ्यास् और ज्ञान अनिवार्य होते हैं। आत्मानंद और काव्यानंद अलौकिक माने जाते हैं क्योंकि वे कभी अभ्यास और ज्ञान के बिना प्राप्त ही नहीं हो सकते।

साहित्य और विज्ञान

हमारा भाव-जगत् सदैव अपनी निरपेक्षतापूर्णता में विराजमान है; मनुष्य की कल्पना, भावना, बुद्धि, विवेक नित्यप्रति उन्नति ही करते जा रहे हैं पर उनके संगम से निकली हुई यह भावधारा अजस्र, अखंड तथा तद्रूप ही बनी रहती है। आश्चर्य है कि संसार के संश्लिष्ट तथा विकासमान चक्र की अवहेलना कर साहित्य तथा कलाओं ने अपना मौलिक रूप नहीं छोड़ा। आज हम सभ्यता के अग्रगामी युग में निवास कर रहे हैं और अपने को विद्याओं के पारंगत तथा विज्ञान में विशारद मानते हैं। अहंकारवश अपने प्राचीन जीवन का उपहास करते हैं और उससे किसी प्रकार का संबंध स्थापित करते हुए संकोच का अनुभव भी करते हैं। हम यह समझ लेते हैं कि नवीनता की संपूर्ण सामग्री से सुसज्जित होने के कारण हम सहज ही अपने प्राचीन संबंधों का विच्छेद कर, नव्य देश में, नये मनुष्य के रूप में स्वीकार कर लिये जायँगे। परन्तु हमारा

स्वाभावसिद्ध साहित्य हमारे इस सुख के मिथ्या रूप को प्रकट करने में कभी नहीं चूकता। हम देखते हैं कि हमारी संपूर्ण बुद्धि, सिद्धांत, दर्शन और विज्ञान हमें आदिम मनुष्यता से चाहे जितनी दूर ले जायँ, चाहे वे हममें से बहुतों का बहिष्कार कर हमें युग की दौड़ में पीछे ही क्यों न छोड़ दें पर साहित्य तो हमारा पल्ला पकड़े ही रहेगा। उसी के अवलंब से हम निश्चिंत रहते हैं क्योंकि हमारी मनुष्यता के नष्ट होने की तब तक कोई आशंका नहीं जब तक साहित्य हमारे साथ है।

साहित्य का जगत् भावना और कल्पना का जगत् है और विज्ञान का जगत् बुद्धि-वैभव का जगत् है। परन्तु इसका यह अर्थ नहीं कि विज्ञान में भावना और कल्पना की आवश्यकता ही नहीं पड़ती अथवा साहित्य में बुद्धि-वैभव का कुछ स्थान ही नहीं है। वास्तव में दोनों का पारस्परिक संबंध घनिष्ठ है। साहित्य यदि मानव जीवन की विकसित बुद्धि का लाभ नहीं उठा सकता तो अयोग्य ही कहा जायगा। उसी प्रकार विज्ञान यदि विकसित मानव भावनाओं के अनुरूप अपने को उपयोगी नहीं बनाता तो हानिकारक ही होता है। सभ्य देशों के साहित्य और विज्ञान सदैव कंधे से कंधा मिलाकर ही चलते देखे जाते हैं। मनुष्यमात्र का अधिक से अधिक हित दोनों के इसी समन्वय से संभव है। दोनों को एक दूसरे का आश्रय लेकर उन्नति करनी चाहिए परन्तु इतना कर चुकने के उपरांत हम उस मौलिक अंतर को नहीं भूल सकते जिसके कारण साहित्य और विज्ञान दो स्वतंत्र विद्याएँ बनी हुई हैं। वैज्ञानिक तो वस्तुओं के रूप, आकार, रचना, गुण, स्वभाव और सम्बन्ध पर विचार करता है; उन्हें परस्पर मिलाता, उनका वर्गीकरण करता तथा उन कारणों या क्रियाओं का पता लगाता है जिनके अधीन होकर वे अपना वर्तमान रूप धारण करती हैं। इस प्रकार स्पष्ट ही विज्ञानशास्त्री के क्रिया-कलाप में बौद्धिक अन्वेषण और सिद्धांत-निरूपण की ही प्रधानता होती है। दर्शनशास्त्र, रसायन, भूगर्भ आदि अनेक शास्त्र विज्ञान की ही कोटि में आयेंगे। इनका नित्यप्रति विकास हो रहा है और नवीन अनुसंधानों के कारण प्राचीन अनुसंधान भ्रांत सिद्ध हो रहे हैं। मनुष्य उनका त्याग करते जाते हैं। नये-नये शास्त्र बनते जा रहे हैं, जो मनुष्य की बुद्धि तथा अन्वेषणप्रियता के निदर्शन हैं। विज्ञान का प्रत्येक आचार्य जगत् के रूप का विषयात्मक विचार करता है और एक-एक प्राकृतिक तत्त्व को मिलाकर सादृश्य के आधार पर कई वर्ग स्थापित करता और फिर छोटे-छोटे वर्गों से एक बड़ा वर्ग स्थापित करता है। इस प्रकार वह सृष्टि में शृंखलता और कर्मशीलता स्थापित करने का उद्योग करता है। विज्ञान का उद्देश्य पदार्थों की क्रमबद्ध, बुद्धिसंगत और सहेतुक व्याख्या करना है जिसके अन्तर्गत उसके गुण, उद्‌भव और इतिहास की व्याख्या रहती है जो कार्यकारण-संबंध तथा प्राकृतिक नियम के आधार पर की जाती है। इसके अतिरिक्त जो कुछ बच जाता है, उससे विज्ञान का न कोई संबंध है, न प्रयोजन।

परंतु इस वैज्ञानिक व्याख्या के अनंतर बहुत कुछ बचा रहता है और उससे साहित्य का बड़ा घनिष्ठ संबंध है। हम संसार के नित्य व्यवहार में देखते हैं कि पदार्थों या घटनाओं के वास्तविक रूप और उनके कार्य-कारण से हम आकृष्ट तो अवश्य होते हैं पर यह आकर्षण हमारी बुद्धि को ही उत्तेजित न कर हमारे मनोवेगों को भी उत्तेजित करता है। जब हम विज्ञान के अध्ययन में लगे रहते हैं तब समस्त सृष्टि की प्राकृतिक घटनाओं को एक समष्टि समझते हैं, जिनकी जाँच करना, वर्गीकरण करना और जिनका कारण ढूँढ़ निकालना हमारा कर्त्तव्य होता है। सारांश यह कि वैज्ञानिक का लक्ष्य कुछ सिद्धान्तों पर पहुँचना होता है और उसका कार्य वहीं समाप्त भी हो जाता है। परंतु साहित्य का लक्ष्य उससे भिन्न है। यह नहीं कि साहित्य में कुछ सिद्धांत नहीं होते अथवा वैज्ञानिक सिद्धांतों का साहित्यकार पर कुछ प्रभाव नहीं पड़ता। वास्तविक बात यह है कि सिद्धांत-निरूपण उसका कार्य नहीं है। जब विज्ञान वस्तुओं और घटनाओं के संबंध में पूरा-पूरा समाधान करने वाला कारण बता देता है तब भी हम उनकी अदभुतता और सुंदरता से प्रभावित

होते ही हैं। यह साहित्य की भूमि है। कैसी ही स्पष्ट वैज्ञानिक व्याख्या क्यों न हो वह हमारे इस प्रभाव को निर्मूल नहीं कर सकती, उलटे वह उसके उत्कर्ष का ही कारण होती है। साधारणतः हमें सृष्टि की अद्‌भुतता और सुंदरतां का अनुभव कुंठित-सा होता है पर जब हमारी संवेदना उत्तेजित हो उठती है और हमारी कल्पना काम करने लगती है तब यही अनुभव बहुत स्पष्ट और प्रभावोत्पादक हो जाता है और हममें आनंद, आश्चर्य, कृतज्ञता, आदर-मान आदि का उद्रेक करता है। विज्ञान के विकास के साथ-साथ हमारे इन आनंद, आश्चर्य, कृतज्ञता आदि के रूप बदलते रहते हैं। पर मूल में उनका रूप वही बना रहता है।

इस दृष्टि से साहित्य चिर नवीन भी है और चिरंतन भी। हम उसे प्राचीन और नवीन का तारतम्य निरूपित करने में एकमात्र समर्थ मानते हैं। जातियों के वास्तविक इतिहास को सुरक्षित रखने का साधन साहित्य के अतिरिक्त और क्या है? राष्ट्रों के जीवन की उन्नति और अवनति, आशाएँ और आकांक्षाएँ साहित्य में ही चित्रित मिलती हैं। समष्टि रूप से साहित्य मानवता का दर्पण है। भिन्न-भिन्न जातियाँ उत्पन्न हुईं और नष्ट हुईं, आज उनकी कृतियों का पता नहीं है; परंतु साहित्य में ये अब भी अपना अस्तित्व बनाये हुए हैं। विज्ञान का एक आविष्कार आज हुआ, कल दूसरा अधिक उपयोगी अथवा सार्थक आविष्कार हुआ है, बस आज की बात कल भुला दी गयी। उसका प्रयोजन ही नष्ट हो गया। परंतु साहित्य में नाश किसी का नहीं होता, वह सबके सहित, सब दिन सतत् जागृित रूप में विद्यमान रहता है। साहित्य की यह सार्वभौमिकता कभी भुलायी नहीं जा सकती। मनुष्य समाज की यह अक्षय निधि नित्य-प्रति हमारे व्यवहार के लिए खुली हुई है।

अपने व्यापक रूप में साहित्य संपूर्ण भावजगत् को स्पर्श करता है। संस्कृत में तो अधिकतर काव्य, नाटक, चंपू आदि को ही काव्य कहने की परिपाटी है परंतु इस अध्याय में सर्वत्र उसका व्यवहार अधिक विस्तृत अर्थ में किया गया है। तार्किक श्रेणी-विभाजन, शास्त्रीय विचार-पुष्टि अथवा वैज्ञानिक अनुसंधानों के वर्गीकरण आदि को छोड़कर शेष अधिकांश विषयों के ग्रन्थ हमारे भावजगत् से संबंध रखते हैं। उन्हीं की साहित्य संज्ञा है। जिन ग्रन्थों में ग्रंथकार का आशय किसी निश्चित सिद्धांत का अवयव संघटन करके तर्कसम्मत प्रमाण उपस्थित करना मात्र नहीं है उन सबमें साहित्य का भाव-सौंदर्य किसी न किसी रूप में देख ही पड़ता है। इस दृष्टि से हमारी साहित्य-सामग्री कितनी विशाल है, यह हम सहज ही समझ सकते हैं। प्राचीन काल से अब तक उस अपार सामग्री को प्रकाशित करके मनुष्य जाति ने कितना बड़ा भण्डार भर दिया है। कविता, नाटक, गद्य, पद्य, इतिहास, पुराण, काव्य, गीत ये ही नहीं, साहित्य के अन्य अनेक रूप हैं, इन सब में ही सन्निविष्ट उसकी ज्ञानराशि, उसकी आशा-निराशा, उसकी सौंदर्य-लालसा, उसके जीवन का प्रत्येक सजीव अंग अपनी-अपनी शोभा दिखा रहा है। कितनी जातियों ने, कितनी भाषाओं में, कितनी लिपियों में, कितनी रीतियों से अपने भावकुसुम सजाकर रखे हैं। साहित्य की यह प्रदर्शनी अपार शोभाशालिनी है, इसकी ओर किसकी दृष्टि आकर्षित होकर किसका मन मुग्ध न होगा! इस विचार के अनुसार कुछ साहित्य-शास्त्रियों ने शास्त्र को दो भागों में बाँटा है। एक ज्ञान का साहित्य और दूसरा शक्ति या भाव का साहित्य। ज्ञान के साहित्य में ज्यों-ज्यों ज्ञान बढ़ता जाता है तथा नयी बातों का पता लगता जाता है त्यों-त्यों उसकी वृद्धि होती है, पर भाव या शक्ति के साहित्य के संबंध में यह बात नहीं है। वह सृष्टि के आदि से लेकर अब तक ज्यों का त्यों बना हुआ है। हाँ, उसके प्रदर्शन, उसकी अभिव्यक्ति के ढंग में काल, देश तथा व्यक्ति के अनुसार परिवर्तन होता रहता है और जब तक वह सजीव है, होता रहेगा।

साहित्य

अँग्रेजी के 'लिटरेचर' शब्द की भाँति हिंदी का साहित्य शब्द भी अब दो विभिन्न अर्थों में

प्रयुक्त होने लगा है। बोलचाल की भाषा में हम किसी भी छपी हुई पुस्तक को साहित्य की संज्ञा देते हैं, यहाँ तक कि दवाईयों के साथ आनेवाले छपे हुए पर्चे भी साहित्य कहलाते हैं। किंतु, दूसरे और अधिक उपयुक्त अर्थ में साहित्य से उनकी पुस्तकों का बोध होता है जिनमें कला का समावेश है।

अधिकतर पुस्तकें पाठकों की ज्ञानवृद्धि के लिए रखी जाती हैं। इन पुस्तकों के लेखक का उद्देश्य पढ़नेवालों की जानकारी बढ़ाने का होता है। इतिहास लिखनेवाले का आशय यह होता है कि लोक विगत काल की घटनाओं और महापुरुषों के विषय में कुछ जान जायँ; भूगोल संबंधी पुस्तकों का लेखक पाठकों को संसार के विविध देशों का परिचय कराना चाहता है और ज्योतिषशास्त्र की पुस्तकें हमें ग्रहों और नक्षत्रों की अवस्था का ज्ञान कराती हैं। इसी प्रकार विज्ञान की जितनी पुस्तकें हैं सभी मनुष्य की जानकारी से संबंध रखती हैं और उनके ज्ञान की सीमा अधिक विस्तृत करती हैं। ये पुस्तकें, जिनका संबंध मनुष्य के ज्ञान से है, साहित्य की गणना में नहीं आतीं। साहित्य का उद्देश्य केवल मनुष्य के मस्तिष्क को संतुष्ट करना नहीं है, वह तो मनुष्य जीवन को अधिक सुखी और सुन्दर बनाने की चेष्टा करता है। साहित्य के सहारे मनुष्य जीवन के दुःख और संकट को क्षण भर के लिए भूल सकता है, वह आपदाओं से भरे हुए वास्तविक संसार को छोड़कर कल्पना और भावना के सुन्दर लोक में भ्रमण कर सकता है। वास्तव में साहित्य की सीमा के अंतर्गत उन्हीं पुस्तकों की गणना हो सकती है जो इस महान् उद्देश्य की पूर्ति करती हैं या इस पूर्ति के आदर्श को सामने रखकर लिखी गयी हैं। इसका अर्थ यह नहीं है कि हमारे बेकारी के क्षण काटने के लिए जो कुछ भी लिख दिया जाय वह साहित्य हो जायगा। साहित्य और सुरुचि का अभेद्य संबंध है और साहित्य को हमारी उस रुचि को तृप्त करने में समर्थ होना चाहिए जिसे हम अपने या किसी दूसरे के सामने प्रकट करने में लज्जित न हों।

'काव्य' का वही अर्थ है जो साहित्य शब्द का वास्तविक अर्थ है। साहित्यदर्पणकार ने काव्य को 'रसात्मक वाक्य' बताया है अर्थात् काव्य के द्वारा पाठक तथा श्रोता के चित्त में रस की उत्पत्ति होती है, रस की उत्पत्ति का अर्थ है आनंदपूर्ण एक विशेष मानसिक अवस्था का उत्पन्न हो जाना। 'रमणीय अर्थ का प्रतिपादक शब्द काव्य है' यह परिभाषा 'रसगंगाधर' नामक ग्रंथ की है। 'रमणीय अर्थ के प्रतिपादन' का आशय है सौंदर्य की सृष्टि करके पाठक तथा श्रोता के मन में आनंद उत्पन्न करना। काव्य के लिए यह आवश्यक नहीं है कि वह किसी प्रकार के ज्ञान की अवगति कराये। उसके लिए सबसे आवश्यक और विशेष बात यही है कि वह अपने विषय तथा वर्णन-शैली से पढ़नेवालों के हृदय में उस आनंद का प्रवाह बहाये जो रसानुभाव या रसपरिपाक से उत्पन्न है। अथवा दूसरे शब्दों में इस तरह कह सकते हैं कि काव्य वह है जो हृदय मे अलौकिक आनंद या चमत्कार की सृष्टि करे। इस प्रकार हम देखते हैं कि काव्य कला है और 'काव्य' शब्द साहित्य का समानार्थक है। बहुत से लोग 'काव्य' को कविता के अर्थ में प्रयुक्त करते हैं, किंतु यह ठीक नहीं है, क्योंकि कविता काव्य का एक अंग है। कविता के अतिरिक्त अनेक प्रकार की रचनाएँ काव्य अथवा साहित्य की श्रेणी में आती हैं। किसी पुस्तक को हम साहित्य या काव्य की उपाधि तभी दे सकते हैं जब जो कुछ उसमें लिखा गया है वह कला के उद्देश्यों की पूर्ति करता हो। यही एक मात्र उचित कसौटी है। साहित्य के अंतर्गत कविता, नाटक, चंपू, उपन्यास, आख्यायिकाएँ आदि सभी आ जाते हैं। ज्योतिष, गणित, व्याकरण, इतिहास, भूगोल, अर्थशास्त्र, राजनीति आदि के ग्रंथ साहित्य में परिगणित नहीं हो सकते।

मनुष्य स्वभाव से ही क्रियाशील प्राणी है, उसके लिए चुपचाप बैठा रहना असंभव है। वह कुछ करने और कुछ उत्पन्न करने के लिए व्याकुल रहता है। मनुष्य-स्वभाव की एक और विशेषता यह है कि वह अपने को प्रकट किये बिना नहीं रह सकता। असभ्य से असभ्य जंगली

लोगों से लेकर संसार के अत्यन्त सभ्य लोगों तक में अपने विचारों और मनोभावों को प्रकट करने की प्रबल इच्छा प्रस्तुत रहती है। मानव-स्वभाव की इन्हीं दोनों विशेषताओं की प्रेरणा से साहित्य का निर्माण होता है। साहित्य मन और स्वभाव की उपज है। इसलिए, जिन बातों का प्रभाव मनुष्य के स्वभाव और मनुष्य के जीवन पर पड़ता है उनका प्रभाव साहित्य पर पड़ता है। साहित्य को इस भाँति प्रभावित करनेवाले कुछ तत्त्वों पर हम यहाँ विचार करेंगे।

साहित्य और साहित्यकार का व्यक्तित्व

साहित्य पर सबसे महत्त्वपूर्ण प्रभाव साहित्यकार के व्यक्तित्व का पड़ता है। साहित्यकार जो कुछ लिखता है उस पर उसके अनुभव, विचारों और मनोभावों की अटल छाप लगी रहती। वह मनुष्यमात्र की आकांक्षाओं, इच्छाओं और भावनाओं को प्रकट करता है, किंतु वह सबको अपने ढंग से स्वरूप देकर अपनी रुचि के अनुसार उपस्थित करता है। जहाँ उसने अपने आपको न पहचानकर और अपनी रुचि को दबाकर कृत्रिम स्वर से गाना प्रारंभ किया, तुरंत वह अपने पथ से भ्रष्ट हो जाता है और उसकी कृति अपना मूल्य खो बैठती है। साहित्यकार में स्वानुभूति एक अत्यन्त आवश्यक गुण है, और अनुचित रीति से दूसरे का पदानुगामी होना अक्षम्य दोष है। संसार के जितने बड़े साहित्यकार हुए हैं उनकी रचनाओं में एक विशेषता होती है जो बाह्य कारणों और परिस्थितियों से परे है। उसका संबंध सीधा लेखक की मनोवृत्तियों और जीवन से होता है। इसी विशेषता के द्वारा हम किसी लेखक की रचना को पहचानते हैं। तुलसीदास की कविता में कुछ ऐसी विशेषता है जो उसी काल के दूसरे हिंदी कवियों में नहीं है। शेक्सपियर के नाटक उस समय के दूसरे अँग्रेजी नाटककारों की रचनाओं से बहुत सी बातों में समानता रखते हुए भी विभिन्न हैं। इस प्रकार की विशेषता, व्यक्तित्व की यह छाप कुछ विशेष प्रकार की रचनाओं में अधिक स्पष्ट दिखाई पड़ती है। आत्माभिव्यंजक साहित्य में, जैसे कि मुक्तक, हम लेखक के उद्गारों से सीधे संपर्क में आते हैं, हम उसके व्यक्तित्व से सीधा परिचय प्राप्त करते हैं। इसके विपरीत जब साहित्यकार किसी बाह्य पदार्थ अथवा घटना का आश्रय लेकर रचना करता है तब हम लेखक के व्यक्तित्व का सीधा दर्शन नहीं कर सकते। इसका अर्थ यह नहीं कि उन रचनाओं में साहित्यकार अपने आपको प्रकट ही नहीं करता। नाटक या वर्णनात्मक कथाओं या इसी प्रकार के दूसरे साहित्य में लेखक का व्यक्तित्व प्रस्तुत रहता है, अंतर केवल इतना है कि वह सीधा हमारे सामने नहीं आता।

साहित्य और जातीयता

किसी साहित्य का अध्ययन करते-करते में इस बात की आवश्यकता प्रतीत होने लगती है कि हमें उस साहित्य का क्रमप्राप्त इतिहास अवगत हो जाता तो बड़ी बात होती, हम उसका और भी गहरा अध्ययन कर सकते। बात यह है कि साहित्य और उसके इतिहास में अन्योन्याश्रय संबंध है। एक के ज्ञान के लिए दूसरे का ज्ञान आवश्यक है। किसी प्रतिभाशाली ग्रन्थकार की स्थिति अपने ही काल और अपने ही व्यक्तित्व से सीमाबद्ध नहीं होती। वह उनसे भी आगे बढ़ जाती है, यहाँ तक कि वह पीछे की भी खबर लेती है। उसका संबंध भूत और भविष्य दोनों से होता है। समय की शृङ्खला में कवि या ग्रन्थकार बीच की कड़ी के समान होता है। जिस प्रकार शृङ्खला में आगे और पीछे की कड़ियाँ बीचवाली कड़ियों से संलग्न रहकर उस शृङ्खला का अस्तित्व बनाये रखती हैं, उसी प्रकार प्रतिभाशाली ग्रन्थकार अपने पूर्ववर्ती ग्रन्थकारों का फलस्वरूप और उत्तरवर्ती ग्रन्थकारों का फलस्वरूप है। जैसे फूल के अनंतर फल का आगमन होता है, वैसे ही ग्रन्थकार भी एक का फल और दूसरे का फूल होता है। भूत और भविष्य के इस संबंध-ज्ञान की कृपा से हम वर्तमान ग्रंथकारों तक भी पहुँच जाते हैं। अंत में इस प्रकार चलते-चलते हम साहित्य के जातीय स्वरूप तक पहुँच सकते हैं। वहाँ तक पहुँचने पर हम इस बात का

अनुभव करने लगते हैं कि वह जातीय साहित्य भी कुछ सत्ता रखता है और वह सत्ता सजीव-सी है, क्योंकि जैसे जीता-जागता मनुष्य प्राणी प्राकृतिक नियमों के वशीभूत होकर विकास की भिन्न-भिन्न अवस्थाओं को पार करता हुआ उन्नति के मार्ग पर आगे बढ़ता जाता है, वैसे ही जातीय साहित्य भी उन्नति करता जाता है, अतएव किसी साहित्य के अध्ययन में ऐतिहासिक दृष्टि से हमें दो बातों का विचार करना पड़ता है—एक तो उसके परंपरागत जीवन पर अर्थात् उसके जातीय भाव पर और दूसरे उस जीवन के परिवर्तनशील रूप पर, अर्थात् इस बात पर कि वह जातीय जीवन किस प्रकार भिन्न-भिन्न समयों के भावों को अपने में अंतर्हित करके उन्हें व्यंजित करता है, अतएव किसी जाति के काव्य-समूह या साहित्य के अध्ययन से हम यह जान सकते हैं कि उस जाति या देश का मानसिक जीवन जैसा था और वह क्रमशः किस प्रकार विकसित हुआ।

जातीय साहित्य

पहले हमें यह जानना चाहिए कि जब हम किसी के जातीय साहित्य के इतिहास का उल्लेख करते हैं, तब उससे हमारा तात्पर्य क्या होता है, अर्थात् हम भारतीय आर्य जाति का साहित्य, यूनानी साहित्य, फ्रांसीसी साहित्य या अँग्रेजी साहित्य आदि वाक्यांशों का प्रयोग करते हैं तब हम कौन सी बात व्यंजित करना चाहते हैं। कुछ लोग कहेंगे कि इन वाक्यांशों का तात्पर्य यही है कि उन भाषाओं में कौन-कौन से लेखक हुए, वे कब-कब हुए, उन्होंने कौन-कौन से ग्रंथ लिखे, उन ग्रंथों के गुण-दोष क्या हैं और उनके साहित्यिक भावों में क्या-क्या परिवर्तन हुए। यह ठीक है पर जातीय साहित्य में इन बातों के अतिरिक्त और भी कुछ होता है। जातीय साहित्य केवल उन पुस्तकों का समूह नहीं कहलाता जो किसी भाषा या किसी देश में विद्यमान हों। जातीय साहित्य जाति-विशेष के मस्तिष्क की उपज और उसकी प्रकृति के उन्नतिशील तथा क्रमगत अभिव्यंजन का फल है। संभव है कि कोई लेखक जातीय आदर्श से दूर जा पड़ा हो और उसकी विभिन्नता उसकी प्रकृति की विशेषता से उत्पन्न हुई हो, परंतु फिर भी उसकी प्रतिभा में स्वाभाविक जातीय भाव का कुछ न कुछ अंश वर्तमान रहेगा ही, उसे वह सर्वथा छोड़ नहीं सकता। यदि स्वाभाविक जातीय भाव किसी काल के वर्तमान कुछ ही चुने हुए स्वनामधन्य लेखकों में पाया जायगा तो हम कह सकेंगे कि उस काल के जातीय साहित्य की सही विशेषता थी। जब हम कहते हैं कि अमुक काल के भारतीय आर्यों, यूनानियों या फ्रांसीसियों का जातीय भाव ऐसा था तब हमारा यह तात्पर्य नहीं होता कि उस काल के सभी भारतीय, यूनानियों या फ्रांसीसियों के विचार, भाव या मनोवेग एक-से थे। उससे हमारा यही तात्पर्य होता है कि व्यक्तिगत विभिन्नता को छोड़कर जो साधारण भाव किसी देश और काल में अधिकता से वर्तमान होते हैं वे ही भाव जातीय प्रकृति के व्यंजक या बोधक होते हैं और उन्हीं जातीय भावों का विवेचनापूर्वक विचार करके हम इस सिद्धान्त पर पहुँचते हैं कि अमुक जाति के जातीय भाव ऐसे थे। उन्हीं के आधार पर हम किसी जाति की शक्ति, उसकी त्रुटि और उसकी मानसिक तथा नैतिक स्थिति का ज्ञान प्राप्त करते हैं तथा इस बात का अनुभव करते हैं कि उस जाति ने संसार की मानसिक तथा आध्यात्मिक उन्नति में कहाँ तक योग दिया। मध्यकाल अर्थात् सन् ईस्वी की दसवीं शताब्दियों के बीच यूरोप में किसी नवयुवक की शिक्षा तब तक पूर्ण नहीं समझी जाती थी, जब तक वह यूरोप के सभी मुख्य देशों में पर्यटन न कर आता था। इसका उद्देश्य यही था कि वह अन्य देशों के निवासियों, उनकी भाषाओं, उनके रीति-रिवाज तथा उनकी सार्वजनिक संस्थाओं आदि का ज्ञान प्राप्त कर लें, जिसमें पारस्परिक तुलना से वह अपने जातीय गुण-दोषों का ज्ञान प्राप्त कर सके और अपने शील-स्वभाव तथा व्यवहार को परिमार्जित एवं सुन्दर बना सके। साहित्य का अध्ययन भी एक पर्यटन या देशदर्शन ही है। उनके द्वारा हम अन्य देशों और अन्य जातियों के मानसिक तथा आध्यात्मिक जीवन से परिचय प्राप्त करके और उनसे निकटस्थ

संबंध स्थापित करके उपार्जित ज्ञान-भंडार के रसास्वादन में समर्थ होते हैं। देशदर्शन के लिए की गयी साधारण यात्रा और साहित्यिक यात्रा में बड़ा भेद है। साधारण यात्रा के लिए काल का कोई बन्धन नहीं होता। वह यात्रा हम चाहे जिस काल में कर सकते हैं। तात्पर्य यह कि हम किसी भी जाति की, किसी भी काल की विद्वन्मंडली से, जब चाहे परिचय प्राप्त कर सकते हैं। इसके लिए किसी प्रकार का अवरोध या बन्धन नहीं है।

इस प्रकार दूसरी जातियों के साहित्य के इतिहास का अध्ययन करके हम उस जाति की प्रतिभा, उसकी प्रवृत्ति, उसकी उन्नति आदि के क्रमिक विकास का इतिहास जान सकते हैं। इस दशा में साहित्य इतिहास का सहायक और व्याख्याता हो जाता है। इतिहास हमें यह बतलाता है कि किसी जाति ने किस प्रकार अपनी सांसारिक सभ्यता को बढ़ाया और वह क्या-क्या करने में समर्थ हुई। साहित्य बताता है कि जाति-विशेष की आंतरिक वासनाएँ, भावनाएँ, मनोवृत्तियाँ तथा कल्पनाएँ क्या थीं। उनमें क्रमशः कैसे परिवर्तन हुआ, सांसारिक जीवन के उतार-चढ़ाव का उन पर कैसा प्रभाव पड़ा और उस प्रभाव ने उस जाति के मनोविकारों और मानसिक जीवन को नये साँचे में कैसे ढाला। साहित्य से ही हमें आध्यात्मिक, मानसिक और नैतिक विकास का ठीक-ठीक पता मिलता है।

साहित्य और कला की प्रकृति

किसी काल के बहुत से कवियों या लेखकों की कृतियों के साधारण अध्ययन से भी हमें इस बात का पता लग जाता है कि कुछ ऐसी बातें हैं जो उन सबकी कृतियों में एक-सी पायी जाती हैं, चाहे और अनेक बातों में विभिन्नता ही क्यों न हो। उनके अध्ययन से ऐसा प्रकट होता है कि विभिन्न होने पर भी उनमें कुछ समता है। जब हम तुलसीदास जी के ग्रंथों पर विचार करते हैं, तब हमारा मन हठात् सूरदास, केशवदास, ब्रजवासीदास आदि के ग्रंथों पर चला जाता है, तब हम इन सबकी तुलनात्मक जाँच करने और इनकी समता या विभिन्नता का ज्ञान प्राप्त करने में लग जाते हैं। यह संभव है, और कभी-कभी देखने में भी आता है, कि एक ही वंश या माता-पिता की संतति में जहाँ प्रायः कुछ बातें समान होती हैं, वहाँ कोई ऐसी भी संतति जन्म लेती है जिसमें एक भी गुण सबके जैसा नहीं होता, उनमें सभी बातों में औरों से भिन्नता पायी जाती है। यही बात किसी निर्दिष्ट काल के किसी विशेष ग्रंथकार में भी हो सकती है। साधारणतः उस काल के अधिकांश ग्रंथकारों में कोई न कोई सामान्य गुण होता ही है। इसी सामान्य गुण को हम उस काल की प्रकृति या भाव कह सकते हैं।

हिन्दी साहित्य का इतिहास ध्यानपूर्वक पढ़ने से यह विदित होता है कि हम उसे भिन्न-भिन्न कालों में ठीक-ठीक विभक्त नहीं कर सकते। उस साहित्य का इतिहास एक बड़ी नदी के प्रवाह के समान है जिसकी धारा उद्गम स्थान में तो बहुत छोटी होती है, पर आगे बढ़कर और छोटे-छोटे टीलों या पहाड़ियों के बीच में पड़ जाने पर वह अनेक धाराओं में बहने लगती है। बीच-बीच में दूसरी छोटी-छोटी नदियाँ कहीं तो आपस में दोनों का सम्बन्ध करा देती हैं और कोई मंद गति से, कहीं खनिज पदार्थों के संसर्ग से किसी धारा का जल गुणकारी हो जाता है और कहीं दूसरी धारा के गँदले पानी या दूषित वस्तुओं के मिश्रण से उसका जल अपेय हो जाता है। सारांश यह है कि जैसे एक ही उद्गम से निकलकर एक ही नदी अनेक रूप धारण करती है और कहीं पीनकाय तथा क्षीणकाय होकर प्रवाहित होती है, और जैसे कभी-कभी जल की एक धारा अलग होकर सदा अलग ही बनी रहती है और अनेक भूभागों में से होकर बहती है, वैसे ही हिन्दी साहित्य का इतिहास भी आरंभिक अवस्था से लेकर अनेक धाराओं के रूप में प्रवाहित हो रहा है। प्रारंभ में कवि लोग स्वतंत्र राजाओं के आश्रित होकर उनके कीर्तिगान में लगे और देश का इतिहास कविता के रूप में लिखते रहे। उधर योगियों की एक अलग धारा भी प्रवाहित होती

रही। समय के परिवर्तन से साहित्य की यह स्थूल धारा क्रमशः क्षीण होती गयी, क्योंकि उसका जल खिंचकर भगवद्भक्तिरूपी धारा, पहले कबीर तथा जायसी और पीछे रामानंद और वल्लभाचार्य के अवरोध के कारण चार धाराओं में विभक्त होकर ज्ञान और प्रेम तथा राम-भक्ति और कृष्ण-भक्ति के रूप में परिवर्तित हो गयी। फिर आगे चलकर अन्य कवियों के प्रतिभा-प्रवाह ने इन दोनों धाराओं के रूप बदल दिये। जहाँ पहले भाव-व्यंजना तथा विचारों के प्रत्यक्षीकरण पर विशेष ध्यान रहता था, वहाँ अब साहित्य-शास्त्र के अंग-प्रत्यंग पर जोर दिया जाने लगा। रामभक्ति की साहित्यधारा को तुलसीदास के समय में खूब उमड़ चली। उसने अपने अमृतोपम भक्ति रस के द्वारा देश को आप्लावित कर दिया। साहित्य-शास्त्र की धारा उसमें अपना पानी न मिला सकी, पर कृष्णभक्ति की धारा में उसका पानी बड़े वेग से मिलता गया, अतएव इस धारा का रूप ही कुछ का कुछ, यहाँ तक कि किसी अंश में अपेय तक हो गया। कवियों को कृष्णलीला के आक्षेप योग्य अंश के अतिरिक्त और कोई ऐसा विषय ही न मिलने लगा, जिस पर वे अपनी लेखनी चलाते। बात यहाँ तक बिगड़ी कि कवियों को नायिका-भेद, नखशिख और षट्ऋतु के वर्णन करने में ही अपनी सारी शक्ति लगाने में प्रयत्नशील होना पड़ा। इसी बीच मुसलमानों की राजधानी के साथ विलासिता और शृंगार-रसप्रियता का एक और नया प्रवाह उसमें आ मिला। इस प्रकार तीन छोटी-छोटी धाराओं के मेल से बनी हुई एक बड़ी धारा ने कविता-सरिता के रूप में आकाश-पाताल का अंतर कर दिया। भावों की व्यंजना, विचारों का प्रत्यक्षीकरण, अंतःकरण का प्रतिबिंब कविता में न झलकने लगा। बलवत् लाये गये अलंकारों ने कविता नदी को कठिनता से अवगाहन योग्य बना दिया, उन्होंने उसे विशेष जटिल कर दिया। जो पहले भाव-व्यंजना आदि के सहायक थे, वे अब स्वयं राजा बन बैठे। फल यह हुआ कि कविता की स्वाभाविकता जाती रही और वह अपने आदर्श आसन से गिर गयी। कवि नायिकाओं का रूप-रंग वर्णन करने में ही अपना कौशल दिखाने लगे। आंतरिक भावों की निवृत्ति न कर सके, वे चरित्र-चित्रण और भावप्रदर्शन करना भूल गये। स्थूल दृष्टि के सामने जो कुछ आता, उसे शब्दालंकार से लपेटने में ही वे अपनी कवित्व शक्ति की चरम सीमा मानने लगे। इस प्रकार भिन्न-भिन्न समयों में भिन्न-भिन्न प्रभावों और कारणों के पंजे में पड़कर साहित्य का रूप बदलता रहा, पर कविता सरिता की धाराएँ बराबर बहती ही रहीं।

जिस काल में जो गुण या विशेषत्व प्रबल रहता है, वही उस काल की प्रकृति या भाव कहलाता है। इस भाव या प्रकृति को हम किसी निर्दिष्ट काल के कवियों की कृति के अध्ययन से निर्धारित कर सकते हैं, पर हमें इस बात का ध्यान रखना चाहिए कि हिंदी साहित्य का इतिहास निर्दिष्ट कालों में कठिनता से बाँटा जा सका है। साहित्य का जो प्रभाव आरंभ से बहा, वह बहता ही गया, भिन्न-भिन्न कालों में उसके रूप-परिवर्तन हुए, पर प्रवाह का मूल एक ही सा बना रहा।

किसी निर्दिष्ट काल की प्रकृति जानने में हमें कवि-विशेष की ही कृति पर अवलंबित न होना चाहिए, चाहे वह कवि कितना ही बड़ा, कितना ही प्रभावशाली और काव्य-कला के ज्ञान से कितना ही संपन्न क्यों न हो। हमें इस बात का ध्यान रखना चाहिए कि वह कवि भी तत्कालीन सामाजिक जीवन और सांसारिक परिस्थिति से बचा नहीं रह सकता, उसकी सत्ता स्वतंत्र नहीं हो सकती, वह भी जाति के क्रमिक विकास की शृंखला के बंधन के बाहर नहीं जा सकता। इस बात को ध्यान में रखने से ही हम उसके ग्रंथों के अध्ययन से जातीय विकास का ज्ञान प्राप्त करने में समर्थ हो सकते हैं। भूषण और हरिश्चंद्र के ग्रन्थों का तुलनात्मक अध्ययन करके हम जान सकते हैं कि उनके समयों की स्थिति और तत्कालीन जातीय सत्ता में कितना अंतर था।

अतएव कवि अपने समय की स्थिति के सूचक होते हैं। उनकी कृतियाँ उनके समय का प्रतिबिम्ब दिखाने में आदर्श का काम देती हैं। उनके आश्रय से हम अपने अनुसंधान में अग्रसर

हो सकते हैं और उन्हें आधार मानकर साहित्य के इतिहास को भिन्न-भिन्न कालों में विभक्त कर सकते हैं। यह काल-विभाग अपने-अपने समय के कवियों के विशेष-विशेष गुणों के कारण स्पष्टतापूर्वक निर्दिष्ट किया जा सकता है। कवितां के विषय, विषय-प्रतिपादन की प्रणाली, भावव्यंजना के ढंग आदि की ही गणना गुण-विशेषों में है। वे ही एक काल के कवियों को दूसरे काल के कवियों से पृथक् कर देते हैं। जैसे प्रत्येक ग्रन्थ में उसके कर्त्ता का आंतरिक रूप प्रच्छन्न रहता है और प्रत्येक जातीय साहित्य में उस जाति की विशेषता छिपी रहती है, वैसे ही किसी काल के साहित्य में परोक्ष रूप से उस काल की विशेषता भी गर्भित रहती है। किसी काल के सामाजिक जीवन की विशेषता अनेक रूपों में व्यंजित होती है, जैसे राजनीतिक-संघटन, धार्मिक विचार, आध्यात्मिक कल्पनाएँ आदि। इन्हीं रूपों में से साहित्य भी एक रूप है, जिस पर अपने काल की जातीय स्थिति की छाप रहती है। उसका विचारपूर्वक अध्ययन करने से वह छाप स्पष्ट दिखाई देने लगती है।

साहित्य का विकास

इस विवेचन से यह ज्ञात होता है कि किसी क़वि या ग्रंथकार पर तीन मुख्य बातों का प्रभाव पड़ता है। वे ही उसके कृतिजन्य रूप को स्थिर करने में सहायक होती हैं। वे तीन बातें हैं— जाति, स्थिति और काल। जाति से हमारा तात्पर्य किसी जन-समुदाय के स्वभाव से है। स्थिति से तात्पर्य उस सामाजिक, राजनीतिक, धार्मिक और प्राकृतिक अवस्था से है जो उस जन-समुदाय पर अपना प्रभाव डालती है और काल से तात्पर्य उस समय के जातीय विकास की विशेषता से है। स्मरण रहे कि यद्यपि ये तीनों ही बातें जातीय साहित्य के विकास और ग्रंथकारों की विशेषत्व के उपादान में साधारणतः सहायक हो सकती हैं और होती भी हैं, पर इसका यह अर्थ नहीं कि ग्रंथकार इन्हीं तीन शक्तियों के अधीन या इनसे प्रेरित होकर ग्रंथ-रचना करते हैं। क्योंकि यदि हम यह मान लेंगे, तो किसी कवि या ग्रंथकार की व्यक्तिगत सत्ता अथवा विशेषता का सर्वथा लोप हो जायगा और जहाँ इसका लोप हुआ, वहीं वास्तविक काव्य का भी लोप हो गया समझिए। साधारण लेखकों की अपेक्षा प्रतिभाशाली लेखकों के लेखों में कुछ विशेष प्रकार के गुण पाये जाते हैं। अतएव यदि पूर्वनिर्दिष्ट सिद्धान्त सर्वत्र चरितार्थ हो सकेगा तो महाकवियों और प्रख्यात लेखकों की विशिष्टता ही नष्ट हो जायगी। यह अवश्य सच है कि साधारण श्रेणी के ग्रंथकार या कवि अपने समय की प्रकृति या स्थिति के द्योतक होते हैं, पर सच्चे प्रतिभावान् लेखक या कवि के लिए यह बात आवश्यक नहीं है। संभव है कि उसमें वह प्रकृति या स्थिति भी लक्षित होती हो, पर उसकी विशेषता तो इसी में है कि वह किसी अभिनव प्रकृति, स्थिति या भाव का निर्माता हो, उस पर अपना प्रभाव डालकर प्राण-प्रतिष्ठा करने में समर्थ हो और अपनी अलौकिक मानसिक शक्ति से उसे नया रंग-रूप देने—नये साँचे में ढालने—में सफल हो। यही उसकी विशेषता, यही उसका गौरव और यही उसकी प्रतिभा का साफल्य है।

ऊपर कहे हुए सिद्धांत के अनुसार ग्रंथकार पर काल, स्थिति और जाति की प्रकृति का प्रभाव तो स्वीकृत किया जाता है, पर उस प्रकृति पर ग्रंथकार के प्रभाव की उपेक्षा की जाती है। इससे इस सिद्धांत में दोष आ जाता है। सारांश यह कि प्रतिभाशाली ग्रंथकार या कवि अपने काल, जाति और स्थिति की प्रकृति द्वारा निर्मित ही नहीं होता, वह उसका निर्माण भी करता है। वह केवल उनसे प्रभावान्वित होनेवाला ही नहीं, उन पर प्रभाव डालनेवाला भी है। ग्रंथकार या कवि की विशेष सत्ता की उपेक्षा न की जानी चाहिए, किंतु उसे ध्यान में रखकर साहित्य के विकास का रूप या इतिहास प्रस्तुत करना चाहिए।

जातीय साहित्य का अध्ययन

जिस प्रकार किसी ग्रंथकर्त्ता की कृनियों के अध्ययन में तुलनात्मक और आनुपूर्व्य

प्रणालियों के अनुसरण की आवश्यकता होती है, उसी प्रकार किसी जाति के साहित्य के अध्ययन में भी हमें उन्हीं प्रणालियों के अनुसरण की आवश्यकता है। इन प्रणालियों का अवलंबन किये बिना काम ही नहीं चल सकता। तथ्यांश जाना ही नहीं जा सकता। जब हम किसी निर्दिष्ट काल के साहित्य का मिलान किसी दूसरे निर्दिष्ट काल के साहित्य से करते हैं, तब हम उन दोनों में प्रायः कुछ बातें तो समान और कुछ विभिन्न पाते हैं। आपस में उनका मिलान करना और उस मिलान का ठीक-ठीक फल समझना हमारा कर्त्तव्य है। समय के प्रभाव से विचारों, भावों और आदर्शों में परिवर्तन हो जाता है। साथ ही उन्हें प्रदर्शित या व्यंजित करने के ढंग में भी परिवर्तन हो जाता है। कभी-कभी तो ऐसा जान पड़ने लगता है कि हमारे पूर्ववर्ती ग्रंथकारों में और हममें बड़ा अंतर हो गया है। साहित्य का अध्ययन यहीं काम देता है। उसी से उस परिवर्तन का अंतर और उस अंतर का कारण समझ में आता है। वही हमें यह जानने में समर्थ करता है कि उन परिवर्तनों के आधारभूत कौन-कौन से कारण या अवस्थाएँ हैं और विभिन्न होने पर भी कैसे वे एक ही विचार-शृंखला की कड़ियाँ हैं, जिन पर निरंतर काम में न आने से जंग-सा लग गया है और जो जीर्ण-सी प्रतीत होती हैं।

साहित्य पर विदेशी प्रभाव

जब दो जातियों में परस्पर संबंध हो जाता है—चाहे वह संबंध मित्रता का हो, चाहे अधीनता का हो, चाहे व्यवहार या व्यवसाय का हो तब उनमें परस्पर भावों, विचारों आदि का विनिमय होने लगता है। जो जाति अधिक शक्तिशाली होती है, उसका प्रभाव शीघ्रता से पड़ने लगता है और जो कम शक्तिशाली या निःसत्त्व होती है, अथवा जो चिरकाल से पराधीन होती है, वह शीघ्रता से प्रभावान्वित होने लगती है। पराधीन जातियों में मानसिक दासत्व क्रमशः बढ़कर इतना व्यापक हो जाता है कि शासित लोग शासकों की नकल करने में ही अपने जीवन की कृतकृत्यता समझते हैं। अविकसित जातियाँ दूसरी जातियों की सभ्यता का मर्म समझने में समर्थ नहीं होतीं। उन पर तो शारीरिक शक्ति का ही अधिक प्रभाव पड़ता है। समशक्तिशालिनी जातियों में यह विनिमय परस्पर हुआ ही करता है। अथवा यह कहना चाहिए कि जो बात जिस जाति में स्पृहणीय या उत्कृष्ट होती है, उसे दूसरी जाति ग्रहण कर लेती है। इन बातों को ध्यान में रखकर हम किसी साहित्य के अध्ययन से यह जान सकते हैं कि कहाँ तक किसी जाति के साहित्य पर विदेशी प्रभाव पड़ा है। भारतवर्ष के पश्चिमी अंचल में पहले-पहल यूनानियों का आगमन हुआ और बहुत समय तक उनका आवागमन होता रहा। अतएव उनकी सभ्यता और कारीगरी का प्रभाव यहाँ की ललित कलाओं पर बहुत अधिक पड़ा। जहाँ यूनानियों का प्रभाव अधिक व्यापक और स्थायी था, वहाँ की ललित कला के रूप में विशेष परिवर्तन हुआ। उस समय के उस परिवर्तन के अवशिष्ट चिह्न अब तक, विशेष करके मूर्तियों में, दिखाई पड़ते हैं। गांधार प्रदेश में मिली हुई पुरानी मूर्तियाँ यूनानी प्रभाव से अधिक प्रभावान्वित पायी जाती हैं। उनकी काट-छाँट तथा आकृति में जो सुन्दरता दृष्टिगोचर होती है, वह दक्षिणी या मध्यभारत में निर्मित मूर्तियों में नहीं दिखाई पड़ती। मुसलमानों के राजत्वकाल में भारतवासियों पर उनका भी प्रभाव पड़ा। वह प्रभाव सैकड़ों वर्षों तक बराबर पड़ता ही गया। फल यह हुआ कि वह अधिक स्थायी और व्यापक हुआ। अन्य वस्तुओं या विषयों पर पड़े हुए इस प्रभाव की विशेष विवेचना हम नहीं करते। हम केवल अपनी काव्य-कला का ही निदर्शन करते हैं। उनकी स्थूल विवेचना से भी हमें यह स्पष्ट विदित हो जायगा कि उसमें शृंगार-रस का जो इतना आधिक्य है, वह बहुत कुछ उसी प्रभाव का फल है। अँगरेजों के आगमन, संपर्क और सत्ता का प्रभाव उससे भी बढ़कर पड़ा। हमारे गद्य-साहित्य का विकास तो उन्हीं के संसर्ग का प्रत्यक्ष प्रमाण है। हमारे विचारों, मनोभावों, आदर्शों और संस्थाओं पर भी उन्होंने अपने प्रभाव की स्थायी छाप लगा दी। उन्होंने

तो यहाँ तक हमारी सभ्यता पर छापा मारा कि जिधर देखिए उधर ही उनका प्रभाव स्पष्ट दृष्टिगोचर होता है। बात यह हुई है कि हमारी जाति कुछ समय पहले से ही सुषुप्तावस्था में पड़ी थी। इस कारण यह प्रभाव अधिक शीघ्रता से दूर-दूर तक व्यापक हो गया। जब जागृति के चिह्न दृष्टिगोचर होने लगे, तब एक ओर तो इस प्रभाव का अवरोध होने लगा और दूसरी ओर उसके पृष्ठपोषक उसे स्थायी बना रखने के लिए उद्योगशील होने लगे। साहित्य का अध्ययन करनेवाले, उसका मर्म समझने वाले तथा उसके विकास का सच्चा स्वरूप पहचाननेवाले के लिए यह परम आवश्यक है कि वह विदेशी प्रभाव की विवेचना करे और देखे कि यह प्रभाव साहित्य पर किस प्रकार पड़ा और किस प्रकार उसने यहाँ के लोगों के आदर्शों, विचारों, मनोभावों और लेखनशैली में परिवर्तन कर दिया। उसे यह भी देखना और बताना चाहिए कि इस परिवर्तन के कारण हमारे काव्य पर साहित्य में कहाँ तक चारुता या विरूपता आयी। अतएव साहित्य के अध्ययन में यह भी आवश्यक है कि हम उन जातियों के साहित्य के इतिहास से अभिज्ञता प्राप्त करें जिनसे हमारा संबंध हुआ है। ऐसा किये बिना हमारा विवेचन अपूर्ण और अल्पोपयोगी होगा।

तीसरा अध्याय

काव्य का विवेचन

काव्य और साहित्य

दूसरे अध्याय में साहित्य का विवेचन करते हुए हम कह चुके हैं कि भिन्न-भिन्न काव्य-कृतियों का समष्टि-सग्रह ही साहित्य है। इसी विचार से सग्रह रूप में जो साहित्य है, मूलरूप में वही काव्य है। किसी देश-विदेश में किसी काल-विशेष में अनेक काव्य-ग्रंथ लिखे जाते हैं। वे ही उस देश के उस काल का साहित्य कहलाते हैं। साहित्य और काव्य में केवल व्यावहारिक भेद मानना चाहिए। हम पिछले अध्याय में सामूहिक रूप से साहित्य का निरूपण कर चुके हैं और अब इस अध्याय में काव्य की उन कृतियों की, जो एकत्र होकर साहित्य संज्ञा धारण करती हैं, चर्चा करना चाहते हैं। इस दृष्टि से हम यह भी कह सकते हैं कि स्थूल रूप से ऊपर जिसका परिचय दिया जा चुका है उसी के अंतरंग की आलोचना नीचे की जायगी। परंतु इस आलोचना के पूर्व कुछ ऐसे प्रवादों का परिहार करना आवश्यक है जो काव्य के संबंध में प्रचलित हो गये हैं। संस्कृत में प्रायः काव्य शब्द से गद्य और चंपू का बोध होता है। एक दृष्टि से यह काव्य का पूर्ण और व्यापक स्वरूप कहा जा सकता है। साहित्य अभिव्यक्ति के लिए कभी गद्य का माध्यम ग्रहण किया जाता है, कभी पद्य की प्रणाली और कभी गद्य-पद्य के सम्मिश्रण द्वारा यह कार्य किया जाता है। इसके अतिरिक्त नाटकीय कथोपकथन को चौथी शैली भी माना जा सकता है परंतु उसे गद्य या पद्य के विभागों में सम्मिलित किया जा सकता है। इनके अतिरिक्त साहित्य की और कोई शैली नहीं है। इसलिए यदि काव्य को गद्य-काव्य और चंपू-काव्य के तीन विभेदों में विभक्त किया जाय तो यह स्थूल रूप से अनुचित नहीं है।

प्राचीन साहित्यों में ही नहीं, (पाश्चात्य) नवीन साहित्यों में भी काव्य का स्वरूप संकुचित करने की प्रवृत्तियाँ दीख पड़ती हैं। इतिहास अथवा जीवन-चरित्र को काव्य की सीमा के बाहर रखने की चेष्टा कतिपय साहित्य-शास्त्रियों ने की है। उनके कथन ध्यान देने योग्य हैं। उनके मत के अनुसार इतिहास को काव्य की श्रेणी में नहीं रखा जा सकता क्योंकि उसमें कुछ निश्चित घटनाओं का संयोग कर देने के अतिरिक्त और कुछ नहीं रहता। न तो उसमें कल्पना का पुट देखकर भावनाओं को उच्छ्वसित करने की चेष्टा की जा सकती है और न अलंकारों का विधान कर प्रसंगों को रसमय बनाया जा सकता है। इतिहास के भिन्न-भिन्न पात्रों में व्यक्तित्व की वह स्पष्टता नहीं रह सकती जो काव्य में सुन्दर प्रतिभा का काम कर सके। संस्कृत के साहित्यशास्त्री इसे ही इस प्रकार कहते हैं कि जिस सामग्री से रमणीय अर्थ का प्रतिपादन हो सकता है उसका इतिहास में अभाव रहता है। इसी प्रकार 'कल्पना', 'भावना', 'अलंकार', 'रस', 'व्यक्तित्व', 'सुन्दर', 'रमणीय' अर्थ आदि काव्यविवेचन के लिए अत्यंत अनिवार्य शब्दों का प्रयोग करते हुए भी—ये ही वे शब्द हैं जिनसे काव्य का वास्तविक रहस्य प्रकट हो सकता है—वे साहित्यशास्त्री तथा समीक्षक उन शब्दों के वास्तविक अर्थ तक नहीं पहुँचते और उनका विचारपूर्ण शास्त्रीय प्रयोग नहीं कर पाते। शब्दों की इसी अस्पष्ट और भ्रामक धारणा के कारण वे जब कभी कुछ तथ्यपूर्ण बात भी कहते हैं तब भी विचार-विभ्रम ही उत्पन्न होता है और जब कभी वे काव्य के अत्यंत मार्मिक उद्घाटन की सीढ़ी तक पहुँच जाते हैं तब वहाँ से उनका फिसलकर गिरना वास्तव में दुःखजनक होता है।

उन अनोखे आलोचकों की तो बात ही कहना व्यर्थ है जो पद्य में प्रकट किये गये शुष्क से शुष्क बुद्धिग्राह्य सिद्धांत को तो काव्य मानते हैं। और शेष सभी प्रकार की साहित्यिक अभिव्यक्तियों को काव्यबाह्य मानते हैं। ऐसे ही आलोचक जब अपनी आलोचना में और आगे बढ़ते हैं तब कुछ विचित्र ही प्रकार की परिस्थिति उत्पन्न हो जाती है। सब प्रकार की योग्य-अयोग्य वस्तुओं को काव्य-वस्तु कहकर पद्य के गोदाम में भर देने की चेष्टा की जाने लगती है और दूसरी ओर अनोखे-अनोखे नुस्खे लिखकर उन वस्तुओं पर चिपकाये जाने लगते हैं। भिन्न-भिन्न विषय,

विचार और व्यापार अपनी प्रकृति के विरुद्ध अस्वाभाविक रूप धारण करने को बाध्य किये जाते हैं जिससे काव्य की उन्नति तो किसी प्रकार हो नहीं सकती, प्रत्येक प्रकार से अवनति ही होती है। साहित्य में जब कभी यह कवायद का युग आता है तब पुस्तकों की पल्टनें चाहे जितनी तैयार हो जायँ पर मनुष्य की बुद्धि तथा हृदय पर वे कभी अधिकार नहीं कर सकती। संस्कृत में नाटकों की रूढ़िबद्ध परंपरा बहुत दिनों तक चली और हिंदी में नायिका-भेद का काव्य तो प्रसिद्ध ही है। यह सब उसी समीक्षा-प्रणाली का परिणाम है जो दुर्दैव बनकर काव्य की भाग्यलिपि लिखती है। प्रसिद्ध कला-शास्त्री क्रोचे ने यूरोपीय साहित्य के कुछ मार्मिक उदाहरण उपस्थित कर यह सिद्ध किया है कि नियम-निर्माण की यह भ्रांत परिपाटी ज्यो-ज्यों विकसित होती है त्यों-त्यों अधिक क्रूर बनकर काव्य के शरीर को जकड़ लेती है और तब काव्य की आत्मा भी स्वतंत्र नहीं रह पाती। तभी राष्ट्रीय जीवन में साहित्य के ह्रास का युग उपस्थित होता है और स्वच्छ वायु के अभाव में काव्य का गला घुटने लगता है।

दिव्य-दृष्टि-संपन्न कवि तुलसीदास ने 'भावभेद रसभेद अपारा' कहकर रामायण के आरंभ में ही काव्य की वास्तविकता की दिशा इंगित की है। पिछले अध्याय में साहित्य की सामान्य विवेचना करते हुए हमने इस अपार 'भावभेद' रसभेद का यत्किंचित् अवलोकन किया है और काव्य के विवेचन में भी हम कुछ विस्तार के साथ वही दृश्य देखना चाहते हैं।

यह विश्व कवियों और दार्शनिकों की दृष्टि में भावमय माना गया है। पिछले प्रकरण में हम भावों की अखंड तरंगिणी का उल्लेख कर चुके हैं। पाश्चात्य शास्त्र भी भावजगत् की स्वतंत्र सत्ता मानते हैं। पश्चिम के विद्वानों में विषय को लेकर शताब्दियों तक मतवाद चला परंतु प्रारंभ से ही अनेक दार्शनिकों को यह आभास मिलता रहा है कि मनुष्य की बुद्धि, कल्पना आदि शक्तियाँ भावजगत् की सृष्टि में योग तो देती हैं परंतु वह भाव-जगत् अपनी पूर्णता में निरपेक्ष, निर्विकल्प और अद्वैत है। यूरोप में इस विषय का शास्त्रीय निर्धारण करनेवाले दार्शनिकों में प्रमुख इटली का क्रोचे है जिसने अनेक प्रमाण उपस्थित कर यह सिद्ध किया है कि यद्यपि कारणरूप से मनुष्य की चैतन्य वृत्तियाँ अनेक रूपों द्वारा उस भावजगत् का निर्माण करती हैं, कभी बाह्य सृष्टि की वस्तुएँ, कभी अपने ही अंतर की कल्पनाएँ मनुष्य-हृदय को भावमय बनाती हैं तथापि इससे यह न समझना चाहिए कि भावजगत् किन्हीं अन्य उपकरणों पर अवलंबित अपने निजत्व में अपूर्ण है। नहीं, वह सब प्रकार अपने में पूर्ण और निरपेक्ष है। भावों की यह अप्रतिहत धारा इस सारी सृष्टि को सजीव बना रही है। प्रत्येक क्षण हमें इसका अनुभव होता रहता है। हम कह चुके हैं कि साहित्य इसी भाव-चक्र के सहित रहता है। काव्य का विषय भी यही है परंतु व्यष्टि रूप से एक-एक काव्यकृति का संबंध उसके रचयिता और उस रचयिता के उन भावों से है जिन्हें उसने उस अपार भावभेद से लेकर उस कृति-विशेष में संग्रह या संचय किया है। भिन्न-भिन्न रचनाकर अपनी भिन्न-भिन्न काव्य-रचनाओं में उसी अपार भावभेद की निधि से अपने मनोनुकूल मणिरत्न चयन करते हैं और युग-युग में यही क्रिया सतत क्रियमाण होती रहती है।। इसी क्रिया का सामूहिक प्रतिफल साहित्य कहलाता है। अतः साहित्य को हम भाव-जगत् का प्रतीक कहते हैं। काव्य में एक-एक व्यक्ति अपनी-अपनी रुचि तथा शक्ति के अनुसार भावों की एक नियमित मात्रा ही एक विशेष भाषा और परिमित शब्द-शक्ति द्वारा प्रकट करता है। यही काव्य रस अध्याय में हमारे अध्याय का विषय है।

काव्य के उपकरण

1. सौंदर्य—निस्सीम भावजगत् में से जिसे गोस्वामीजी ने 'अपार भावभेद' का विशेषण दिया है, यथेष्ट भावराशि चुनकर सुसज्जित करना—यही काव्य की व्यापक व्याख्या हो सकती है। इसी से यह स्पष्ट हो जाता है कि चयन और सुसज्जित प्रत्येक काव्य की प्राथमिक विशेषताएँ हैं। इन दोनों ही विशेषताओं के विभेद प्रायः अगणित होते हैं। इस दृष्टि से काव्य का कोई एक स्वरूप निर्धारण नहीं किया जा सकता। केवल उसके प्रमुख उपकरण जाने जा सकते हैं। एक व्यक्ति अपने भावों की अभिव्यक्ति करना चाहता है, अर्थात् उसकी इच्छा काव्य-रचना करने की होती है। वह प्रथम बार एक प्रकार के शब्दों तथा वाक्यों का प्रयोग करता है पर उनसे संतोष नहीं होता, क्योंकि वे शब्द तथा वे वाक्य उसके भावों को व्यक्त करने में असफल और असमर्थ होते

हैं। वह पुनः प्रयत्न करता है और इस बार दूसरे शब्दों तथा छंदों आदि से काम लेता है। फिर भी अभिव्यक्ति का स्वरूप उसे असुन्दर जान पड़ता है। अनेक बार प्रयत्न करते-करते आप से आप उसकी लेखनी से प्रकृत रचना फूट निकलती है। इसका आनंद वह लेता है और कुछ काल के लिए भाव-मग्न हो जाता है। इस बार उसकी अभिव्यक्ति यथेष्ट सुन्दर हुई, उसके मतानुकूल हुई—यही उसके आनन्द का कारण है।

ऊपर के विचार से 'सुन्दर' यही काव्य का मौलिक उपकरण सिद्ध होता है पर यह 'सुन्दर' वास्तव में है क्या? कलाकार ने प्रथम कई बार प्रयत्न करके जो अभिव्यक्ति की वह सुन्दर नहीं हुई। अंत में एक बार वह सुन्दर हो गयी। उससे उसे आनन्द प्रात हुआ। परन्तु प्रश्न यह है कि वह कौन सी विशेषता है जो उसकी अंतिम बार की अभिव्यक्ति को सुन्दर बना देती है, जिसके अभाव में प्रथम कई बार के प्रयास असुन्दर कहे गये। इस प्रश्न का उत्तर सहज नहीं है। पाश्चात्य पंडितों ने काव्यगत की 'सुन्दर' व्याख्या करने में बहुत अधिक शक्ति और समय लगाया परंतु यह नहीं कहा जा सकता कि वे सफल हुए। हमारे संस्कृत-साहित्य में अनेक साहित्यिक संप्रदायों ने अनेक प्रकार से उक्त सौंदर्य पर प्रकाश डालना चाहा परन्तु इस अनेकता में ही वास्तविक तथ्य छिपा रह गया। काव्यकार की वह अभिव्यक्ति, जो उसे सुन्दर प्रतीत हुई है और जिसका उसने सम्यक् आनंद लिया है, यदि काव्य-समीक्षक को दी जाय तो संभव है उस समीक्षक को वह सुन्दर प्रतीत हो तो संभव है कि दूसरे समीक्षक को वह वैसी न प्रतीत हो। इस रुचि-भेद का क्या कहीं आदि-अंत है? क्या काव्यगत 'सुन्दर' की कोई निश्चित व्याख्या की जा सकती है और क्या कोई ऐसा काव्य है जो सब देशों में, कालों में, एक-सा ही सुन्दर माना गया हो? इसका उत्तर नकार में ही देना पड़ता है परंतु इससे एक बात तो स्पष्ट हुए बिना नहीं रह सकी। वह यह कि सौंदर्य काव्य का अभिन्न अंग है। यह बात दूसरी है कि सौंदर्य की कोई निश्चित व्याख्या करना असंभव है। जिस प्रकार काव्य में सुन्दरता का निरूपण करके उसकी स्पष्ट तथा सर्वमान्य व्याख्या करना असंभव है उसी प्रकार संसार की समस्त वस्तुओं के सम्बन्ध में सुन्दरता का आदर्श निश्चित करना असंभव है। यद्यपि सुन्दरता आदि शब्द सापेक्षिक भावों के द्योतक हैं फिर भिन्न-भिन्न देशों में इनकी कसौटी भिन्न-भिन्न तथा अपने आदर्श, संस्कृति और सभ्यता के अनुसार निश्चित की गयी है। उदाहरण के लिए यदि हम मानव-शरीर की सुन्दरता का आदर्श अपने सामने रख लें तो इस विभेदता का स्पष्टीकरण भली भाँति हो जायगा। किसी देश में छोटे पाँव और छोटी आँखें सुन्दर मानी जाती हैं, तो दूसरे देशों में सुडौल पैर तथा लंबी या गोल आँखें सुन्दर मानी जाती हैं। कहीं भूरे बाल और कंजी आँखें सुन्दरता-सूचक समझी जाती हैं, तो दूसरे देशों में काले बाल तथा काली आँखें ही सुन्दरता का आदर्श हैं। इसी प्रकार बहुत से उदाहरण दिये जा सकते हैं। अब प्रश्न यह उठता है कि आदर्शों में इतने भेद का क्या कारण है। विचार करने पर इसका मूल कारण रुचि-वैचित्र्य तथा भिन्न-भिन्न संस्कृतियों तथा सभ्यताओं का क्रमिक विकास जान पड़ता है। सब देशों ने अपने-अपने देवी-देवताओं का ऐसा रूप दिया है जिसे उनकी कल्पनाओं ने सर्वोत्तम निर्धारित किया है। इसी आदर्श को सामने रखकर हम प्रत्येक देश की सुन्दरता की कसौटी जानने में समर्थ हो सकते हैं। इसी प्रकार काव्य की सुन्दरता भी भिन्न-भिन्न रुचि तथा आदर्शों पर निर्भर रहती है और यह आपेक्षिक विभेद केवल व्यावहारिक सामंजस्य के लिए आवश्यक हैं। तथ्य-निर्धारण के लिए इतना ही कहना पर्याप्त होगा कि सौंदर्य काव्य का अनिवार्य उपकरण है।

2. रमणीय अर्थ—रस गंगाधर में कहा गया है कि रमणीय अर्थ का प्रतिपादक शब्द काव्य है। अर्थ की रमणीयता के अन्तर्गत कुछ विद्वान् शब्द की रमणीयता भी स्वीकार करते हैं। प्रश्न यह है कि रमणीयता से किस विशेष तत्त्व का बोध होता है जिसकी हम एक निश्चित परिभाषा कर सकें। पाश्चात्य काव्य की व्याख्या करनेवालों ने कहा—"काव्य के अंतर्गत वे ही पुस्तकें आनी चाहिए जो विषय तथा उसके प्रतिपादन की रीति की विशेषता के कारण मानव हृदय को स्पर्श करनेवाली हों और जिनमें रूप-सौष्ठव का मूल तत्त्व तथा उसके कारण आनन्द का जो उद्रेक होता है उसकी सामग्री विशेष प्रकार से वर्तमान हो।" व्याख्याकारों का आशय अर्थ की रमणीयता से स्पष्ट ही है। रमणीयार्थ से रस-गंगाधरकार का तात्पर्य भावात्मक और रसात्मक

काव्य से है। उत्तम रसात्मक काव्य में रस होता है, वाच्य या लक्ष्य नहीं। इसलिए काव्य की रसात्मकता के साथ उसका व्यंजनाप्रधान अथवा ध्वन्यात्मक होना भी स्वीकार किया गया है। रस के साथ ध्वनि संप्रदाय भी आ मिला। क्रमशः नीति, गुण, वक्रोक्ति और अलंकार आदि के संप्रदाय भी उठ खड़े हुए। सभी अपनी व्याख्या मे काव्य के रमणीयार्थत्व का प्रतिपादन करते हैं। किंतु संप्रदाय-भेद और दृष्टिभेद से रमणीयार्थत्व के स्वरूप में भी बहुत से भेद हो गये, जिन्हें सूक्ष्म दृष्टि से देखना और जिनका ऐतिहासिक अध्ययन करना साहित्य के प्रेमियों और अन्वेषकों के लिए आवश्यक हो जाता है। 'रमणीयार्थ' को हम काव्य का एक अनिवार्य उपकरण तो मान सकते हैं किन्तु 'रमणीयार्थ' शब्द से जो अनेक आशय अनेक आचार्यों ने उद्भावित किये हैं उनका भी परिचय हमें होना चाहिए। इसी रमणीयता के मोह में पड़कर कुछ कवि या ग्रंथकार ऐसे भी हो गये हैं, जिन्होंने वैद्यक और ज्योतिष के ग्रन्थों को भी रमणीय बनाने का बीड़ा उठाया था। उन्होंने इस प्रकार की रचना इस उद्देश्य से की थी कि लोग उनके ग्रन्थों को चाव से पढ़ें। लोलिंबराजकृत वैद्य-जीवन और वैद्यावतंस पुस्तकें ऐसी ही हैं। ये दोनों ही संस्कृत भाषा में हैं। ज्योतिष शास्त्र की भी दो-एक पुस्तकें इसी ढंग की हैं। परन्तु प्रश्न यह है कि उनमें कितनी वास्तविक रमणीयता मिलती है और क्या उन ग्रन्थकारों की वह चेष्टा अनुचित नहीं थी? न तो ज्ञान का प्रत्येक क्षेत्र रमणीयता का क्षेत्र बनाया जा सकता है और न वैद्यक के ग्रन्थ में कविता पुस्तक-सी रमणीयता लायी ही जा सकती है। जो विषय शास्त्रीय बुद्धि की अपेक्षा रखते हैं और जिनसे मनुष्य के शारीरिक स्वास्थ्य और रोगोपचार का सम्बन्ध है उन्हें रमणीय बनाने का प्रयास विशेष रूप से कृत्रिम कहा जाना चाहिए। सारांश यह कि विविध विषयों में रमणीय अर्थ का प्रतिपादन विविध मात्रा में योग्य अथवा अयोग्य होता है और 'रमणीय अर्थ' स्वयं ही एक सापेक्षिक शब्द है। तथापि इतना तो अवश्य ही प्रकट है कि वह काव्य का एक आवश्यक उपकरण है।

3. अलंकार और रस—रमणीय अर्थ के प्रतिपादन के लिए संस्कृत में अलंकारों की विशेष रूप से योजना की गयी है और रस तो काव्य की आत्मा ही माना गया है। अलंकार का प्रयोजन उस अंगविशेष को अधिक आकर्षक बना देना है जिसपर वह धारण किया जाय। देखनेवालों की आँखें उस अंग-विशेष में गड़ जायँ, इसी प्रयोजन से अलंकारों की सार्थकता है। काव्य में भी अनेक-अनेक अर्थालंकार और शब्दालंकार बनाये गये हैं। जिसमें वे पाठकों का ध्यान उस वर्णनविशेष की ओर आकर्षित कर दें और उनकी मानस-आँखों को उसमें गड़ा दें। इसका परिणाम यह होना चाहिए कि इससे चित्त किसी प्रबल मनोवेग से चमत्कृत हो जाय और काव्य रसमय होकर उसके लिए आस्वाद्य बन जाय। इस प्रकार अलंकार रस के सहायक ही ठहरते हैं किंतु धीरे-धीरे उक्त काव्यालंकारों की तालिका बना दी गयी और रस की एक पद्धति तैयार कर ली गयी। फलतः अलंकार और रस के अलग-अलग सम्प्रदाय बन गये। यदि विचारपूर्वक देखा जाय तो अलंकारों की कोई गणना नहीं की जा सकती और न सीमा बाँधी जा सकती है। कभी-कभी तो अलंकार काव्य-कामिनी के लिए भारस्वरूप बन जाते हैं जिससे उसकी स्वच्छ नैसर्गिक सुन्दरता तिरोहित हो जाती है। यह भी देखा जाता है कि युगविशेष के ग्रन्थकार जिन अलंकारों को सुरुचि के साथ सजाते हैं, दूसरे युग के लेखक उन्हें हेय समझते हैं। परिपाटी के अनुसार जिस प्रसंग में जो अलंकार शोभा के आगार और काव्यरस के सहायक थे, समय और रुचिभेद से रस में बाधक बन गये। इसलिए अलंकारों की इयत्ता क्या है यह निश्चयपूर्वक नहीं कहा जा सकता। यही बात रसों के लिए भी कही जा सकती है। कथन की कोई शैली, भावों की कोई उड़ान जब हृदय की घुंडी खोल देती है और किसी प्रबल मनोवेग से चित्त चमत्कृत हो उठता है तब रस की निष्पत्ति होती है। किंतु देखा जाता है कि जो भाव-योजना एक देश के लिए बड़ी ही प्रबल और रसमयी है वह दूसरे देश के लिए बहुत ही निर्बल और नीरस होती है। इस प्रकार जो सिद्ध कवि देश, युग तथा पात्रादि का ध्यान रखकर अलंकार तथा रस की योजना करते हैं उनकी काव्य-रचनाएँ बड़ी मोहक और सफल होती हैं। तथापि रस और अलंकार सम्बन्धी धारणाओं और प्रयोग में देश और काल के भेद से बहुत से भेद हो गये हैं।

4. भाषा—कुछ समीक्षक भाषा को भी काव्य का एक उपकरण मानना चाहेंगे, परंतु

विचार करने पर प्रकट होता है कि भाषा काव्य का उपकरण नहीं है। वह काव्य का अभिन्न अंग ही है। भाषा के बिना काव्द की कल्पना नहीं की जा सकती और न भाव-जगत् की अभिव्यक्ति के अतिरिक्त भाषा का कोई दूसरा प्रयोजन जान पड़ता है। भाषाओं की उत्पत्ति के सम्बन्ध में भाषा-विज्ञान ने जो सिद्धान्त उपस्थित किये हैं उनमें सर्वमान्य सिद्धान्त विकासवाद का ही है। जैसे-जैसे भावों की अभिव्यक्ति अधिकाधिक परिमाण में होती गयी है वैसे ही वैसे भाषाओं का विकास भी होता गया है। कुछ विचारक यह मानते हैं कि आरंभ में तो भाषाएँ इसी रूप में विकसित होती गयी हैं पर कुछ काल के अनंतर जब मनुष्य अधिक सभ्य और भाषा के प्रयोग में अधिक योग्य हो गया तब उसने भाषाओं के नैसर्गिक विकास का आसरा न देकर एक साथ ही उसे बहुसंख्यक शब्दों से संयुक्त कर दिया। इतिहास में तो इस प्रकार का कोई प्रमाण नहीं मिलता पर यदि मान भी लिया जाय तो इससे भाषा-विकास की परंपरा नहीं टूटती और न उसे अभिव्यक्ति-परंपरा से भिन्न मानने की आवश्यकता होती है। जिस किसी विद्वान ने अधिक मात्रा में शब्द गढ़-गढ़कर भाषा में भरे होंगे उसने उन शब्दों की पर्याय भाव-मूर्तियों की कल्पना भी की ही होगी। निरर्थक अथवा शून्य शब्द तो यह हो नहीं सकता। अन्त में यही निष्कर्ष निकलता है कि भाषा का विकास चाहे क्रमशः हुआ हो अथवा किसी विशेष काल में किसी असाधारण रीति से ही हुआ हो, पर भाषा तो भावों की अभिव्यंजक ही है। जिस प्रकार चित्र के लिए रेखाएँ और मूर्ति के लिए प्रस्तर की काट-छाँट अनिवार्य है, उसके बिना चित्र और मूर्ति की सत्ता ही नहीं हो सकती उसी प्रकार भाषा के बिना साहित्य का अस्तित्व भी संभव नहीं है। संस्कृत साहित्यों ने काव्य की व्याख्या करते हुए लिखा भी है 'शब्दार्थौ काव्यम्'—शब्द और अर्थ अर्थात् भाषा और भाव दोनों मिलकर ही काव्य कहे जाते हैं।

इस मत का अपवाद नाटकों के अभिनय में मिलता है। अभिनय के लिए जो रूपक लिखे जाते हैं उनकी अभिव्यक्ति केवल भाषा द्वारा ही नहीं होती, रंगशाला के नटों, दृश्यों तथा अन्य उपकरणों से भी होती है। नट तथा नर्तकियाँ भाव-भंगियों द्वारा नाटककार के आशय को स्पष्ट करती हैं और रंगमंच की सजावट उसकी रचना को अधिक प्रभावशालिनी बनाकर अभिव्यक्त करती है। यह सत्य है परन्तु इसका यह अर्थ नहीं कि काव्य और भाषा का अभिन्न सम्बन्ध टूट गया। जब रूपक काव्य अभिनय द्वारा अपना प्रभाव उत्पन्न करते हैं तब हमें यह मानना चाहिए कि काव्य अपने प्रकृत क्षेत्र से बाहर जाकर दूसरे उपकरणों को उधार ले रहा है। कलाओं में इस प्रकार का आदान-प्रदान सदैव चला करता है। कला के विवेचन में हम यह दिखा चुके हैं कि काव्य-कला किस प्रकार चित्र-कला आदि से संबंधित है। अभिनयों में यदि रूपक की नृत्य तथा भाषण आदि की सहायता लेनी पड़ती है तो यह अस्वाभाविक नहीं, उचित ही है। यह तो हम आरम्भ में ही कह चुके हैं कि मूल में सब अभिव्यक्तियाँ एक हैं, भेद केवल व्यावहारिक हैं।

काव्य का सत्य

सभी कलाओं की भाँति काव्य का सत्य भी असाधारण होता है क्योंकि वह सामान्य सत्य से नहीं मिलता। चित्रों में कुछ रेखाएँ खींच दी जाती हैं और उनका अर्थ हो जाता है एक मनुष्य, एक सुन्दर प्राकृतिक दृश्य, एक विस्तृत घटना। मूर्तिकार माइकेल एंजिलो ने अपने शिष्यों के लिए कुछ आदेश दे रखे थे जिनका अनुसरण करने से कुछ भिन्न प्रकार की रेखाएँ सुन्दरता का मापदंड बन जाती थीं। यूरोप में टेढ़ी-मेढ़ी रेखाओं की चित्रोपमा के सम्बन्ध में बड़ी-बड़ी पुस्तकें तक लिख डाली गयी हैं। यहाँ विचार करने का विषय यह नहीं है कि माइकेल एंजिलो की आदिष्ट रेखाओं अथवा उन बड़ी पुस्तकों के ऊहापोह से चित्र-कला को वास्तव में क्या लाभ पहुँचा, यहाँ तो जानने की बात यह है कि चित्रकला रेखाओं की सहायता से ही सजीव आकृतियों की अनुरूपता प्राप्त करती है। यही बात काव्य-कला के सम्बन्ध में भी चरितार्थ होती है। काव्य में भी शब्दों के द्वारा रूपों और भावों की व्यंजना की जाती है। काव्य-जगत् में आकर प्रत्येक शब्द हमारे उन भावों को जागरित करता है जो वासना रूप में हममें निहित रहते हैं। हमारी कल्पना, स्मृति आदि शक्तियाँ इस कार्य में योग देती हैं और हम एक असाधारण रूप में काव्य का अर्थ ग्रहण करते हैं। जैसे चित्र की रेखाएँ रेखा मात्र नहीं हैं—उनका अर्थ वही नहीं है जो एक त्रिकोण क्षेत्र या चतुर्भुज क्षेत्र की रेखाओं का होता है, उसी प्रकार काव्य के वाक्य, पद आदि असाधारण

रूप में एक संश्लिष्ट अर्थ ध्वनित करते हैं। इसी असाधारण सामर्थ्य के काव्य एक विशेष प्रकार का आनंद प्रदान करता है जिसे संस्कृत के साहित्यशास्त्री अलौकिक आनंद कहते हैं और जिनकी चर्चा हम पिछले अध्याय में कर चुके हैं।

कवि अपने कार्य का निर्माण करता हुआ वस्तु-जगत् और कल्पना-जगत् की अनोखी-अनोखी वस्तुओं को रूप प्रदान करता है जो साधारण दृष्टि से स्वप्न में भी सब सच नहीं हो सकतीं। वह ऐसी-ऐसी उपमाएँ लाकर रखता है जिनके केवल एक गुणविशेष या आकारविशेष का ही अर्थ ग्रहण कर लिया जाता है और शेष सबसे कोई प्रयोजन नहीं रखा जाता। काव्य-जगत् के ये सब प्रसंग रहस्यमय हैं परन्तु इनके सत्य होने में संदेह नहीं किया जा सकता। ये जैसे आपसे आप अपना अनोखापन दूर कर सत्य बनकर प्रतिष्ठित हो जाते हैं। हम एक नाटक का अभिनय देखते हैं। उस नाटक के पात्रों से हमारा कभी का परिचय नहीं। जो अभिनेता हमारे सामने उपस्थित होकर अभिनय कर रहे हैं उनसे हमारा कोई सम्बन्ध नहीं। जो कुछ हम देखते हैं वह हमारी वास्तविक परिस्थितियों से बहुत दूर है। पर क्या बात है कि हम उससे प्रभावित होते हैं? बात वही है जो एक चित्र के देखने पर होती है। नाटक भी एक प्रकार का चित्र ही है। वह ठीक चित्र-कला के नियमों का पालन करता है। चित्र छोटे से छोटे आकार में बड़े से बड़ा बोध करा सकता है। प्रत्येक रेखा से एक अनोखी-व्यंजना हो जाती है। वही कला का सत्य है। यही काव्य का भी सत्य है।

साधारणतः काव्य के सत्य से हमारा अभिप्राय यह होता है कि काव्य में उन्हीं बातों का वर्णन नहीं होना चाहिए और न होता ही है, जो वास्तविक सत्यता की कसौटी पर कसी जा सकती हैं, वरन् उनका भी वर्णन होता है और हो सकता है जो सत्य हो सकती हैं। अब प्रश्न यह हो सकता है कि यदि यह बात है तो काव्य में अत्युक्ति अलंकार का कोई स्थान ही नहीं होना चाहिए। वह तो सर्वथा असत्य होगा। पर बात ऐसी है कि हम अपने वर्णन द्वारा पाठक के हृदय पर वही भाव जमाना चाहते हैं जो हमारे हृदय-पटल पर जम चुका है। इसलिए उस प्रभाव को ठीक-ठीक शब्दों द्वारा प्रकट करने के लिए हमें उसे बढ़ाकर कहना पड़ता है। 'कनकभूधराकार शरीरा' कहने से यह तात्पर्य नहीं होता कि वास्तव में उसका शरीर सोने के पहाड़ के आकार का था। वरन् बात यह होती है कि सोने के पहाड़ को देखकर जो भाव-चित्र हमारे मन पर अंकित होता है उस शरीर को देखकर उसकी लंबाई-चौड़ाई तथा ऊँचाई का भी वैसी ही प्रभाव हम पर पड़ता है। अतएव अत्युक्ति अलंकार में असत्यता का आरोप करना काव्य के मूल उद्देश्य की उपेक्षा करना है।

काव्य और लोकहित

सत्यं, शिवं, सुंदरम् के तीन गुणों का आरोप जब से काव्य साहित्य में किया गया तब से प्रत्येक साधारण समीक्षक के विचार में इन तीनों गुणों का अभिन्नत्व मान्य हो गया है। जब कभी काव्य की चर्चा होती है, इनका उल्लेख किया ही जाता है। परंतु जिन्होंने इस विषय में कुछ गंभीर विचार किया और तथ्य को जानने की चेष्टा की है वे समझते हैं कि सौंदर्य तथा सत्य तो काव्य के आवश्यक अंग हैं परंतु उसके 'शिवत्व', 'लोकहित', आदि के विषय में मतभेद है। कुछ विद्वानों ने लोकहित को काव्य से बहिष्कृत कर दिया है और उसकी चर्चा करना भी काव्य की सीमा में अनुचित समझा है। इसके विपरीत कुछ धार्मिक प्रकृति के लोगों ने काव्य को लोकहित का साधन मात्र मान लिया है और उसके विशेष गुणों की अवहेलना कर दी है। इन परस्पर विरोधी मतों के बीच में कितने ही अन्य मत खड़े हुए हैं जिन्होंने बड़े ही सुदृढ़ आधारों पर अपना अड्डा जमाया है। हम कह सकते हैं कि काव्य में यही एक विषय है जिसपर प्रत्येक पक्ष से विचार किया गया है।

जो विद्वान् काव्य और कला के संबंध में ऐतिहासिक दृष्टि से विचार करते हैं वे कहते हैं कि कलाएँ भी इस जगत् की ही भाँति निरंतर विकास कर रही हैं। यूरोप के प्राचीन काल की कलावस्तुओं का अध्ययन करनेवालों ने असभ्य या बर्बर कला का विवरण उपस्थित किया है। उस समय कला-सामग्री का विशेष रूप से अभाव था अतः उसका विकास भी सीमित क्षेत्र में ही हुआ था। यद्यपि उस बर्बर काल की कला-वस्तुओं का ठीक-ठीक अध्ययन अब भी नहीं किया जा सकता। परंतु विद्वानों का मत है कि आचार, लोकहित आदि की वर्तमान धारणाओं का उनमें

नितांत अभाव है और उनका सौंदर्य भी अतिशय निम्न कोटि का है। उस काल के उपरांत यूरोप में कलाओं के विकास का मध्यकाल आया जिसे वहाँवाले कलाओं का स्वर्ण-युग कहते हैं। सौंदर्य या स्वाभाविकता की इतनी प्रचुर मात्रा के सहित उनका निर्माण किया गया है, कि उन्हें देखकर उदात्त भावों का संचार हुए बिना नहीं रहता। कलाकार की रचना-चातुरी के सामने हमें सिर झुकाना पड़ता है। क्रिश्चियन मतावलंबी उस काल की मूर्तियों को अपनी धार्मिक दृष्टि से भी देखते हैं और उनमें धर्म तत्त्व का अनुभव भी करते हैं। अब प्रश्न यह उपस्थित होता है कि उस बर्बर काल की कला-वस्तुओं में हमें कोई सौंदर्य या सुरुचि नहीं मिलती तो क्या उसके निर्माताओं के हृदय में भी वे भावनाएँ नहीं थीं? थीं, परंतु अविकसित रूप में थीं। मध्यकाल की धार्मिक प्रेरणा से कला का जो सुन्दर विकास हुआ उससे तो प्रकट होता है कि बाइबिल की धर्मपुस्तक और तज्जन्य उदात्त भावनाएँ कला के विकास में सहायक हुईं। वे इतने प्रबल रूप से सहायक हुईं कि उस काल की कला के उत्कर्ष को परवर्ती कला वस्तुएँ भी नहीं प्राप्त कर सकीं। इस अध्ययन से विद्वानों का निष्कर्ष यह निकलता है कि कला का सौंदर्य और उसका असाधारण सत्य ही उसकी मुख्य अंतरंग विशेषताएँ होती हैं और धार्मिक भाव तथा अन्य उपकरण कलाकार के व्यक्तित्व में अथवा देश-काल के वातावरण में प्रवेश का कला के सौंदर्य और सत्य का उन्मेष करते हैं।

भारत में बौद्ध काल की, तंत्रकाल की तथा गुप्तकाल की मूर्तियों का अध्ययन करनेवाले विद्वानों को उनमें उस काल के धार्मिक, सामाजिक आचार आदि की छाप मिलती ही है। बहुत सी मूर्तियों की रचना बौद्ध जातकों, तांत्रिक और ब्राह्मण ग्रंथों की कथाओं का आधार लेकर की गयी है। किसी देश, काल अथवा जाति के विचारों की ऐसी परम्परा ही बन जाती है और उस परंपरा का इतना बलशाली प्रभाव पड़ता है कि कलाओं का विकास बंद हो जाता है। इस्लाम की धर्म-पुस्तकों में एकेश्वरवाद की जो धर्म-भावना दृढ़ हुई और तत्कालीन नवमुस्लिम अधिपतियों ने मूर्तिपूजा के विरुद्ध जो आक्रमण आरंभ किये वे कला और आचार का ऐतिहासिक संबंध बतलाने में बहुत कुछ सहायता पहुँचा सकते हैं। उनका सार अर्थ यही जान पड़ता है कि ऐतिहासिक दृष्टि से कला और आचार, कला और धर्म, कला और दार्शनिक परम्परा का परस्पर बड़ा घनिष्ठ संबंध स्वीकार करना चाहिए।

परन्तु इतिहास के इस निष्कर्ष का अर्थ न समझकर कुछ अद्‌भुत प्रकार के तथाकथित आदर्शवादी समीक्षक के वास्तविक सत्य को न समझकर धार्मिक विचार से उनकी तुलना करते हैं। उनके लिए धार्मिक आदेशों का शुष्क रूप ही श्रेष्ठ कला का नियंता तथा मापदंड बन जाता है। ये कला-समीक्षक किसी सुंदरतम सुगठित मूर्ति का सहज सौंदर्य सहज नहीं कर सकते, न उस कला-सत्य का अनुभव कर सकते हैं जो उससे प्रस्फुटित हो रहा है। उनमें कल्पना का इतना अभाव होता है कि कलाओं की भाव-व्यंजना उनके लिए कोई अर्थ नहीं रखती। वे केवल उनके बाह्य रूप को ही अपने रूढ़िबद्ध आचार-विचारों की कसौटी पर कसते हैं। कार्य में आकर ये कला-समीक्षक 'सत्य बोलो', 'अपरिग्रह का पालन करो' आदि-आदि सिद्धान्त-वाक्यों को ही पढ़कर संतोष प्राप्त करना चाहते हैं। पर दुःख तो यह है कि उनकी इस रुचि की तृप्ति करनेवाला कोई भी व्यक्तिविशेष अपने को कवि अथवा कलाकार के आसन पर प्रतिष्ठित नहीं कर सका।

मनोविज्ञान की दृष्टि से भी इस विषय पर विशद विवेचन किया गया है और हम देखते हैं कि यूरोप में इसके फलस्वरूप दो परस्पर विपरीत कला-संप्रदाय उत्पन्न हो गये हैं। इनका कार्यक्रम एक दूसरे के विरुद्ध प्रचार करना ही रहा है। कलाओं के विवेचन के प्रसंग में हम मनोवैज्ञानिक फ्रायड के विलक्षण स्वप्न-सिद्धांत का उल्लेख कर चुके हैं और साहित्य तथा कलाओं में संबंध में फ्रायड के अनुयायियों का विचार जान चुके हैं। उनके मत में कला के मूल में मनुष्य की वे भावनाएँ और इच्छाएँ हैं जिन्हें वह, समाज में नियमों के कारण अथवा अन्य प्रतिबंधों के कारण, वास्तविक जीवन में चरितार्थ नहीं कर सकताः अतः उनमें वह काव्य और कला के कल्पना-जगत् में चरितार्थ करता है। साहित्य आदि में शृंगार रस की प्रचुरता को वे इसका प्रमाण बतलाते हैं। इसके विरुद्ध मतावलंबियों ने भी एक नवीन सिद्धांत की आयोजना की है और वह यह है कि सत् की प्रेरणा मनुष्य मात्र के अंतःकरण की एक स्वाभाविक वृत्ति है। मनुष्यमात्र सदाचार, सद्धर्म, सुप्त वृत्ति आदि से तृप्त होता है और उनके विपरीत गुणों से उसे

घृणा होती है। मनुष्य की मानसिक तृषा-शांति के लिए उसे सुवृत्तियों की आवश्यकता अनिवार्य रूप से होती है। अतः यदि कलाएँ मनुष्य के अंतःकरण का सच्चा प्रतिबिंब हैं तो अवश्य ही वे सत् की ओर प्रवृत्त होंगी।

इस अंतिम विचार के अनुसार कलाओं में लोकहित आदि के 'शिवत्व' की प्रतिष्ठा आपसे आप ही हो जाती है परन्तु कला-समीक्षकों को यह मूल तत्त्व विस्मरण न होना चाहिए कि प्रत्येक काव्य का अथवा कला-कृति का निर्माता व्यक्तिविशेष होता है और उसके शिवत्व का स्वरूप भी उसी के विकास के अनुकूल होता है। फिर उस शिवत्व को अपनी कलावस्तु में स्थापित करने के लिए उसे कला के उपयुक्त सौंदर्य और सत्य का भी विचार रखना पड़ता है। वह ऐसा नहीं कर सकता कि लोकहित का ध्यान उपदेशों का पहाड़ निर्माण करने लगे और कला के वास्तविक सौंदर्य तथा उसके असाधारण प्रभाव का मूल तत्त्व ही बिसार दे।

अँग्रेजी साहित्य में जब से मेथ्यु आर्नाल्ड का 'साहित्य जीवन की व्याख्या है' यह सिद्धांत प्रचलित हुआ तब से कलाओं का लोकपक्ष पर विशेष रूप से आग्रह किया जाने लगा। आर्नाल्ड के ही समकालीन कलाशास्त्री वाल्टर पेटर ने सौंदर्य की झाँकी लेना, सुंदर को असुंदर से पृथक् करना और उसका रस प्राप्त करना, यही कला-समीक्षक का क्षेत्र बतलाकर मानों आर्नाल्ड के लोकपक्ष की बराबरी पर अपना सौंदर्य-पक्ष उपस्थित किया। इन दोनों पक्षों में कोई तात्त्विक विरोध नहीं है। इसका प्रमाण तो इतने से लग जाता है कि आर्नाल्ड और पेटर दोनों ही उत्कृष्ट समीक्षकों ने समान रीति से कवियों के काव्य की आलोचना की और वे प्रायः एक ही निष्कर्ष पर पहुँचे हैं। परन्तु यूरोप में ये दोनों ही पक्ष हठवादिता के केन्द्र भी बना लिये गये जिसके कारण वास्तविक साहित्यालोचन अवरुद्ध हो गया। एक ओर 'कला के लिए कला' का प्रचार करनेवाले पंडितों ने शास्त्रार्थ आरंभ किया और दूसरी ओर टाल्सटाय जैसे क्रांतिकारी व्यक्ति ने मानों साहित्य के क्षेत्र में भी क्रान्ति करने के आशय में धर्म-मिश्रित कलावाद की सृष्टि की। आज भी इंगलैण्ड में प्रोफेसर क्विलर कोच, क्लाइन वेल जैसे विद्वान् साहित्य-शास्त्री 'कला के लिए कला' को सिद्ध कर रहे हैं और उनके विरोध में मिस्टर आई0 ए0 रिचर्ड्स आदि अपने उपयोगितावादी, मूल्यनिर्धारणवादी पक्ष को प्रकट करने में संलग्न हैं।

इस अनेकानेक विवादों से यदि कुछ तथ्य निकाला जा सकता है तो यही कि प्रत्येक कलाकार अपनी रुचि अथवा शक्ति के अनुसार सत् तथा असत् की धारणाएँ रखता है। जिन्हें वह अपनी कलाकृति में प्रकट करना चाहे तो प्रकट कर सकता है, पर इसके लिए वह बाध्य नहीं है। प्रत्येक युग अपनी-अपनी विशेषताएँ रखता है। आधुनिक युग विचारों के प्रसार और जीवन-समस्याओं के स्पष्टीकरण का है, किन्तु सब युग ऐसे ही नहीं रहे। आधुनिक काल की समस्याएँ आगे चिर दिन तक बनी रहेंगी, अथवा उनका अंतिम समाधान उसी रूप में होगा जिस रूप में आज बना हुआ है, यह भी कोई नहीं कह सकता। आज यदि बर्नार्ड शा के नाटकों में विलायती जीवन की समस्याओं का निरूपण और समाधान किया जा रहा है तो काव्य का यही एक आशय नहीं माना जा सकता। फिर कला की दृष्टि से आधुनिक कला कुछ विशेष उन्नत भी नहीं मानी जा सकती। यह तो निश्चय है कि प्रत्येक कलाकृति के निर्माण का कुछ रहस्य होता है। पर केवल सौन्दर्य से मुग्ध होकर अथवा आनन्दपूर्ण एक झलक पाकर भी काव्य रचना की जा सकती है और की गयी है। वह सौन्दर्य अथवा वह आनन्द की झलक उस काव्य में आकर स्वयं लोकहित बन जाती है और काव्य के लिए यही मूल लोकहित है। काव्य तथा कला के संख्याहीन रूपों के देखते हुए और उसके प्रभाव को समझते हुए किसी रूढ़िबद्ध, नियमित लोकहित को हम काव्य या कला का अंग नहीं मान सकते। हाँ, कलाओं का लोकपक्ष हमें स्वीकार है और कला सम्बन्धी आरम्भिक विवेचन में हम यह कह चुके हैं कि संसार के अधिकांश श्रेष्ठ कलाकार और उच्च प्रकृति के महापुरुष हो गये हैं।

कुछ व्यावहारिक विभाग

अध्ययन की सुविधा से लिए काव्य के कुछ मुख्य-मुख्य विभाग कर लिये जाते हैं जो केवल व्यावहारिक होते हैं। इस पुस्तक में भी उसी रीति से काव्य के विभाग किये जायँगे और उनमें से कुछ प्रचलित प्रधान विभागों का विवेचन किया जायगा। परन्तु इसका यह अर्थ नहीं कि

कोई एक विभाग किसी दूसरे की अपेक्षा मौलिक रूप से प्रधान है अथवा उसकी महत्ता अधिक है। कलात्मक सत्य को प्रकट करने के लिए काव्य की अनेक शैलियाँ बना ली गयी हैं। अपने-अपने स्थान पर सबका समान महत्त्व है। जब मानव-मन किसी रागमयी कल्पना से उद्वेलित होकर अभिव्यक्त हो उठता है तब वह अभिव्यक्ति प्रायः गीतरूप में होती है। यह स्वाभाविक प्रक्रिया सर्वत्र देखी गयी है। जब उक्त उद्वेलन चित्त की किसी महान् तथा स्थायी प्रेरणा से उत्पन्न होता है अथवा बाह्य संसार की कोई उदात्त घटना इसका कारण होती है तब महाकाव्य का उद्गमन होता है। जब कल्पना का पुट हल्का होता है और मनुष्य वास्तविक जगत् के किसी व्यक्ति-विशेष या घटनाविशेष से आकर्षित होकर उसका वर्णन करता है तो गद्य-काव्य, इतिहास आदि ग्रन्थों का प्रणयन हो जाता है। जब जीवन के किसी लघु अंश को ही चमत्कृत रूप में चित्रित करने की उत्कंठा होती है तब आख्यायिका अथवा खंडकाव्य की सृष्टि की जाती है। इस विभागों के भी अनेकानेक उपविभाग कर लिये गये हैं। फिर मनुष्य के अंतःकरण की कौन सी कृति प्रधान बनकर काव्य के किस रूप में व्यक्त होती है, यह हिसाब भी लगाया गया है परन्तु हमको यह स्पष्ट कह देना चाहिए कि इस प्रकार के मानसिक अथवा काव्य सम्बन्धी विभाग तथा उसके पारस्परिक तारतम्य स्वयं ही काल्पनिक हैं। इन्हें केवल साधारण सुविधा तथा परिचयात्मक बोध कराने के विचार से स्वीकार किया जा सकता है। इस प्रकार के श्रेणी-विभाग से कभी-कभी विशेष क्षति भी पहुँचती है, जिससे सचेत रहना सर्वथा हितकर होगा। अँग्रेजी के प्रसिद्ध कवि वर्ड्सवर्थ को एक बार अपनी कविताओं को मानसिक वृत्तियों के आधार पर विभाजित करने की सनक चढ़ी थी। उसने वासना, भावना, विमर्श आदि मन के कई कठघरे बनाकर उनमें कविता-कोकिल को पालना आरम्भ किया था। पर लोगों के समझाने से उसका यह प्रयास दूर हो गया, नहीं तो बहुत संभव था कि वह इसके फेर में पड़कर अपनी नैसर्गिक काव्यप्रतिभा को खो बैठता।

ग्रीस के जगत्प्रसिद्ध दार्शनिक और विलक्षण तत्त्ववेत्ता अरस्तू ने काव्य के कितने ही उपविभाग किये थे जो पश्चिम में अब तक व्यापक रीति से मान्य हो रहे हैं। हमारे देश में तो श्रेणी-विभाजन तथा वर्गीकरण की धुन-सी ही सवार रही है। यहाँ जिस सूक्ष्मता से विभाग किये गये हैं वे विशेष रूप से प्रशंसनीय होने पर भी तर्कसम्मत नहीं हो सके। अस्तु, यह कह देना आवश्यक होगा कि ये विभाग तात्त्विक आधार पर स्थित नहीं हैं। हमें यह भी प्रकट कर देना चाहिए कि इन विभागों की संख्या जितनी ही अधिक बढ़ायी जायगी उतना ही वे असत्य होते जायँगे; क्योंकि सत्य तो यह है कि कला मात्र की ही भाँति काव्य की अभिव्यक्ति अखंड तथा अविभाज्य है।

गद्यात्मक काव्य और कवितामय गद्य का नाम हम प्रायः सुना ही करते हैं। बाणभट्ट की कादंबरी गद्य में है पर कितनी कवित्वपूर्ण है। इसी प्रकार बहुत-सी रचनाएँ पद्य में की गयी हैं जो गद्य में की जाती हैं तो अधिक चमत्कार उत्पन्न करतीं। बहुत-से रूपक अभिनय के लिए लिखे जाते हैं और बिना अभिनय के उनका आनंद ही नहीं प्राप्त होता, वह बहुत-से ऐसे भी रूपक हैं जो पढ़ने-पढ़ाने के ही काम आते हैं और जिनका अभिनय किया ही नहीं जा सकता। इतिहास के कुछ ग्रन्थकार केवल घटनाओं का उल्लेख करके विश्राम करते हैं, परंतु कुछ उसे अधिक सरस काव्य का रूप प्रदान करने में सुख मानते हैं। काव्य का जगत् ही ऐसा है जहाँ कल्पना भी सत्य बन जाती है और सत्य कल्पना का रूप धारण कर लेता है। कौन कह सकता है कि मन के कितने तत्त्व जगत् के कितने तत्त्वों से किन-किन रूपों में संश्लिष्ट हो रहे हैं। प्रत्येक देश का दर्शन उसके काव्य को एक अनोखा ही रूप देने में समर्थ हुआ है फिर उस रूप का उप विभाग किस तात्त्विक दृष्टि को मान्य होगा? नारी की असंख्य मूर्तियाँ अगणित मूर्तिकारों ने अंकित की हैं: क्या वे सब प्रकार से एक दूसरे के अनुरूप हैं? क्या सबकी सामग्री अलग-अलग नहीं? क्या सबकी रुचि में भेद नहीं; संस्कार, विकास, सब भिन्न नहीं? जब हम किसी दूसरी भाषा की पुस्तक का अनुवाद भी अपनी भाषा में करते हैं तब भी उसे अपनी भाषा की प्रकृति के अनुकूल बना लेते हैं। कोई भी दो वस्तुएँ एक नहीं हो सकती, फिर काव्य के भेदोपभेद करके उनके संबंध में इतमित्थं कहने का दुस्साहस कौन करेगा? आगे के संपूर्ण वर्गीकरण को केवल व्यावहारिक

सुविधा का समझना उचित होगा, उसका कोई दूसरा अर्थ नहीं है।

मनुष्य में चार ऐसी मनोवृत्तियाँ हैं जिनसे प्रेरित होकर वह भिन्न-भिन्न प्रकार के काव्यों की रचना करने में समर्थ होता है। वे चार मनोवृत्तियाँ ये हैं—(1) आत्माभिव्यंजन की इच्छा, (2) मानव व्यापारों में अनुराग, (3) नित्य और काल्पनिक संसार में अनुराग और (4) सौंदर्यप्रियता। चौथी, अर्थात् सौंदर्यप्रियता नामक मनोवृत्ति तो सब प्रकार के काव्यों में उपस्थित रहती है, पर शेष तीनों मनोवृत्तियाँ आपस में इतना मिल-जुल जाती हैं कि उनको अलग करके उनके आधार पर काव्य को भिन्न-भिन्न अंगों और उपांगों में विभक्त करना कठिन है। मान लीजिए कि हम आगरे का ताज देखने गये। उसका वर्णन हम अपने मित्र से करने लगे। उस इमारत को देखकर हमारे मन में जो विचार या भाव उत्पन्न हुए होंगे, उनको हम इस वर्णन में प्रकट करेंगे। उसकी कल्पना करनेवालों, उसके बनानेवालों, उसके कारीगरों के कौशल आदि अनेक बातों पर हमारा ध्यान जायगा और हम वे सब बातें अपने मित्र से कहेंगे। इस कार्य में सौंदर्यप्रियतारूपी मनोवृत्ति को छोड़कर शेष तीनों मनोवृत्तियों का ऐसा सम्मिश्रण हो जायगा कि उनका ठीक-ठीक विश्लेषण करना बहुत कठिन होगा। जैसे मानव-जीवन में इन मनोवृत्तियों का सम्मिश्रण होता है, वैसे ही काव्य में भी यह सम्मिश्रण दिखाई पड़ता है।

पर केवल मनोवृत्तियों के आधार पर ही काव्य के अंगों और उपांगों का निर्णय नहीं हो सकता। हमें यह भी देखना होगा कि काव्य किन-किन विषयों का वर्णन करता है। मनुष्य के जीवन में वर्णन करने योग्य असंख्य बातें होती हैं। उनकी संख्या इतनी अधिक है कि उनकी गणना करना या उन्हें श्रेणीबद्ध करना एक प्रकार से कठिन ही नहीं अपितु असंभव है। परंतु प्रधान-प्रधान बातों को ध्यान में रखकर हम काव्य के विषयों का विभाग चार भागों में कर सकते हैं, यथा—(1) किसी व्यक्ति का आत्मानुभव अर्थात् किसी के निज जीवन के बाह्य तथा आंतरिक अनुभव में आनेवाली बातों की समष्टि, (2) मनुष्य मात्र का अनुभव अर्थात् जीवन-मरण, पाप-पुण्य, धर्म-अधर्म, आशा-निराशा, प्रेम-द्वेष आदि ऐसी महत्त्वपूर्ण बातें, जिनका संबंध किसी एक ही व्यक्ति से न होकर सारे मनुष्य-समुदाय से होता है, (3) मनुष्यों का पारस्परिक संबंध अर्थात् सामाजिक जीवन और उसके सुख-दुःख आदि, (4) दृश्यमान प्राकृतिक जगत् और उससे हमारा सम्बन्ध।

इस प्रकार मनोवृत्तियों और विषयों के आधार पर हम काव्य-साहित्य को कई श्रेणियों में विभक्त कर सकते हैं। इन दोनों आधारों के अनुसार हम ये विभाग कर सकते हैं—(1) आत्माभिव्यंजन संबंधी साहित्य अर्थात् अपनी बीती या अपनी अनुभव बातों का वर्णन, आत्मचिंतन या आत्म-निवेदनविषयक हृदयोद्गार, ऐसे शास्त्र, ग्रन्थ या प्रबंध जो स्वानुभव के आधार पर लिखे जायँ। साहित्यालोचन और कला-विवेचन रचनाएँ, सब इसी विभाग के अंतर्गत (2) वे काव्य जिनमें कवि अपने अनुभव की बातें जोड़कर संसार की अन्यान्य बातें, अर्थात् मानव-जीवन से संबंध रखनेवाली साधारण बातें लिखता है। इस श्रेणी के अंतर्गत साहित्य की शैली पर रचे हुए इतिहास, आख्यायिकाएँ, उपन्यास, नाटक आदि हैं। (3) वर्णनात्मक काव्य, यद्यपि इस विभाग का कुछ अंग आत्मानुभव और आख्यायिका आदि के अंतर्गत आ जाता है, तथापि पात्र-वर्णनात्मक निबंध या कविताएँ इसी श्रेणी में गिनी जा सकती हैं।

इस प्रकार मनोवृत्तियों तथा विषयों के आधार पर सब प्रकार के साहित्य को हम तीन मुख्य भागों में विभक्त कर सकते हैं। यहाँ पर यह सिद्धांत ध्यान में रख लेना चाहिए कि कवि का काव्य मनुष्य के हृदय को तभी अपनी ओर खींच सकता है जब उसमें अनुरागजनक और कल्पना की वही सामग्री विद्यमान हो जो पाठक, श्रोता या द्रष्टा के हृदय में विशेष रूप से जागृत रहती है। अर्थात् कवि अपनी मानसिक प्रवृत्ति और कल्पना के सहारे जब कोई भाव प्रकट करता है और जब वह भाव हममें भी अपना प्रतिबिंब उत्पन्न करने में समर्थ होता है, तभी यह कहा जा सकता है कि वह काव्य प्रकृति काव्य है। सारांश यह कि कवि और काव्य-लोलुप के हृद्‌यगत भावों का तादात्म्य होने से ही यथेष्ट आनंद की प्राप्ति हो सकती है।

काव्य के तीन मुख्य उपादान होते हैं—(1) बुद्धि-तत्त्व अर्थात् वे विचार जिन्हें लेखक या कवि अपने विषय-प्रतिपादन में प्रयुक्त और अपनी कृति में अभिव्यक्त करता है। (2) रागात्मक

तत्त्व अर्थात् वे भाव जिनको उसका काव्य-विषय स्वयं उसके हृदय में उत्पन्न करता है और जिनका वह पाठकों के हृदय में संचार करना चाहता है। (3) कल्पना-तत्त्व अर्थात् मन में किसी विषय का चित्र अंकित करने की शक्ति जिसे वह अपनी कृति में प्रदर्शित करके पाठकों के हृदय-चक्षु के सामने भी वैसा ही चित्र उपस्थित करने का प्रयत्न करता है।

काव्यकार की साधना

जितनी रचनाएँ हैं सब अपने रचयिता के मस्तिष्क और हृदय से ही उत्पन्न होती हैं। उनका रचयिता उनके प्रत्येक पृष्ठ में अदृश्य रूप से व्याप्त रहता है। उसके प्राण, उसका जीवन, उसका सर्वस्व जिसके कारण उनकी महत्ता है, उनमें सर्वत्र पाया जाता है। अतएव किसी ग्रन्थ को पूरी तरह से समझने के लिए हमें पहले उसके रचयिता से परिचित होना चाहिए। रचना का महत्त्व रचयिता के महत्त्व के ही कारण होता है, क्योंकि रचयिता की छाप उसकी रचना में सर्वत्र दिखाई पड़ती है। सच्चा प्रतिभाशाली लेखक पुराने से पुराने पिष्ठपेषित विषय को भी इस ढंग से अपने पाठकों के सम्मुख उपस्थित कर सकता है कि उसमें नवीनता और मौलिकता झलकने लगती है। उसमें विचारों की उत्तमता तथा नवीनता के साथ ही साथ विषय-प्रतिपादन की शैली में भी अनोखापन दिखाई देने लगता है। इन्हीं कारणों से ऐसी रचना मन को मुग्ध कर लेती है। पर यह तभी हो सकता है जब ग्रन्थकार को उन सब बातों से, जिनके विषय में वह लिख रहा है, स्वयं अनुभव हो; उसने उनको अपने चर्म-चक्षुओं या हृदय की आँखों से देखा हो और उन्हें भाषा द्वारा प्रकट करने में अपनी प्रतिभा के बल से उन पर नया प्रकाश डाला हो। रचयिता में यह शक्ति भी होनी चाहिए कि वह अपनी भाषा—अपनी शब्द योजना—से हममें भी उन्हीं विचारों और भावनाओं की तरंगावलि उत्पन्न कर दे, जिनके वशवर्ती होकर उसकी वाणी प्रस्फुटित और लेखनी चंचल हो उठती है। ग्रन्थकार के ऐसे ही ग्रन्थ वास्तव में 'काव्य' पद के अधिकारी हो सकते हैं। वही उसके प्रतिरूप, प्रतिच्छाया या उसके स्वरूप के प्रतिबिंब हो सकते हैं। अतएव किसी ग्रन्थ पर विचार करना मानो उसके रचयिता पर—उसके साहित्यिक जीवन पर विचार करना है।

परंतु कोई ग्रन्थकर्त्ता वास्तविक अनुभव प्राप्त किये बिना अथवा मानव-जीवन या जड़-चेतन जगत् की सूक्ष्म से भी सूक्ष्म बातों को हृद्गत किये बिना किसी विषय पर लिखकर नहीं प्राप्त कर सकता। अनुभव अथवा अभीष्ट विषय का सर्वांगीण ज्ञान प्राप्त कर लेने पर उसे स्वच्छंदता से, बिना भय या संकोच के, अपने विचार स्पष्टतापूर्वक ठीक-ठीक प्रकट करने चाहिए। जहाँ इस संबंध से कृत्रिमता आयी और भाव कुछ के कुछ हो गये, वहाँ ग्रन्थ स्थायी न होकर इस संसार में कुछ ही दिनों का पाहुन रह जाता है। हम इस बात की आशा नहीं कर सकते कि प्रत्येक ग्रन्थकार में भावों का विकास, विचारों का गांभीर्य तथा अनुभवों का प्राचुर्य हो, परंतु हम यह आशा अवश्य कर सकते हैं कि उसमें जो उत्तम गुण हैं, उन्हें वह अच्छी तरह हमारे सामने रख दें।

इस प्रकार लिखे हुए किसी ग्रन्थ को जब हम हाथ में लेकर ध्यानपूर्वक उसका अध्ययन प्रारंभ करते हैं तब मानो उसके कर्त्ता से एक प्रकार का घनिष्ठ संबंध स्थापित करते हैं। वह हमारा साथी बन जाता है। उसके विचारों, भावों और हृद्गत वासनाओं आदि से हमारा दृढ़ संसर्ग स्थापित हो जाता है। इस प्रकार जब बंधुता का नाता स्थापित हो जाता है, तब हमें उसके संबंध में सब कुछ जानने का अधिकार हो जाता है। वह भी हमको अपना समझकर बिना किसी प्रकार के संकोच या छल-कपट के जी खोलकर सब बातें हमसे कह डालता है। इस प्रकार उसके विचार, उसकी निराशा, उसके गुणों, उसके दोषों और उसके भाव से हम परिचित हो जाते हैं और उसका वास्तविक स्वरूप उसके ग्रन्थ द्वारा हमारे सामने आ जाता है।

काव्य का अध्ययन

(1) प्रतिभा का परिचय—ग्रन्थकर्त्ता से संबंध स्थापित करने के अनंतर उसके किसी एक ही ग्रन्थ का अध्ययन करके संतोष न करना चाहिए। उसके कुछ ग्रन्थों को पढ़कर हम उसके विषय में पूरी-पूरी अभिज्ञता नहीं प्राप्त कर सकते। कदाचित् आरंभ में किसी ग्रन्थ-कर्त्ता का एक ही ग्रन्थ पढ़कर हम उससे परिचित हो जायँ, परंतु इतने पर ही संतोष करना ठीक नहीं है। हम

तो अपने सामने उसकी प्रतिभा का पूरा-पूरा चित्र उपस्थित करना चाहते हैं। इसके लिए आवश्यक यह है कि हम उसके सभी ग्रन्थों का ध्यानपूर्वक अध्ययन करें, क्योंकि बिना ऐसा किये हम उसके मस्तिष्क के विकास, उसके स्वभाव, उसके विचारों तथा उसके अनुभवों से पूर्णतया परिचित नहीं हो सकते। हाँ, यदि उसने एक ही ग्रन्थ लिखा हो तो लाचारी है—बात ही दूसरी है। यह हो सकता है कि हम तुलसीदास का रामचरितमानस पढ़कर उसका रसास्वादन कर सकें और कवि की प्रतिभा से बहुत कुछ परिचित हो सकें, पर यह भी बहुत संभव है; नहीं, एक प्रकार से अनिवार्य है कि हम उसके संबंध की बहुत सी बातें जानने से वंचित रह जायँ। यदि हम कवि के समस्त ग्रन्थों का अध्ययन करेंगे, तो हम उसके भिन्न-भिन्न ग्रन्थों में उसकी प्रतिभा के भिन्न-भिन्न रूपों का दर्शन कर सकेंगे और यह भी जान सकेंगे कि उसने भिन्न-भिन्न अवस्थाओं से भिन्न-भिन्न भावों से प्रेरित होकर कैसे अपने को अनेक रूपों में प्रकट किया है। इस प्रकार किसी कवि या ग्रन्थकार के समस्त ग्रन्थों के अध्ययन से हम उस कवि या लेखक की भिन्न-भिन्न कृतियों को आपस में एक दूसरी से मिला सकेंगे, उनकी समता और विषमता या विभिन्नता को जान सकेंगे, उनके विषय, उनके उद्देश्य, उनकी रचना-शैलियों और उनकी विषय विवेचना की रीतियों से परिचित हो सकेंगे। ऐसा होने पर हम इस बात का भी अनुभव प्राप्त कर सकेंगे कि किस प्रकार एक ही व्यक्ति ने अपने जीवन के भिन्न-भिन्न समयों में भिन्न-भिन्न मनोवृत्तियों से प्रेरित होकर अपने स्वरूप को भिन्न-भिन्न रूपों में व्यक्त किया है।

(2) रचना-शैली—किसी कवि या ग्रन्थकार की रचना-शैली भी उसकी कृति को समझने में हमारी सहायक होती है। कुछ लोगों का ही काम है, सबका काम नहीं। यदि यह संगति ठीक हो तो भी साहित्य के अंग-प्रत्यंग की जानकारी प्राप्त किये बिना भी हम लेखन-शैली के आधार पर ही किसी कवि या ग्रन्थकार से विशेष परिचित हो सकते हैं। यह प्रायः देखा जाता है कि हम किसी कवि का कोई छंद अथवा किसी ग्रन्थकार का कोई वाक्य सुनते ही कह उठते हैं कि यह दोहा बिहारी के अतिरिक्त दूसरे का हो ही नहीं सकता, अथवा अमुक वाक्य लेखक का ही है। अच्छा, तो वह कौन सी बात है, कौन सा गुण है, जिसके कारण हम ऐसा कहने में समर्थ होते हैं? इस संबंध में पहली बात तो यह है कि जब हम ऐसा कहते हैं, तब हमारा ध्यान उस कवि या लेखक के भावों या विचार को प्रकट करने के ढंग पर जाता है। हम अपने किसी मित्र या संबंधी की वाणी सुनते ही उसे पहचान लेते हैं। परिचितों की आवाज में एक विशेषता होती है जिससे हम पूर्णतया अभिन्न होते हैं, चाहे हम उस विशेषता का विश्लेषण करने में समर्थ हों या न हों, पर उसे हम पहचान अवश्य सकते हैं और अपने मन में दूसरों की आवाज से उसकी विभिन्नता स्थिर कर सकते हैं। वाणी की यह विभिन्नता हमें अपने मित्र या संबंधी की आवाज पहचानने में समर्थ करती है। इसी प्रकार किसी कवि या लेखक की शब्द-योजना, वाक्य-रचना या विचार-व्यंजना का ढंग ही हमें बतला देता है कि वह कौन है। हमें इन बातों में उसका जो व्यक्तित्व दिखाई देता है उसी से हम कह सकते हैं कि यह पद या वाक्य दूसरे का हो ही नहीं सकता। इसी का नाम लेखनशैली या रीति है।

एक विद्वान् ने रचना-शैली को विचारों का परिच्छद कहा है, पर यह ठीक नहीं, क्योंकि परिच्छद शरीर से अलग रहता है। अपना निज का अस्तित्व रखता है। उसकी स्थिति उस व्यक्ति से भिन्न होती है पर जिस प्रकार मनुष्य से उसके विचार अलग नहीं हो सकते उसी प्रकार विचारों को व्यक्त करने का ढंग भी उनसे अलग नहीं हो सकता। अतएव शैली को विचारों का परिच्छद न कहकर यदि हम उनके विचारों का दृश्यमान रूप कहें, तो बात कुछ अधिक संगत हो सकती है। भाषा का प्रयोग तो सभी लोग करते हैं, पर प्रतिभावान की भाषा कुछ निराले ढंग की ही होती है। वह उसके भावों की क्रीत दासी-सी होती है और उसे वह अपने विचारों को प्रकट करने के लिए, अपनी इच्छा के अनुसार अपनी विशेषता के अनुरूप एक विशेष प्रकार के साँचे में ढाल देता है। उसके भावों, विचारों, मनोवृत्तियों तथा कल्पनाओं का जमघट और अनुक्रम उपमा, अनुप्रास आदि अलंकारों का प्रयोग, उसकी बूझ, उसकी गंभीरता, निपुणता आदि उद्भावनाएँ और मन की तरंगें, जो उसके मस्तिष्क की भाषा का रूप धारण करके प्रकट होती हैं, उसकी शैली पर विशेषता की छाप लगा देती है।

(3) समयानुक्रम और विकास-क्रम—इस प्रकार के अध्ययन के लिए यह आवश्यक है कि हम यह कार्य किसी निर्दिष्ट प्रणाली के अनुसार करें। इसमें संदेह नहीं कि सबसे अधिक समुचित और सुगम प्रणाली वह है कि जिसमें ग्रंथों के आविर्भाव के समय का ध्यान रखकर उनका अध्ययन किया जाता है। अर्थात् जिस क्रम से ग्रन्थों का आविर्भाव हुआ हो, उसी क्रम से उनका अध्ययन किया जाता है। इस प्रकार के अध्ययन से वे ग्रंथ उस ग्रंथकार के क्रमविकसित मानसिक जीवन और कला-कौशल का सर्वांगीण और स्पष्ट चित्र हमारे सामने उपस्थित कर सकते हैं, तभी हमें उनमें ग्रंथकार के अनुभव से भिन्न-भिन्न रूपों, उसके मानसिक और नैतिक विकासों के क्रमों तथा उसके कौशल की वर्धमान पुष्टि का पूरा-पूरा और शुद्ध इतिहास ज्ञात हो सकता है। सारांश यह है कि इस प्रकार हमें उसकी प्रतिभा के क्रमविकास का पूरा-पूरा ज्ञान हो सकता है। आजकल कुछ लोगों में ऐसी धुन समायी हुई है कि वे किसी प्रतिभाशाली ग्रंथकार के लिखे पत्रों, चिटों तथा अपूर्ण लेखों आदि का संग्रह बड़े उत्साह और अध्यवसाय से करते हैं। यह धुन कहीं-कहीं तो पागलपन की सीमा तक पहुंच जाती है। इस संबंध में इतना ही कह देना यथेष्ट होगा कि किसी ग्रन्थकार की लेखनी से निकली हुई प्रत्येक चिट्ठी या चिट न कभी एक के महत्त्व की हुई है और न कभी हो ही सकती है। अतएव केवल महत्त्वपूर्ण वस्तुओं का संग्रह करना ही उचित है। हिन्दी के समस्त प्राचीन ग्रंथों का प्रकाशन हो पाया है। इस अवस्था में पहले तो यह आवश्यक है कि जो ग्रन्थ मिल जायँ, वे सब प्रकाशित होते जायँ, और किसी कवि या लेखक के जीवन से संबंध रखनेवाली जितनी सामग्री मिले, सब संग्रहीत कर ली जाय, जिसमें वह ग्रंथ और वह सामग्री काल-कवलित होने से बच जाय। इसके अनंतर अनुकूल समय आने पर उनकी जाँच-पड़ताल करके महत्त्वपूर्ण और उपयोगी वस्तुएँ अनुपयोगी और अनावश्यक वस्तुओं से अलग कर ली जायँ।

(4) तुलनात्मक प्रणाली—ग्रन्थों के अध्ययन में आनुपूर्व्य अर्थात् समयानुक्रम प्रणाली का अवलंबन करने में हमें पद-पद पर कवि की कृतियों की पारस्परिक समानता या विभिन्नता पर विचार करना चाहिए और तदनुसार उसके महत्त्व और उसकी प्रतिभा को तुलनात्मक कसौटी पर कसना चाहिए। इसके अनंतर हमको उस कवि की तुलना ऐसे अन्य कवियों से करनी चाहिए, जिन्होंने उसी या उन्हीं विषयों पर लेखनी चलायी हो; एक ही प्रकार की समस्याओं पर विचार किया हो और जो एक ही प्रकार की स्थिति में रहे हों, अथवा कारणविशेष से जिन्हें हमारा मन एक दूसरे से अलग न कर सके, जैसे, यदि हम तुलसीदास जी पर विचार करना चाहें, तो हमारा मन हठात् सूरदास, केशवदास और ब्रजवासीदास आदि पर जायगा और हम उन्हें आपस में मिलाकर उसकी समानता या विभिन्नता का विचार कर सकेंगे। इस प्रकार हम सुगमता से तुलसीदास जी के महत्त्व का निर्णय कर सकेंगे। उनकी प्रतिभा और उनके काव्य-कौशल की माप भी हम अच्छी तरह कर सकेंगे। इसी प्रकार हम देव, भूषण और मतिराम को साथ पढ़कर उनकी कृतियों के तारतम्य का ज्ञान प्राप्त कर सकेंगे।

हम यह बात पहले ही लिख चुके हैं कि किसी कवि के विषय में विचार करने के लिए यह आवश्यक है कि हम उसकी मनोवृत्तियों को समझें, उसकी प्रवृत्तियों को जानें, उसके उद्देश्य से अवगत हों और उसकी कवित्व-शक्ति का अनुमान करें; सारांश यह कि उसके अन्तःकरण का पूरा विश्लेषण करके उसकी आत्मा से परिचित हो जायँ। इसमें सफलता प्राप्त करने के लिए तुलनात्मक प्रणाली ही सबसे उत्तम साधन है।

(5) जीवन-चरित्र—किसी कवि या लेखक के विषय में आलोचनात्मक विचार करने के लिए उसका जीवन-चरित्र जानना परम आवश्यक है। बिना इसके हम यथार्थ आलोचना करने में असमर्थ होंगे। जब कोई ग्रन्थ हमारा ध्यान आकृष्ट करता है, तब हमारे मन में यह बात जानने का कुतूहल आपसे आप उत्पन्न हो जाता है कि उसका कर्त्ता कौन है, वह कब हुआ, उसके सहयोगी और सहचर कौन-कौन थे, उसने अपने जीवन में किस प्रकार और कैसे-कैसे उद्योग किये, कहाँ तक उनमें सफलता या विफलता रही और उसके ग्रन्थ का उसके जीवन से कहाँ तक संबंध है। यदि इन सब बातों का ठीक-ठीक पता लग जाय तो हमें उस कवि या लेखक के ग्रन्थ अधिक रोचक और मनोरंजक ज्ञात होंगे और हम उन्हें बड़े चाव से पढ़ेंगे। अतएव किसी ग्रन्थकार या

कवि की कृति सुचारु रूप से समझने और उससे आनंद उठाने के लिए यह आवश्यक है कि हम उसके जीवन की मुख्य-मुख्य घटनाओं से परिचित हों, परन्तु साथ ही यह भी आवश्यक है कि जीवन-चरित विश्वसनीय हो और उसका उपयोग विवेकपूर्वक किया जाय। इन दोनों बातों के बिना अभीष्ट-सिद्धि में वह हमारा सहायक नहीं हो सकता। जीवन-चरितों में कभी-कभी इतनी तुच्छ और अप्रासंगिक बातें लिख दी जाती हैं, जिनका कुछ भी मूल्य नहीं होता और जो चरित्र-नायक के यथार्थ जीवन पर कुछ भी प्रकाश नहीं डाल सकतीं। तुलसीदास जी ने रामचरितमानस का महत्त्व जानने के लिए यह आवश्यक नहीं कि हम यह भी जान लें कि उन्होंने कितने मुरदे जिलाये थे अथवा उस प्रसिद्ध पिशाच से किस भाषा में बातचीत की थी। ये ऐसी बातें हैं जो रामचरितमानस को समझने और उससे आनंद उठाने में हमारी सहायक नहीं हो सकतीं। पर हाँ, अपनी सहधर्मिणी के मायके चले जाने पर अत्यंत आसक्ति के कारण उनका उसके पीछे-पीछे दौड़ा जाना एक ऐसी घटना है जिसका जानना बहुत आवश्यक है, क्योंकि गोस्वामीजी की पत्नी का यह कहना कि—

> लाज न लागति आपुको, दौरे आएहु साथ।
> धिक धिक ऐसे प्रेम को, कहा कहहुँ मैं नाथ।।
> अस्थि-चर्म-मय देह मम, तामें जैसी प्रीति।
> वैसी जौ श्रीराम महँ, होति न तौ भवभीति।।

वह काम कर गया जिससे गोस्वामीजी कुछ के कुछ हो गये—रामचन्द्रजी के भक्तिशिरोमणि होकर रामायण की रचना की बदौलत हिंदी-साहित्य में सर्वोच्च आसन पर जा विराजे। यदि यह मर्मभेदी बात उनकी पत्नी के मुँह से न निकलती और वह उनके प्रेम का वैसा ही बदला देती, तो अन्य लाखों-करोड़ों मनुष्यों के सदृश तुलसीदास जी भी अपनी जीवन-यात्रा पूरी करके परलोकवासी हो जाते और उनका कोई नाम भी न जानता। पर होना तो कुछ और ही था। वह व्यंग्य तुलसीदास जी के हृदय में चुभ गया और उसने उन्हें संसार से विरक्त बनाकर राम-भक्ति में ऐसा लीन कर दिया कि वे रामचरितमानस के भक्तिरस-प्रवाह में लोगों को मग्न करके अपने आपको अमर कर गये। कहने का तात्पर्य यह है कि साहित्यालोचन में आलोचक के लिए यह परम आवश्यक है कि वह कवि या लेखक के जीवन-चरित से अपने प्रयोजन की सार वस्तु निकाल ले और निस्सार को छोड़ दे। जीवन-चरित को विवेकपूर्वक काम में लाना इसी का नाम है।

(6) श्रद्धा—किसी कवि की कृति को अच्छी तरह समझने के लिए यदि उस कवि के प्रति श्रद्धा नहीं, तो कम से कम सहानुभूति तो अवश्य ही होनी चाहिए। बिना श्रद्धा के कवि के अंतस्तल या आत्मा तक पहुँचकर उससे अवगत होने और उसके गुण-दोष जानने में मनुष्य समर्थ नहीं हो सकता। यह आवश्यक नहीं कि जितने ग्रन्थ हम पढ़ें सभी के रचयिताओं के प्रति हममें सहानुभूति या श्रद्धा हो। यह मानना ही पड़ेगा कि संसार में रुचि-वैचित्र्य भी कोई वस्तु है और इसे मान लेने पर यह कहना असंभव हो जायगा कि सभी बड़े-बड़े कवियों से हमारी सहानुभूति होनी चाहिए। किसी को वीर-रसात्मक काव्य के अध्ययन में जितना आनन्द मिलता है उतना शृंगार-रसात्मक काव्य में नहीं मिलता। यदि कोई रसिक भूषण से अधिक सहानुभूति और उनमें अधिक श्रद्धा रखता हो और बिहारी को उपेक्षा की दृष्टि से देखता हो, तो यह कोई दोष की बात नहीं। यह उसका रुचि-वैचित्र्य है जो एक से स्नेह और दूसरे से औदासीन्य या उपेक्षा उत्पन्न कराता है। अतएव यह आशा करना व्यर्थ है कि सब लोग सभी कवियों या ग्रन्थकारों की कृतियों से एक-से आनंद की प्राप्ति कर सकेंगे। पर यह अत्यंत आवश्यक है कि जिस ग्रन्थ का हम अध्ययन करना चाहते हों उसके रचयिता से सहानुभूतिपूर्वक अपना परिचय आरंभ करें, और यदि क्रमशः हमारी सहानुभूति श्रद्धा में परिवर्नित हो गयी, तो यह समझना चाहिए कि हम उसकी आलोचना के अधिकारी हो गये। पर साथ ही यह भी ध्यान रखना चाहिए कि यह श्रद्धा कहीं अंधविश्वास का रूप न धारण कर ले; क्योंकि अपनी आँखें खोलकर हम संसार में पथ-प्रदर्शक बनने के अधिकारी न हो सकेंगे। इसीलिए समालोचना के कार्य में हमें विवेकपूर्वक अग्रसर होना चाहिए।

चौथा अध्याय

कविता का विवेचन

गद्य और पद्य

पिछले अध्याय में काव्य का विवेचन करते हुए उस शब्द का प्रयोग गद्य और पद्य दोनों अर्थों में किया गया है। इस अध्याय में हम कविता का विवेचन कर रहे हैं, जिसकी सीमा पद्य-बद्ध साहित्य तक ही है। साहित्य और कला के जिस मौलिक रूप को हमने प्रत्यक्ष किया है उसके अनुसार उसकी अखंड सत्ता का गद्य और पद्य की कोटियों में विभाजन किसी तात्त्विक आधार पर नहीं है, तथापि साहित्य-शास्त्र लिखते हुए हमें शब्दों को पारिभाषिक रूप देने की आवश्यकता पड़ती है और व्यवहार की दृष्टि से गद्य और पद्य में कुछ स्पष्ट अंतर भी दिखाई देते हैं। यद्यपि गद्य के ऐसे भी उदाहरण मिलते हैं जो अलंकार और कल्पना के चमत्कार के उत्कृष्ट पद्य से कम नहीं हैं और पद्य के भी ऐसे उदाहरण मिलते हैं जिनकी सरल निरलंकार स्वाभाविकता गद्यवत् भासित होती है तथापि पद्य में संगीतकला की छाया अधिक स्पष्ट और प्रभावशालिनी देख सकती है, कल्पना का अधिक अनिवार्य रूप देख पड़ता है और उसकी रसमयता भी अधिक बलवती समझ पड़ती है। पद्य का स्वर अधिकांश में तालबद्ध होता है, भक्तों के पद तो संगीत के साँचे में ही ढले हुए हैं। गद्य में मनुष्य की बुद्धिक्रिया अधिक प्रबल रूप में प्रतिफलित होती है, पद्य में उसकी भावना की गति अधिक तीव्र होती है; गद्य में चरण पद्य की भाँति नृत्य नहीं करते, उसमें यदि आदि का नियम नहीं माना जाता है।

ऐतिहासिकों का मत है कि संसार के साहित्य में आदि काल से पद्य की ही प्रधानता थी। गद्य का बहुत पीछे प्रसार हुआ। इस मत का आधार लेकर बहुत से विद्वानों ने गद्य और पद्य के संबंध पर कितनी ही टीका-टिप्पणी की है। मैकाले का कहना है कि जैसे-जैसे सभ्यता का विकास होता है वैसे-वैसे कविता का ह्रास हो रहा है। यद्यपि यह किसी अंश तक सत्य है कि भौतिक सभ्यता की वृद्धि के कारण कल्पना और आदर्शमय काव्य की कमी हुई है, परन्तु इससे कोई अटल नियम या स्थायी निष्कर्ष नहीं निकाला जा सकता। संभव है इस भौतिकवाद की प्रतिक्रिया का समय आने पर कविता को उसकी पूर्व विभूतियाँ उतनी ही मात्रा में वरन् उससे भी अधिक प्राप्त हो जायँ। कुछ विद्वान् भी, जो दार्शनिक रुचि के होते हैं अथवा जो मस्तिष्क की प्रबल शक्ति लेकर उत्पन्न होते हैं, पद्य के विपक्ष में गद्य को अधिक आदर देते हैं। उनमें से कतिपय यह भ्रांत मत भी प्रकट करते हैं कि आरंभ में जब मनुष्य जीवजगत् से अधिक परिचित न होने के कारण मूर्ख था और बात-बात में आश्चर्यचकित हो उठता था तब कविता अधिक उपयोग में लायी जाती थी। जैसे-जैसे मनुष्य का ज्ञान बढ़ता गया, गद्य का प्रयोग भी बढ़ता गया। इनके मत में शुष्क अनलंकृत विचार, जो गद्य में व्यक्त किये जाते हैं, अधिक सत्य होते हैं और कविता उस सत्य से बहुत कुछ रहित होती है। यह धारणा असाहित्यिक और उपहासास्पद भी है किन्तु यह इस सत्य का आभास अवश्य देती है कि गद्य मनुष्य के व्यावहारिक भाव-विनिमय का साधन होने के कारण, अधिक स्पष्ट और नीरस होने को बाध्य है। उसकी नित्य-प्रति उपयोगिता उसकी सुकुमार कला का अपहरण करके बदले में उसे एक दृढ़ता और पुष्ट शक्ति प्रदान करती है जिसका एक अलग महत्त्व है।

कुछ अपर विद्वान् गद्य का सामाजिक प्रचलन देखकर गद्य और पद्य में एक अन्य विभेद बताने का प्रयास करते हैं। गद्य समाज की वस्तु है अतः वह सामाजिक सत्य, यथार्थवाद को अधिक मात्रा में प्रकट करता है और पद्य मनुष्य की अलंकृत भावना की उपज होने के कारण

अधिकतर उन उदात्त आदर्शों का व्यंजक बन गया है जो व्यक्ति की उच्च साधना में उसे उपलब्ध होते हैं। कविता की कला अधिक सूक्ष्म और मोहिनी है। वह व्यक्ति की असाधारण परिस्थिति की उपज है, अतः उसमें साधारण लोक-व्यवहार का प्रदर्शन नहीं किया जाता। अधिकांश में वह मानव-मन की अनोखी-गंभीर और सूक्ष्म वृत्तियों का प्रकाशन करती है, इसलिए वे विद्वान् मूल से ही कविता को आदर्शवादिनी मानते हैं। यह अवश्य है कि कविता मनुष्य और संगीतमय मनोवृत्ति का उद्रेक होने के कारण गद्य की अपेक्षा अधिक मार्जित और सुष्ठु होने का दावा कर सकती है, परंतु उसका कोई नियम निर्धारित नहीं किया जा सकता। केवल दिग्दर्शन के लिए ऊपर के विभेद काम में लाये जा सकते हैं।

भाव-पक्ष

साहित्य और काव्य का विवेचन करते हुए हमने भावों के उस अपार भेद को देखने और समझने की चेष्टा की, जो कलामात्र का आधार है। साथ ही हमने काव्य के उपकरण अलंकार, रस, रीति आदि के तत्त्वों पर भी दृष्टि डाली जो कलाओं के सौंदर्य और प्रभाव के हेतु हैं तथा जिनसे उनके व्यक्तित्व का निर्माण और उत्कर्ष का साधन होता है। इस विचार से सभी कलाओं के दो पक्ष बन जाते हैं, जिन्हें हम क्रमशः भाव पक्ष और सौंदर्य पक्ष कह सकते हैं। पश्चिम के कुछ कला-समीक्षकों ने इस सौंदर्य-पक्ष को कला-पक्ष कहकर पुकारा है, परंतु इसका यह अर्थ नहीं कि सौंदर्य की एकमात्र कला का पक्ष है। इसका अर्थ केवल यही हो सकता है कि भावों के विस्तार की कोई सीमा न होने के कारण उनके संबंध में कोई नियम-निर्धारण भी नहीं किया गया। भाव मात्र काव्य और कला के विषय होने के कारण उनका कोई निर्वचन किया ही कैसे जाता? कुछ अन्य समीक्षकों ने साहित्य शास्त्र में तो नहीं किन्तु धर्म, दर्शन और आचरण शास्त्रों में भावजगत् की विस्तृत समीक्षा की है। यद्यपि हमारे भावों की कोई परिधि नहीं है तथापि धर्माचार्यों और दार्शनिकों ने संसार के हित की दृष्टि से और आत्मा के विकास का लक्ष्य करके प्रायः सभी समयों में अपने-अपने मत व्यक्त किये हैं और वे मत संसार में मान्य भी हुए हैं। समाज और व्यक्ति के संस्कार और विकास की सूचना देनेवाले उसके भाव ही हैं जिनकी परिष्कृत समाज की एक स्वाभाविक क्रिया बन गयी है। इन संस्कृत और परिष्कृत भावों को धारण करनेवाले, उत्तरोत्तर उन्नति को प्राप्त करनेवाले समाज अपने काव्य और कलाओं में अपनी विकसित रुचि का परिचय देने आये हैं। देश और साहित्य का इतिहास समाज के उस विकास का साक्षी स्वरूप है।

हमारे देश के प्राचीन साहित्य-शास्त्रों में ही साहित्य के भाव-पक्ष का अलग से कोई निरूपण नहीं किया गया है परन्तु उनमें यह निर्देश अवश्य किया गया है कि काव्यकार को विविध शास्त्रों का अनुशीलन कर लेना चाहिए, तदुपरांत लेखनी उठानी चाहिए। इसका अर्थ यही है कि उसे भावों का मार्जित और परिष्कृत रूप देख लेना चाहिए। विचारों के ज्ञानगम्य अनुक्रम में परिचित हो जाना चाहिए। परन्तु हमारे साहित्य-शास्त्रियों को केवल इतने ही निर्देश से संतोष नहीं मिला। धर्म और दर्शन सम्बन्धी शास्त्रों के अनुशीलन की विधि के साथ ही उन्होंने साहित्य को अर्थ, धर्म, काम, मोक्ष इन चारों पुरुषार्थों का साधन बताया। इसका आशय भी यही जान पड़ता है कि भावों के संस्कार में तत्परता कदापि कम न हो वरन् सदैव बढ़ती रहे।

कोई भी धार्मिक या नैतिक व्यवस्था साहित्य का यथार्थ नियम नहीं बन सकती और न संसार के भिन्न-भिन्न रुचिवाले साहित्य-प्रेमियों द्वारा वे स्वीकार की जा सकती हैं। इसलिए कला के क्षेत्र में भावों के सम्बन्ध का कोई आचार-शास्त्र व्यवहार में नहीं लाया जा सकता। हमने भी साहित्य और काव्य के विवेचन में अपार भाव-भूमि का दर्शन कर लिया है और आगामी अध्यायों

में हम उसके विविध अंगों के सौन्दर्य-पक्ष का दर्शन करने की चेष्टा करेंगे । परन्तु यही बात विशेष मनोयोगपूर्वक समझ लेनी चाहिए कि कला के भाव-पक्ष के सम्बन्ध में अधिक चर्चा न की जा सकने का यह अर्थ नहीं है कि वह पक्ष कलाओं के लिए अधिक महत्त्व नहीं रखता। महत्त्व तो वह इतना अधिक रखता है कि उसके बिना उसका अस्तित्व ही असंभव है। हम यह भी नहीं कह सकते कि भावों का निरंतर विकास नहीं होता अथवा मनुष्य जाति अपने आदि काल से एक ही भाव-भूमि पर स्थित है। ऐसा कदापि नहीं है, क्योंकि वह तो समाज की मृत्यु का सूचक है। परन्तु इस सम्बन्ध के अधिक विवेचन के लिए धार्मिक और दार्शनिक शास्त्रों का आश्रय लेना ही अधिक उचित होगा। मनुष्य की भौगोलिक स्थिति, सामाजिक संघटन, महापुरुषों के प्रभाव आदि के कारण देश और जाति के भाव बदलते रहते हैं। कभी-कभी एक देश की कविता दूसरे देश को रुचिकर नहीं होती। इसका कारण यह है कि भावों की धारणा भिन्न-भिन्न हो गयी है। नृसशंता, हत्या और नग्नता के चित्रों पर आधुनिक सभ्य समाज प्रतिबन्ध लगा रहा है और भारतीय रंगमंच पर मृत्यु आदि के दृश्य न दिखाने का विधान है ही।

कला-पक्ष

भावों की अभिव्यक्ति की शैली ही कविता और कलाओं का रूप धारण करती है। कभी स्वर (संगीत) द्वारा, कभी शब्द (साहित्य) द्वारा और कभी चित्र आदि द्वारा भाव व्यंजित किये जाते हैं और कभी इनके सम्मिलित प्रभाव से भी वह कार्य किया जाता है, अतः कलाओं के अध्ययन में स्वर, शब्द और रेखा आदि की साधना करनी पड़ती है। कविता मुख्यतः शब्द की साधना है, किन्तु इसके अन्तर्गत कितनी ही अन्य साधनाएँ भी सम्मिलित हो गयी है । भारतीय काव्य-विवेचन में कविता और कला का अधिकांश विवेचन रस का आधार लेकर किया गया है। जो रस काव्य आदि का चरम उत्कर्ष और उसकी आत्मा माना गया है, रस की काव्य की आत्मा है और रस की निष्पत्ति विभाग, अनुभाव, संचारी भावों के संयोग से होती है। काव्य और कुछ नहीं, रसात्मक वाक्य ही है। काव्य के गुण और अन्य सुन्दर विशेषताएँ उस रस का उत्कर्ष करती हैं और उसके दोष (स्खलन) उसका अपकर्ष करते हैं। उसके गुणों में साहित्यिक रीतियाँ और तदनुसार माधुर्यप्रसाद आदि गुण तथा अनेकानेक काव्यालंकार हैं। दोषों की संख्या साहित्य शास्त्रों में सैकड़ों तक पहुँची है, जिसका अर्थ यह है कि उनसे बचने की चेष्टा करने से रसानुभव उत्कृष्ट मात्रा में हो सकता है। अलंकारों के द्वारा रस की अनुभूति और भी स्थायी हो सकती है।

आरम्भ मे यह निर्णय कर लेना चाहिए कि रस के काव्य की आत्मा होने का क्या अर्थ है। इसका तो अर्थ यही है कि काव्य के पाठकों, नाटक के सामाजिकों और चित्र के दर्शकों के हृदय में कला का आनन्द प्राप्त हो जाना ही उसकी चरम सफलता है। ऐतिहासिक दृष्टि से रस सर्वप्रथम अभिनय के सम्बन्ध में ही माना गया था और भरत मुनि के नाट्यशास्त्र में पहले-पहल इसका निरूपण हुआ था। अतः रूपकों का अभिनय करनेवालों और उसके दर्शकों को लेकर ही यह आरम्भ में चरितार्थ हुआ। पीछे से यह काव्य आदि अन्य कलाओं में भी प्रवेश कर गया और इन दिनों तो यह सम्पूर्ण भारतीय कला-विवेचन का मूल आधार बन गया है। रस-निष्पत्तिवाले भरत के वाक्य को लेकर कितने ही अर्थ किये गये और कई साहित्यिक सम्प्रदाय खड़े हुए, परन्तु कला-विवेचन के हिसाब से इनका इतना ही अर्थ हो सकता है कि नाटक का अभिनय करनेवाले पात्रों, उनकी वेश-भूषा, उनकी परिस्थिति, हाव-भाव आदि का दृश्य देखकर मूल रूपक के विषय में सामाजिकों के हृदय में जो आनन्द की अनुभूति हुई वही रस है; अभिनय करनेवाले पात्रों का तो वास्तव में कोई अस्तित्व नहीं है। जैसे किसी काव्य ग्रन्थ की छपी हुई या हस्तलिखित प्रति हो वैसे नाटकों के ये अभिनेता हैं। जैसे कविता-पुस्तक में विराम आदि चिह्नों की सहायता से अर्थ ग्रहण करने और काव्य का रस लेने में अधिक सुगमता होती है, वैसे ही रूपकों का अभिनय

करनेवालों के सहारे हम उस रूपक का अधिक सहज भाव से आनंद ले सकते हैं। अतः नाटक के रस का संबंध अभिनेता-रूपी मध्यस्थ से उतना ही है जितना काव्य के रस का संबंध उसकी छपी हुई प्रति से है।

कल्पना की जाय कि हम दो व्यक्तियों में से एक किसी नाटक का पाठ कर रहा है और दूसरा उसका अभिनय देख रहा है। ऐसी अवस्था में, यदि वास्तव में उस रूपक में रसात्मकता है तो रसानुभव दोनों को होना चाहिए। यदि कुछ अंतर है तो इतना ही कि अभिनय देखनेवाला प्रत्यक्ष उन विभाव-अनुभाव आदि का रूप देख सकता है और पाठ करनेवाला अपनी कल्पना के रंगमंच पर उन्हें देखता है। दर्शक उन विभाव-अनुभाव का जो रूप अभिनय में देख रहा है वह वास्तव में उसका मिथ्या रूप है। वह रूप केवल उसकी कल्पना को उत्तेजित करके सत्य रूप दिखा सके, यही अभिनय की सार्थकता है। कुछ प्राचीन समीक्षकों ने यह कहने का साहस किया था कि अभिनय का आनंद इस बात में है कि दर्शक उसमें सत्य की अनुकृति पाता है। तथापि अनुकृति अनुकृति ही है। रसात्मकता अनुकृति में नहीं है, वह तो मूल कृति में है और वहीं से उसका आनंद पाठक, श्रोता या सामाजिक के हृदय में होता है,। अभिनेताओं के उपकरण के रूपक की रससामग्री सामाजिकों के हृदय में अधिक सुगमता से पहुँचती है।

इस तथ्य को स्पष्ट करने के उपरांत अब हम यह समझ सकेंगे कि 'रस' केवल एक अनुभूति है जो किसी कला कृति को देख या सुनकर हमारे मन में उत्पन्न होती है। यह एक मनोवैज्ञानिक प्रक्रिया का परिणाम है कि किसी चित्र के सुसज्जित रंगों, रेखाओं आदि के द्वारा हमारे मन में उन चित्र की वास्तविकता जागृत होती है और हमें सुख मिलता है। मान लीजिए कि सबका आकार प्रायः एक ही है। मान लीजिए वह आकार में आठ इंच लम्बा और छः इंच चौड़ा है, परंतु एक चित्र में दूरस्थ प्रकृति की एक निर्जन झाँकी है, दूसरे में भगवान् कृष्ण की किसी अलौकिक लीला का रूप है, तीसरे में हमारे किसीं देश-नेता का चित्र है और चौथे में एक छोटे से पुष्प को बड़े आकार में अंकित करके दिखाया गया है, तो हमने देखा कि यद्यपि उन चित्रों का आकार एक ही है किंतु उनमें प्रदर्शित रूप बहुत ही भिन्न हैं। उन रूपों में आकार का, समय का, रंग का, रूप का कुछ भी साम्य नही है। एक ही आकार की चित्र-भूमि में ये चार अत्यंत अनोखे रूप अंकित किये गये हैं, तथापि इस विभिन्नता में भी जो एकता है, वह यह है कि इनमें से प्रत्येक चित्र को देखकर हमारी आत्मा प्रसन्न हो रही है। वह अनुभव करती है कि ये अनुकृतियाँ सफल हुई हैं। इन अनुकृतियों के द्वारा अन्य रूप का जो ग्रहण होता है वह कला ही प्रसाद है। ग्रहण होते ही रस की निष्पत्ति होती है और रस की निष्पत्ति ही कलात्मक आनन्द का अनुभव है।

रस की अनुभूति होने पर हम यह समझ सकते हैं कि जो कविता हमारे सामने रखी गयी है अथवा जो कलावस्तु हमें परीक्षा के लिए दी गयी है वह अपने उद्देश्य में सफल हुई है। परन्तु वह सफल है या नहीं यह हम तब तक नहीं समझ सकते जब तक स्थायी भाव* का परिचय नहीं पा लेते।

कविता के भाव और कला-पक्षों पर इतना विचार करने के उपरान्त अब हम दोनों का पारस्परिक सम्बन्ध भी देख सकते हैं। भाव तो प्रत्येक कविता के मूल में होंगे ही, परन्तु उन भावों को भाषा का स्वरूप देना, भाषा को उचित रीतियों के अनुसार संघटित करना, उसे सजाना, उसे अलंकारों से सुशोभित करना, उसे गुणवती बनाना, दोषों को उससे दूर रखना, सारांश यह कि भाषा की लक्षणा, व्यंजना आदि शक्तियों को उद्‌बुद्ध और पुष्ट करके उन भावों को रसमय बना देना—यह साहित्य के कला-पक्ष का काम है। यद्यपि भावों की प्रधानता सबको मान्य है किन्तु भाषा के बिना तो भावों का अस्तित्व ही नही रहता और भाषा की परिपाटी के

* स्थायी भावों का विवेचन रस के अध्याय में आवेगा।

अनुसार सज्जित करने से ही कला का उद्‌गम होता है, अतः यह कहा जाता है कि कलात्मक रीति से सजी हुई भाषा, जिसमें भावों का व्यंजन होता है, कविता है। प्रसिद्ध कला-शास्त्री क्रोचे के नवीन अनुसंधानों का एक सुन्दर परिणाम हुआ है कि भाव और भाषा एक हो गयी हैं और काव्य-विवेचन में दोनों के द्वन्द्व की आवश्यकता नहीं रही, किन्तु भारत के कलाशास्त्री, कविराज विश्वनाथ ने कई शताब्दियों पूर्व काव्य की व्याख्या रसात्मक वाक्य करके की थी जिसमें वाक्य का उत्कर्ष करनेवाली गुणालंकार रीतियाँ और अपकर्ष करनेवाले विविध काव्य-दोष हैं। यद्यपि पश्चात् काल में इन एक-एक विशेषताओं को लेकर अलग-अलग संप्रदाय भी खड़े हो गये थे पर मूल में जिन्होंने भारतीय साहित्य-शास्त्र की परीक्षा की है उन्हें यह जानकर परम सन्तोष होता है कि रसात्मक वाक्य के एक ही सूत्र में सम्पूर्ण साहित्य शास्त्र गूँथ दिया गया है जिससे किसी ओर से वितंडावाद नहीं खड़ा हो सकता। एक ओर कविता के सब गुण, दूसरी ओर सब दोष उसी एक वाक्य से सम्बन्ध रखते हैं, द्विविधा कहीं भी नहीं है।

बिना भाषा के भाव नहीं रह सकता। भाषा स्वयं ही भाव की मूर्ति है। इस तथ्य पर विचार करने से भावपक्ष और कलापक्ष में अभेद की स्थापना हो जाती है। भावों की साधना भाषा की साधना के साथ-साथ चल सकती है और चलनी चाहिए। इस धारणा के पुष्ट होने से साहित्य का सदैव कल्याण हुआ है।

भारतीय कविता का स्वरूप

कविता का इतना विवेचन हो चुकने पर अब यह आवश्यक होता है कि हम उसका एक स्वरूप निश्चित कर लें। कविता का स्वरूप स्थिर करने में भावुकों और आलोचकों ने सैकड़ों परिभाषाएँ गढ़ डाली हैं। यदि पूर्व और पश्चिम के इन साहित्यशास्त्रियों की परिभाषाएँ भी ऐतिहासिक क्रम से देखने लगें तो एक बड़ा इतिहास तैयार हो सकता है। यद्यपि इस इतिहास से बड़ा लाभ हो सकता है तथापि स्वरूप-निर्णय के लिए तो संक्षेप में पूर्व और पश्चिम के निर्णीत सिद्धान्तों की ही चर्चा करना अच्छा होगा। उन सिद्धान्तों का वर्णन भी स्थानाभाव से यहाँ संभव नहीं, अतः हम केवल भारतीय दृष्टि से काव्यस्वरूप के बारे में थोड़ा लिखेंगे। भारतीय सिद्धान्तों के अध्ययन से साहित्य का विद्यार्थी समीक्षा और आलोचना के क्षेत्र को स्पष्ट समझ लेता है और प्राचीन तथा नवीन सभी काव्यों का स्वरूप समझने लगता है। हमारे यहाँ साहित्य-शास्त्र की एक परम्परा बन गयी है, अतः हमें काव्य का सर्वमान्य स्वरूप जान लेना चाहिए। विचार करने पर देखेंगे कि काव्य के भारतीय स्वरूप का जो लक्षण है वही पश्चिमी विद्वानों को भी स्वीकृत है, केवल प्रतिपादन शैली का भेद है।

संस्कृत-आलोचना में तीन आलोचकों के तीन ग्रंथ सर्वमान्य-से रहे हैं—मम्मट का काव्य-प्रकाश, विश्वनाथ का साहित्य-दर्पण और जगन्नाथ का रसगंगाधर। हम तीनों की दी हुई परिभाषाएँ सामने रखेंगे और तीनों में से अपना एक निर्णय पुष्ट करेंगे—

1. तद्दोषौ शब्दार्थौ सगुणावनलंकृति पुनः क्वापि—काव्यप्रकाश।

ऐसे शब्द और अर्थ को कविता कहते हैं जिसमें दोष न हों, गुण हों, अलंकार हों और कभी-कभी अलंकार न भी रहें।

2. वाक्यं रसात्मकं काव्यम्—साहित्यदर्पण।

रसभरी (= कलात्मक आनन्दानुभूति से पूर्ण) भाषा को कविता कहते हैं।

3. रमणीयार्थ प्रतिपादकशब्दः काव्यम्—रसगंगाधर।

रमणीय अर्थ के प्रतिपादन करनेवाले शब्द को काव्य कहते हैं।

तात्त्विक दृष्टि से देखा जाय तो तीनों परिभाषाओं में कोई विरोध नहीं है। तीनों ग्रंथों के पढ़ने से भी यही निर्णय पुष्ट होता है। पर तीनों में अपनी-अपनी विशेषताएँ हैं। साहित्यदर्पण की

परिभाषा है कि रसात्मक वाक्य को काव्य* कहते हैं पर साधारण विद्यार्थी पहले 'रस' के पूरे सिद्धान्त को समझ लेगा तब कहीं वह इस परिभाषा का अर्थ लगा सकेगा। आज हिन्दी संसार में प्रायः रस के बारे में भ्रम फैला देख पड़ा है। ऐसी स्थिति में इन कठिन और पारिभाषिक शब्दों के सहारे साधारण पाठक को हम कैसे संतुष्ट कर सकते हैं। वह प्रारंभ में ही सुनता है कि रसमयी रचना को काव्य कहते हैं। वह चट रस का सामान्य अर्थ लगा लेता है और इसी से भ्रम होने लगता है। सिद्धांततः यह परिभाषा कितनी ही सुन्दर हो पर व्यवहार की दृष्टि से यह बड़ा अनर्थ करती है। प्रारंभ में तो साधारण शब्दों में कविता के सीधे स्वरूप का वर्णन होना चाहिए और उचित ज्ञान हो चुकने पर रस और ध्वनि की बात आनी चाहिए। इसी से व्यवहारविद् आचार्य मम्मट ने पहले कविता के दोष, गुण, अलंकार आदि की चर्चा की है पर रस का नाम तक नहीं लिया है। वे भी रस को प्रधान मानते हैं पर वे उसका उचित स्थान भी जानते हैं।

इसी प्रकार रसगंगाधर की परिभाषा भी बड़ी सुन्दर है। रमणीय अर्थ के प्रतिपादक शब्द को काव्य कहते हैं पर यह तो पूरे साहित्य-शास्त्र का निचोड़ है। प्रारंभ में कहने और समझाने की व्याख्या नहीं है। 'रमणीय' आदि की व्याख्या कितनी टेढ़ी है, विद्वान् ही जानते हैं। अतः मम्मट के स्वरूप-वर्णन को ही 'आधार मानकर अपना काम चलावेंगे। मम्मट के समान व्यवस्थित और व्यवहारोपयोगी व्याख्या करनेवाला दूसरा नहीं हुआ। साथ ही विद्वानों के लिए उनके ग्रंथ में बड़े-बड़े दर्शन का सार तत्त्व भी मिल जाता है। इसी से मम्मट का काव्यप्रकाश भारतीय आलोचना के ग्रन्थों में प्रामाणिक माना जाता है।

मम्मट ने सबसे पहले यह दिखाया है कि शब्द और अर्थ दोनों ही मिलकर 'काव्य' अथवा कविता कहे जाते हैं। इसी से उन्होंने एक ओर 'ध्वनि' को काव्य माना है और दूसरी ओर चित्रकाव्य को भी कविता का पद दिया है। यही उनके विवेचन की व्यापकता है। व्यवहार में लोक में चित्रकाव्य का भी बड़ा मान होता है।

शब्द और अर्थ अभेद रूप से कविता के आधार होते हैं। इसी से कविता के स्वरूप-ज्ञान के लिए वाचक, लक्षक और व्यंजक—तीनों प्रकार के शब्द, वाच्य, लक्ष्य और व्यंग्य—तीनों प्रकार के अर्थ और अभिधा, लक्षणा, व्यंजना—तीनों प्रकार की शब्द-शक्तियों का ज्ञान परमावश्यक है।

शब्दार्थ के इसी विवेचन के आधार पर ही रस, ध्वनि, सौंदर्य, कलात्मक अनुभूति, साधारणीकरण आदि सभी की व्याख्या होती है। आगे चलकर इन्हीं शब्दों और अर्थों के चमत्कार सौंदर्य और रमणीयत्व को बढ़ाने-घटानेवाली बातों का विवेचन होना चाहिए; अर्थात् गुण, दोष, रीति, वृत्ति और अलंकार का विवेचन होना चाहिए। इन सबका विवेचन न केवल आलोचक की सहायता करता है प्रत्युत इनके ज्ञान से कविता का रस भी उचित मात्रा में मिलता है। इनका यदि सुचारु ढंग से विवेचन किया जाय तो आधुनिक आलोचना-शास्त्र तैयार हो सकता है और इन्हीं का रूढ़िगत वर्णन पुराने ढंग का एक अलंकार शास्त्र तैयार कर देता है। किसी भी प्रकार हो, कविता का स्वरूप समझने के लिए इन सबका अध्ययन आवश्यक है।

साहित्य-शास्त्र और छंद

ध्यान देने की बात है कि अधिकांश साहित्य-शास्त्रों में छन्दों का प्रकरण नहीं रखा गया है। शब्दालंकारों में अंत्यानुप्रास एक क्षुद्र अलंकार मात्र है। काव्य के गुणों के साथ छन्दों का भी उल्लेख किया जा सकता था परन्तु उन्होंने वैसा नहीं किया। न करने के कारण दो ही हो सकते हैं—एक तो यह कि छन्दों की संख्या इतनी अधिक है कि उसका निरूपण साहित्य-शास्त्र के अन्य सब निरूपणों से भी अधिक स्थान अधिकृत कर लेता, दूसरी बात यह हो सकती है कि

* संस्कृत में काव्य और कविता प्रायः पर्यायवाची हैं।

छन्द को काव्य-साहित्य का आवश्यक अंग नहीं माना गया। रीति, गुण और शब्दालंकारों द्वारा राग की (संगीत की) जितनी साधना काव्य में हो गयी उससे अधिक की आवश्यकता समझी ही नहीं गयी। कविता की साधना मुख्यतः शब्द की साधना है, अतः उसमें स्वर-साधना संबंधी छंद-शास्त्र का लम्बा प्रकरण जोड़ने से न केवल काव्य-कला की मुख्य विशेषता तिरोहित हो जाती है वरन् बहुत से अन्य विक्षेप भी पड़ सकते थे। रस काव्य से निष्पन्न होता है, वही संगीत से भी निष्पन्न होता है। काव्य में संगीत सहायक का ही काम कर सकता है। यदि वही प्रधान बन जाय तो कविता का व्यक्तित्व ही कहाँ रह जाय? तब तो कविता संगीत का एक 'गुण' बनकर ही अपना अस्तित्व खो बैठे। साहित्य-शास्त्रियों को कविता की यह दुर्गति कैसे सहन हो सकती थी?

कविता और छंद

सिद्धांत रूप में छंदों की अनिवार्यता का खंडन करते हुए भी हम यह स्वीकार करते हैं कि संस्कार का काव्य-साहित्य एक बड़ी मात्रा में छंदोबद्ध है और वे छंद संगीत-शास्त्र के अनुसार निर्मित हैं। पश्चिम में अब तक कविता और छंद का अन्योन्य संबंध माना जाता है। अमेरिका का आधुनिक कवि ह्विटमैन छंदहीन कविता करनेवालों में विशेष प्रसिद्ध है, परंतु उसके विरुद्ध भी आंदोलन उठाया गया है। पश्चिमी समीक्षकों ने पद्य (संगीत) को अभिन्न रूप से कविता का अंग माना है यह उनकी व्याख्याओं से प्रकट होता है। जानसन का मत है—कविता पद्यमय निबंध है। कारलाइल का कहना है—कविता संगीतमय विचार है। कारलाइल कहता है—कविता मनोवेगमय और संगीतमय भाषा में मानव-अंतःकरण की मूर्त और कलात्मक व्यंजना करती है। ये सब लक्षण प्रकट करते हैं कि कविता और पद्य (संगीत) का विशेष घनिष्ठ संबंध माना गया है। किंतु इस कारण पद्य मात्र को कविता नाम देने में कितनी भ्रांति है यह कहने की कोई आवश्यकता नहीं।

मानव-जीवन में संगीत की महत्ता सबको स्वीकार होगी। मंद-मंद वायु के संचार, पक्षियों के कलरव, झरनों की कलकल ध्वनि, पत्तों के मर्मर स्वर, नदियों का प्रवाह, यहाँ तक कि समुद्र-गर्जन भी संगीत है जिससे मनुष्य की आत्मा को संतोष और आनंद प्राप्त होता है। संगीतज्ञों का मत है उसे कविता से अलग करना, मानो उसके रूप, उसके प्रभाव और उसके महत्त्व को बहुत कुछ कम कर देना है। जो लोग संगीत के प्रेमी हैं, जिन्होंने उसके अमृत रस का आस्वादन किया है, जो उसकी मिठास का अनुभव कर चुके हैं वे मुक्त-कंठ से कहते हैं कि संगीतमय भाषा (कविता) का गंभीर और आह्लादकारी प्रभाव उसका महत्त्व बढ़ता, उसे मधुर और मनोहारी बनाता तथा वह मानव-हृदय में लौकिक आनंद का उद्रेक करता है। अतः कविता का संगीतमय रूप नष्ट करना मानो उसकी अलौकिक शक्ति का नाश करना है।

परंतु संगीत के इस प्रभाव के विरुद्ध यह समस्या उपस्थित होती है कि छंद का बंधन स्वीकार करने से—विशेषतः छंदों की रूढ़ि-जड़ित परंपरा को काव्य पर आधिपत्य करने देने से—कविता की भावव्यंजना में अनेक बार बाधाएँ उपस्थित होती हैं। कभी-कभी ऐसी परिस्थिति उत्पन्न हो जाती है जब शब्द (कविता) और स्वर (संगीत) में विरोध उत्पन्न हो जाता है। ऐसी अवस्था में संगीत (छंद) के नियमों को शिथिल कर देना उचित होगा, क्योंकि कविता-कला शब्द को जितना महत्त्व दे सकती है, स्वर को उतना नहीं। कविता का प्राथमिक आधार शब्द है।

ऐतिहासिकों का मत है कि सृष्टि के प्रारम्भ से अधिकांश गम्भीर और मर्मव्यापी भावों को मनुष्य ने संगीतमय भाषा में ही व्यंजित किया है। अतएव कविता और वृत्त या संगीत का सम्बन्ध बहुत पुराना और स्थायी है। इस सम्बन्ध में कारण मनोवेग अधिक तीव्र भाव से उत्तेजित हो उठते हैं। हमारे भावों में अद्भुत परिवर्तन हो जाता है और हमारी कल्पना कवि की कल्पना का अनुसरण करती हुई, जहाँ-जहाँ वह ले जाती है, चली जाती है और अपनी सत्ता भूलकर उसकी

सत्ता में लीन हो जाती है।

इसके विपरीत नवीनतावादियों का कथन है कि संसार की आदिम भाषा संगीतमय अवश्य होगी परन्तु मनुष्य ने जब विकास किया तब उसने छन्दहीन भाषा बनायी और अब छन्द की भाषा को वह अविकसित मानता है। वर्तमान काल में अधिकांश काव्य-साहित्य गद्य में प्रकाशित हो रहा है और यह आशा करना अनुचित न होगा कि भविष्य में गद्य का ही अधिकाधिक प्रयोग किया जायगा। छन्दहीन कविता नवीन युग में उत्पन्न हुई है। अब उसकी निरन्तर प्रगति होगी और अन्त में हमारा सम्पूर्ण काव्य गद्य की भाषा द्वारा ही प्रकाशित होने लगे तो कोई आश्चर्य नहीं।

कदाचित् इस ओर भी ध्यान दिला देने की आवश्यकता है कि हमारी हिन्दी कविता में संगीत और कविता के सम्बन्ध को पुष्ट रखने के लिए कवियों को शब्दों का तोड़-मरोड़ करने तथा दीर्घ का ह्रस्व और ह्रस्व का दीर्घ बनाने की आवश्यकता हुई है। संस्कृत में कविता की संगीतमय है पर उसमें यह दोष नहीं आने पाया है। संगीत और काव्य का सम्मिलित स्वरूप कलाओं के लिए हितकर अवश्य हुआ है किन्तु उसका सीमा से अधिक आग्रह करने से उससे हानि भी हुई है।

इस समय तो गद्य और पद्य की दोनों प्रणालियाँ वर्तमान हैं। इनका अस्तित्व न स्वीकार करना अपना ही दोष है। भविष्य में दोनों का क्या रूप होगा यह तो भविष्य की बात है, अभी तो इनका पृथक्-पृथक् व्यक्तित्व मानना ही पड़ेगा। हमारे सामने गद्यमय कविता और पद्यबद्ध शुष्क वाक्य विन्यास नित्य-प्रति आते ही रहते हैं। इन दोनों की उपयोगिता के सम्बन्ध में एक दल दूसरे के विरुद्ध तर्कों का संग्रह करता रहे, तो भी दोनों में सत्य का कुछ न कुछ अंश मिल ही जाता है। सिद्धान्त की दृष्टि से छन्द कविता के लिए अनिवार्य नहीं माने जा सकते। काव्य पर कला के विचार को छन्द का प्रतिबन्ध नहीं लगाया जा सकता, पर छन्दोबद्ध कविता का प्रचलन व्यापक रूप में है। यह मानना ही पड़ेगा और इस दृष्टि से उसे काव्य की एक फूलती-फलती शाखा के रूप में ग्रहण करते ही बनेगा।

कवि-कल्पना

काव्य की भूमि मानव-कल्पना की भूमि है। कवियों ने असंख्य रूपों में अपनी कल्पना का प्रकाश किया है और अगणित प्रकार से जीव-जगत् की वस्तुओं के सम्बन्ध में अपने भाव प्रकट किये हैं। जो तत्त्व उपदेशकों और धर्माचार्यों की शब्दावली में निहित होकर संसार की विरक्ति के हेतु बन गये हैं उन्हें कवियों की वाणी पाकर जनसमाज आनन्द से पा गया है। 'जहाँ रवि की पहुँच नहीं है वहाँ भी कवि की पहुँच है', इस लोकोक्ति द्वारा कवि-कल्पना की गति समझी जा सकती है। विज्ञान में जो बुद्धि है, दर्शन में जो दृष्टि है, वही कविता में कल्पना है। कल्पना के साथ कवि की कला है। इतिहास के लेखक के सामने अपनी विषय-वस्तु की एक निश्चित सामग्री है, जिसे अधिक से अधिक सजाकर वह आकर्षक कृति उपस्थित कर सकता है परन्तु वह अबाध कविता नहीं कर सकता। कवियों ने अपनी कल्पना के बल से कितने ऐसे महान् पात्रों की सृष्टि की है जो संसार के हृदय पर शासन करते हैं और चिर दिन तक करेंगे। उन्होंने कितनी ही कामिनियों का शृंगार सजाया है जिन्हें देखकर मनुष्य एकान्त भाव से मुग्ध हुआ। कलाकार की कल्पना संसार की प्रायः समस्त उज्ज्वल, उदात्त और ऊर्जस्वित भावनाओं को पुष्ट करनेवाली, उन्हें मनोरम बनाकर मनुष्य-जीवन में मिला देनेवाली सिद्ध हुई है। कवि अपनी कल्पना के इंगित से सहस्रों वर्षों तक—अमित काल पर्यन्त—संसारव्यापी समाज के मन पर शासन करता है। मानव-हृदय के सिंहासन पर अधिष्ठित हो वह अपनी प्रभुता का विस्तार करता है और लोक की श्रद्धांजलि उसके चरणों का नित्यप्रति अभिषेक करती है।

कवि-कल्पना की इतनी प्रभुता है जो उसका उत्तरदायित्व भी कम नहीं है। कल्पना सत्य

होनी चाहिए और यह सत्य की साधना बड़ी दुस्साध्य है। प्रकृति की विस्तृत, दुर्गम विधि से सत्य कल्पना के रत्न चुन लेना और चुनकर कविता में इस भाँति सजा देना कि वह लोकहृदय का हार बन जाय, साधारण कवियों का काम नहीं है। कविकल्पना में सत्यता होनी चाहिए किन्तु सत्यता का जो अर्थ साधारणतः किया जाता है उसे कविता में ढूँढ़ना ठीक न होगा। वह तो केवल विज्ञान में मिल सकता है। कविता में सत्यता से अभिप्राय उस निष्कपटता से है और उस अंतर्दृष्टि से है जो हम अपने घावों या मनोवेगों का व्यंजन करने में, उनका हम पर जो प्रभाव पड़ता है, उसे प्रत्यक्ष करने में तथा उनके कारण हमें जो सुख-दुःख, आशा-निराशा, आश्चर्य-चमत्कार, श्रद्धा-भक्ति आदि के भाव उत्पन्न होते हैं, उनको अभिव्यक्त करने में प्रदर्शित करते हैं। अतएव कविता में सत्यता की कसौटी यह नहीं हो सकती कि हम वस्तुओं का वास्तविक रूप खोलकर दिखावें, किन्तु इस बात में होती है कि उन वस्तुओं की सुन्दरता, उनका रहस्य, उनकी मनोमुग्धकारिता आदि का हम पर जो प्रभाव पड़ता है, उसे कविता की दृष्टि से स्पष्ट करके दिखावें। यही कविता द्वारा जीवन की—मानव-जीवन और प्राकृत जीवन की—कल्पना और मनोवेगों के रूप में व्याख्या है। परन्तु यह बात न भूलनी चाहिए कि कवि का सम्बन्ध वस्तुओं की सुन्दरता, उनके भीतरी और उनकी मनोमुग्धकारिता से है। इस कारण कवि जो चाहे, लिखने के लिए स्वतंत्र है। उसके लिए प्राकृतिक घटनाओं का, वस्तुओं की वास्तविक स्थिति आदि का कोई प्रतिबन्ध नहीं है। यह सच है कि कवि हमें वस्तुओं के गूढ़ भाव का परिचय, हमारे और उनके परस्पर सम्बन्ध को कल्पना और मनोवेगों से रंजित करके कराता है। परन्तु हम यह बात नहीं सह सकते कि वह हमें अँधेरे में ढकेल दे और वस्तुओं के विकृत रूप से हमें परिचित करावे। उसका सांसारिक ज्ञान और प्राकृतिक अनुभव स्पष्ट, सच्चा और स्थायी होना चाहिए और जिन घटनाओं या बातों को वह उपस्थित करे, उनके सम्बन्ध में उसके सिद्धान्त निष्कपटता तथा सच्चाई की नींव पर स्थित हों। जहाँ इसका अभाव हुआ, वहाँ कविता की महत्ता बहुत कम हो गयी।

कल्पना में सत्यता का अर्थ यह नहीं है कि कवि अपनी कल्पना को कुंठित कर ले और अपने अनुभवों पर प्रतिबन्ध लगाकर भावाभिव्यक्ति को पंगु बना दे। वह अधिक से अधिक स्वच्छंदता का उपयोग करने में स्वतंत्र है। संसार के कवियों ने अपनी प्रतिभा की इसी स्वतंत्र गति से मनुष्य की भिन्न-भिन्न रुचि के लिए सामग्री एकत्र की है और भाँति-भाँति से उसकी सौंदर्य-लालसा को उद्दीप्त किया है तथा उसकी कल्पनाशक्ति को वास्तविक जीवन का अलंकार बना दिया है। यदि हम केवल एक उदाहरण कवियों के प्रकृति-वर्णन का लें और केवल स्थूल रूप से उन विशिष्ट प्रणालियों की गणना करें जिनके द्वारा उन्होंने हमारे चतुर्दिक के शुष्क प्रसार का नयनाभिराम वर्णन करके हममें अनोखी ही चेतनाशक्ति उत्पन्न की है, तो हम समझ सकेंगे कि कवि की गति का कहीं ओर-छोर नहीं है और उसकी इस गति में मनुष्य की अनेकमुखी आकांक्षाएँ शान्त और शोभित होती हैं। कुछ कवियों के लिए प्रकृति ऐसा निर्मल, सहज और स्वच्छ आनंद देनेवाली होती है जिससे सभी मनुष्य उसके दर्शन और संसर्ग के लाभ उठा सकते हैं, पर मनःकल्पना मूर्च्छित होने के कारण वे उससे अधिकांश में वंचित ही रहते हैं। कवियों की वाणी उस मूर्च्छा को दूर कर देती है और जो दृश्य उनकी चेतना की जाग्रति नहीं करते थे वे परम रम्य बनकर एक नवीन प्रेरणा से उनकी आत्मा को भर देते हैं। वे कवि और कुछ नहीं करते, प्रकृति की जिस वस्तु को जिस रूप में देखते हैं, उसी रूप में उसे चित्रित कर देते हैं। अपने विचारों या भावों से रंजित नहीं करते, कोई उपदेश नहीं निकालते। ऐसे कवियों को प्रकृति की ओर किन्हीं आध्यात्मिक या गूढ़ भावनाओं से देखने की आवश्यकता नहीं होती। उन्हें उन भावनाओं से प्रयोजन नहीं होता जो किसी चिंतनशील आत्मा की वस्तुओं का बाह्य रूप देखकर उनमें अंतर्हित निगूढ़ भावों के सम्बन्ध में उत्पन्न होती हैं। वे तो प्राकृतिक सुन्दरता को यथावत्

चित्रित कर देने में ही सुख मानते हैं। ऐसी कविता से आनन्द का उद्रेक प्रतिबिम्बित होकर नहीं उत्पन्न होता, वह बिना किसी आधार या आश्रय के उत्पन्न होता है। ऐसे प्राकृतिक वर्णनों के उदाहरणों की संख्या नहीं है परन्तु हिन्दी कविता में ऐसे वर्णन अधिकतर ॠतुंओं के अनुसार प्राकृतिक दृश्य-चित्रण के रूप में आये हैं। तथापि वहाँ भी प्रकृति की अपेक्षा नायक या नायिका के भावों को प्रदर्शित करने का अधिक उद्योग किया गया है, जिससे प्रकृति की छटा फीकी पड़ गयी है।

प्राचीन हिन्दी काव्य में कहीं-कहीं प्रकृति और प्राकृतिक दृश्यों के उपदेश का साधन बनाकर चित्रित किया गया है। कवियों को इस उपदेश की प्रणाली का उपयोग करने की भी पूर्ण स्वतन्त्रता है। वे प्रत्येक प्रकार की सत्यता का उपयोग कर सकते हैं। संसार में कोई ऐसा भाव नहीं है जिसे मनुष्य जान सकता हो पर जो कविता के रूप में उपस्थित न किया जा सकता हो। केवल वह प्रत्येक प्रसंग को सुन्दरता का रूप देकर कविता के गुणों से विभूषित कर दे। उसे परिस्थिति के अनुकूल स्वाभाविक और रसमय बनाकर वह उपदेश भी दे सकता है। गोस्वामी तुलसीदास जी की ये उपदेशात्मक पंक्तियाँ बहुत प्रसिद्ध हैं—

दामिनि दमक रही घन माहीं, खल की प्रीति यथा थिर नाहीं।
छुद्र नदी भरि चलि उतराई, जस थोरे धन खल बौराई॥
बूँद अघात सहैं गिरि कैसे, खल के बचन संत सह जैसे।
उदित अगस्त पंथ जल सोखा, जिमि लोभहि सोखइ संतोषा॥

इससे यह प्रकट है कि कवि ने अपने आत्मानुभव से काम लिया है और अपने प्रत्यक्ष ज्ञान को अपनी कल्पना, संवेदना और बुद्धि से रंजित करके वह ऐसे चित्र उपस्थित करता है जो मन पर अपना प्रभाव डालते और रस-संचार करते हैं। यहाँ कवि केवल उन्हीं बातों को नहीं कहता जिनका प्रत्यक्षीकरण उसकी इन्द्रियों को होता है; वह इसके आगे बढ़कर अपनी कल्पना से काम लेकर प्रकृति का ऐसा वर्णन करता है, जो पग-पग पर उसके दृश्यों का अनुसरण न करके अपनी विशेष छाप से, अपने विशेष भाव से उन्हें रंजित कर देता है।

वैज्ञानिक बातों का उपयोग भी कवि अपने ढंग पर करता है। किसी वनस्थली को देखकर मन में अनेक प्रकार के भाव उत्पन्न होते हैं। संसार परिवर्तनशील है। इस कारण वनस्थली में जहाँ पहले वृक्ष थे, वहाँ अब खुला मैदान हो गया; जहाँ मैदान थे वहाँ पेड़ लग गये हैं। जहाँ पहले छोटी-छोटी नदियाँ बहती थीं, वहाँ अब सूखे नाले हैं: जहाँ सुन्दर हरे-भरे मैदान थे, वहाँ नदियाँ बहने लगी हैं। इन बातों में थोड़े ही समय में परिवर्तन हो जाता है, पर पहाड़ों के नष्ट हो जाने या नये पहाड़ों के बनने में बहुत अधिक समय लगता है। अतएव यह कहना अनुचित न होगा कि कवि के विचारों तथा भावों के लिए चारों ओर सामग्री प्रस्तुत है और यद्यपि उसका उपयोग या अनुभव करने में कवि की ज्ञानेन्द्रियाँ ही उसकी सहायक हैं, तथापि वे वहीं जायेंगी जहाँ कवि को अपनी कल्पना करने तथा उस कल्पना को खेलने-कूदने का पूरा अवकाश मिल सकेगा। इससे यह सिद्धान्त निकलता है कि कवि जितना बड़ा होगा, वह उतना ही गंभीर विचार करनेवाला तत्त्वज्ञ या दार्शनिक होगा। अतएव संसार में जितने नये विचार उत्पन्न होंगे या जितनी नयी वैज्ञानिक खोज होगी वे सब उसके लिए आवश्यक और मनोमुग्धकारी होंगी। सबका प्रभाव उस पर पड़ेगा। मनुष्यों की आशाओं, मनोरथ, उद्देश्यों आदि पर इन विचारों या खोजों का भला-बुरा जो कुछ प्रभाव पड़ेगा, सब पर उसका ध्यान जायगा, और चाहे वह अपनी कविता में उनका प्रत्येक उल्लेख न करे, पर फिर भी उसकी कविता किसी न किसी और सूक्ष्म से सूक्ष्म रीति पर उनसे प्रभावित हुए बिना न रह सकेगी। अतएव यह कहना कि विज्ञान की बातों से कवि का सम्बन्ध नहीं है, उचित नहीं है। वह उसके व्यापक प्रभाव से बच नहीं सकता। आजकल जब

कि नित्य नये आविष्कार और अनुसंधान हो रहे हैं और विचारों का बवंडर-सा चल रहा है, कविता और विज्ञान में यदि कुछ विरोध देख पड़े, तो इसमें आश्चर्य की कोई बात नहीं है। विचारों के विकास में मनोवेग बुद्धि के साथ-साथ नहीं बने रहते। वे पीछे रह जाते हैं। इसका परिणाम यह होता है कि कवि साधारणतः पुराने विचारों का कट्टरपक्षपाती बना रहता है। पर कल्पना के द्वारा कवि वैज्ञानिकों से कोसों आगे चला करते हैं और आनेवाले युग की बात करते हैं। वैज्ञानिक वर्तमान युग बनाते हैं और कवि उनके भूत और भविष्य की आलोचना करते हैं। इसी मार्मिक और चुभनेवाली आलोचना को कविता कहते हैं।

कुछ कवि ऐसे होते हैं जो कविता में प्रकृति के नाना रूपों का प्रयोग केवल उपमा या उदाहरण के रूप में करते हैं। उनकी उपमाएँ प्रायः प्रकृति से ही ली जाती हैं। जैसे पद्माकर का कहना—'बिज्जु छटा-सी अटा पै चढ़ी मुक्ता छवि घालि कटा करती है।' इस प्रकार की कविता बहुत मिलती है। पद-पद पर इसके उदाहरण भरे पड़े हैं। इस सम्बन्ध में विचारने की बात केवल इतनी ही है कि कवि ने ऐसे प्राकृतिक उदाहरणों का अनुचित उपयोग तो नहीं किया है?

कविता में प्रकृति के प्रयोग का चौथा प्रकार उसे मनुष्यों के मनोवेगों या कार्यों को क्रीड़ास्थली की भाँति काम में लाना है। जिस प्रकार इसी ऐतिहासिक घटना वा चित्र को अंकित करने में चित्रकार पहले घटनास्थल का एक स्थूल चित्र अंकित करके तब उसमें मुख्य घटना को चित्रित करता है, उसी प्रकार कवि मनुष्य के क्रिया-कलापों का वर्णन करने के पूर्व उसके क्रिया-क्षेत्र के प्राकृतिक दृश्य का वर्णन करता है। इसके लिए कभी कवि किसी स्थान का और कभी किसी समय का वर्णन करता है और इसके अनन्तर वह अपने मुख्य विषय पर आकर अपनी कविता के उद्देश्य की ओर अग्रसर होता है, विशेषतः कथानक के लिखने में प्रकृति का इस प्रकार प्रयोग किया जाता है। इस सम्बन्ध में ध्यान रखने की बात यही है कि प्राकृतिक दृश्य के वर्णन में मस्त होकर कवि कहीं अपने मुख्य विषय को न भूल जाय और उस दृश्य के वर्णन को आवश्यकता से अधिक विस्तृत न कर दे या उसे कोई तुच्छ स्थान न दे दे।

इनके अतिरिक्त कवि का प्रकृति-वर्णन बहुत कुछ मनोवृत्तियों, भावनाओं या विचारों पर निर्भर रहता है। कहीं तो वह उसमें ईश्वर के अनिवार्य नियमों का अनुभव करता है, कहीं वह उसमें क्रूरता, असहिष्णुता, कठोरता आदि के प्रत्यक्ष दर्शन करता है और कहीं उसमें सहानुभूति, सहकारिता और आध्यात्मिकता के तत्त्वों का साक्षात् रूप देखता है। प्रकृति की ये भिन्न-भिन्न भावनाएँ और रूप कवि के स्वभाव के आश्रित रहते हैं। सारांश यह कि वह प्रकृति में अपने स्वभाव का प्रतिबिम्ब ढूँढ़ता है और उसे उसी रूप में देखकर अपने मनोनुकूल उसका वर्णन करता है।

कविता की व्यंजक शक्ति

कविता में एक ऐसी शक्ति है जिसमें वह इंद्रिय-गोचर सौंदर्य, मानवी जगत् के अनुभव तथा प्रकृति के नाना रूपों के आध्यात्मिक भाव को हमारे सामने उपस्थित करती है। कविता के अभाव में इस अनुभूति से वंचित रह जाते हैं। हम सांसारिक व्यापारों में इतने व्यग्र रहते हैं कि कविता के इस शक्ति संपादन से असमर्थ होते हैं। सच्चा कवि वही है जिसमें वस्तुओं के इन्द्रियगोचर सौंदर्य और उनके आध्यात्मिक भाव को समझने और अनुभव करने की पूर्ण शक्ति हो; और जो कुछ वह देखता या अनुभव करता हो, उसे इस प्रकार से व्यक्त करे जिससे हमारी कल्पनाएँ और भावनाएँ भी उत्तेजित होकर हमें उसी भाँति देखने, समझने और अनुभव करने में समर्थ कर दें। अतएव कवि हमें कुछ काल के लिये सांसारिक व्यापारों की व्यग्रता से निवृत्त करके हमारा ध्यान अपने वर्णित विषय की सुन्दरता और मनोहरता की ओर आकृष्ट करता है और हमारे सामने एक ऐसी निधि रख देता है जिसे हम नित्य प्रति की झंझटों तथा सांसारिक स्वार्थ-

साधन के व्यवसायों में मग्न रहते हुए भी हृदय से अनुभव करने को लालायित रहते हैं। कवि ईश्वरीय सृष्टि का रहस्य समझने में समर्थ होता है। किसी सुन्दर और रमणीय स्थान को हम देखते हैं और आगे बढ़ जाते हैं। एक बार नहीं, अनेक बार ऐसा होता है। पर चित्रकार की आँखें उसकी सुन्दरता को चट ग्रहण कर लेती हैं और वह उसे चित्रित कर देता है। उस चित्र को देखकर हमारा ध्यान भी उस दृश्य की ओर आकृष्ट होता है और हम उसकी सुन्दरता का अनुभव करने में समर्थ होते हैं। इसी प्रकार कवि भी संसार की वस्तुओं की मनोहरता और सुन्दरता को अपनी सूक्ष्म दृष्टि से देखता और उनका आध्यात्मिक भाव समझकर हमें उनका ज्ञान अपनी मनोहारिणी और ललित भाषा में करता है। तब हम भी उसकी सुन्दरता और मनोहरता समझने लगते हैं और उसके आध्यात्मिक भाव की ओर आकृष्ट होते हैं। इस प्रकार कवि हमें केवल वस्तुओं की सुन्दरता का ही भाव प्रदान नहीं करता, वरन् हमें इस योग्य बना देता है कि हम कवि की दिव्य दृष्टि के सहारे जीवन की भिन्न-भिन्न अवस्थाओं को देख और समझ सकें तथा कवि की अलौकिक शक्ति का स्वयं अनुभव कर सकें।

कवियों के महत्त्व का आदर्श

इस प्रकार कविता हमारे जीवन की भिन्न-भिन्न अवस्थाओं से संबंध स्थापित करती है और अपनी क्रीड़ा के लिए ऐसे विषयों को चुन लेती है; जो सुगमता से उसे अपना कर्त्तव्य पालन करने में सहायता देते हैं। इस विचार से प्रत्येक प्रकार की कविता, यहाँ तक कि तुच्छ से तुच्छ विषयों पर भी की गयी कविता, जिसे कवि अपनी शक्ति से मनोहारिणी बना देता है, अपने नाम को चरितार्थ करती हैं और अपना महत्त्व प्रदर्शित करती हैं। परन्तु यदि कविता कल्पनाओं और मनोवेगों के रूप में जीवन की व्याख्या है, तो उसका महत्त्व उस शक्ति का महत्त्व है जो वह जीवन के महत्त्वपूर्ण और स्थायी विषयों के वर्णन में—ऐसी वस्तुओं के वर्णन में जिनका सम्बन्ध हमारे विशेष अनुभव और अनुराग-विराग से होता है—प्रदर्शित करती है। कविता भी एक कला है; अतएव उसकी परीक्षा भी उस कला के नैपुण्य और उपकार से होनी चाहिए। साथ ही यह बात भी ध्यान में रखनी चाहिए कि काव्यकला आत्मा की बाह्य मूर्ति है। वह विचारों और भावों की वाहक है, और जितना ही वह आत्मा के विचारों और भावों को प्रकट करती है, उतना ही उसका महत्त्व बढ़ता है। इसका यह आशय नहीं कि कविता का उद्देश्य केवल आनन्द का उद्रेक करना है। यह तो सभी कलाओं का उद्देश्य है, और कविता इसका अपवाद नहीं। हमारे कहने का तात्पर्य इतना ही है कि उस आनन्द की मात्रा विषय की उपयुक्तता और उसके प्रतिपादन की रीति पर आश्रित रहती है। कुछ लोग कह बैठते हैं कि किसी कला का आदर इसलिए होना चाहिए कि वह एक कला है, इसलिए नहीं कि वह आनन्द का उद्रेक करने में समर्थ होती है। ऐसे सिद्धान्त का प्रतिपादन वही लोग करते हैं जिनमें कला-कौशल का नैपुण्य नाम मात्र को ही होता है या होता ही नहीं। बड़े-बड़े कवियों ने इस सिद्धान्त को उपेक्षा की दृष्टि से ही देखा है। उन लोगों का तो यही कहना है कि कविता जीवन से, जीवन की और जीवन के लिए है। इसी भाव को लेकर उन्होंने कविता की है। जीवन का भाव समझने और उसकी व्याख्या करने में जिस शक्ति का परिचय वे दे सके हैं, उसी के अनुसार उसका महत्त्व स्थापित हुआ है। आर्नाल्ड का कहना है कि कविता सचमुच जीवन की आलोचना है: और कवि का महत्त्व इसी में है कि वह अपने उच्च विचारों का प्रयोग जीवन-व्यवहार मे इस प्रकार करे कि वह सौंदर्य का अनुभव कराके प्रभाव उपन्न करने में समर्थ हो। सदाचार और नीति की बातें धर्म-सम्प्रदायों, मतमतान्तरों तथा भिन्न-भिन्न ग्रन्थों आदि के हाथ में पड़ जाने से प्रायः संकुचित और नीरस हो जाती हैं। कभी-कभी उनका विरोध करने या उपेक्षा करने में भी कविता चरितार्थ होती है। कविता द्वारा प्रदर्शित होने पर उन बातों के प्रतिपादित विषय का ध्यान न करके उनके रूप-सौष्ठव और उनकी मनोहारिता

पर ही हम मुग्ध हो जाते हैं। सदाचार और नीति के विरोध तथा उनकी उपेक्षा या उनके अभाव से कविता की अंग-पुष्टि नहीं हो सकती, क्योंकि सदाचार और नीति की बातें जीवन से भिन्न नहीं हो सकतीं। उनका विरोध करना जीवन का विरोध करना है, उनकी उपेक्षा करना जीवन की उपेक्षा करना है और उनके अभाव से संतुष्ट होना जीवन को नीरस बना देना है। अतएव हमें यह मानने में संकोच न करना चाहिए कि कवि का महत्त्व उसके प्रतिपाद्य विषय, उसके धर्म-भाव और प्रभाव पर अवलम्बित रहता है। कोई मनुष्य तब तक श्रेष्ठ कवि नहीं हो सकता, जब तक वह अच्छा तत्त्वदर्शी भी न हो। पर इसका तात्पर्य यह नहीं है कि प्रतिभाशाली कवि के लिए यह आवश्यक है कि वह अपने धर्म-भाव को प्रत्यक्ष रूप में प्रकट करे, नीति और सदाचार के उपदेश देने का उद्देश्य अपने सम्मुख रखकर कविता करने बैठे। यह कार्य तो किसी उपदेशक या धार्मिक नेता का है। कवि का काम शिक्षा देना और पथ-प्रदर्शक होना नहीं है। उसका काम तो उत्तेजित करना, सजीव करना, शक्तिसम्पन्न करना और प्रसन्न करना है। कविता के सम्बन्ध में इन बातों को कदापि न भूलना चाहिए। तात्त्विक सिद्धान्तों की नींव पर कविता का प्रासाद खड़ा करना त्याज्य नहीं है। ध्यान केवल इस बात का रहना चाहिए कि ऐसा करने में कविता कहीं अपने गुणों से विहीन न हो जाय; अपनी सुन्दरता, अपनी मनोहरता न खो बैठे। भले ही उपदेश दिया जाय, सदाचार की बातें कही जायँ, नीति का भाव हृदय-पटल पर जमाया जाय, पर कविता की सुन्दरता और मनोहारिता का नाश करके यह सब न किया जाय, नहीं तो कविता कविता न रह जायगी, सूखा उपदेश मात्र बन जायगी। दार्शनिक भले ही अपने दर्शनशास्त्र की बातें कहें, पर कल्पना और मनोवेगों के रूप में कहें, मनोहारिणी उक्तियों द्वारा कहें; सारांश यह कि कविता को सरस रूप में कहें।

अतएव यह सिद्धान्त निकलता है कि कवि का महत्त्व उसके विषय की महत्ता का, उसके विचारों की गहनता का , उसकी नैतिक शक्ति और प्रभावोत्पादकता का आश्रित है। कविता का विचार करने के लिए हमें कवि पर, उसके व्यक्तित्व पर, उसके सांसारिक अवक्षेपण पर, उसकी जीवन की व्याख्या पर, उसकी विशेषता पर विचार करना चाहिए। उसकी कविता के सौन्दर्य और उसकी काव्य-कला की कुशलता पर हम चाहे कितने ही मुग्ध क्यों न हों पर हमें कविता के सिद्धान्त सम्बन्धी इन विचारों की अवहेलना नहीं करनी चाहिए।

कविता के विभाग

कविता को हम दो मुख्य भागों में विभक्त कर सकते हैं—एक तो वह जिसमें कवि अपनी अन्तरात्मा में प्रवेश करके अपने अनुभवों से प्रेरित होता तथा अपने प्रतिपाद्य विषय को ढूँढ़ निकालता है; और दूसरे वह अपनी अन्तरात्मा से बाहर जाकर सांसारिक कृत्यों और रागों में पैठता है और जो कुछ ढूँढ़ निकालता है उसका वर्णन करता है। पहले विभाग को भावात्मक, व्यक्तित्व-प्रधान अथवा आत्माभिव्यञ्जक कविता कह सकते हैं। यद्यपि इन दोनों विभागों की ठीक सीमा निर्धारित करना कठिन है, फिर भी विवेचन करने के लिए किसी प्रकार का विभाग करना आवश्यक है, और इससे अच्छा विभाग होना कठिन है।

भावात्मक कविता में विशेषता यह होती है कि कवि अपने भावों के अभिव्यञ्जन में लगा रहता है। प्रायः देखने में आया है कि कवियों ने अपने भावों में अभिव्यञ्जन का तात्पर्य मानव-जाति के भावों के अभिव्यञ्जन से लिया है। इस विचार से ऐसी कविता पढ़नेवाले के मन में यह भावना उत्पन्न होती है कि कवि जिन भावनाओं और अनुभवों का वर्णन कर रहा है, वे उस कवि के ही नहीं हैं, कवि उसके उद्‌गार पढ़नेवाले के भी हैं। ऐसी भावात्मक कविता में मानवी प्रवृत्तियों की प्रचुरता रहती है। हमें इस सम्बन्ध में केवल यह विचार करना चाहिए कि जिन भावों में प्रेरित होकर कवि ने रचना की है, वे भाव कैसे हैं और उनको उसने किस प्रकार व्यञ्जित किया है। यदि

कविता हमारे मन में यह भाव उत्पन्न कर सके कि उच्च भावनाओं का व्यञ्जन स्पष्ट और स्वाभाविकतापूर्वक किया गया है तथा उसकी भाषा और कल्पना में सुन्दता और विशदता है, तो हम कहेंगे कि वह फलीभूत हुई। ऐसी कविता साधारण भावव्यञ्जना से आगे बढ़कर क्रमशः ऐसे चिन्तन का रूप धारण करती है जिसमें विचारों की बहुलता रहती है। ऐसी कविता में भावना की उच्चता, भाषा तथा कल्पना की सुन्दरता, स्पष्टता तथा विशदता के साथ हमें इस बात का विचार करना पड़ता है कि वे विचार कैसे हैं और कवि उन्हें कवितामय बनाने में कहाँ तक समर्थ हुआ है। शृंगार, नीति, स्तुति, निन्दा आदि की फुटकर कविताएँ इसी के अन्तर्गत हैं।

बाह्य विषयात्मक अथवा वर्णनप्रधान कविता की विशेषता यह है कि उसका कवि के विचारों और मनोभावों से कोई प्रत्यक्ष सम्बन्ध नहीं होता। उसके विषय सांसारिक भाषा और कार्य होते हैं। भावात्मक कविता में, जैसा कि पहले कहा जा चुका है, कवि अपनी अन्तरात्मा में प्रवेश करता है और बाहरी जगत् को अपने अंतःकरण में ले जाकर अपने भावों से रंजित करता है। पर बाह्य विषयात्मक कविता में वह आप बाहरी जगत् में जा मिलता है और वहीं से प्रेरित अपनी कविता का विषय ढूँढ़ता हैः फिर वह उसे अपनी कला का उपादान बनाता है और अपनी अन्तरात्मा को जहाँ तक हो सकता है प्रच्छन्न रखता है। वह अपनी कविता-सृष्टि में अपने आपको उसी प्रकार छिपाये रखता है, जिस प्रकार जगन्नियन्ता जगदीश्वर इस जगत् में अपने आपको अदृश्य रखता है। उसका अनुभव प्रत्यक्ष न होकर परोक्ष रूप में होता है। बाह्य विषयात्मक कविता में कवि अंतर्हित रहता है, पर भावात्मक कविता में वह प्रत्यक्ष हो जाता है।

विषयप्रधान अथवा बाह्य विषयात्मक कविता के यद्यपि अनेक भेद-उपभेद किये जा सकते हैं पर उनमें खंडकाव्य और महाकाव्य प्रधान माने गये हैं। उपन्यास, रूपक आदि की रचना भी अधिकांश बाह्य विषयों को लेकर ही की जाती है। उनका विवेचन हम आगामी अध्याय में क्रमशः करेंगे। यहाँ कविता के विषय पर विचार कर रहे हैं। खण्ड-काव्य में किसी प्रसिद्ध वा अप्रसिद्ध कथानक-खण्ड को मुख्य कथा बनाकर वर्णन कर सकते हैं। खण्ड-काव्य का आधार काल्पनिक घटना भी हो सकती है और उसका उद्देश्य भी साधारण हो सकता है परन्तु महाकाव्य में एक महत् उद्देश्य का होना आवश्यक है। संस्कृत के साहित्यशास्त्रों में महाकाव्य के आकार-प्रकार और वर्णन-विषय के सम्बन्ध में बड़ी जटिल और दुरूह व्याख्याएँ की गयी हैं जिनका आधार लेकर लिखने से बहुत से महाकाव्यों के शरीर अब संघटित हो गये हैं, पर उनमें से बहुत थोड़े ऐसे हैं जो आत्मा के किसी उदात्त आशय, सभ्यता, संस्कृति के किसी युग-प्रवर्तक संघर्ष अथवा समाज की किसी उद्वेगजनक स्थिति को लेकर किसी प्रकांड विचारक और कवि द्वारा लिखे गये हों, जिन्हें जातीय इतिहास में अनिवार्य स्थान सुलभ हो सके। रामायण, महाभारत, रामचरितमानस आदि की कोटि के सच्चे महाकाव्य शताब्दियों में दो-एक लिखे जाते हैं।

आत्माभिव्यञ्जन सम्बन्धी कविता गीतकाव्य में ही अधिक लिखी गयी है। छोटे-छोटे गेय पदों में मधुर, भावनापत्र आत्मनिवेदन स्वाभाविक भी जान पड़ता है। ऐसे पदों में शब्द की साधना के साथ स्वर (संगीत) की साधना भी उत्कृष्ट हो सकती है। इनसे कर्कशता बहिष्कृत कर दी जाती है। इनकी भावना प्रायः कोमल होती है और एक-एक पद में पूरा होकर समाप्त हो जाती है। हिन्दी में एक प्रकार के गीत भक्तों ने अगणित लिखे हैं। आल्हाखंड, बीसलदेवल रासो आदि, जो वीर-गीत के नाम से प्रचलित हैं आत्माभिव्यञ्जन की श्रेणी में नहीं आते, वे तो वस्तु-वर्णनविषयक कविता के उदाहरण हैं।

पाँचवाँ अध्याय

गद्यकाव्य का विवेचन

[क—दृश्य काव्य]

रूपक

पिछले अध्याय में काव्य के स्वरूप का सामान्य रेखाचित्र उपस्थित करते हुए हम उल्लेख कर चुके हैं कि कवि अपनी इच्छा और सुविधा के अनुसार कई प्रकार से इसका संघटन कर सकता है। वह चाहे तो अपनी कल्पनाओं और भावनाओं के गेय पद बनाकर गीतिकाव्य की रचना कर डाले अथवा अपने देश और जाति के किसी महान् चरित्र या महती घटना का वर्णन करके महाकाव्य का निर्माण कर दे। यदि उसमें प्रतिभा की न्यूनता नहीं है तो वह गद्य की शैली का प्रश्रय लेकर भी अपने समय की ही नित्यप्रति की किसी साधारण से साधारण वार्ता को उपन्यास या कथा का रूप प्रदान कर सकता है। यदि उसको रंगमंच की विशेषताओं का परिचय है तो वह किसी भी प्राचीन या नवीन घटना या कथा को दृश्यकाव्य के वेश में अवतरित कर सकता है और हम अभिनय देखकर कवि को उसकी इस कला के लिए बँधाई दे सकते हैं। इन भिन्न-भिन्न शैलियों में यद्यपि अपनी रुचि और योग्यता के अनुसार कविजन किसी एक या अनेक का प्रयोग करने में स्वतंत्र हैं तथापि विषय के अनुकूल और सामर्थ्य के अनुसार इनमें से किसी एक का निरन्तर अभ्यास करते रहने से उन्हें अधिक सफलता की संभावना रहती है और श्रोताओं अथवा सामाजिकों को भी अधिक रस-प्राप्ति की आशा होती है। उदाहरण के लिए यदि हम किसी देशव्यापी महायुद्ध और उसमें भाग लेनेवाले प्रचण्ड राष्ट्रों का कथानक लिख रहे हैं तो उचित होगा कि हम महाकाव्य की गंभीर और घोर ध्वनि में उसका प्रणयन करें। यदि हमारे मन में कोई ऐसी कथा है जिसके पात्र अपनी विचित्र प्रकृति के कारण अनोखी घटनावाली की सृष्टि कर डालते हैं तो उन पात्रों और उस घटनावली को देखकर हम सहज में एक खण्ड-काव्य या अच्छा सा उपन्यास लिख सकते हैं। यदि कथा प्राचीन हो और घटना प्रेम सम्बन्धिनी हो तो खण्डकाव्य लिखने में अधिक सुगमता है। यदि कथा नवीन और घटना बहुविषयक हो तो उपन्यास लिखना अधिक समीचीन होगा। इसी प्रकार यदि हमारी कल्पना में कोई ऐसा घटनाचक्र घूम रहा है जिसका दृश्य देखकर हम प्रभावित और रसमग्न होते हैं तथा जिसके एक-एक पात्र अपने स्वतंत्र अस्तित्व से हमें चकित करने में असमर्थ हैं और वे पात्र आपस के संसर्ग से स्वतः ही एक कथानक बना लेते हैं और स्वतः ही उसे समाप्त भी कर देते हैं, तो उचित होगा कि उन कतिपय व्यक्तित्वशाली पात्रों और उनके संसर्ग से बनी आकर्षक और वेगवती घटनावली को दृश्यकाव्य के रूप में दिखा दें, उसे रूपक का रूप दे दें।

जैसा कि नाम से ही प्रकट है, "रूपक" काव्य की वह विशेष दिशा है जिसमें लोक-परलोक की घटित-अघटित घटनाओं का दृश्य दिखाने का आयोजन किया जाता है और इस कार्य के लिए अभिनय की सहायता ली जाती है। यद्यपि काव्यमात्र में कवि जीवजगत् के भिन्न-भिन्न व्यापारों की अनुकृति ही करता है पर दृश्य-काव्य में वह अनुकृति, वह नकल प्रत्यक्ष रूप में होती है और अनुकृति की उसमें प्रधानता रहती है। कवि या लेखक यदि अपने स्वतन्त्र विचारों को प्रकट करना चाहे तो वह भी किसी रूपक-पात्र के मुख से ही कर सकता है। प्राचीन यूनान के आचार्य अरस्तू ने अनुकरण को ही कला कहकर दृश्य-काव्य की ही ओर विशेष रूप से संकेत किया था, क्योंकि अनुकरण का स्पष्टतम रूप तो दृश्य-काव्य में ही देख पड़ता है। चाहे हम

प्राचीन रोम या यूनान के नाटकों की प्रगति पर ध्यान दें या भारतीय या चीनी रूपक-रचनाओं को देखें अथवा संसार के किसी भी देश या समय के दृश्य-काव्य पर दृष्टि डालें, अनुकरण की प्रधानता हमें सर्वत्र मिलेगी। यह नहीं कि अनुकरण ही दृश्य-काव्य का एकमात्र अंक हो या रहा हो। अनुकरण के अतिरिक्त नृत्य, गीत आदि अन्य उपकरण भी प्रायः सदैव उसके साथ रहे हैं। परन्तु अनुकरण के अभाव में अभाव में रूपक की वास्तविक प्राण-प्रतिष्ठा नहीं हो सकती। अन्य उपकरणों के अभाव में रूपक की रूप-रचना हो जाती है आधुनिक प्रगति-प्राप्त नाटकों में नृत्य और गीत उत्तरोत्तर क्षीण होते जा रहे हैं और ऐसे नाटकों का निर्माण हो रहा है जिसमें नृत्य है, न गीत, तथा उनको नाटक कहा जाता है और वे श्रेष्ठ रूपक माने जाते हैं। इसका कारण यह है कि रूपक का अत्यन्त आवश्यक और अनिवार्य अंक अनुकरण उनमें मिलता है। यूनान की प्राचीनतम रचना-पद्धति में कुछ समय तक नृत्य ही प्रधान रहा और संवाद, कथानक अथवा अनुकरण कुछ काल उपरांत सम्मिलित किये गये। अतः उन अविकसित और प्रारम्भिक कृतियों को सच्चे अर्थ में रूपक की संज्ञा नहीं दी जा सकती। उनको संवाद कहा जाय या कथोपकथन। अनुकरण ही दृश्य-काव्य की प्रधान विशेषता, व्यक्तित्व और आत्मा है। काव्य-कला के भिन्न-भिन्न स्वरूपों से यदि दृश्य-काव्य की कोई सत्ता स्वीकार की जा सकती है तो इसी आधार पर कि उसमें अनुकरण का जैसा शुद्ध और अमिश्र रूप प्रस्फुटित होता है वैसा अन्य किसी काव्यांग में नहीं। अनुकरण ही दृश्य-काव्य की मौलिक विशेषता है।

अनुकरण

अनुकरण का क्षेत्र बहुत विस्तृत और व्यापक है। दृश्य-काव्य में उसकी सीमा का निरूपण अब तक नहीं किया जा सका। यदि हम प्राचीन प्रारम्भिक नाटकों से लेकर आधुनिक रूपकों तक की छानबीन करें तो देख सकते हैं कि अनुकरण की वस्तु और रूप में इतनी अधिक विभिन्नताएँ हैं कि उनकी सूची नहीं बनायी जा सकती। अनुकरण किसी प्राचीन घटना और पौराणिक पात्रों का भी हो सकता है और नवीन सामयिक जीवन का भी। अनुकरण की वस्तु दुःखमय और करुणा भी हो सकती है, मनोरंजक और हास्यप्रद भी हो सकती है, या वह इन दोनों के बीच की वस्तु भी हो सकती है। अनुकरण यदि किसी उत्सव या समारोह के उपलक्ष्य में किया जा रहा है तो उसमें नृत्य, गीत आदि विशेष रूप से सम्मिलित किये जा सकते हैं। यदि किसी दुःखांत घटना की स्मृति में किया जा रहा है तो उसमें भयानक व्यापार और संघर्ष की प्रधानता हो सकती है। यह भी संभव है कि अनुकरण के लिए न नृत्य हो, न गीत हो और न भयानक व्यापर और संघर्ष हो, केवल सामाजिक जीवन की किसी मार्मिक समस्या को लेकर रूपक की रचना की गयी हो और मीठी चुटकी, हल्के व्यंग्य तथा विनोद की सूक्ष्म कला से समन्वित अभिनय किया जा रहा हो। अनुकरण के लिए समय का भी कोई नियमित बन्धन नहीं बनाया जा सकता। प्राचीन नाटकों में ऐसी घटनावली रखी जाती थी जो अनेक वर्षों—शताब्दियों तक—में घटित होती थी। रामायण और महाभारत की कथाओं को लेकर जो रूपक बनते हैं उनकी घटनाएँ अधिकांश में दीर्घकालीन हुई हैं। आजकल के जो नाटक बन रहें हैं, उनकी घटनाएँ प्रायः इतनी दीर्घकालीन नहीं होतीं। अनुकरण की इस अनिर्दिष्ट भिन्नता को देखते हुए यद्यपि उसके सम्बन्ध में इदमित्थं कोई नहीं कह सकता पर यह प्रश्न अवश्य उठता है कि वास्तविक अनुकरण क्या है और दृश्य काव्य की उत्कृष्ट और परिमार्जित कला के लिए अनुकरण का कैसा विधान बनना चाहिए।

यद्यपि काव्य और कलाओं के क्षेत्र में विधान का बन्धन नहीं है—कोई ऐसा कवि नहीं हुआ जो नियमों के जाल में फँसकर श्रेष्ठ काव्य कर सका हो, तो भी दृश्य-काव्य का इतिहास

देखकर हम यह जान सकते हैं कि उनमें अनुकरण का किस प्रकार विकास हुआ है और उस विकास के साथ ही रूपक की कला किस प्रकार शुद्ध और परिमार्जित हुई है। यदि हम पाश्चात्य नाट्य-साहित्य की उत्पत्ति और उसकी प्रारम्भिक अवस्था का वर्णन पढ़ें तो हमें यह विदित होगा कि उस काल में अनुकरण की कैसी हीन दशा थी और दृश्य-काव्य की वह मूल वस्तु—अनुकरण—कितनी अविकसित और पराधीन अवस्था में थी। एक तो यह समय उसका बहुत ही स्थूल रूप था और वह नृत्य, गीत आदि के भार से दबा हुआ था, दूसरे वह अस्वाभाविक और असभ्य आवरण धारण कर रहा था। प्राचीन पाश्चात्य साहित्य के विशेषज्ञ प्रोफेसर गिलबर्ट मरे का कथन है कि यूनान के करुण रसात्मक नाटक (ट्रेजेडी) की उत्पत्ति डायोनिसस नामक देवता के अनुकरण में किये गये नृत्य के रूप में हुई। डायोनिसस का पर्व वर्ष के आरम्भ में वसंतागमन के समय मनाया जाता था, जब शीत की मृत्यु के उपरांत संसार में नवीन जीव का उदय होता है। परन्तु यह समारोह नव वर्ष के स्वागतार्थ उतना नहीं होता था जितना यह नवीन वर्ष के 'अहंकार और उसके दंड' का विधान करने के आशय से होता था। नवीन वर्ष जब आता है तब सुख-समृद्धि के अहंकार में फूल आता है। इस पाप का प्रायश्चित उसे वर्ष के अन्त में करना पड़ता है, जब कि उसने मृत्यु-दंड दिया जाता है। परन्तु मृत्यु-दंड स्वयं ही एक दुष्कृत्य है, अतः इसका भी प्रायश्चित करने के लिए फिर से नवीन वर्ष का आगमन होता था। इस प्रकार यह चक्र चलता रहता था और प्रतिवर्ष यूनानी समारोह हुआ करता था। नव वर्ष का अहंकार और उसका दंड, उस दंड का प्रायश्चित—फिर नव वर्ष का आगमन यही डायोनिसस पर्व का चिरचक्र बन गया था। परन्तु प्रोफेसर मरे का मत है कि यूनानी ट्रेजेडी की डायोनिसस तक ही परिमिति नहीं थी। देश के अन्य वीर पुरुषों की स्मृति भी मनायी जाती थी और महाकाव्यों के वीर नायकों का अनुकरण भी होने लगा था। प्रोफेसर रिजवे का यह मत है कि डायोनिसस पर्व का समारोह तो उतना प्राचीन नहीं है, उसके भी पूर्व यूनानी अपने यहाँ के मृत वीरों की समाधि पर एकत्र होकर उनके साहसपूर्ण कार्यों के आधार पर रास रचते थे और साथ ही उन वीरों के जीवन के कष्टों को भी रूपक दिखाते थे। यह एक प्रकार के स्मृति-उत्सव थे। यूनानियों का विश्वास था कि ऐसा करने से वे वीर प्रसन्न होंगे और उनकी प्रसन्नता से पृथ्वी भी संतुष्ट होकर उन्हें सुफल प्रदान करेगी। प्रोफेसर रिजवे का कथन है कि इन स्मृति-उत्सवों के शीर्ष पर थ्रेस देश की एक परम्परा आकर प्रचलित हो गयी जिसके कारण भयानक और असभ्य प्रदर्शन भी किये जाने लगे। यहाँ इन दोनों मतों की ऐतिहासिक सत्यता के सम्बन्ध में कुछ नहीं कहना है, यहाँ तो केवल यह देखना है कि उस काल की ट्रेजेडी की कथावस्तु मृत्यु, पीड़ा, हत्या आदि से किस प्रकार भरी रहती थी और नृत्य, गीत आदि के भद्दे प्रदर्शनों में अनुकरण का वास्तविक रूप किस प्रकार विलीन हो गया था।

जिस प्रकार यूनान की ट्रेजेडी में भयानक घटनाचक्र और नृत्य की प्रधानता थी उसी प्रकार वहाँ के हास्य-नाटकों में अश्लीलता के स्वांग और गीत प्रमुख थे। प्राचीन काल में यूनान की यह प्रथा थी कि कुछ विशेष अवसरों पर लोग पुरुष की जननेन्द्रिय का चिह्न बनाकर उसका पूजन करते थे और वही चिह्न लेकर जुलूस निकालते थे। उस जुलूस में तरह-तरह के अश्लील गीत गाये जाते थे, जो उस इंद्रिय-विशेष की प्रशंसा में और प्रायः हास्यपूर्ण हुआ करते थे। पीछे से मारिस, मछसन, टालिनस आदि प्राक्-ऐतिहासिक काल में व्यक्तियों ने उन गीतों में थोड़े-बहुत सुधार किये और उनकी अश्लीलता कम कर दी। उन हास्य नाटकों में ऐतिहासिक, पौराणिक, सामाजिक अथवा राजनीतिक पुरुषों आदि की भी हँसी उड़ायी जाती थी; विशेषतः राजकीय अधिकारियों की खूब खिल्ली ली जाती थी। यदि हम इन हास्य नाटकों की वस्तु पर विचार करें तो देख सकते हैं कि ट्रेजेडियों की अपेक्षा इनमें वास्तविक अनुकरण की अधिक सामग्री थी।

इनमें केवल नृत्य और गीत न थे, व्यंग्य-विनोद का भी मसाला रहता था और अनुकरण के उपयुक्त वस्तु की मात्रा अपेक्षाकृत अधिक होती थी। आगे चलकर हम देखेंगे कि ट्रेजेडी की अपेक्षा ये हास्य-नाटक ही दृश्य-काव्य और उसकी मूल कला—अनुकरण—के विकास में अधिक सहायक हुए।

यूनान का मिनेनडर नामक हास्य-नाटककार वह प्रसिद्ध व्यक्ति है जिसने दृश्य-काव्य की कला में युगांतर उपस्थित कर दिया था। कालिनस नामक आलोचक ने लिखा है कि मिनेनडर ने अपने समय के एथेंस के शिष्ट समाज का जीवन चरित्र किया है और बड़े विस्तार और व्यापकता के साथ चित्रित किया है तथापि यह तो नहीं कहा जा सकता कि आधुनिक नाटककारों की भाँति मिनेनडर अनपे समय के समाज की गम्भीर और वास्तविक व्याख्या कर सका है। उसके नाटकों का विषय सामाजिक अवश्य था पर उस काल के रंगमंच की भयानक असुविधाओं तथा नाटक की प्रचलित कुरीतियों के कारण वह वास्तविकता से रिक्त ही रहा। नाटक के साथ धर्म का सम्बन्ध जुड़ा रहने के कारण वह एक सार्वजनिक तमाशे का रूप ही धारण कर पाया। हजारों दर्शकों के देखने के लिए अत्यन्त किमाकार रंगमंच बनाये जाते थे जिनमें अस्वाभाविकता अनिवार्य थी। अभिनेतागण वास्तविकता की झूठी चेष्टा में चटेहरों पर नकाब लगाकर आते थे जो नाटकीय कला के विचार से एक शोचनीय बात ही कही जानी चाहिए। इन सब असुविधाओं के रहते, मिनेनडर ने वास्तविक जीवन की घटनाओं के अनुकरण की ओर ध्यान देने की चेष्टा करके जो आशातीत सफलता प्राप्त की उसके लिए नाट्य-कला के प्रेमी सदैव उसके कृतज्ञ रहेंगे।

यूनान से चलकर जब पाश्चात्य सभ्यता रोम पहुँची तब वहाँ भी नाटकीय कृतियों—विशेषकर हास्य नाटकों—की सृष्टि होने लगी। यद्यपि एक सीमित क्षेत्र के सामाजिक आख्यानों को लेकर नाटक लिखे जाने लगे थे, पर रूढ़ियों के बन्धन यहाँ भी छूट नहीं सके,। पात्रों की व्यतिगत विशेषता और चरित्र का चित्रण न कर सामूहिक गुणोंवाले पात्र ही प्रदर्शित किये जाते थे। घटनावली सौम्य और संयमित नहीं हो सकी थी। गायन और उद्वेगजनक दृश्य अब भी प्रधान थे। रोम की विलासी सभ्यता के पंक में फँसकर नाटकों का और भी पतन हो गया। प्रथा के अनुसार नाटक का अभिनय रोमन दासों का ही काम था और इन दासों के साथ अनेक प्रकार के व्यभिचार होते रहते थे। अभिनय एक हीन व्यवसाय 'तो समझा ही जाता था आगे चलकर वह और भी कुत्सित और हेय बन गया। अभिनय की शुद्ध कला का विकास न हो सका। धनियों की विलास-वासना की ही वृद्धि होने लगी। अन्त में राज्य की ओर से नाटकों पर प्रतिबन्ध लगाये गये और धीरे-धीरे वे बन्द हो गये।

मध्ययुग के यूरोप में नाट्य-साहित्य का फिर से उत्थान हुआ। इस युग में नकाबपोशी का अन्त हो गया जो अनुकरण कार्य की शुद्धि के लिए एक शुभ घटना हुई। गम्भीर और वास्तविक अनुकरण की लालसा नाटककारों में अधिक स्पष्ट दिखाई दी। पात्रों की बातचीत यद्यपि अब भी कविता में ही होती रही (जो वास्तविकता से बहुत दूर है) और उत्तेजना तथा उद्वेग के वर्णन अति मात्रा में किये जाते रहे परन्तु बीच-बीच में जैसे नाट्यकारों की बेजानकारी में, आप ही आप ऐसे पात्रों के चरित्र अंकित हो जाते थे जिनकी यथार्थता पर कोई सन्देह नहीं कर सकता। शेक्सपियर ने हाथ में आकर नाट्य-कला को नवीन उत्कर्ष प्राप्त हुआ। यूरोप में कोरनील, रेसीन, विक्टर ह्यूगो, मोलियर, डेटे, शिलर तथा अन्य उत्कृष्ट नाटककार उत्पन्न हुए जिनमें हास्यरस का जगत्प्रसिद्ध लेखक मोलियर वास्तविक सामाजिक जीवन का यथार्थ रूप दिखाने में अतिशय सफल हुआ। परन्तु यदि सच पूछा जाय तो नाट्यकला के इस अपूर्व विकास-काल में भी अनकरण का शुद्ध रूप अन्य प्रासंगिक उपकरणों से अलग होकर बिल्कुल स्वतन्त्र अस्तित्व में

न आया। अब की तरह दर्शकगण उस समय का अभिनय देखकर यह विश्वास नहीं जमा सकते थे कि जो कुछ हम देख रहे हैं वह नितान्त अकृत्रिम और सह-स्वाभाविक है। पात्रों को कविता में बातचीत करते देख अब के थिटेयर देखनेवालों को आश्चर्य हुए बिना न रहेगा क्योंकि कविता और गीत तो वे आपेरा में सुनने जाते हैं। नाटक के अभिनय में तो अब वे नित्यप्रति की भाषा और नित्यप्रति के दृश्य देखना चाहते हैं परन्तु आजकल के विचार से मध्यकाल के पाश्चात्य नाटकों में कृत्रिमता भले ही हो, ऐतिहासिक दृष्टि से इस काल में नाट्यकला का अपूर्व उत्थान हो गया है। शेक्सपियर जैसे जगद्विख्यात नाटककार और कवि की कलम से निकलकर कविता मानों जनसाधारण की भाषा बन गयी थी और सभी पात्र अनुपम स्वाभाविक रूप में आ गये थे। तथापि बहुत से साधारण कवियों के हाथों में पड़कर नाटकों की कविता अस्वाभाविक और कर्णकटु तुकबन्दी से अधिक कुछ न बन सकी। रंगमंच की दशा और अभिनय की विचित्रताओं के कारण जैसे हास्यास्पद दृश्य दिखाये जाते थे उनका उल्लेख आगे, रंगमंच के विवेचन में, किया जायगा।

अनुकरण की सत्य और शुद्ध कला का जैसा विस्तार उन्नीसवीं शताब्दी के उत्तरार्द्ध में आरम्भ होकर वर्तमान समय तक हो सका है वैसा इसके पूर्व नहीं देखा गया। मिस्टर विलियम आर्चर का मत है कि यह नवीन उत्थान इंग्लैंड के टी0 डब्लू0 राबर्ट्सन नामक नाटककार के 'सोसाइटी', 'कास्ट' और 'आवर्स' नामक नाटकों से 1860 ई0 के लगभग आरम्भ हुआ और कुछ ही वर्षों बात नारवे के प्रख्यात नाट्यकार इब्सन ने उस नवोदित कला की शोभा बढ़ानेवाले पचीसों नाटक लिखकर उसे अनुपम दृढ़ता और सुषमा प्रदान की। इब्सन ने सर्वप्रथम एक सच्चे कलाशास्त्री की भाँति रूपक के एकमात्र अभिन्न अंग अनुकरण को वह यथार्थता प्रदान की—बातचीत का इतना मार्मिक और स्वाभाविक क्रम निरूपित किया और नित्यप्रति की सामाजिक घटनाओं का इतना यथातथ्य चित्र खींचकर दिखाया कि यूरोप के साहित्यिक समाज में एक नवीन आन्दोलन ही उठ खड़ा हुआ। इस आन्दोलन को यथार्थवाद का आन्दोलन कहते हैं और इसके द्वारा नाटकों के दृश्यों और चित्रों में एक अद्वितीय वास्तविक और पात्रों में एक अभिनय सामयिकता आ गयी। जिस प्रकार नाटक-रचना में अनुकरण की वास्तविकता बढ़ी है उसी प्रकार रंगमंच का वातावरण भी अधिक यथार्थ बनाया गया है। इस काल के नाटकों में कला-सम्बन्धी बड़ी महत्त्वपूर्ण प्रगति हुई है। समय-संकलन और स्थल-संकलन में अधिक सुनियम पालन किये जाते हैं। गीत और नृत्य केवल प्रासंगिक और गौण बन गये हैं। नेपथ्य, आकाशभाषित और स्वगत, नाटक की स्वाभाविकता नष्ट नहीं करने पाते। प्राचीन धार्मिक रूढ़ियों के फन्दे छूट गये हैं और शुद्ध साहित्यिक रूप में नाट्य-साहित्य का विकास हो रहा है। यूनान के ट्रेजेडी और कमेडी नाटकों में करुण और हास्य की दुनिया अलग बनायी जाती थी और यह क्रम नवीन युग के आगम के पूर्व तक चलता रहा, परन्तु अब जीवन की ही भाँति सुख-दुःख मिश्रित दृश्य नाटकों में भी दिखाये जाते हैं। नित्यप्रति की बोलचाल की भाषा ही अभिनय की भाषा बन गयी है और चारों ओर से एक सामयिक वातावरण उदय होकर रंगमंच को घेर रहा है।

यथार्थवाद और आदर्शवाद

यहाँ पश्चिम की नाटकीय प्रगति का विकास दिखाना हमारा अभीष्ट नहीं था। हम तो केवल नाटक की मूल वस्तु अनुकरण के क्रमशः परिमार्जित होते हुए रूप को दिखाना चाहते थे। जब हमने कहा की हमारे वर्तमान युग में अनुकरण की कला अधिक यथार्थ और सत्य रूप धारण कर रही है तब हमने नाटकों में पद्य के स्थान पर गद्य के अधिक सुष्ठु प्रयोग का समर्थन किया। ऊपर जिस यथार्थवाद की चर्चा की गयी है वह केवल अभिनेय विषय के अधिक लोक सामान्य रूप का परिचय देने के लिए हुई है। आजकल के नाटक आदि महाकाव्य के नायकों को अपना

पात्र न बनाकर लंदन के किसी मजदूर परिवार के व्यक्तियों को अपने लिये चुनते हैं तो इसका अर्थ यही है कि आधुनिक नाटककार अपने चतुर्दिक् के वातावरण से अधिक प्रभावित हो रहे हैं और सामयिक समस्याओं पर अधिक ध्यान दे रहे हैं। इस सामयिकता और लोक-व्यवहार के अधिक सच्चे फोटोग्राफ को ही यदि यथार्थवाद कहते हैं तो मानना पड़ेगा कि आधुनिक नाटकों में यथार्थवाद की मात्रा खूब बढ़ी है। परन्तु यदि हम सामयिक जीवन के अतिरिक्त प्राचीन काल का भी चित्र अंकित करना चाहे और आधुनिकता के बाह्य रूप के अतिरिक्त उसके अंतस का भी रूप देखना चाहें तो हमारा यह यथार्थवाद उसकी अनुमति देगा या नहीं इसमें बहुत कुछ सन्देह ही है। यदि वह हमें अपने उसका कृतज्ञ होना चाहिए, क्योंकि यथार्थवाद इस समय जिस संकीर्ण अर्थ में व्यवहृत हो रहा है उसमें इतने की भी गुंजाइश नहीं देख पड़ती है। पर यथार्थवाद का व्यापक अर्थ ही लेना साहित्य के लिए कल्याणकर होगा।

भारतीय रूपक-रचना

यद्यपि वर्तमान काल के भारतीय नाटक अधिकांश में पश्चिमीय शैली का अनुकरण करके सफलता प्राप्त करना चाहते हैं, परन्तु इस देश में स्वतंत्र रूप में रूपक-रचना का मार्ग प्रशस्त किया जा चुका है और हम निस्संकोच रूप से कह सकते हैं कि यहाँ का रचना-क्रम पाश्चात्य प्रणाली से किसी अंश में कम उत्कृष्ट नहीं है। जब हम इस बात पर ध्यान देते हैं कि ईसा के कई शताब्दी पूर्व यहाँ 'नाट्यशास्त्र' जैसा चमत्कारी ग्रन्थ प्रणीत हो चुका था और भास तथा कालिदास जैसे श्रेष्ठ नाटककार अपनी नाट्य-सृष्टियाँ प्रसूत कर चुके थे तब हमारे मन में आनन्द और उल्लास की धारा प्रवाहित हो चलती है। नाट्यकला के नियमों का जितना सूक्ष्म निरूपण यहाँ किया गया उतना और कहीं नहीं हुआ है। आरम्भ में ही रूपक के तत्त्वों का प्रतिपादन करते हुए 'नाट्यशास्त्र' लिखता है—"एक बार वैवस्वत मनु के दूसरे युग में लोग बहुत दुःखित हुए। इसपर इंद्र तथा दूसरे देवताओं ने जाकर ब्रह्मा से प्रार्थना की—आप मनोविनोद का कोई ऐसा साधन उत्पन्न कीजिए जिसमें सबका चित्त प्रसन्न हो सके। इसपर ब्रह्मा ने चारों वेदों को बुलाया और उन चारों की सहायता से नाट्य के पंचम वेद की रचना की। इस नये वेद के लिए ऋग्वेद से संवाद, सामवेद से गान, यजुर्वेद से नाट्य और अथर्ववेद से रस लिया गया था।" यहाँ संवाद, गीत और नाट्य के तत्त्वों के अतिरिक्त 'रस-तत्त्व' पर अधिक ध्यान देने की आवश्यकता है। प्राचीन ऋषि ने कितनी पारदर्शी दृष्टि से अन्य तत्त्वों का नामोल्लेख करते हुए रस-तत्त्व का विस्मरण नहीं किया। इसके बिना नाटक का साहित्य और कलात्मक रूप प्रतिष्ठित नहीं हो सकता था।

प्रेक्षागृह

रूपक में साहित्यिक रूप की स्थापना करने के उपरान्त नाट्यशास्त्र रंगशाला की ओर ध्यान देता है जिसे वह प्रेक्षागृह कहकर पुकारता है। जब हमारे इस सुपठित युग के बड़े-बड़े समीक्षक भी नाट्य-विवेचन में रंगमंच को भूल जाते हैं और ऐसे नाटकों की कल्पना कर लेते हैं जो केवल पढ़ने के लिए हैं, अभिनय के लिए नहीं, तब भरत मुनि नाट्यशास्त्र के दूसरे ही अध्याय में इस अनिवार्य प्रसंग को उठाते हैं और उसका सर्वतोमुख विवेचन करते हैं। भरत मुनि के अनुसार प्रेक्षागृह तीन प्रकार के होते थे—विकृष्ट, चतुरस्त्र और त्र्यस्त्र। विकृष्ट प्रेक्षागृह सबसे अच्छा होता है। उसकी लंबाई 108 हाथ, चतुरस्त्र की लंबाई 64 हाथ तथा चौड़ाई 32 हाथ होती थी और त्र्यस्त्र प्रेक्षागृह त्रिकोण या त्रिभुजाकार होता था। चतुरस्त्र राजाओं, धनवानों तथा सर्वसाधारण के लिए होता था और त्र्यस्त्र में केवल आपस के थोड़े से मित्र या परिचित बैठकर नाटक देखते थे। प्रेक्षागृहों की यह लंबाई-चौड़ाई बहुत कुछ उपयुक्त और रोम के लंबे-चौड़े रंगमंचों से बहुत अधिक प्रभावशाली होती होगी। प्रेक्षागृहों का आधा स्थान दर्शकों के लिए और आधा अभिनय तथा पात्रों के लिए नियमित रहता था। रंगमंच का सबसे पिछला भाग रंगशीर्ष

कहलाता था जो खंभों पर बना होता था जिसमें से पथ्य-गृह में जाने के लिए दो द्वार होते थे। रंगमंच की दीवारों पर उत्तम नक्काशी और वायु तथा प्रकाश के लिए झरोखे बनाये जाते थे। इसका ध्यान रखा जाता था कि रंगमंचों पर आवाज अच्छी तरह गूँज सके। यदि संपूर्ण सामग्री नाट्यशास्त्र की विधियों के अनुसार प्रस्तुत की जाय तो अब भी श्रेष्ठ रीति से आधुनिक नाटकों का अभिनय करने में अधिक हेर-फेर करने की आवश्यकता नहीं होगी। यवनिका, नाटकीय वेश-भूषा तथा रंगशाला के अन्य उपकरणों का सम्यक् विवरण नाट्यशास्त्र में दिया गया है।

रूपकों का रूप

रूपकों और उपरूपकों की विश्लेषण करते हुए नाट्यशास्त्र विलक्षण सूक्ष्म बुद्धि का परिचय देते हैं। पाश्चात्य यूनानी और यूरोपीय नाटकों की तरह यहां दुःखांत और सुखांत नाटकों का वर्ग-भेद नहीं किया गया। इसलिए यहाँ का नाट्य साहित्य एक बड़े अंश में कृत्रिमता से बचा रहा। जीवन के आमोद-विषाद एक ही दृश्य में दिखाते हुए यहाँ के नाटककार मानों प्रकृति के सामने दर्पण लेकर खड़े हो गये हों। रूपकों के भिन्न-भिन्न भेदों पर दृष्टि डालें तो पता चलेगा कि महाकाव्य के उदात्त पात्रों और घटनाओं से लेकर साधारण और विकृत पात्रों के व्यंग्य चित्र तक नाटकों में दिखाये जा सकते थे। संस्कृत में नाटक शब्द रूपक का एक भेद मात्र है। नाटक की कथा ख्यात और इतिहासप्रसिद्ध होनी चाहिए। नायक धीर, गंभीर, उदात्त, प्रतापी, कीर्तिकामी, महा उत्साहवाला, वेदों का रक्षक, राजा, राजर्षि या कोई दिव्य पुरुष हो। इसी प्रकार डिम, व्यायोग, समवकार आदि रूपकों में भी कथावस्तु पौराणिक अथवा ऐतिहासिक होनी चाहिए। इसके विपरीत प्रकरण, भाण, प्रहसन आदि रूपकों की कथा लौकिक और कविकल्पित होनी चाहिए। इस प्रकार के अनेक भेदों का हिसाब लगाकर देखा जाय तो प्रकट होगा कि भारतीय नाट्यशास्त्र का क्षेत्र बहुत अधिक विस्तृत है। इन रूपकों में कोई बहुत छोटे और कोई बड़े आकार के माने गये हैं। यहाँ भी नाटककार को अपनी वस्तु का विन्यास करने में स्वतंत्रता है। प्राकृतिक दृश्यों का दर्शन भी भारतीय नाटकों की एक उल्लेख योग्य विशेषता है। कालिदास के नाटक इस विशेषता से समन्वित हैं। इस प्रकार हम देखते हैं कि भारतीय नाटकों का कलापक्ष विशेष समुन्नत और पुष्ट है तथा हमारे नाट्यशास्त्र में ऐसी व्यवस्थाएँ की गयी हैं जिससे अधिकाधिक रमणीयता, स्वाभाविकता और जीवन-संबंधिनी व्यापकता हमारे नाटकों का अंग न बन सके।

अभिनय

इस काव्य के साथ रंगमंच का घनिष्ठ संबंध आरम्भ से ही स्थापित है और नाट्य-साहित्य के साथ विकास करते हुए अभिनय की भी एक कला बन गयी है। कतिपय सम्मानित नाट्य समीक्षकों का तो यह भी मत है कि रंगमंच और अभिनय की ही प्रगति पर दृश्य-काव्य की प्रगति मुख्य रूप से अवलंबित रही है और नाटक-रचना की कला में तब-तब उत्थान हुए हैं जब-जब रंगशाला को कोई नयी सुविधा प्राप्त हुई है अथवा अभिनय करनेवालों में किसी चमत्कारी प्रतिभा का उन्मेष हुआ है। इंगलैण्ड में जिन दिनों एलिजाबेथ का शासनकाल था और वह रानी रंगमंच के उन्नयन में दत्तचित्त थी, उन्हीं दिनों शेक्सपियर के अपूर्व नाटकों का अभ्युदय हुआ। इस प्रकार के अनेक उदाहरणों से दृश्य-काव्य और अभिनय का युगवत् संबंध दिखाया जा सकता है। प्राचीन यूनान की अविकसित अभिनय-शैली के अनुसार ही वहाँ के नाटक भी थे जिसमें या तो अश्लील गानों की भरमार थी या भयानक घटनाओं की। भारत में प्रथम ही यह व्यवस्था बन गयी थी कि मृत्यु, हत्या और उत्पीड़न के भयानक दृश्य रंगमंच पर न दिखाये जायँ। इसका परमोत्कृष्ट प्रभाव यह पड़ा कि यहाँ के नाटक बर्बर और असभ्य प्रदर्शन से बच गये और लोकरंजनकारी बने रहे। यहाँ अभिनय के (1) आंगिक, (2) वाचिक, (3) आहार्य और (4)

सात्त्विक विभाग कर दिये गये थे, जिनमें क्रमशः अंग-संचालन, वाणी, वेश-भूषा और भाव-प्रदर्शन रीति की शिक्षा दी जाती थी। इन सबसे अनुकरण की यथार्थता सिद्ध होती थी और यही अभिनय की सर्वश्रेष्ठ संकता है। नाटककार देश, काल और पात्र का यथोचित ध्यान रखते थे और भिन्न-भिन्न पात्रों से उनके अनुरूप संस्कृत अथवा प्राकृत भाषा का व्यवहार कराते थे। चमत्कार उत्पन्न करने के आशय से वहाँ के नाट्यशास्त्र में वस्तुविन्यास संबन्धीनी अनेक ज्ञातव्य शैलियाँ बतायी गयी हैं जिनका प्रयोग उस काल के नाटकों में बड़ी योग्यता के साथ किया गया था। रंगमंच भी उस समय में विशेष रूप से विकसित और सम्पन्न था। नेपथ्य, आकाश-भाषित, स्वगत आदि की जो विधियाँ ईस्वी पूर्व शताब्दियों के व्यवहार में लायी जाती थीं और जिनमें स्वाभाविक की रक्षा का स्पष्ट प्रयत्न दीख पड़ता था वे वहाँ के उन्नतिप्राप्त रंगमंच की साक्षी हो सकती हैं। आश्चर्य तो यह देखकर होता है कि अभिनय की जो सूक्ष्म और मार्मिक व्यवस्थाएँ यहाँ उस पुरातन काल में प्रचलित हुई थीं, उनका ठीक-ठीक परिचय यूरोप को सोलहवीं और सत्रहवीं शताब्दियों में भी प्राप्त नहीं हो सका था। और उनमें से कुछ तो ऐसी हैं जिनकी पूरी जानकारी इस समय तक प्राप्त नहीं की जा सकती। दुःख है कि अभिनय की प्राचीन उन्नत कला हमें विस्मरण हो गयी है और हम नये सिरे से जो शिक्षा प्राप्त कर रहे हैं वह पश्चिम की कहकर हमें दी जा रही है। इसमें संदेह नहीं कि आधुनिक भारतीय रंगमंच पश्चिम की ही शैली पर गठित हो रहा और अभिनय का प्रकार भी अधिकतर पाश्चात्य ही है, परन्तु यह तो मानना ही पड़ेगा कि इन दिनों हम पश्चिम से जो कुछ ग्रहण कर रहे हैं, वह सर्वथा नवीन और नवाविष्कृत नहीं है। उसका बहुत कुछ अंश, किसी न किसी रूप में, पूर्व की देन है। यदि अपने साहित्य का अध्ययन अधिक मनोनिवेश के साथ किया जाय तो निस्संदेह बहुत सी ऐसी कलाएँ और विद्याएँ, जिन्हें हम पश्चिमीय समझ रहे हैं, अपने ही देश की सिद्ध होंगी। आज हम एक शताब्दी पूर्व के यूरोप के रंगमंच की नकल करके अपने को बहुत अधिक विकास प्राप्त और उन्नत मानते हैं, परंतु यदि हम बीसवीं शताब्दी के पूर्व के भारतीय रंगमंच की नकल करने की योग्यता प्राप्त कर सकें तो हम देखेंगे कि आज की अपेक्षा हम पिछड़े हुए नहीं हैं, पर कठिनाई यह है कि यह योग्यता प्राप्त करने की न तो हमें सुविधा ही प्राप्त है, न हमारे अंतःकरण में इस विषय की कोई दृढ़ प्रेरणा ही होती है। हमारी चेतना मंद हो रही है और जो कुछ हमें सुगमता से मिल जाता है उसे ही हम आँख मूँदकर अपना लेते हैं। हमें इन दिनों एक शताब्दी या कम से कम पचास वर्ष पूर्व का यूरोपीय रंगमंच मिल गया है तो हम उतने से ही प्रसन्न और रीझे हुए हैं। हमारे मन में यह विचार ही नहीं उठता कि हम स्वतः अपने अनुरूप रंगमंच का विकास करें और यदि वैसा करना हमारे लिए असंभव हो तो कम से कम यूरोप के ही नवीनतम रंगमंच को अपनायें। इन दिनों हम भिक्षावृत्ति से ही आत्मनिर्भर हो रहे हैं।

भारतवर्ष में नाट्य-साहित्य की समुचित उन्नति तब तक नहीं हो सकती जब तक एक बार आँखें खोलकर और ध्यान लगाकर अपने जातीय नाट्य-शास्त्र का अध्ययन नहीं कर लेते और वर्तमान आवश्यकताओं के अनुसार उसमें परिवर्तन करने का उपक्रम नहीं करते। नवीन और उन्नतिप्राप्त साधनों का उपयोग करके हमें अपना राष्ट्रीय रंगमंच समयानुकूल बना लेना चाहिए और साहित्य की उत्कृष्ट विधियाँ प्राचीन और नवीन साहित्य-शास्त्रों से सीख लेनी चाहिए। यदि हमें वर्तमान यूरोप के समृद्ध रंगमंच और विकसित अभिनयकला का ही अनुकरण करना है तो हमारे लिए समय के साथ रहना आवश्यक है। इधर पचास वर्षों में यूरोप के रंगमंच में तो नवीन सुधार हुए हैं और अभिनय-विषयक जो बहुत सी बातें ज्ञात हुई हैं उनका परिचय प्राप्त करने में हमें पश्चात्यपद नहीं होना चाहिए। जब आवागमन के इतने उपयुक्त और प्रचुर साधन उपलब्ध हैं और इतने वेगवान रूप से वस्तु-विनिमय हो रहा है तब हम पश्चिम का अनुकरण करते हुए

उनके पद-चिह्नों पर भी न चल सके, पिछड़े ही रहे, तो यह हमारी राष्ट्रीय मूर्च्छा का बड़ा ही शोचनीय लक्षण है। यदि हम अपना मार्ग आप नहीं निकाल सकते, अपनी पूर्वअर्जित संपत्ति का स्वामित्व नहीं ग्रहण कर सकते तो हमारी यह दुर्बलता क्षम्य नहीं है, किन्तु यदि हम दूसरों की नकल करते हुए उस कार्य में भी पिछड़ रहे हैं तो यह हमारे लिए लज्जा और लांछन का विषय है।

उस पुरातन काल की बात जाने दीजिए जब यूनानी अभिनेता बैलगाड़ियों में बैठकर अभिनय करने निकलते थे अथवा जुलूस निकालकर अश्लील दृश्यों का प्रदर्शन करते थे। अभी तीन सौ वर्ष पहले तक—शेक्सपियर के समय तक—नकाबपोश पात्र रंगमंच पर आकर अपना बेढंगा रूप दिखाया करते थे। परदे गिराने-चढ़ाने का इतना भद्दा ढंग प्रचलित था कि अभिनय में स्वाभाविक आ ही नहीं सकती थी। आदमियों को लगाकर इधर से उधर परदा खींचना पड़ता था। नाटकों के दृश्य दिखाने के लिए परदों पर जो चित्रकारी की जाती थी वह भी यथार्थता की अनुरूपता नहीं उत्पन्न कर सकती थी। थिएटर इतना बड़ा और विशालकाय होता था कि रंगमंच में प्रवेश करते ही अभिनेता बिल्ली बन जाता था। उसकी स्वाभाविक गति में वहीं से विक्षेप पड़ने लगता था और वह स्वयं ही एक कृत्रिम वातावरण का अनुभव करने लगता था। परन्तु दर्शकों के लिए अभिनय का सम्पूर्ण व्यापार मिथ्या रूप धारण कर लेता था। यदि कोई पात्र रंगमंच में प्रवेश कर किसी कमरे में आता है जिसमें पुरानी रीति के अनुसार एक खिड़की और कुछ कुर्सियाँ पड़ी हुई हैं और फिर वह इस कमरे (जिससे बाहर निकलने का रास्ता परदे पर दिखाया नहीं जा सकता) के आगे बढ़कर स्टेज के किनारे तक पहुँच जाता है जहाँ रोशनी हो रही है और जहाँ से आगे के दर्शक उसकी पीठ मजे में देख सकते हैं तो यह अस्वाभाविकता की हद हो गयी। इसके उपरांत तो यदि वह पात्र अपने मन में कुछ बड़बड़ाये, स्वगत का बहाना करके अपने चरित्र, विचारों और इच्छाओं का परिचय देने लगे तो भी दर्शकों को अधिक नहीं खटक सकता क्योंकि वे तो इसके पहले ही सबसे अधिक स्वाभाविक और खटकनेवाली बात का सामना कर चुके हैं। वह जितना चाहे बके-झके, अब तो उसके लिए यह सब कुछ क्षंतव्य है। ये सब विचित्रताएँ उस समय यूरोप में प्रचलित थीं जिस समय शेक्सपियर, जो संसार-साहित्य का शिरोमणि कहलाता है, अपने नाटकों की रचना कर रहा था।

प्रायः प्रत्येक पात्र का, कविता की भाषा में, एक दूसरे के प्रश्नों का उत्तर देना तो प्रचलित ही था। रंगमंच पर प्रभावोत्पादन के विचार से बहुत से अद्भुत और भीषण प्रदर्शन भी किये जाते थे। बात-बात पर गाना गाकर प्रश्न का उत्तर देना, यह तो जैसे उस समय की प्रथा ही थी। यह नहीं कि ऐसा केवल गीतिनाट्य या ओपेरा में किया जाता तो जिसकी रचना ही उसी उद्देश्य से की गयी थी। प्रत्येक प्रकार के नाटक कविता से पूरित होते थे। गीत-काव्य और दृश्यकाव्य का वास्तविक भेद उस समय तक प्रकाश में नहीं आया था। यह तो कलाशास्त्री अरस्तू को ज्ञात था कि नाटक, महाकाव्य और गीतकाव्य में अंतर है। इस अंतर को पहले पहल उसी ने स्पष्ट किया था। पर अरस्तू के दो हजार वर्ष उपरांत यूरोप के किसी भी कलाविद् में इतनी प्रतिभा न हुई कि वह इनके अंतर को व्यावहारिक रूप से स्पष्ट कर सकता और इन तीनों का पृथक्कथन करने में प्रवृत्त होता। नाट्यशाला की मूल वस्तु अनुकरण की यथार्थता तभी सिद्ध होगी जब दृश्य, सूच्य और अभिनय तीनों वस्तुएँ अधिक से अधिक वास्तविक बनायी जा सकें। साधारण से साधारण बातचीत, जिसमें कविता की लेशमात्र आवश्यकता नहीं है, यदि गाकर की जायगी तो इस भयानक व्यापार से पिंड छुड़ाने का प्रयत्न प्रत्येक बुद्धिसंपन्न व्यक्ति करेगा। परन्तु यूरोप में अभी सौ वर्ष पूर्व तक के सब क्रियाएँ होती रहीं और सारा समाज उनका आनंद लेता रहा।

रंगमंच में कौन से दृश्य चित्र की सहायता से दिखाये जाने चाहिए, कौन दृश्य वास्तविक

वस्तुओं द्वारा दिखाये जा सकते हैं और किन दृश्यों की सूचना केवल परदा गिराकर दे देनी चाहिए, यह अब से दो सौ वर्ष पहले इंगलैण्ड को विदित नहीं था। साधारण बुद्धि से भी यह समझा जा सकता है कि परदे पर या रंगमंच पर ऐसी कोई वस्तु न दिखायी जाय तो खिलवाड़ या असंभव समझ ली जाय। यदि स्टेज पर कोई व्यक्ति नाव लेकर खेने बैठ जाय या घोड़ागाड़ी दौड़ाने लगे तो यह तमाशा किसी को जँच नहीं सकता। हत्या या पीड़न का दृश्य स्टेज के ऊपर दिखान का अर्थ यही है कि पात्रों को वास्तविक रूप में कष्ट दिया जाय और उनका अंग-भंग किया जाय। यदि ऐसा हो तब तो अभिनय का व्यापार किसी भी सभ्य समाज में अधिक समय तक प्रचलित नहीं रह सकता, परंतु हत्या के दृश्य विलायती रंगमंच पर दिखाये जाते रहे हैं और जापानी स्टेज पर तो वे अब तक प्रचलित हैं। दुःखमय और भयानक प्रभाव उत्पन्न करने के लिए जापानी रंगमंच के पात्र जो विकट दृश्य दिखाते हैं उनमें पात्रों के वास्तविक मल्लयुद्ध और खूनखराबे भी सम्मिलित हैं। जापानी रंगमंच पर आत्महत्या के दृश्य भी दिखाये जाते हैं। एक नाटक का अभिनय करते हुए जब वैसा प्रसंग आया तब एक पात्र आत्महत्या की चेष्टा करता हुआ खून से लथपथ होकर मंच पर गिर पड़ा, गिरकर वह विचित्र प्रकार से कराहने और मुँह बनाने लगा। यहाँ यह बर्बर दृश्य समाप्त नहीं हुआ। इसके उपरांत यम के दो सिपाही (जो अदृश्य समझे जाते थे) स्टेज पर आये और उसके बाल पकड़कर खींचने लगे। इस भयानक उत्पीड़न का एकमात्र आशय दर्शकों पर यथार्थ हत्या का प्रभाव दिखाना होता है पर यह कार्य कितना असंगत प्रभाव उत्पन्न करनेवाला है यह सहज ही समझा जा सकता है। हमारे भारतीय नाटकों में इस प्रकार के दृश्य दिखाने का निषेध करके कितनी अधिक दूरदर्शिता दिखायी गयी है यह तो तभी समझा जा सकता है जब हम विदेशी नाटकों और अभिनयों में प्रचलित इस कुप्रथा और उसके दुष्परिणाम को देखें।

प्राकृतिक वस्तुएँ और जीव आदि दिखाने के लिए रंगमंच पर जहाँ तक संभव हो, उनकी प्रतिकृति उपस्थित करनी चाहिए। उदाहरण के लिए, यदि किसी ऐसे चरागाह का दृश्य दिखाना है जिसमें पशु चर रहे हैं तो स्टेज पर भेड़-बकरी और गाय-बैल चढ़ाकर भीड़ लगा देना और चरागाह का रूप पर्दों पर अंकित कर देना—यथार्थ और काल्पनिक का ऐसा संमिश्रण—बहुत अधिक हास्यास्पद और मिथ्या समझा जायगा। ऐसी बेमेल वस्तुओं का एकत्रीकरण भानुमती की पिटारी में भले ही अच्छा लगे, नाटक से उसे दूर रखना चाहिए, परन्तु शेक्सपियर और उसके उत्तरवर्ती काल में भी इस प्रकार के कितने विचित्र तमाशे दिखाये जाते थे, जिनका मनोरंजक वर्णन प्रसिद्ध हास्य और व्यंग्य लेखक एडीसन ने अपने स्पेक्टेटर पत्र में दिया है।

नाटक और उपन्यास

हम पहले लिख चुके हैं कि काव्य या तो पद्यमय होता है या गद्यमय। पद्यमय काव्य का दूसरा नाम कविता है जिसका पिछले अध्याय में विवेचन हो चुका। गद्यमय काव्य के अन्तर्गत दृश्य-काव्य, उपन्यास, आख्यायिका और निबंध विशेष रूप से आते हैं। इनमें दृश्य-काव्य का सबसे विशिष्ट स्थान है। मनुष्य एक ओर तो अपने भावों या विचारों को दूसरों पर प्रकट करना चाहता है और दूसरी ओर अन्य मनुष्यों के जीवन, उनके कार्य, उनकी भावनाओं, उनके राग-द्वेष, उनके सांसारिक बंधन आदि के जानने और समझने में एक प्रकार का अनुराग रखता है। यह भी एक मनोवृत्ति का परिणाम है जिसे हम मानव-व्यापार की अनुरक्ति कह सकते हैं। इस मनोवृत्ति से प्रेरित होकर ऐसे काव्यों की रचना होती है जिनका उद्देश्य मनुष्यों का चरित्र-चित्रण होता है। इन्हीं प्रवृत्तियों से प्रेरित होकर भिन्न-भिन्न प्रकार के काव्यों—जैसे वीरकाव्य, गीतिकाव्य उपन्यास आदि—की उत्पत्ति, सामाजिक तथा कलात्मक स्थिति के परिवर्तनशील रूपों के अनुसार होती है।

नाटक और उपन्यास में बड़ा भारी भेद यह है कि नाटक का रूप रंगशाला के प्रतिबंधों के अनुसार बहुत कुछ निश्चित करना पड़ता है: पर उपन्यास में इस प्रकार का कोई प्रतिबंध नहीं है और नाटक कुछ ऐसे नियमों से जकड़े रहते हैं जिनसे उपन्यास पूर्णतया स्वतंत्र हैं। साथ ही उपन्यास की अपेक्षा नाटक में यह विशेषता है कि नाटक के दृश्य-काव्य होने से उनमें जो सजीवता या प्रत्यक्षानुभव की छाया रहती है, वह उपन्यास में नहीं आ सकती। पर, हाँ, नाटक और उपन्यास के मूल तत्त्व प्रायः एक ही हैं, इसलिए जो बातें नाटक के संबंध में कही जा सकती हैं, उनमें से अधिकांश उपन्यास के लिए भी ठीक हैं। पर उपन्यासकार को जिन परिस्थितियों में काम करना पड़ता है, उनसे नाटककार की परिस्थितियाँ बिल्कुल भिन्न हैं और इसी भिन्नता के कारण उपन्यास में बहुत बड़ा अंतर पड़ जाता है। नाटक और उपन्यास के इसी अंतर को ध्यान में रखकर हम नाटक या दृश्य-काव्य का विवेचन आरंभ करते हैं। इसके उपरांत हम कुछ ऐसी बातें बतलायेंगे जो नाटक और उपन्यास में समान रूप से पायी जाती हैं।

नाटकों की विशेषता

सबसे पहले इस बात का ध्यान रखना चाहिए कि नाटक दृश्य-काव्य है और उसकी इसी विशेषता के कारण उसकी रचना के सिद्धांतों आदि में भी कुछ विशेषताएँ आ जाती हैं। उपन्यास की रचना केवल पढ़ने के लिए होती है, पर नाटक की रचना रंगशाला में अभिनय करने के लिए होती है। उपन्यास की रंगशाला तो उसी में होती है, पर नाटक की रंगशाला उससे बाहर और अलग होती है। महाकाव्य और गद्य-काव्य तो हमें किसी बात की सूचना मात्र देकर रह जाते हैं, पर नाटक हमें दूसरों का अनुकरण या नकल करके हमें सब बातें प्रत्यक्ष कर दिखलाते हैं। जब हम कोई उपन्यास या और कोई काव्य पढ़ने बैठते हैं, तब हम वे सब बातें अनायास ही समझ लेते हैं। उसके अतिरिक्त हमें और किसी वस्तु की आवश्यकता नहीं होती। पर जब हम कोई नाटक हाथ में लेकर पढ़ने बैठते हैं, तब वह हमें उपन्यास के समान सर्वांगपूर्ण नहीं जान पड़ता, बल्कि हमें उस नाटक के लिए किसी और बात की आवश्यकता भी प्रतीत होती है। हमें कुछ ऐसे तत्त्वों की अपेक्षा होती है जो उसके केवल छिपे हुए रूप में हमें नहीं मिलते। बिना अभिनय के वह हमें कुछ अधूरा जान पड़ता है, और वास्तव में वह अधूरा होता भी है; क्योंकि बिना अभिनय के हमें उसके लेखक की वास्तविक योग्यता और छिपे हुए भावों आदि का पता नहीं चलता। नाटक में स्वयं नाटककार को कुछ कहने या टीका-टिप्पणी आदि करने का अधिकार तो होता ही नहीं, इसलिए नाटक पढ़ने में कई कठिनाइयों का सामना करना पड़ता है। केवल पुस्तक रूप में पढ़कर न तो हम नाटक के पात्रों से भली-भाँति परिचित हो सकते हैं, न उनके उद्देश्यों, विचारों या भावों आदि को समझ सकते हैं और न उनके कार्यों का नैतिक महत्त्व जान सकते हैं। वास्तव में अभिनय ही नाटक का प्राण है और उसके बिना नाटक में कभी सजीवता आ ही नहीं सकती। जिस समय हम दर्शक बनकर कोई अभिनय देखते हैं उस समय इमें नाटकों के हाव-भाव आदि से ही बहुत सी बातों का पता चल जाता है। पर जब हम केवल पाठक होते हैं, तब हमें उन बातों का पता लगाने के लिए अपनी कल्पना-शक्ति और अनुमान के काम लेना पड़ता है। और यदि हमारी कल्पना-शक्ति में उतना बल न हुआ तो फिर हमें उनका पूरा-पूरा आनंद नहीं आ सकता। इसके अतिरिक्त पुराने नाटक पढ़ते समय हमें यह भी ध्यान रखना पड़ता है कि जिस समय वे नाटक बने थे और जिस देश में बने थे, उस समय और उस देश में रंगशालाओं आदि की क्या अवस्था और व्यवस्था थी, क्योंकि नाटक की रचना बहुधा रंगशाला की परिस्थितियों के अनुसार ही होती है। इसीलिए जो लोग कालिदास या भास के नाटक पढ़ना चाहते हों, उन्हें इस बात का भी ज्ञान प्राप्त कर लेना आवश्यक है कि उन कवियों के समय की रंगशालाएँ कैसी होती थीं और उनकी क्या व्यवस्था थी।

नाटक के छः तत्त्व-वस्तु

पाश्चात्य नाट्य-शास्त्रियों के अनुसार नाटकों के छः तत्त्व होते हैं, यथा—वस्तु, पात्र, कथोपकथन, देश-काल, शैली और उद्देश्य। यहाँ पर हमें यह भी जान लेना चाहिए कि हमारे आचार्यों ने नाट्य के केवल तीन तत्त्व मानते हैं—अर्थात् वस्तु, नायक और रसः और इसी आधार पर उन्होंने रूपकों के भेद और उपभेद निश्चित किये हैं। यह समझ में नहीं आता कि जिस देश में नाटकों का अत्यंत प्राचीन रूप कथोपकथन वेदों में रक्षित हो उसे हमारे आचार्यों ने एक मुख्य तत्त्व क्यों नहीं माना। इसमें संदेह नहीं कि कथोपकथन का समावेश ''नायक'' तत्त्व में भी आ जाता है। साथ ही देश-काल का विवेचन भी इसी तत्त्व के अंतर्गत लाया जा सकता है। पर उद्देश्य की ओर अलग ध्यान देने की आवश्यकता है। सुगमता और स्पष्टता के विचार से हम नाटक के छः तत्त्व मानकर उनपर विचार करेंगे। सबसे पहले कथावस्तु को लीजिए। उपन्यासों के विस्तार के संबंध में कोई नियम निर्धारित नहीं हो सकता। उपन्यास छोटे से छोटा भी हो सकता है और बड़े से बड़ा भी। अतः उसमें सामग्री का उपयोग लेखक की इच्छा पर निर्भर करता है। वह जितना बड़ा उपन्यास चाहे, लिख सकता है और उसमें अधिक से अधिक सामग्री का उपयोग कर सकता है। पर नाटककार को यह स्वतंत्रता प्राप्त नहीं है। वह तो न कथा-वस्तु का मनमाना विस्तार कर सकता है और न मनमानी सामग्री का उपयोग कर सकता है। नाट्य-साहित्य के निर्माण के प्रायः साथ ही साथ कुछ ऐसे नियम बन जाते हैं, जिनका पालन नाटककार के लिए आवश्यक होता है। उपन्यास पढ़ने में आप कई दिन, बल्कि कई महीने भी लगा सकते हैं। पर नाटक ऐसा ही होना चाहिए जो एक ही बैठक में, अथवा चार-छः घंटे में देखा जा सके। इसलिए नाटक की वस्तु मर्यादित होती है। यदि कोई ऐसा नाटक हो, जैसा कि हिंदी में चौधरी बदरीनारायणकृत ''भारत सौभाग्य'' नाटक है, जिसके अभिनय में सारी रात लग जाय, तो वह नाट्य-कला की दृष्टि से कभी नाटक कहलाने का अधिकारी न हो सकेगा। उपन्यास को तो आप जब चाहें तब पढ़ने के लिए उठा सकते हैं और जब चाहें तब उसे बीच में ही छोड़ सकते हैं; पर नाटक के संबंध में यह बात नहीं हो सकती। यदि नाटक के दर्शक पहर-डेढ़-पहर लगातार बैठे रहने के उपरांत उकता जायें तो इसमें कोई आश्चर्य की बात नहीं है। और फिर उस दशा में अच्छे से अच्छे दृश्य आदि भी उनका मनोरंजन करने में असमर्थ होंगे। यही कारण है कि यदि कोई नया या अनभिज्ञ लेखक कोई बहुत अच्छा, पर साथ ही साथ बहुत बड़ा नाटक तैयार करता है, तो अभिनय के काम के लिए उसका एक अलग और संक्षिप्त रूप तैयार किया जाता है। अतः पहला सिद्धांत यह निकला कि नाटक यथासाध्य संक्षिप्त और ऐसा होना चाहिए जिसके अभिनय में इतना अधिक समय न लगे जिससे दर्शक ऊब जायँ। इस काम के लिए नाटककार को अपनी सारी सामग्री में से बहुत ही काम की और मुख्य-मुख्य बातें चुननी पड़ती हैं और जो बातें नितांत आवश्यक न हों, उन्हें छोड़ देना पड़ता है। अच्छा नाटककार केवल उन्हीं घटनाओं आदि के दृश्य प्रस्तुत करता है जो बहुत आवश्यक और महत्त्वपूर्ण होते हैं। पूरी रामायण को छोड़ दीजिए, उसके किसी एक कांड की सारी बातों को लेकर भी कोई अच्छा नाटक नहीं बनाया जा सकता। अच्छा और अभिनय के योग्य नाटक बनाने के लिए यह आवश्यक होगा कि उस कांड की केवल मुख्य और महत्त्वपूर्ण बातें ले ली जायँ और साधारण बातें छोड़ दी जायँ अथवा उनका उल्लेख ऐसे ढंग से हो जिसमें बिना समय लगे ही प्रदर्शकों को उनका ज्ञान हो जाय। इसलिए हमारे यहाँ के प्राचीन आचार्यों ने कथावस्तु के दृश्य और सूच्य ये दो विभाग किये हैं। जिन घटनाओं आदि का अभिनय रंगशाला में प्रत्यक्ष रूप से दिखलाया जाता है, वे दृश्य कहलाती हैं, और जो बातें या घटनाएँ किसी न किसी रूप में केवल सूचित कर दी जाती हैं, उनको सूच्य कहते हैं। अतः नाटककार को उचित है कि जो बातें या घटनाएँ प्राचीन आचार्यों के अनुसार

मधुर, उदात्त, रसपूर्ण और आजकल की अवस्था को देखते हुए महत्त्वपूर्ण, आवश्यक और प्रभावशालिनी हों, उन्हीं को वस्तु के दृश्य अंग में स्थान दे और जो बातें प्राचीन आचार्यों के अनुसार नीरस अथवा अनुचित और आजकल की अवस्था को देखते हुए निरर्थक या कम महत्त्व की हों, उन्हें वस्तु के सूच्य अंग में स्थान दें: अर्थात् दर्शकों को किसी प्रकार उनकी सूचना मात्र करा देनी चाहिए। वस्तु दो प्रकार की होती हैं—(1) आधिकारिक और (2) प्रासंगिक। मूल कथावस्तु को आधिकारिक और गौण कथावस्तु को प्रासंगिक कहते हैं। प्रासंगिक कथावस्तु का उद्देश्य आधिकारिक कथावस्तु की सौंदर्यवृद्धि और मूल कार्य या व्यापार के विकास में सहायता देना है। रूपक के प्रधान फल का स्वामित्व अर्थात् उसकी प्राप्ति की योग्यता "अधिकार" कहलाती है। उस फल का स्वामी अर्थात् उसे प्राप्त करनेवाला "अधिकारी" कहलाता है। उस अधिकारी की कथा को आधिकारिक वस्तु कहते हैं। इस प्रधान वस्तु के साधक इतिवृत्ति को प्रासंगिक वस्तु कहते हैं; जैसे रामायण में रामचन्द्र का चरित्र आधिकारिक वस्तु और सुग्रीव का चरित्र प्रासंगिक वस्तु है। प्रासंगिक वस्तु में दूसरे की अर्थ-सिद्धि होती है और प्रसंग से मूल नायक का स्वार्थ भी सिद्ध होता है। प्रासंगिक कथावस्तु के दो भेद हैं—पताका और प्रकरी। जब कथावस्तु सानुबंध होती है, अर्थात् बराबर चलती है, तब उसे "पताका" कहते हैं, और जब वह थोड़े काल तक चलकर रुक जाती है या समाप्त हो जाती है, तब उसे "प्रकरी" कहते हैं,, जैसे शकुन्तला नाटक के छठे अंक में दास और दासी की बातचीत है। प्रासंगिक वस्तु में चमत्कारपूर्ण धारावाहिकता लाने के लिए "पताका-स्थानक" का प्रयोग किया जाता है। बस, वस्तु के संबंध में ये ही मुख्य सिद्धांत हैं जिनका नाटक लिखने के समय विशेष ध्यान रखना चाहिए। वस्तु के विस्तार और विभाग आदि का कुछ विवेचन आगे चलकर नाटकों के विभाग, प्रकार और भेद बतलाते समय किया जायगा।

पात्र

वस्तु की भाँति चरित्र-चित्रण के संबंध में भी नाटक और उपन्यास में बहुत अंतर है। कुछ लोग कहा करते हैं कि नाटकों में नाट्य की ही प्रधानता होती है, इसलिए उसमें चरित्र-चित्रण को विशेष महत्त्व देने की आवश्यकता नहीं; और कुछ लोग यही समझकर नाटक लिख भी डालते हैं। पर ऐसा समझना बड़ी भारी भूल है। नाटकों में भी चरित्र-चित्रण का उतना ही अधिक महत्त्व रहता है, जितना की उपन्यासों में उसे प्राप्त है। यदि किसी नाटक में केवल कोई कथानक या घटनामाला ही हो और उपयुक्त चरित्र-चित्रण न हो, तो नाट्य-कला की दृष्टि से उसका महत्त्व अमानत की इंदर-सभा से बढ़कर नहीं हो सकता। वास्तव में चरित्र-चित्रण ही नाटक का सर्वप्रधान और स्थायी तत्त्व है। शेक्सपियर या द्विजेन्द्रलाल राय के नाटकों का महत्त्व इसीलिए है कि उनमें चरित्र-चित्रण की प्रधानता है। उन नाटकों के मुख्यतः पात्रों के विचारों और भावों का विकास ही दिखलाया गया है, जो चरित्र-चित्रण के अतिरिक्त और कुछ भी नहीं है। नाटक के दर्शकों पर सबसे अधिक प्रभाव और परिणाम इसी चरित्र-चित्रण का पड़ता है। यदि किसी नाटक का वस्तु-विन्यास तो बहुत अच्छा हो पर उसमें चरित्र-चित्रण का अभाव हो, तो संभव है कि साहित्य-क्षेत्र में उस नाटक का आदर हो जाय, परन्तु रंगशाला में वह कभी सर्वप्रिय न हो सकेगा।

नाटक की कथावस्तु की भाँति उसका चरित्र-चित्रण भी संक्षिप्त ही होना चाहिए। किसी बहुत बड़े उपन्यास के लिए तो यह बात आवश्यक होती है कि उसमें चरित्र-चित्रण बहुत विस्तारपूर्वक हो, पर नाटककार को चरित्र-चित्रण बहुत ही संकुचित सीमा के अन्दर करना पड़ता है; क्योंकि उसे थोड़े से दृश्यों में ही चरित्र-चित्रण भी करना पड़ता है और अपनी कहानी भी पूरी करनी पड़ती है। नाटकों के कथोपकथन का प्रत्येक शब्द कुछ विशेष महत्त्व का और अर्थपूर्ण

होना चाहिए और उसके प्रत्येक अंग का सारे नाटक से कुछ विशेष संबंध होना चाहिए। उसके प्रत्येक पात्र का स्वरूप ऐसा होना चाहिए जो सारी कथावस्तु को देखते हुए बहुत ही उपयुक्त और आवश्यक जान पड़े। नाटक के नायक या दूसरे प्रधान पात्रों के उन्हीं गुणों और विशेषताओं आदि का प्रदर्शन होना चाहिए जिनका सारे नाटक पर विशेष प्रभाव पड़ता हो। चरित्र-चित्रण आदि में नाटककार को एक ऐसी कठिनता का सामना करना पड़ता है जिसमें उपन्यास-लेखक सर्वथा मुक्त रहता है। उपन्यास-लेखक तो समय-समय पर स्वयं भी अपने उपन्यास के पात्रों में भी सम्मिलित हो जाता है और उनके भाव तथा विचार आदि स्पष्ट करने के लिए उनके संबंध में टीका-टिप्पणी भी करता चलता है, पर नाटककार को अपनी ओर से कुछ भी कहने का अधिकार नहीं होता। विशेषतः जिस अवसर पर नाटककार को अपने किसी पात्र के बहुत सूक्ष्म भावों का प्रदर्शन करना पड़ता है, उस समय तो उसकी कठिनता और भी बढ़ जाती है।

हमें यह तो मालूम हो गया कि उपन्यास और नाटक के चरित्र-चित्रण में कहाँ और कितना अंतर होता है। पर अब प्रश्न यह उठता है कि नाटक का चरित्र-चित्रण कैसा होना चाहिए। जिन अवसरों पर उपन्यास-लेखक अपनी ओर से बहुत सी आवश्यक बातें कह डालता है, उन अवसरों पर नाटककार को क्या करना चाहिए? इसका उत्तर यही है कि नाटककार को स्वयं अपनी कथावस्तु और पात्रों के कथोपकथन से ही यह काम लेना चाहिए और यह दिखलाना चाहिए कि किस पात्र का रंग-ढंग कैसा है। यह कहा जा सकता है कि उपन्यास-लेखक भी तो अपने उपन्यास को कथा-वस्तु और पात्रों के कथोपकथन से ही अपने पात्रों का चरित्र चित्रित करता है। यह ठीक है, परंतु अंतर यह है कि उपन्यासकार को आवश्यकता पड़ने पर इस बात की पूर्ण स्वतंत्रता होती है कि वह अपनी ओर से भी टीका-टिप्पणी अथवा स्पष्टीकरण कर दे। उपन्यास के चरित्र-चित्रण में विश्लेषणात्मक या साक्षात् और अभिनयात्मक या परोक्ष इन दो उपायों का अवलंबन किया जाता है। विश्लेषणात्मक प्रणाली में उपन्यास-लेखक समय-समय पर आप ही अपने पात्रों के भावों और विचारों की व्याख्या करने लग जाता है; पर अभिनयात्मक में वह मानो आप अलग खड़ा रहता है और स्वयं पात्रों को अपने कथन और व्यापार से तथा उनके संबन्ध में दुसरे पात्रों की टीका-टिप्पणी तथा सम्पत्ति से चरित्र-चित्रण करने देता है। परंतु नाटककार को पहले प्रकार की स्वतंत्रता बिल्कुल नहीं होती और उसके सारे चरित्र-चित्रण का एकमात्र आधार अभिनयात्मक ही होता है; और इसीलिए नाटक के चरित्र-चित्रण में उपन्यास के चरित्र-चित्रण की अपेक्षा विशेष योग्यता की आवश्यकता होती है।

उपन्यास और नाटक दोनों में कथावस्तु बहुत कुछ चरित्र-चित्रण के आश्रित होती है। अनेक अवसरों पर तो हमें कथावस्तु से ही पात्रों के नैतिक और मानसिक गुणों का परिचय मिलता है। कुछ विशेष भावों और विचारों से प्रेरित कुछ विशेष स्वभाववाले लोग ऐसी परिस्थिति में लाकर रखे जाते हैं जिसके कारण उनमें कुछ विशेष प्रकार के संबंध या विरोध स्थापित हो जाते हैं। इसका परिणाम यह होता है कि कथा के विकास के साथ हमें यह मालूम होता है कि उन लोगों के स्वभाव, प्रवृत्तियाँ, उद्देश्य और विचार आदि क्या और कैसे हैं। बल्कि हम यह कह सकते हैं कि कथावस्तु या उनकी घटनाएँ आदि एक प्रकार से चरित्र के विकास का एक दूसरा रूप ही हैं। इसलिए चरित्र-चित्रण और घटना-क्रम ऐसा होना चाहिए जो आप ही दर्शकों को सब बातों का ज्ञान प्राप्त करा दे और उन्हें कथोपकथन या नाट्य आदि से विशेष सहायता लेने की आवश्यकता न पड़े, अर्थात् यदि हम पात्रों के कथोपकथन आदि पर कुछ विशेष ध्यान न दें, तो भी हमें केवल वस्तु और चरित्र के विकास से ही नाटक की सब बातों का पता लग जाय और हम जान लें कि नाटक का कौन पात्र कैसा है। पात्र के अंतर्गत भारतीय आचार्यों ने नायक और नायिका पर विशेष रूप से विवेचन किया है। उनके अनुसार रूपक के प्रधान पात्र को नायक कहते हैं, क्योंकि

वह नाटकीय कथा की शृंखला को अग्रसर करता हुआ अंत तक ले जाता है। धनंजय के अनुसार उसे (1) विनीत, (2) मधुर, (3) त्यागी, (4) दक्ष, (5) प्रियंवद, (6) शुचि, (7) रक्तलोक, (8) वाग्मी, (9) रूढ़वंश, (10) स्थिर, (11) युवा, (12) बुद्धिमान्, (13) प्रज्ञावान्, (14) स्मृति-संपन्न, (15) उत्साही, (16) कलावान्, (17) शास्त्र-चक्षु, (18) आत्मसंमानी, (19) शूर, (20) दृढ़, (21) तेजस्वी और (22) धार्मिक होना चाहिए। इस प्रकार भारतीय नाट्य-शास्त्र के अनुसार उसे सब उच्च गुणों का आधार होना चाहिए, परंतु प्रत्येक गुण उचित सीमा के अन्दर हो। नायक नम्र हो, किन्तु उसकी नम्रता ऐसी न हो कि दूसरे उसको पददलित करते रहें। भारतीय नाट्य-शास्त्र के नायक की नम्रता दौर्बल्य का नहीं वरन् उच्च संस्कृति और शील का लक्षण है। इसीलिए नम्रता के साथ-साथ आत्मसम्मान और तेजस्विता आदि गुणों का भी विधान है। स्वभाव-भेद से नायक चार प्रकार के कहे गये हैं—शांत, ललित, उदात्त और उद्धत। इन चारों के फिर चार उपभेद किये गये—अनुकूल, दक्षिण, शठ और धृष्ट। ये चारों भेद एक ही नायक की उत्तरोत्तर वृद्धिगत होती हुई अवस्थाओं के भी हो सकते हैं। नायक जब एक ही पत्नी में अनुरक्त रहता है तब तक वह अनुकूल रहता है। अन्य किसी के प्रेम-प्याश में पड़ जाने पर पहले वह नवीन प्रेम को छिपाने का प्रयत्न करता है पर साथ ही अपनी ज्येष्ठा नायिका से पूर्ववत् प्रेमाचरण करता है। यहाँ तक वह दक्षिण रहा पर नवीन प्रेम के प्रकट हो जाने पर उसकी शाठ्य-अवस्था हो जाती है। यदि वह कुटिल, नीचवृत्ति या निर्लज्ज हुआ या आगे चलकर ऐसा हो गया तो वह अपने विप्रियाचरण के चिह्नों को छिपाता भी नहीं है तथा निर्लज्ज होकर ज्येष्ठा नायिका का जी दुखाता है, जिससे पूर्वा नायिका खण्डिता भी कहलाती है। यह नायक की धृष्टता हुई। परन्तु सहृदय नायक पूर्वा नायिका के साथ सहानुभूति रखता है; उसके सपत्नी जात दुःख को समझता है और उससे पूर्ववत् प्रेम रखता है। रत्नावली नाटिका का नायक वत्सराज उदयन पहले अनुकूल नायक था, क्योंकि इसका प्रेम वासवदत्ता में ही केन्द्रीकृत था। फिर जब वह सागरिका के प्रेम-पाश में फँसता है और उसके साथ विवाह कर लेता है तब वह ज्येष्ठा वासवदत्ता पर भी कनिष्ठा सागरिकता के ही समान प्रेम रखने के कारण, दक्षिण नायक हो जाता है। विवाह के पूर्व जब तक उसका प्रेम स्वयं वासवदत्ता पर प्रकट नहीं हुआ उदयन ने उसे छिपाया, जिसके कारण उतने समय तक के लिए उसे शठ नायक मानना चाहिए। परन्तु धनिक के अनुसार यह शाठ्य नहीं है, क्योंकि उदयन ने वासवदत्ता की प्रसन्नता का सदैव ध्यान रखा। इसी प्रकार वासवदत्ता से सागरिका के प्रति अपने मुख से अपना प्रेम प्रकट करने के कारण वह धृष्ट भी नहीं कहा जा सकता। कारण वही बतलाया गया है जो ऊपर शठता के विरुद्ध दिया गया है—अर्थात् नवीन प्रेम पुराने प्रेम का विरोधी होकर नहीं आया है। नायिका के अंत तक उदयन के दाक्षिण्य नहीं छोड़ा।

नायक की प्रिया पत्नी को नायिका कहते हैं। आधुनिक (पाश्चात्य) नाट्यशास्त्र में यह आवश्यक नहीं कि नायक की प्रिया या पत्नी ही नायिका हो। स्त्रियों में से जिसका नाटकीय कथा-प्रवाह में प्रधान भाग हो वही पाश्चात्यों के अनुसार नायिका होती है चाहे वह नायक की प्रिया हो या कोई और। परन्तु भारतीय नाट्य-शास्त्र में नायक की प्रिया ही नायिका कहलाती है। नायक के सामान्य गुण नायिका में भी होने चाहिए। नाट्याचार्य भरत ने अपने नाट्यशास्त्र में नायिकाओं के चार भेद गिनाये हैं—दिव्या, नृपतिनी, कुल-स्त्री और गणिका। परन्तु आगे चलकर ये भेद उतने मान्य नहीं हुए। अन्य शास्त्रकारों ने इस विषय का विवेचन और ही प्रकार से किया है। सर्वमान्य विवेचन नायिका के स्वकीया, परकीया और सामान्या इन तीनों भेदों से आरंभ होता है। धनंजय ने भी अपने दशरूपक में इसी का अनुसरण किया है। स्वकीया अपनी और परकीया परायी होती है, तथा सामान्या किसी की स्त्री नहीं होती। सामान्या का दूसरा नाम गणिका या वेश्या भी है।

इनके उपभेद इस सारिणी से विदित हो जायँगे—

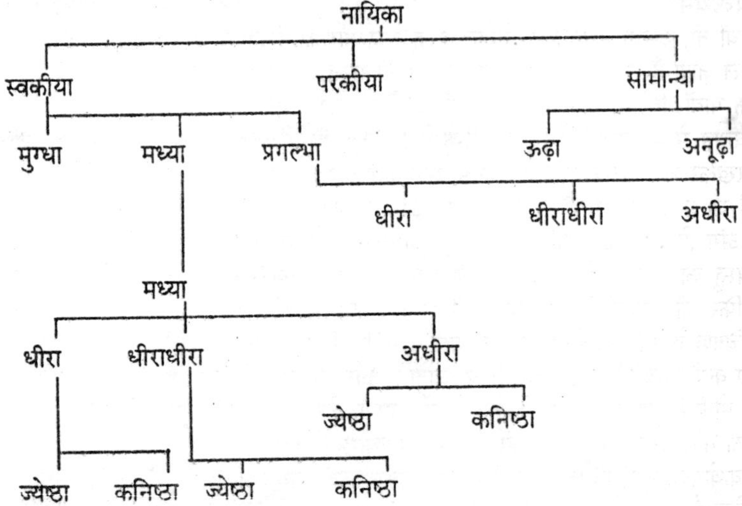

इनके अतिरिक्त नायिका के व्यवहार और दशा-भेद के अनुसार नीचे लिखे आठ भेद और होते हैं—(1)स्वाधीनपतिका, (2) वासकसज्जा, (3) विरहोत्कंठिका, (4) खंडिता, (5) कलहांतरिका, (6) विप्रलब्धा, (7)प्रोषितपतिका और (8) अभिसारिका।

नायिका की ये आठों अवस्थाएँ एक दूसरे से भिन्न होती हैं। उनमें आपस में कोई अंतर्भाव नही होता। समय-समय पर एक ही नायिका की प्रत्येक अवस्था हो सकती है, परन्तु दो अवस्थाएँ एक साथ नहीं आ सकती। स्वाधीनपतिका वासकसज्जा नहीं हैं क्योंकि वासकसज्जा का पति उसके पास नहीं रहता। जिसका पति घर आनेवाला हो (वासकसज्जा), उसे यदि स्वाधीनपतिका मानें तो प्रोषितपतिका को भी स्वधीनपतिका मानना पड़ेगा, जिसकी असंगता स्पष्ट है। प्रिय के समीप होने से वह विरहोत्कंठिता, कलहांतरिका या विप्रलब्धा नहीं है। अपने पति का कोई भी अपराध नहीं जानती, इससे खंडिता नहीं है। भोगेच्छा और रति में प्रवृत्त होने के कारण वह प्रोषितपतिका भी नहीं है। स्वयं पति के पास जाने अथवा पति को अपने पास बुलाने की उसे आवश्यकता नहीं होती, इससे वह अभिसारिका भी नहीं है। इसी प्रकार विरहोत्कंठिता भी औरों से भिन्न है। पति के आने की अवधि के बीत जाने के कारण वह वासकसज्जा नहीं है। विप्रलब्धा का पति आने की प्रतिज्ञा करके भी धोखा देने के विचार से नहीं आता इसलिए वह विरहोत्कंठिता और वासकसज्जा से भिन्न है। कलहांतरिका को अपने पति का अपराध ज्ञात रहता है, पर वह खंडिता से भिन्न हैं; क्योंकि उसका प्रिय अनुनय करता है जिसे स्वीकार न करके वह पश्चात्ताप करती है। इस प्रकार धनिक ने अवस्थाओं के अनुसार इस विभाग की संगति दिखायी है।

परकीया की, चारे वह ऊढ़ा हो या अनूढ़ा, इन आठ अवस्थाओं में से केवल तीन अवस्थाएँ हो सकती हैं। संकेत स्थान को चलने से पहले वह विरहोत्कंठिता होती है। विदूषक दूती आदि के साथ संकेत-स्थान पर जाने से वह अभिसारिका होती है, और कदाचित् यदि उसका प्रिय संकेत-स्थान पर न आया तो वह विप्रलब्धा हो जाती है। शेष पाँच अवस्थाएँ परकीया की नहीं हो सकतीं।

इस प्रकार हमारे आचार्यों ने अपनी सूक्ष्मदर्शिता के कारण इस विषय को बहुत विस्तार दिया है। पर यूरोप में केवल भाव को मूल बताकर नायक और नायिका का विवेचन किया गया

है। उनके भेद-उपभेद नहीं किये गये हैं।

कथोपकथन

यों तो, अच्छे नाटकों में, केवल वस्तु और पात्र से ही नाटक की मुख्य-मुख्य बातों का पता चल जाता है, पर कथोपकथन से हमें उसकी सूक्ष्म बातें समझने में भी सहायता मिलती है। पात्रों के भावों, विचारों और प्रवृत्तियों आदि के विकास और विरोध आदि का बहुत कुछ पता हमें कथोपकथन से भी चलता है। कुछ नाटक ऐसे होते हैं जिनमें मनोविज्ञान के सिद्धांतों का विशेष ध्यान रखकर चरित्र-चित्रण किया गया है और कथावस्तु का सम्बन्ध कुछ ऐसी बातों के साथ भी होता है जो प्रत्यक्ष अभिनय में नहीं आतीं। उस अवस्था में कथोपकथन मानों अभिनय का एक प्रधान अंग हो जाता है। ऐसे नाटकों में कथोपकथन का महत्त्व और भी बढ़ जाता है क्योंकि कथा-वस्तु का सारा विकास और उसकी व्याख्या उस कथोपकथन पर ही अवलंबित रहती है। परन्तु फिर भी साधारणतः उपन्यास की भाँति नाटक में भी कथोपकथन का प्रत्यक्ष सम्बन्ध चरित्र-चित्रण के साथ ही है। प्रायः उपन्यास में भी किसी विषय की व्याख्या या स्पष्टीकरण आदि के लिए कथोपकथन का ही सहारा लिया जाता है और लेखक की टीका-टिप्पणी अपेक्षाकृत कुछ कम ही होती है। पर नाटकों में तो लेखक को अपनी ओर से कुछ कहने या टीका-टिप्पणी आदि करने का कोई अधिकार ही नहीं होता; इसलिए व्याख्या या टीका-टिप्पणी आदि का सारा काम केवल कथोपकथन से ही लिया जाता है। इस प्रकार कथोपकथन भी चरित्र-चित्रण का एक साधन सिद्ध होता है।

कथोपकथन के प्रकार

कथोपकथन के द्वारा दो प्रकार से चरित्र-चित्रण होता है। एक तो कुछ पात्रों के आपस के कथोपकथन से उनके चरित्र का परिचय मिलता है और दूसरे जब कोई पात्र किसी दूसरे पात्र का कोई उल्लेख या वर्णन करता है उस उल्लेख या वर्णन से भी उस दूसरे पात्र के चरित्र का ज्ञान होता है। साधारणतः किसी पात्र की बातचीत से ही उसके चरित्र और आचरण आदि का बहुत कुछ पता लग जाता है। जो नाटककार मनोविज्ञान के सिद्धान्त के आधार पर ही अपने नाटकों की रचना या पात्रों का चरित्र-चित्रण करते हैं, उनका मुख्य आधार प्रायः कथोपकथन ही हुआ करता है। कुछ दर्शक ऐसे होते हैं जो विस्तृत कथोपकथन से जल्दी घबरा जाते हैं और जो यह चाहते हैं कि एक के पीछे एक घटनाएँ ही होती चली जायँ, ऐसे लोगों को इस बात का ध्यान रखना चाहिए कि कुछ विशेष प्रकार के अच्छे नाटकों में केवल चरित्र-चित्रण के लिए ही कथोपकथन का विस्तार किया जाता है। पर यहाँ, यह विस्तार तभी तक क्षम्य है जब तक वह अस्वाभाविक न हो और चरित्र-चित्रण में सहायक होता रहे। यदि किसी पात्र से स्वयं उसी के सम्बन्ध में कोई बात कहलानी हो तो वह उससे अनजान में, सहज में, प्रसंग लाकर और एक ढंग से कहलानी चाहिए जिसमें वह अस्वाभाविक न जान पड़े। कभी-कभी ऐसा भी होता है कि आरम्भ में हमें किसी पात्र के भावों; उद्देश्यों या विचारों आदि का कुछ भी वास्तविक ज्ञान नहीं होता और कुछ दूर आगे बढ़ने पर धीरे-धीरे अथवा अचानक हमें उसके विचारों और भावों आदि का पता लग जाता है। आरम्भ में तो हम किसी पात्र को बहुत ही साधु और सच्चरित्र समझते हैं, पर आगे चलकर हमें पता चलता है कि वह बड़ा भारी धूर्त और ढोंगी है। उस दशा में हमारा ध्यान फिर उसकी सारी पिछली बातों की ओर जाता है और हम आदि से अंत तक की उसकी सब बातों का मिलान करते हैं। पर अच्छे नाटककार, कुछ विशेष अवसरों को छोड़कर साधारणतः इसी बात का उद्योग करते हैं कि प्रधान पात्रों के जिन मुख्य गुणों पर कथावस्तु आश्रित रहती है, उनके गुणों का दर्शकों को जहाँ तक हो सके, शीघ्र और स्पष्ट ज्ञान हो जाय। यदि नाटककार अपने किसी पात्र का कोई विशेष गुण वा स्वभाव आरम्भ में गुप्त रखना चाहता

हो और फिर सहसा उसे प्रकट करके दर्शकों को चकित करना चाहे, तो अपने इस उद्देश्य की सिद्धि के लिये उसे आरम्भ से ही ऐसी व्यवस्था करनी चाहिए जिसमें पात्र का वास्तविक स्वरूप प्रकट होने पर दर्शकों को आश्चर्य के साथ अपूर्व आनन्द भी हो और वे समझ लें कि इस पात्र में यह परिवर्तन, इसकी अमुक-अमुक बातों को देखते हुए, इसके स्वभाव और आचरण आदि के अनुरूप ही हुआ है।

किसी पात्र का अधिकांश चरित्र-चित्रण प्रायः उसी की बातचीत से होना चाहिए; और आवश्यकता पड़ने पर उसे और अधिक स्पष्ट करने के लिए दूसरों के मुँह से भी उसके सम्बन्ध में कुछ कहला देना चाहिए। उनमें का कोई वाक्य परस्पर विरोधी नहीं होना चाहिए और सभी कथनों से प्रायः एक अभिप्राय निकलना चाहिए। हाँ, किसी पात्र के विरोधी या शत्रु के मुँह से और प्रकार की बातें अवश्य कहलायी जाती हैं। उदाहरणार्थ, यदि शिवाजी के सम्बन्ध का कोई नाटक हो तो उसमें चाहे औरंगजेब और उसके कुछ साथियों के मुँह से शिवाजी के सम्बन्ध में भले ही कुछ उलटी-सीधी बातें कहलायी जा सकती हैं, पर शेष अधिकांश पात्रों के मुँह से ऐसी ही बातें कहलानी चाहिए जिनसे शिवाजी के वास्तविक चरित्र-चित्रण में ही सहायता मिलती हो और जो बातें आपस में एक-दूसरे का समर्थन और पुष्टि करती हों।

स्वगत कथन

हमारे यहाँ के प्राचीन आचार्यों ने कथोपकथन या दृश्य वस्तु के तीन भाग किये हैं—नियत श्राव्य, सर्वश्राव्य और अश्राव्य। जिस समय रंगमंच पर कई पात्र होते हैं, उस समय यदि उनमें से कोई पात्र बाकी पात्रों से छिपाकर केवल कुछ नियत पात्रों से ही कुछ कहता है तो उसे नियत श्राव्य कहते हैं, और यदि वह सभी पात्रों को सुनाने के लिए कोई बात कहता है, तो उसके कथन को सर्वश्राव्य कहते हैं। पर कभी-कभी ऐसा भी होता है कि वह इस प्रकार कोई बात कहता है मानों वह किसी को सुनाना नहीं चाहता और न कोई उसकी बात सुनता ही है, ऐसे कथन को अश्राव्य, स्वगत या आत्मगत कहते हैं। हम ऊपर जिस कथन का उल्लेख कर आये हैं, वह नियत श्राव्य और सर्वश्राव्य दोनों के अंतर्गत आ सकता है। पर हम अश्राव्य या स्वगत के सम्बन्ध में कुछ कहना चाहते हैं। जिस अवसर पर उपन्यास-लेखक स्वयं अपनी ओर से प्रत्यक्ष टीका-टिप्पणी करता है, उस अवसर पर नाटककार इस अश्राव्य या स्वगत कथन से काम लेता है। कथन के इस प्रकार का उद्देश्य बहुत ही स्पष्ट है। इस कथन-प्रकार के द्वारा नाटककार हमें उस पात्र के उन आंतरिक और गूढ़ विचारों आदि से परिचित कराता है जिन्हें वह साधारण कथोपकथन में प्रकट नहीं कर सकता। कभी-कभी किसी पात्र के आचरणों को समझने के लिए हमें उसके आंतरिक भावों और विचारों से भी परिचित होने की आवश्यकता पड़ती है। उपन्यास-लेखक तो स्वयं अपनी ओर से लिखकर भी हमें उन आंतरिक भावों और विचारों से परिचित करा सकता है, पर नाटककार को ऐसे अवसर पर इसी स्वगत कथन की शरण लेनी पड़ती है। स्वगत कथन के समय पात्र मानों अपने मन में कोई बात सोचता है, और जो कुछ सोचता है, वही अपने मुँह से इस प्रकार कह चलता है मानो और कोई उसकी बातें सुनता ही नहीं। पर वह बोलता कुछ जोर से है, इसलिए दर्शक उसकी सब बातें सुन लेते और उसके आंतरिक भावों और विचारों से अवगत हो जाते हैं। यह ठीक है कि किसी मनुष्य का आप ही आप बड़बड़ाना या अपने आपसे बातें करने की आवश्यकता पड़ती है। यदि कोई दुष्ट पात्र कोई भारी दुष्टता का काम करना चाहता है और वह किसी दूसरे पात्र को अपने विचारों से अवगत नहीं करना चाहता, तो उस दशा में इस स्वगत कथन के अतिरिक्त और कोई ऐसा उपाय ही नहीं रह जाता, जिससे सहज में और तत्काल दर्शकों को उसके दुष्ट विचारों का पता लग सके। स्वगत कथन में पात्र मानों अपने मन में ही कोई बात सोचता या कोई बाँधनू बाँधता है, किसी बात का ऊँच-नीच और

भला-बुरा सोचता या इसी प्रकार का और कोई कृत्य करता है। पर जो कुछ वह मन में सोचता या समझता है, वह मानों आपसे आप उसके मुँह से निकलना चाहता है। यदि उसके वे विचार नाटक के किसी दूसरे पात्र पर प्रकट हो जायँ तो संभव है कि उसका उद्देश्य सिद्ध न हो या उसके सारे मंसूबे मिट्टी में मिल जायँ। इसलिए ऐसा कथन नाटक के दूसरे पात्रों के लिए सर्वथा अश्राव्य होता है। वास्तव में चाहे वे उसका कथन सुनते भी हों, पर उनके लिए वह रहता अनसुना ही है। दर्शकों का नाटक की कथावस्तु से कोई प्रत्यक्ष सम्बन्ध नहीं होता, इसलिए लेखक इस कथन-प्रकार के द्वारा दर्शकों पर उसके गुप्त भाव और विचार आदि प्रकट कर देता है। परन्तु लेखक को, जहाँ तक हो सके, इस स्वगत कथन से बहुत ही थोड़ी सहायता लेनी चाहिए और जो भाव या विचार आदि नियत श्राव्य का सर्वश्राव्य कथन के द्वारा अच्छी तरह प्रकट किये जा सकते हों, उनके लिए कभी स्वगत कथन का सहारा न लेना चाहिए। पाश्चात्य देशों के आधुनिक साहित्यवेत्ता इस कथन-प्रकार को पुराना और अनुचित समझने लगे हैं; और इसे बचाने के लिए कुछ नाटककार आवश्यकता पड़ने पर एक नयी युक्ति से काम लेने लगे हैं। वे केवल इसीलिए एक ऐसे नये पात्र का प्रवेश और बढ़ा देते हैं जो स्वगत कथन करनेवाले पात्र का विश्वासभाजन होता है। उस दशा में उस पात्र के स्वगत कथन की कोई आवश्यकता नहीं रह जाती और वह अपने सब आंतरिक भाव उसी विश्वसनीय व्यक्ति पर प्रकट कर देता है।

आकाशभाषित

इसके अतिरिक्त हमारे यहाँ एक और प्रकार का कथन होता है जो पाश्चात्य देशों के नाटकों में नहीं होता। इसे आकाश-भाषित कहते हैं। इसमें पात्र ऐसा नाट्य करता है और मानों उससे कोई कुछ पूछ रहा है; और तब वह उसका उत्तर देता है। कभी-कभी यह कथन-प्रकार बहुत उपयोगी और रोचक होता है और उससे दृश्य का सौंदर्य बढ़ जाता है। उदाहरणार्थ, सत्य हरिश्चन्द्र नाटक में जब राजा हरिश्चन्द्र बिकने के लिए काशी की गलियों में घूमते हैं और कहते फिरते हैं कि कोई हमें मोल ले ले, तब बीच में ऊपर की ओर देखकर मानों किसी के प्रश्न के उत्तर में कहते हैं—"क्या कहा? तुम क्यों ऐसा दुष्कर कर्म करते हो? आर्य यह मत पूछो। यह सब कर्म की गति है।" (फिर ऊपर देखकर) "क्या कहा? तुम क्या कर सकते हो; क्या समझते हो और किस तरह रहोगे? इसका क्या पूछना है। स्वामी जो कहेगा, वह करेंगे; समझते सब कुछ हैं, पर इस अवसर पर समझना काम नहीं आता; और जैसे स्वामी रखेगा वैसे रहेंगे। जब अपने को बेच ही दिया, तब इसका क्या विचार है।" (फिर ऊपर देखकर) "क्या कहा? कुछ दाम कम करो। आर्य, हम लोग क्षत्रिय हैं। हम दो बातें कहाँ से जानें। जो कुछ ठीक था, वह कह दिया।" इसी प्रकार मुद्राराक्षस में दूसरे अंक के आरम्भ में मदारी आते ही कहता है—(आकाश में देखकर) "महाराज, क्या कहा? तू कौन है? महाराज, मैं जीर्णविष नामक सँपेरा हूँ।" (फिर आकाश की ओर देखकर) "क्या कहा कि मैं साँप का मन्त्र जानता हूँ; खेलूँगा? तो आप क्या काम करते हैं, यह तो कहिए?" (फिर आकाश की ओर देखकर) क्या कहा, मैं राजसेवक हूँ? तो आप तो साँप के साथ खेलते ही हैं। (फिर ऊपर देखकर) "क्या कहा, जैसे मंत्र और जड़ी बिन मदारी और अंकुश बिन मतवाले हाथी का हाथीवान, वैसे ही नये अधिकार के संग्राम-विजयी राजा के सेवक ये तीनों अवश्य नष्ट होते हैं।"

संकलन-त्रय

कथोपकथन के उपरांत हमारे क्रम में देश-काल का स्थान आता है। यों तो उपन्यास में देश-काल के सम्बन्ध में जिन बातों का विचार रखना पड़ता है, प्रायः उन सभी बातों का विचार नाटक के देश-काल में भी रखना पड़ता है; पर देश-काल का विवेचन करते हुए हमें प्रसंगवश नाटक के संकलन-त्रय पर विचार करना आवश्यक जान पड़ता है। यह संकलन काल और देश

के अतिरिक्त वस्तु के सम्बन्ध में भी होता है। इनको वस्तु-संकलन, काम-संकलन और देश या स्थल-संकलन भी कहते हैं। यद्यपि ये तीनों संकलन प्राचीन यूनानी नाटकों के मुख्य अंग थे और अब प्रायः फ्रांसीसी नाटकों को छोड़कर और कहीं देखने में नहीं आते, तथापि इनपर भी कुछ विचार करना आवश्यक जान पड़ता है। प्रायः आक्षेप किया जाता है कि भारतीय नाटकों में संकलन-त्रय का कुछ भी ध्यान नहीं रखा जाता। अतः यहाँ पर हम दिखलाने का उद्योग करेंगे कि यह संकलन-त्रय किस सीमा तक आवश्यक है और उसके उपरांत कहाँ से अनावश्यक और निरर्थक हो जाता है। इस विवेचन से यह भी सिद्ध हो जायगा कि आगे के नाटकों में इस संकलन-त्रय का कितना और कैसा विचार रखना चाहिए। प्राचीन यूनानी आचार्यों ने यह सिद्धान्त स्थिर किया था कि आदि से अन्त तक सारा अभिनय किसी एक ही कृत्य के सम्बन्ध में होना चाहिए, किसी एक ही स्थान का होना चाहिए और एक ही दिन का होना चाहिए। अर्थात् एक दिन में एक स्थान पर जो कुछ कृत्य हुए हों, उन्हीं का अभिनय एक बार में होना चाहिए। नाटक-रचना का यह नियम यूनान से इटली में और इटली से फ्रांस में गया था, जहाँ बहुत दिनों तक इसका पालन होता रहा। पर थोड़ा सा विचार करने से ही हमें इस बात का पता चल जाता है कि संकलन सम्बन्धी यह नियम कितना भद्दा और कला की दृष्टि से कितना दूषित है। संकलन का यह नियम आज से दो हजार वर्ष पहले के यूनानियों को भले ही अच्छा लगता रहा हो, पर आजकल यदि इस नियम के अनुसार नाटक रचे और खेले जायँ तो उनको कोई पूछे भी नहीं। हम यह नहीं कहते कि नाटक में संकलन का ध्यान अवश्य रखना चाहिए, पर उसके कारण कला के सौन्दर्य और उसकी उपयोगिता का नाश नहीं होना चाहिए। इसी बात का ध्यान रखकर शेक्सपियर ने संकलन-त्रय के इस नियम का मनमाना उल्लंघन किया था। उसके नाटकों में से प्रायः सभी में अनेक स्थानों और अनेक वर्षों की घटनाएँ आ जाती हैं। प्राचीन काल के यूनानी नाटक बहुत ही सादे होते थे और उनमें बहुधा तीन या पाँच ही पात्र हुआ करते थे। उन नाटकों में इन नियमों का पालन सहज में हो सकता था। पर आजकल के नाटकों और रंगशालाओं की अवस्था उस समय के नाटकों को रंगशालाओं से बिल्कुल भिन्न है, इसीलिए इन नियमों के तद्वत् पालन की अब आवश्यकता नहीं रहती है; और न अच्छे ऐतिहासिक, सामाजिक अथवा राजनीतिक नाटकों में इन नियमों का पालन संभव ही है। इन नियमों के पालन से लेखक की अपनी पूरी सामग्री का उपयोग करने का अवसर नहीं मिलता और उसकी तृप्ति में अस्वाभाविकता आदि दोष आ जाते हैं। हाँ, नाटककार को अपनी रचना में इस बात का ध्यान अवश्य रखना चाहिए कि कथा का निर्वाह आदि से अन्त तक बिल्कुल समान हो, आदि से अन्त तक एक ही मुख्य कथावस्तु और एक ही मुख्य सिद्धान्त हो। कुछ गौण कथा-वस्तुएँ और सिद्धान्त भी उसमें समाविष्ट हो सकते हैं, पर उनका समावेश ऐसे ढंग से होना चाहिए जिसमें मूल कथावस्तु या सिद्धान्त के साथ उनका ओत-प्रोत सम्बन्ध स्थापित हो जाय और वे कहीं से अलग या उखड़े हुए न जान पड़ें। इसे ही हमारे यहाँ प्रासंगिक कथा-वस्तु कहा गया है। प्रायः पारसी नाटक-मंडलियों के उर्दू नाटकों में यह बड़ा भारी दोष देखने में आता है कि वे मूल कथावस्तु में हास्य-रस-प्रधान एक और ऐसी कथावस्तु जोड़ देते हैं जिसका मूल कथावस्तु के साथ वास्तव में कुछ भी सम्बन्ध नहीं होता और जो आदि से अन्त तक बिल्कुल अलग रहती है। गौण या प्रासंगिक कथावस्तु के कारण मूल या आधिकारिक कथावस्तु में कभी बांधा न पड़ने देनी चाहिए, क्योंकि प्रासंगिक कथावस्तु का उद्देश्य आधिकारिक कथावस्तु की सौन्दर्य-वृद्धि ही है। प्रासंगिक कथावस्तु का इतना विस्तार न होना चाहिए कि उसके आगे मूल या आधिकारिक कथावस्तु दब जाय और प्रासंगिक कथावस्तु ही आधिकारिक कथावस्तु जान पड़ने लगे।

काल-संकलन

वस्तु के संकलन के उपरान्त काल या समय का संकलन आता है। काल-संकलन का यदि बिलकुल ठीक-ठीक अर्थ लिया जाय तो यही सिद्धान्त निकलता है कि जो कृत्य वास्तव में जितने समय हुआ हो, उसका अभिनय भी उतने ही समय में होना चाहिए। इस नियम का अपने वास्तविक अर्थ में पालन प्राचीन यूनानियों के नाटकों को ही शोभा देता होगा, पर और कभी या कहीं यह अभीष्ट नहीं हो सकता। प्राचीन यूनानी नाटक दिन-दिन और रात-रात भर होते रहते थे, इसलिए यूनान के सुप्रसिद्ध तत्त्ववेत्ता अरस्तू ने यह नियम बना दिया था कि एक दिन और रात अर्थात् चौबीस घंटों में जो-जो कृत्य हुए अथवा हो सकते हों, उन्हीं का समावेश एक अभिनय में होना चाहिए। पीछे से एक फ्रांसीसी नाटककार ने यह नियम बना दिया कि चौबीस नहीं बल्कि तीस घंटों में जो-जो कृत्य हो सकते अथवा हुए हों, उन्हीं का समावेश एक नाटक में होना चाहिए। पर साधारणतः नाटक प्रायः तीन-चार घंटों में ही पूरे हो जाते हैं, इसलिए यदि चौबीस या तीस घंटों का काम तीन-चार घंटों में दिखलाया जाय, तो उसे भी काल-संकलन नहीं कह सकते। और यदि तीन-चार घंटों के अंदर चौबीस या तीस घंटों के कृत्य दिखलाने में काल-संकलन का पालन हो सकता है तो फिर सार-छः महीने का कृत्य दिखलाने में वह क्यों बाधक होता है? इससे सिद्ध है कि संकलन का यह नियम यूनानी नाटकों की बिल्कुल आरंभिक अवस्था में बना था और पीछे से उन लोगों ने बिना समझे-बूझे उसका पालन किया था। पर अब प्रश्न यह होता है कि नाटक-रचना में काल या समय के संकलन का कहाँ तक और किस रूप में ध्यान रखना चाहिए। हमारी समझ में नाटक की घटनाएँ चाहे एक दिन की हों, चाहे एक सप्ताह की हों; चाहे एक मास की हों, चाहे एक वर्ष की हों और चाहे इससे भी अधिक समय की हों काल-संकलन को उसमें कभी बाधक न होना चाहिए। यदि काल-संकलन का यूनानी या फ्रांसीसी अर्थ लिया जाय तो फिर आजकल की दृष्टि से किसी अच्छे नाटक की रचना हो ही नहीं सकती। हाँ, इस बात का ध्यान अवश्य रखना चाहिए कि पहले होनेवाली घटनाओं का उल्लेख पीछे होनेवाली घटनाओं या दृश्यों के पीछे न हो। दूसरी बात यह है कि दो घटनाओं के बीच में जो समय वास्तव में बीता हो, उसपर दर्शकों का ध्यान न जाने पावे। मान लीजिए कि पहले अंक के पहले दृश्य में जो घटना दिखलायी गयी है, नाटककार उसके दो-चार महीने पीछे की कोई घटना दिखलाना चाहता है। उस दशा में उसे वह पिछली घटना तुरंत दूसरे ही दृश्य में न दिखलानी चाहिए, बल्कि बीच में दो-एक और दृश्य रखकर जब दिखलानी चाहिए और इन दोनों घटनाओं या दृश्यों के बीच में या तो बीच की कुछ घटनाएँ दिखलानी चाहिए या और कोई प्रासंगिक कथावस्तु या रखनी चाहिए। यदि ऐसा न किया जायगा तो पहले दृश्य में आज की और दूसरे दृश्य में आज से चार या छः महीने पीछे की घटना देखकर साधारण दर्शकों के मन में भी स्वभावतः यह प्रश्न उठेगा कि इतनी जल्दी यह समय कैसे बीत गया, अथवा इस बीच की और सब घटनाएँ क्या हुईं। पर यदि उन दोनों दृश्यों के बीच में दो-एक और दृश्य रख दिये जायँगे तो फिर दोनों घटनाओं के बीच के समय की ओर दर्शकों का ध्यान बिलकुल न जायगा और उनको घटना या वस्तु के विकास में कोई अस्वाभाविकता न मिलेगी। तीसरी बात यह है कि साधारणतः नाटकों में दो-चार वर्षों की घटनाएँ तो सहज में खप सकती हैं, पर इससे अधिक समय की घटनाएँ एक ही नाटक में दिखलाने के लिए रचना संबंधी विशेष कौशल और चातुर्य की आवश्यकता होती है। वह कौशल इसी बात में है कि बीच में बीतनेवाले समय पर दर्शकों का भी ध्यान न जाने पावे और न उनको यह बतलाने की आवश्यकता पड़े कि बीच में इतना समय बीता है। हमें स्मरण है कि एक बार एक पारसी नाटक में पहले अंक की समाप्ति के उपरान्त जब हम फिर दूसरा अंक देखने के लिए जाकर बैठे तो कथावस्तु का विकास हमारी समझ में कुछ

न आया और हम कुछ चकित-से हो गये। जब हमने कथावस्तु को ठीक समझने के लिए अपने एक मित्र से "खुलासा तमाशा" लिया, तब दूसरे अंक के आरंभ में हमने लिखा हुआ पाया— "चौदह बरस बाद की हालत"। अब जिस दर्शक के पास यह "खुलासा तमाशा" न हो उसकी समझ में कथावस्तु का विकास कैसे आ सकता है? इसलिए घटनाक्रम ऐसा न होना चाहिए जिसमें दर्शकों को यह बतलाने की आवश्यकता पड़े कि अमुक-अमुक घटनाओं के बीच मे इतने-इतने समय का अंतर है। वह अंतर तो बिना बतलाये आपसे आप दर्शकों की समझ में आ जाना चाहिए। और उनको यह कहने का अवसर न मिलना चाहिए कि काल-संकलन का नियम भंग हुआ। अर्थात् नाटककार को काल-संकलन का वही अर्थ लेना चाहिए जो साधारण दर्शक आदि लेते हैं। इसके अतिरिक्त नाटककार के लिए काल-संकलन का कोई नया अर्थ नहीं हो सकता है।

शकुंतला नाटक के पहले संकलन में राजा दुष्यंत की शकुंतला के साथ भेंट होती है। तीसरे अंक में पहले उनका मिलाप होता है और तब दोनों का विछोह होता है। इसके उपरांत बीच में जो समय बीत जाता है, उस पर हमारा विशेष ध्यान नहीं जाता और सातवें अंक में दुष्यंत अपने कुमार सर्वदमन को सिंह के बच्चों के साथ खेलता हुआ पाता है। फ्रांसीसी नाटककारों के लिए ऐसा नाटक बिलकुल हास्यास्पद होगा। पर वास्तव में इसमें हँसी की कोई बात नहीं है। दर्शक जिस समय नाटक देखने के लिए बैठते हैं, उस समय वे रस में निमग्न हो जाते हैं। पर साथ ही उन्हें इस बात का भी ध्यान रखना है कि हम अभिनय देख रहे हैं। जब एक अंक की समाप्ति पर दूसरा अंक आरंभ होता है, तब हम समझ लेते हैं कि नाटक की कथावस्तु का नया काल आरंभ हुआ है; क्योंकि नाटक के भिन्न-भिन्न अंकों में भिन्न-भिन्न समयों की बातों का अभिनय होता है। इसलिए हमें किसी प्रकार का आश्चर्य नहीं होता और हमें नाटक में केवल आनन्द ही आनन्द मिलता है।

शकुंतला के इस उदाहरण से सिद्ध होता है कि हमारे प्राचीन आर्य भी काल-संकलन का महत्त्व समझते और उसका ध्यान रखते थे। यही नहीं, बल्कि हमारे यहाँ काल-संकलन का कई दृष्टियों से और पूरा-पूरा ध्यान रखा जाता था। हमारे यहाँ रूपक के दस प्रकार माने गये हैं। उनमें छठा प्रकार व्यायोग है। नियम है कि व्यायोग एक ही अंक का होना चाहिए और उसमें एक ही दिन का चरित्र रखा जाना चाहिए। रूपक का सातवाँ प्रकार समवकार तीन अंकों का होना चाहिए। उसके पहले अंक में बारह घड़ियों का चरित्र या वृत्तान्त, दूसरे अंक में किसी के मत से चार घड़ियों का वृत्तांत या चरित्र होना चाहिए। इसी प्रकार उपरूपक या दुर्मल्लिका नामक जो पंद्रहवाँ प्रकार है, उसमें चार अंक होते हैं। पहले अंक में विट की क्रीड़ा तीन घड़ी की, दूसरे अंक में विदूषक का विलास पाँच घड़ी का, तीसरे अंक में पीठमर्द का विलास छः घड़ी का और चौथे अंक में नायक क्रीड़ा दस घड़ी की होनी चाहिए। इन नियमों में सिद्ध होता है कि भारतीय नाटकों में औरों की अपेक्षा काल-संकलन का ध्यान बहुत अधिक और अच्छे ढंग से रखा जाता था।

स्थल-संकलन

अब तीसरा संकलन स्थल या देश का है। यूनानियों के स्थल-संकलन का अर्थ यह है कि रंगशाला का दृश्य आदि से अंत तक एक ही रहना चाहिए। अर्थात् नाटक की रचना ऐसी होनी चाहिए जो एक ही स्थान में, एक ही दृश्य में दिखलायी जा सके। अभिनय के बीच रंगभूमि के दृश्य में इस नियम के अनुसार किसी प्रकार का परिवर्तन नहीं हो सकता। यूनानियों ने यह नियम इसलिए बनाया था कि उसके नाटकों के गानेवाले आदि से अंत तक रंगभूमि पर ही उपस्थित रहते थे और बीच-बीच में आवश्यकता पड़ने पर गाने लग जाते थे। उनमें अंक और गर्भांक

आदि तो होते ही न थे, इसलिए नाटक के बीच में कहीं विश्राम न होता था; जितनी देर तक गानेवाले गीत गाते रहते थे, उतनी देर तक दर्शकों के लिए एक प्रकार से विश्राम हो जाता था; पर रंगशाला में किसी प्रकार का परिवर्तन नहीं हो सकता था। इसके अतिरिक्त उनके नाटकों की रचना भी इतनी सादी और साधारण होती थी कि उन्हें स्थल के दृश्य में विशेष परिवर्तन की आवश्यकता ही न होती थी। और यदि किसी अच्छे नाटककार को कभी नाटक का सौंदर्य बढ़ाने के लिए दृश्य-परिवर्तन की आवश्यकता भी पड़ती थी, तो वह संकलनवाले इस नियम का पालन करने के लिए उसे बचा जाता था। नाटकों में अनेक ऐसे प्रयोग होते हैं जो उनके चुने हुए पात्रों के अतिरिक्त दूसरे पात्रों के सामने नहीं होने चाहिए। पर यूनानी नाटकों में ऐसे प्रयोग भी सभी पात्रों के सामने हुआ करते थे। यह व्यवस्था कला की दृष्टि से दूषित और साथ ही नाटक के तत्त्वों का ध्यान रखते हुए बहुत कुछ अस्वाभाविक थी, इसीलिए हमारे यहाँ उसका ग्रहण नहीं हुआ। इन्हीं सब बातों का विचार करते हुए अनेक विद्वानों का यह मत है कि यूनानियों या लैटिनों आदि की अपेक्षा हिन्दुओं की सृष्टि-सौंदर्य की कल्पना अधिक ललित और वर्णन अधिक सजीव होता है।

उद्देश्य

उपन्यासों और नाटकों की पाँचवीं तत्त्व शैली पर अलग विचार किया गया है, इसलिए दृश्य काव्य और गद्य-काव्य के विवेचन में उस पर विचार करने की आवश्यकता नहीं है। अतः अब हम नाटक के छठे तत्त्व उद्देश्य को लेते हैं। उपन्यास की भाँति नाटक के उद्देश्य से भी हमारा तात्पर्य जीवन की व्याख्या अथवा आलोचना से है। यहाँ हम पहले यह बतलाना चाहते हैं कि नाटकों के द्वारा जीवन की व्याख्या किस प्रकार होती है और तब नाटक के उद्देश्य के संबंध में दो-एक विशेष बातें बतलाने का उद्योग करेंगे।

उपन्यास-लेखक तो प्रत्यक्ष और अप्रत्यक्ष दोनों प्रकार से जीवन की व्याख्या करता है, पर नाटककार केवल प्रत्यक्ष रूप से ही यह काम कर सकता है। एक विद्वान् का मत है कि उपन्यास जीवन की सबसे अधिक विस्तृत व्याख्या है। इसके विपरीत नाटक का यह क्षेत्र बहुत ही संकुचित है; क्योंकि इसमें नाटककार को स्वयं कुछ कहने का अधिकार नहीं होता। उपन्यासकार तो जीवन की व्याख्या करने का सब काम स्वयं करता है, पर नाटक में जीवन की व्याख्या समझने का सारा भार पाठकों या दर्शकों के ऊपर आ पड़ता है। नाटक में नाटककार स्वयं कभी हमारे सामने नहीं आता, बल्कि किसी न किसी पात्र के रूप में आता है और उस दशा में दर्शकों को ही उसका अभिप्राय और उद्देश्य समझना पड़ता है। कोई पात्र जितनी बातें कहता या जितने विचार प्रकट करता है उन सबके लिए नाटककार ही उत्तरदायी माना जाता है। इसलिए नाटक के समस्त पात्रों के कथनों का आपस में मिलान करके और उनका ठीक-ठाक अभिप्राय समझकर नाटक के उद्देश्य का निर्णय किया जाता है। यदि हम किसी एक ही पात्र के किसी एक ही कथन को लेकर यह बतलाना चाहें कि अमुक नाटक का उद्देश्य यह है, तो बहुत संभव है कि हमारा निश्चित किया हुआ सिद्धान्त भ्रमपूर्ण सिद्ध हो। पर हाँ, किसी-किसी पात्र के उद्‌गार ऐसे आवश्यक होते हैं जो वास्तव में नाटककार के हृदय से ही निकले हुए होते हैं। बस ऐसे ही उद्‌गारों को चुनकर हमें किसी नाटक का उद्देश्य स्थिर करना चाहिए। नाटक के जिन पात्रों के साथ हमारी सहानुभूति हो, उनके उद्‌गारों की तुलना ऐसे पात्रों के उद्‌गार के साथ करनी चाहिए जिनके साथ हमारी सहानुभूति न हो; और तब फिर हमें नाटक का उद्देश्य स्थिर करने में कोई कठिनता न होगी। जिन पात्रों के साथ हमारी कुछ भी सहानुभूति नहीं होती, उनके उद्‌गार भी हमें कभी-कभी अप्रत्यक्ष रूप से नाटक का उद्देश्य और जीवन की व्याख्या समझने में सहायता देते हैं। इसीलिए हमने ऊपर कहा है कि हमें सारे नाटक पर एक साथ विचार करके नाटक का उद्देश्य या नैतिक

महत्त्व समझना चाहिए। रंगमंच पर हमे जो सृष्टि दिखाई देती है, उसका स्रष्टा नाटककार ही होता है; इसलिए उस सृष्टि में नाटककार के भावों, विचारों और आदर्शों आदि का होना बहुत ही स्वांभाविक और अनिवार्य है। उसकी रची हुई उसी सृष्टि से हमें इस बात का पता चलता है कि वह संसार को किस दृष्टि से देखता है, उसका क्या अर्थ समझता है और नैतिक आदर्शों को कहाँ तक महत्त्व देता है। जीवन का जो कुछ अर्थ उसकी समझ में आता है, वही अर्थ वह अपनी उस कृति के द्वारा लोगो को समझाने का प्रयत्न करता है। इसलिए नाटकों की सभी बातों का ठीक-ठीक विश्लेषण करके उसका उद्देश्य या अभिप्राय स्थिर किया जाता है। यहाँ प्रसंगवश हम यह भी कह देना चाहते हैं कि इस दृष्टि से भारत के प्राचीन नाटक बहुत उच्च कोटि के माने जाते हैं, क्योंकि उनमें सबसे अधिक जोर जीवन की व्याख्या पर ही दिया जाता है और सर्वश्रेष्ठ नैतिक आदर्श ही उपस्थित किये जाते हैं।

अँग्रेजी के सुप्रसिद्ध कवि शैली ने एक अवसर पर कहा है—''काव्य का समाज के कल्याण के साथ जो संबंध है, वह नाटक में सबसे अधिक स्पष्ट रूप में दिखाई देता है। इसमें किसी को आपत्ति नहीं हो सकती कि जो समाज जितना ही उन्नत होता है, उसकी रंगशाला भी उतनी ही उन्नत होती है। यदि किसी देश में किसी समय बहुत ही उच्च कोटि के नाटक रहे हों और पीछे से उन नाटकों का अन्त हो गया हो अथवां उनमें कुछ दोष आ गये हों, तो समझना चाहिए कि इसका कारण उस देश का उस समय का नैतिक पतन है।'' इस कथन के आधार पर यह भी कहा जा सकता है कि जिस प्रकार प्रदूषित नाटक किसी जाति के नैतिक पतन के सूचक होते हैं, उसी प्रकार अच्छे नाटक नैतिक उन्नति के सूचक होते हैं और यदि नाटक के आदर्श में उत्तरोत्तर उन्नति होती जाय तो समझना चाहिए कि देश की नैतिक उन्नति हो रही है। इससे सिद्ध है कि नाटकों का सबसे बड़ा उपयोग नैतिक उन्नति और सामाजिक कल्याण में होता है और नाटकों के इसी उपयोग को ध्यान में रखकर नाटक लिखे जाने चाहिए। आजकल के फ्रांसीसी नाटकों में विवाह, तलाक और हरामी लड़कों के पैतृक उत्तराधिकार संबंधी दृश्य और अभिनय ही अधिकता से देखने में आते हैं और इन नाटकों से ही इस बात का पता चल जाता है कि आजकल फ्रांसीसियों का कितना अधिक नैतिक पतन हो रहा है। जर्मन् नाटकों की भी प्रायः ऐसी ही दुर्दशा है। ये सब बातें देखकर वहाँ के देशहितैषी सज्जन बहुत दुखी हो रहे हैं, और ऐसे नाटकों के नाश पर बहुत जोर दे रहे हैं; क्योंकि वे जानते हैं कि यदि शीघ्र ही इस प्रकार के नाटकों और अभिनयों का अन्त न होगा तो देश नैतिक दृष्टि से रसातल को चला जायगा। अतः नाटक लिखते समय लेखकों को उनमें सदा उच्च आदर्शों और सामाजिक विचारों को स्थान देना चाहिए, जो देश और समाज कि उन्नति में पूर्ण रूप से सहायक हों। इसलिए हमारे यहाँ के प्राचीन आचार्यों ने कहा है कि धर्म और काम की सिद्धि ही नाटक की कथावस्तु के फल अथवा कार्य हैं; अर्थात् नाटकों से इन तीनों अथवा इनमें से किसी एक या दो की सिद्धि होना आवश्यक है। जिस नाटक में इनमें से किसी एक की भी सिद्धि न हो, वह नाटक ही निरर्थक है। धर्म, अर्थ अथवा काम की सिद्धि का अर्थ यह है कि मनुष्य की धार्मिकता और नीतिमत्ता बढ़े, उसमें उत्तमतापूर्वक जीवन-निर्वाह करने की योग्यता आवे और उसका आचरण सुधरे। भारतीय और यूरोपीय उद्देश्य में विभिन्नता का एक और कारण है—हमारा उद्देश्य आदर्श चरित्र उपस्थित करना और यूरोपवालों का वास्तविक स्थिति का परिचय देना है अर्थात् भारतीय यह दिखाना चाहते हैं कि जीवन कैसा होना चाहिए और यूरोपवाले यह दिखाना चाहते हैं कि जीवन कैसा है।

नाटक-रचना के सिद्धान्त

नाटकों का ठीक-ठीक विवेचन करने के लिए सबसे पहले यह समझना आवश्यक है कि नाटक के मूल सिद्धान्त क्या है। बहुधा आधुनिक नाटकीय कहानियों का मूल तत्त्व किसी न

किसी प्रकार का विरोध हुआ करता है। नाटक में दो विरोधी भाव, पक्ष, सिद्धान्त या दल आदि दिखलाये जाते हैं और उन्हीं दोनों के विरोध के साथ-साथ कथावस्तु का विकास होता चलता है। साधारण नाटकों में यह विरोध प्रायः व्यक्तिगत रूप में ही सामने आता है। किसी महात्मा और दुरात्मा या किसी सच्चे बीर और दुष्ट बलवान् का विरोध और अन्त में उस महात्मा या वीर आदि की विजय का दृश्य ही अधिकांश नाटकों में दिखाया जाता है। पर अच्छे नाटकों में यह विरोध और भी अनेक रूपों में दिखलाया जा सकता है। किसी वीर को अपने दुर्भाग्य अथवा विकट परिस्थितियों का सामना करना पड़ता है, और किसी विचारवान् को स्वयं अपने ही तामस भावों का दमन करना पड़ता है। तात्पर्य यह कि प्रायः किसी न किसी प्रकार का विरोध या विपरीतता ही नाटक का मूल आधार होती है। नाटक में जहाँ से यह विरोध या संघर्ष आरम्भ होता है मानो वहीं से मुख्य कथावस्तु का भी आरम्भ और जहाँ इस विरोध या संघर्ष का कोई परिणाम निकलता है, वहीं मानों कथावस्तु का अन्त हो जाता है। जब कथावस्तु का आरम्भ और अन्त निश्चित हो गया, तब हम सहज में कह सकते हैं कि इन दोनों स्थानों के मध्य में कथावस्तु का विकास किस ढंग से होता है। कथावस्तु के आरम्भ से ही जो संघर्ष या विरोध उत्पन्न होता है, वह पहले एक निश्चित सीमा तक बढ़ता जाता है और उस सीमा के उपरान्त किसी एक पक्ष या दल की जीत आरम्भ होने लगती है, और तब अन्त में सत् को असत् पर अथवा असत् को सत् पर विजय प्राप्त होती है। बीच में कभी-कभी अन्त में विजय पानेवाला दब भी सकता है, पर फिर भी उसकी विजय-प्राप्ति में कोई बाँधा नहीं पड़ती। इसलिए आधुनिक पाश्चात्य साहित्यकारों ने नाटक को पाँच भागों में विभक्त किया है। पहला आरम्भ, जिसमें विरोध उत्पन्न करनेवाली कुछ घटनाएँ होती हैं; दूसरा विकास, जिसमें विरोध और झगड़े बढ़ते हैं; तीसरा चरम सीमा जहाँ से किसी एक पक्ष की विजय का आरम्भ होता है और चौथा उतार या निगति जिसमें विजयी दल की विजय निश्चित हो जाती है; और पाँचवाँ अन्त या समाप्ति, जिसमें उस विरोध या झगड़े का अन्त हो जाता है। पर हमारे यहाँ के आचार्यों का मत इससे कुछ भिन्न है। विरोध और झगड़े आजकल की सभ्यता के परिणाम हैं; अथवा कम से कम इनका विकास और वृद्धि आजकल की सभ्यता में हुई है। प्राचीन भारत में भी विरोध और झगड़े थे पर वे इतने अधिक और प्रत्यक्ष नहीं थे कि रंगशालाओं पर उनके अभिनय की आवश्यकता होती। हमारे यहाँ के प्राचीन नाटक को केवल धर्म, अर्थ और काम की सिद्धि के उद्देश्य से रचे, खेले और देखे जाते थे। इसलिए हमारे यहाँ की कथावस्तु का विभाग भी कुछ और डी ढंग से किये गये हैं। हमारे यहाँ भी कथावस्तु के रूपक के आरम्भ, प्रयत्न, प्रप्त्याशा, नियताप्ति और फलागम ये पाँच ही विभाग किये गये हैं। इन पाँचों विभागों की ऊपर बतलाये हुए पाँचों विभागों के साथ तुलना की जा सकती है और दोनों में कुछ सामंजस्य भी स्थापित किया ज़ा सकता है। हमारे यहाँ के आचार्यों के अनुसार किसी प्रकार का फल प्राप्त करने की उत्कंठा होती है और उसी उत्कंठा से नाटक का आरम्भ होता है। उस फल की प्राप्ति के लिए जो व्यापार होता है, वह प्रयत्न कहलाता है। आगे चलकर उस फल की प्राप्ति की आशा होने लगती है जिसे प्राप्त्याशा कहते हैं। इसके उपरान्त विघ्नों का नाश हो जाता है और फल की प्राप्ति निश्चित हो जाती है, जिसे नियताप्ति कहते हैं; और सबके अन्त में फल-प्राप्ति होती है जो फलागम कहलाती है। इससे सिद्ध है कि हमारे यहाँ नाटकों में विरोध भाव को प्रधानता नहीं दी जाती थी और उनमें केवल उद्योग और सफलता का ही महत्त्व प्रतिपादित होता था। तो भी यदि विचारपूर्वक देखा जाय तो इन दोनों प्रकार के विभागों में, इस विरोधवाले तत्त्व को छोड़कर, और कोई विशेष अन्तर नहीं है। आरम्भ अथवा अन्त और फलागम के सम्बन्ध में तो कुछ कहना ही नहीं है। शेष बीच की तीनों अवस्थाओं में भी कोई विशेष अन्तर नहीं है। एक में झगड़े का विकास होता है; दूसरे में फलसिद्धि के लिए यत्न होता है; एक में

विजय का निश्चित आरम्भ होने लगता है और दूसरे में फल-प्राप्ति का; एक में विजय निश्चित होती है और दूसरे में फल-प्राप्ति। यदि दोनों में कोई मुख्य अन्तर है तो वह यह कि पाश्चात्य विद्वानों ने विरोध या संघर्ष को प्रधानता देकर अपने विषय की सीमा बहुत संकुचित कर दी है; और हमारे यहाँ के आचार्यों ने अपना क्षेत्र बहुत विस्तृत रखा है। हमारे विभाग और विवेचन के अन्तर्गत उनके विभाग और उनका विवेचन सहज में आ सकता है। पर उनके संकुचित विवेचन में हमारे विस्तृत विवेचन के लिए स्थान नहीं है।

अर्थ-प्रकृति

यह तो कार्य या व्यापार-शृंखला की जाँच अवस्थाएँ हुईं। इनके अतिरिक्त हमारे शास्त्रियों ने दो बातों पर विवेचन किया है—एक अर्थ-प्रकृति और दूसरी संधि। अर्थ-प्रकृति से तात्पर्य कथा-वस्तु को प्रधान फल की प्राप्ति की ओर अग्रसर करनेवाले चमत्कारयुक्त अंशों से है। इनके पाँच भेद किये गये हैं—बीज, बिन्दु, पताका, प्रकरी और कार्य। बीज मुख्य फल का हेतु वह कथाभाग है जो क्रमशः विकसित होता जाता है। बिन्दु वह बात है जो निमित्त बनकर समाप्त होनेवाली अवान्तर कथा को आगे बढ़ाती है और प्रधान कथा को अविच्छिन्न रखती है। पताका और प्रकरी का वर्णन पीछे हो चुका है। ये प्रासंगिक कथा के दो उपभेद हैं। एक में कथा बराबर चलती रहती है और दूसरे में वह थोड़े काल तक चलकर रुक या समाप्त हो जाती है। कार्य से तात्पर्य उस घटना से है जिसके लिए सब उपायों का आरम्भ किया जाय और जिसकी सिद्धि के लिए सामग्री इकट्ठी की गयी है। इस प्रकार ये पाँचों बातें वस्तुविन्यास से सम्बन्ध रखती हैं।

संधि

कथात्मक पूर्वोक्त पाँच अवस्थाओं के योग से अर्थ-प्रकृतियों के रूप में विस्तारी कथानक के पाँच अंश हो जाते हैं। एक ही प्रधान प्रयोजन के साधक उन कथानकों का मध्यवर्ती किसी एक प्रयोजन के साथ सम्बन्ध होने को संधि कहते हैं। ये भी पाँच होती हैं—(क) मुख-संधि—प्रारम्भ नामक अवस्था के साथ संयोग होने से जहाँ अनेक अर्थों और रसों के व्यंजक 'बीज' (अर्थ-प्रकृति) की उत्पत्ति हो वह 'मुख-संधि' है। पहले कहा जा चुका है कि व्यापार-शृंखला में 'प्रारम्भ' उस अवस्था का नाम है जिसमें फल की प्राप्ति के लिए औत्सुक्य होता है, और 'बीज' उस अर्थ-प्रकृति को कहते हैं जिसमें संकेत रूप से स्वार्थ-निर्दिष्ट कथाभाग मुख्य प्रयोजन की सिद्धि के लिए क्रमशः विस्तृत होता है। इसी प्रकार 'मुख-संधि' में ये दोनो बातें अर्थात् आरम्भ अवस्था और बीज अर्थ-प्रकृति का संयोग होकर अनेक अर्थ और रस व्यंजित होते हैं। अवस्थाएँ तो कार्य अर्थात् व्यापार शृंखला की भिन्न-भिन्न स्थितियों की द्योतक हैं; अर्थ-प्रकृतियाँ कथावस्तु के तत्त्वों की सूचक हैं, और संधियाँ नाटक-रचना के विभागों का निदर्शन करती हैं। तीनों बातें एक ही अर्थ की सिद्धि करती हैः पर तीनों के नामकरण और विवेचन तीन दृष्टियों से किये गये हैं—एक में कार्य का, दूसरे में वस्तु का और तीसरे में नाटक-रचना का ध्यान रखा गया है। (ख) प्रतिमुख-संधि—मुख-संधि में दिखलाये हुए बीज का, जिसमें कुछ लक्ष्य और अलक्ष्य रीति से उद्भेद हो, अर्थात् नाटकीय प्रधान फल का साधक इतिवृत्त कभी गुप्त और कभी स्पष्ट हो, उसे 'प्रतिमुख-संधि' कहते हैं। जैसे रत्नावली में वत्सराज और सागरिका के समागम के हेतु इन दोनों के पारस्परिक प्रेम को, जो प्रथम अंक में सूचित कर दिया गया था, सुसंगता और विदूषक ने जान लिया। यह तो उसका लक्ष्य होना हुआ। फिर वासवदत्ता ने चित्रवाली घटना से उसका अनुमान मात्र किया; इससे उसे कुछ अलक्ष्य भी कह सकते हैं। प्रतिमुख-संधि 'प्रयत्न' अवस्था और 'बिन्दु' अर्थप्रकृति के समान कार्य-शृंखला को अग्रसर करती है। प्रयत्न अवस्था में फलप्राप्ति के लिए शीघ्रता से उद्योग होता है; बिन्दु अर्थ-प्रकृति में कथा अविच्छिन्न रहकर आगे बढ़ती है, तथा प्रतिमुख-संधि में दिये हुए प्रधान फल का किंचिन्मात्र विकास होता है। (ग) गर्भ-संधि—इसमें

प्रतिमुख-संधि में किंचित् प्रकाशित हुए बीज का बार-बार आविर्भाव, तिरोभाव तथा अन्वेषण होता रहता है। इस संधि में प्राप्त्याशा अवस्था और पताका अर्थ-प्रकृति रहती है। प्राप्त्याशा अवस्था में सफलता का संभावना के साथ ही साथ विफलता की आशंका भी बनी रहती है और पताका अर्थ-प्रकृति में प्रधान फल की सिद्धि करनेवाला प्रासंगिक वृत्तांत रहता है। यदि इस संधि में पताका अर्थ-प्रकृति न हो तो प्राप्त्याशा अवस्था भी उत्पन्न नहीं हो सकती। (घ) अवमर्श या विमर्श-संधि—गर्भ-संधि की अपेक्षा बीज का अधिक विस्तार होने पर उसके फलोन्मुख होने में जब शाप, क्रोध, विपत्ति या विलोभन के कारण विघ्न उपस्थित होते हैं, तब विमर्श या अवमर्श-संधि होती है। इसमें नियताप्ति अवस्था और प्रकरी अर्थ-प्रकृति होती है। (ङ) निर्वहन-संधि—इसमें पूर्व-कथित चारों संधियों में यथास्थान वर्णित अर्थों का प्रधान प्रयोजन की सिद्धि के लिए समाहार हो जाता है और मुख्य फल की प्राप्ति भी हो जाती है। इसमें फलागम अवस्था और कार्य अर्थ-प्रकृति आती है। यह बात ध्यान में रखनी चाहिए कि यद्यपि इनका प्रयोग भिन्न-भिन्न विचारों से किया जाता है, तथापि तीनों के पाँच-पाँच भेद होते हैं और वे एक दूसरे के सहायक या अनुकूल होते हैं। अर्थ-प्रकृतियाँ वस्तु के तत्त्वों से, अवस्थाएँ कार्य-व्यापार से और संधियाँ रूपक-रचना के विभागों से सम्बन्ध रखती हैं। इन बातों का स्पष्टीकरण आगे लिखी सारिणी से हो जायगा—

वस्तु-तत्त्व या अर्थ-प्रकृति	कार्य-व्यापार की अवस्था	संधि
(1) बीज	(1) आरम्भ	(1) मुख
(2) बिन्दु	(2) प्रयत्न	(2) प्रतिमुख
(3) पताका	(3) प्राप्त्याशा	(3) गर्भ
(4) प्रकरी	(4) नियताप्ति	(4) विमर्श
(5) कार्य	(5) फलागम	(5) निर्वहण

कथा-वस्तु का निर्वाह

अस्तु; अब हमें इन दोनों प्रकार के विभागों आदि का ध्यान रखते हुए यह बतलाना है कि नाटक का आरम्भ, बीच की तीनों अवस्थाओं से उसका निर्वाह और फिर उसका अन्त किस प्रकार करना चाहिए। पाश्चात्य विद्वानों ने अपने इन्हीं पाँचों विभागों के कारण यह नियम रखा है कि नाटक में पाँच अंक हों, और एक-एक अंक में क्रम से इन पाँचों में की एक-एक बात आती चले। इसका तात्पर्य यह है कि जो इन पाँचों विभागों से परिचित हों, वह सहज में नाटक की सब बातें समझता चले। हमारे यहाँ भी साधारणतः नाटक के पाँच ही अंक रखे गये हैं। हमारे यहाँ दस-दस अंकों के भी नाटक हैं; जैसे राजशेखर-कृत बालरामायण, पर ये महानाटक कहलाते हैं। इसके अतिरिक्त हमारे यहाँ नाटिका, भाण, प्रहसन, व्यायोग आदि जो अनेक भेद हैं, उनमें कुछ कम या ज्यादा अंक भी होते हैं। प्रायः बँगला नाटक भी पाँच ही अंकों के होते हैं और गुजराती तथा मराठी नाटक तीन से पाँच अंकों तक के होते हैं। उर्दू नाटकों में केवल तीन ही अंक होते हैं और हिन्दीवाले भी प्रायः तीन ही अंकों का नाटक पसंद करते हैं। यदि नाटक-रचना के सिद्धान्तों और इन पाँचों विभागों का ध्यान रखा जाय, तो नाटकों में पाँच अंक रखना भी समीचीन जान पड़ेगा। पर कठिनता यह है कि जिन नाटकों में पाँच अंक होते हैं, उनमें भी अंकों के अनुसार इन पाँचों तत्त्वों या विभागों का स्थापन नहीं होता। किसी में तीसरे अंक तक झगड़े का विकास ही होता रहता है और किसी में चौथे अंक तक भी प्राप्त्याशा के लक्षण नहीं दिखाई देते। इसका कारण यही है कि प्रायः नाटक लिखनेवाले नाटक-रचना के इन सिद्धान्तों और तत्त्वों से या तो अपरिचित होते हैं या जान-बूझकर उनकी उपेक्षा करते हैं। इस अनभिज्ञता या उपेक्षा का परिणाम यह होता है कि कथावस्तु का जैसा चाहिए वैसा निर्वाह नहीं होता। उसका

कोई अंग बहुत फूला और कोई बिलकुल सूखा हुआ जान पड़ता है। यदि ऊपर के अनुसार, दूसरे ही अंक में यत्न की समाप्ति न हो जाय और बराबर चौथे अंक तक यत्न ही यत्न होता रहे, तो यह स्पष्ट है कि प्राप्त्याशा, नियतांप्ति और फलागम सब अंतिम और पाँचवें अंक में ही ठूँसे जाएँगे और दर्शकों को यह कहने का अवसर मिलेगा कि बीच में तो नाटककार ने बहुत सी बातों का अनावश्यक रूप से विस्तार किया और अन्त में बहुत शीघ्रतापूर्वक उसकी समाप्ति कर दी। हम यह नहीं कहते कि नाटक के पाँचों अंकों में से क्रमशः एक-एक अंक में इन पाँचों तत्त्वों का समावेश बिलकुल निश्चित रूप से ही होना चाहिए, क्योंकि बहुत से लोग केवल तीन या चार अंकों के नाटक लिखना या देखना पसंद करते हैं। हम तो केवल यही कहना चाहते हैं कि नाटक के पाँचों अंकों में से क्रमशः एक-एक अंक में इन पाँचों तत्त्वों का समावेश बिल्कुल निश्चित रूप से ही होना चाहिए क्योंकि बहुत से लोग केवल तीन या चार अंकों के नाटक लिखना या देखना पसन्द करते हैं। हम तो केवल यही कहना चाहते हैं कि नाटक चाहे जितने अंकों का हो; पर लेखक को इस बात का ध्यान रखना चाहिए कि उसका उठान, निर्वाह और अंत सब कुछ आपेक्षित हो। ऐसा न हो कि आधे से अधिक नाटक केवल उठान की ही भेंट हो जाय और अन्त में जान पड़े कि लेखक ठोकर खाकर मुँह के बल गिर पड़ा है। अथवा यह भी न होना चाहिए कि नाटक का उठान पूरी तरह से हो ही नहीं और बीच से ही उसका अन्त होने लग जाय और वह अन्त जबरदस्ती खींचा-ताना और बढ़ाया जाय। यदि नाटक में इनमें से कोई दोष आयेगा और उसकी कोई बात आवश्यकता से अधिक विस्तृत या संकुचित होगी, तो उससे नाटककार की अयोग्यता सिद्ध होगी और वह नाटक नाट्यशास्त्र या कला की दृष्टि से प्रशंसनीय न हो सकेगा। नीचे हम तीन त्रिकोणों द्वारा जो कुछ ऊपर कहा गया है उसे स्पष्ट करते हैं—

(1) (2) (3)

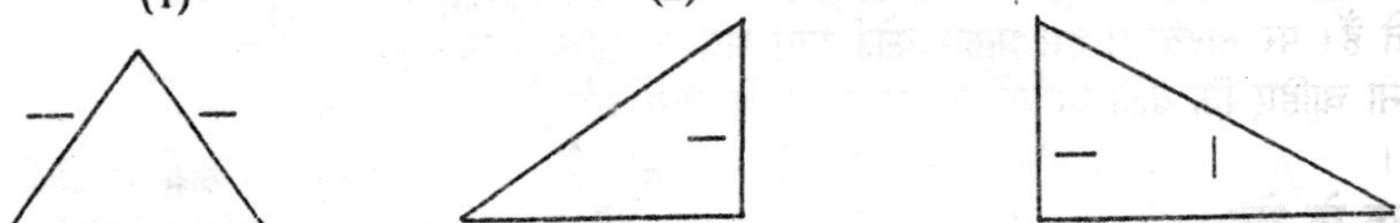

सबसे उत्तम और मर्यादित नाटक वह होगा जिसकी पाँचों अवस्थाएँ समत्रिकोण त्रिभुज (नं० 1) के समान होंगी। दूसरे और तीसरे प्रकार के त्रिकोण के अनुसार बने नाटक निकृष्ट होंगे। दूसरे में प्राप्त्याशा तक पहुँचने में अधिक समय और वहाँ से फलागम तक अपेक्षाकृत कम समय लगेगा। तीसरे में ठीक इसका उलटा होगा। अतएव नाटक का सुगठित और सुष्ठु रूप वही माना जायगा जो समकोण त्रिभुज के समान होगा।

आरम्भ में दर्शकों को उन सब बातों का पूरा-पूरा ज्ञान करा देना चाहिए जिनकी नाटक को समझने में आवश्यकता होती है। आरम्भ के कुछ दृश्य प्रस्तावना या विषय-प्रवेश के रूप में होने चाहिए, और इन्हीं दृश्यों को ठीक-ठीक उपस्थित करने में सबसे अधिक योग्यता की आवश्यकता होती है। नाटक का विषय जितना ही जटिल और उसके पात्रों की संख्या जितनी ही अधिक होती है, उतनी ही इस काम में कठिनता बढ़ती है। कोई कथा, कहानी, उपन्यास या नाटक आदि लिखने में सबसे बड़ी कठिनता यही होती है कि उसे किस प्रकार आरम्भ किया जाय। इस कठिनता से पार पाने का सबसे सीधा उपाय यह है कि आरम्भ में कुछ ऐसे पात्र रखे जायँ जिनके कथोपकथन से दर्शकों को नाटक के विषय आदि का कुछ आभास मिल जाय। इसके उपरान्त कथावस्तु का विकास होना चाहिए और इसी विकास से पाठकों को नाटक के उद्देश्य का पता लग जाना चाहिए। यहीं से दर्शकों के मन में उत्सुकता उत्पन्न होकर प्रायः अन्त तक बराबर बढ़ती जानी चाहिए। प्रत्येक दृश्य का कथावस्तु के विकास में एक मुख्य और महत्त्वपूर्ण स्थान

होना चाहिए। नाटक के मध्य में कथावस्तु अपनी चरम सीमा को पहुँच जानी चाहिए और उस समय जो घटनाएँ हों, वे पिछली घटनाओं का बिलकुल स्वाभाविक और तर्कसिद्ध परिणाम होनी चाहिए और कोई घटना ऐसी न होनी चाहिए जो अस्वाभाविक या जबरदस्त ठूँसी हुई मालूम हो। और तब नाटक का उतार या निगति आरम्भ होनी चाहिए; जिसे संस्कृत नाटककार कार्य करते हैं। फलागम और परिणाम की सिद्धि में जो कुछ कठिनाइयाँ हों वे यहीं से दूर होनी चाहिए और तब फलागम या अन्त होना चाहिए। नाटक का अन्त ऐसा न होना चाहिए जिसमें दर्शकों के मन में फिर भी किसी प्रकार की जिज्ञासा बनी रहे; और उसका वास्तव में परिणाम निकलना चाहिए।

हम पहले कह चुके हैं कि आधुनिक नाटकों का आधार प्रायः किसी न किसी प्रकार का विरोध हुआ करता है। यह विरोध बहुधा दो व्यक्तियों, दलों, पक्षों या सिद्धान्तों आदि का होता है। इस विरोध का प्रदर्शन अनेक प्रकार से और अनेक रूप में हो सकता है। नाटकों में सदा सद् और असद् का ही विरोध दिखलाया जाता है, इसके कारण असद् के प्रति दर्शकों में अरुचि और सद् के प्रति सहानुभूति उत्पन्न होती है और इसी के द्वारा दर्शकों को अनेक प्रकार की नैतिक शिक्षाएँ मिलती हैं। अतः यह विरोध ऐसे ढंग से दिखलाना चाहिए जिसमें सद् के प्रति दर्शकों की श्रद्धा बढ़े और मन पर बहुत अच्छा प्रभाव पड़े; क्योंकि इसी से नाटक का नैतिक महत्त्व सिद्ध होता है।

दर्शकों की उत्सुकता बढ़ाने और अंत में उनको चकित करने के लिए नाटककार कभी-कभी अपने नाटक में किसी गुप्त भेद या रहस्य को भी स्थान देते हैं। वे पात्रों, घटनाओं और उद्देश्यों आदि के सम्बन्ध में पहले तो कुछ बातें छिपा रखते हैं और किसी उपयुक्त अवसर पर उन बातों को प्रकट करके दर्शकों को चकित कर देते हैं। इससे यह लाभ होता है कि आदि से अन्त तक दर्शकों की उत्सुकता बनी रहती है और वे बड़े ध्यान से सब बातें समझने का उद्योग करते हैं। पर नाटक में इस प्रकार कोई गुप्त भेद या रहस्य छिपा रखने में इस बात का ध्यान रखना चाहिए कि कहीं दर्शकों को धोखा न हो जाय और वे भटककर कथावस्तु से दूर न जा पड़े।

रूपक के भेद

अब हम संक्षेप में रूपकों आदि के भेद बतलाकर यह विषय समाप्त करते हैं। हमारे यहाँ नाट्य के दो भेद किये गये हैं—एक रूपक और दूसरा उपरूपक। रूपकों में रस की प्रधानता रहती है और उपरूपकों में नृत्य, वृत्त आदि की। नृत्य में आंगिक अभिनय की अधिकता रहती है। अभिनयरहित नाचने को नृत्य कहते हैं। जब इन दोनों के साथ गीत और कथन मिल जाते हैं तब रूपक का पूर्ण रूप उपस्थित हो जाता है। फिर रूपक के दस और उपरूपक के अठारह अवान्तर भेद रखे गये हैं। रूपक के दस भेद और उनके सम्बन्ध की कुछ बातें इस प्रकार हैं—

(1) नाटक—यह रूपक के सब भेदों में से मुख्य है। आचार्यों के मत से इसमें पाँच संधियाँ, चार वृत्तियाँ, चौंसठ संध्यंग, छत्तीस लक्षण और तैंतीस अलंकार होने चाहिए। पाँच से दस तक अंक होने चाहिए। इसका नायक धीरोदात्त, कुलीन, प्रतापी और दिव्य अथवा अदित्य हो। शृंगार, वीर अथवा करुण रस की इसमें प्रधानता हो, और संधि में अद्‌भुत रस आना चाहिए। **(2) प्रकरण**—इसमें सब बातें प्रायः नाटक की-सी होती हैं; अंतर केवल यही है कि इसकी कथा बहुत उन्नत नहीं होती और इसका विषय कल्पित होता है: किसी पुराण आदि से नहीं लिया जाता। इसमें शृंगार रस प्रधान रहता है। **(3) भाण**—इसमें धूर्तों और दुष्टों का चरित्र रहता है और इससे दर्शकों को खूब हँसाया जता है। इसमें कोई व्यक्ति अपने अथवा दूसरे से अनुभव की बातें आकाश की ओर मुँह उठाकर कहता और आप ही उन बातों का उत्तर भी देता चलता है। **(4) व्यायोग**—यह वीररस प्रधान होता है और इसमें स्त्रियाँ बिलकुल नहीं अथवा बहुत कम

होती हैं। इसमें एक ही अंक होता है और आदि से अन्त तक एक ही कार्य या उद्देश्य से सब क्रियाएँ होती हैं, और एक ही दिन की कथा का वर्णन होता है। **(5) समवकार**—इसमें तीन अंक और 12 तक नायक होते हैं और सब नायकों की क्रियाओं का फल पृथक्-पृथक् होता है। इसमें वीररस प्रधान होता है। **(6) डिम**—यह समवकार की अपेक्षा अधिक भयानक होता है। इसमें चार अंक और 16 तक नायक होते हैं जो प्रायः दैत्य, राक्षस, गंधर्व, भूत, प्रेत आदि तक होते हैं। इसमें अद्‌भुत और रौद्र रस प्रधान होते हैं। **(7) ईहामृग**—इसमें एक धीरोदात्त नायक और उसका प्रतिपक्षी एक प्रतिनायक होता है। दोनों एक दूसरे का अपकार करने का यत्न करते हैं। नायिका के लिए उनमें परस्पर युद्ध भी होता है। नायक को नायिका तो नहीं मिलती, पर वह मरने से बच जाता है। **(8) अंक**—यह करुण रस-प्रधान होता है और इसमें एक ही अंक तथा एक ही नायक होता है। इसमें शृंगार रस तथा विनोद और आश्चर्यजनक बातों की प्रधानता रहती है। (9) **वीथी**–वीथी में एक ही अंक होता है और कोई उत्तम, मध्यम पुरुष उसका नायक होता है, पात्र एक ही दो होते हैं। भाण के समान आकाश-भाषित के द्वारा उक्ति-प्रयुक्ति होती है। इसमें शृंगार रस का बाहुल्य रहता है। (10) **प्रहसन**—यह भी प्रायः भाण से मिलता-जुलता होता है और इसमें कल्पित निंद्य लोगों का चरित्र दिखाया जाता है। यह हास्यरस प्रधान होता है, पर इससे लोगों को उपदेश भी मिलता है।

उपरूपक

उपरूपक के हमारे यहाँ 18 भेद माने गये हैं जिनके नाम इस प्रकार हैं—नाटिका, त्रोटक, गोष्ठी, सट्टक, नाट्यरासक, प्रस्थान, उल्लाप्य, काव्य, प्रेंखण, रासक, संलापक, श्रीगदित, शिल्पक, विलासिका, दुर्मल्लिका, प्रकरणिका, हल्लीश और भाणिका। हमारे यहाँ के आचार्यों ने केवल नाटक के काम के लिए नायकों और नायिकाओं में अनेक भेद किये हैं और वृत्तियाँ, अलंकार तथा लक्षण आदि भी अलग नियत किये हैं। उन्होंने यह भी बतलाया है कि किन पात्रों को किन भाषाओं का प्रयोग करना चाहिए और किसे किस प्रकार संबोधन करना चाहिए। हमारे यहाँ यह भी निर्णय किया गया है कि कौन-कौन से दृश्य रंगशाला में नहीं दिखलाने चाहिए। जैसे—लम्बी यात्रा, हत्या, युद्ध, राजक्रान्ति, किलों आदि का घिराव, भोजन, स्नान, संभोग, नायक या नायिका आदि की मृत्यु इत्यादि। इन सबका पूरा-पूरा विवरण जानने के लिए लक्षण ग्रंथों* का सहारा लेना चाहिए; क्योंकि इस प्रकार की बातें बताना हमारे उद्देश्य के बाहर है। अन्त में हम इतना ही कहना यथेष्ट समझते हैं कि नाटक लिखना सहज नहीं है और इसके लिए बहुत कुछ विद्या, बुद्धि, ज्ञान तथा रचना-कौशल की आवश्यकता होती है।

|(ख)—श्रव्य-काव्य|

(1) उपन्यास

साहित्य में उपन्यास का स्थान

रूपक अथवा नाटक की भाँति उपन्यास की कोई शास्त्रीय मर्यादा नहीं है। वह सामान्य रूप से श्रव्य-काव्य के अन्तर्गत गिना जाता है। परन्तु पाश्चात्य साहित्य में श्रव्य-काव्य के इस अंग की इतनी अधिक उन्नति हुई है और पश्चिम की प्रणाली पर भारतीय देश-भाषाओं में भी इसका इतना अधिक प्रसार हो गया है कि अब यह काव्य-साहित्य में स्वतंत्र रूप से अपना अस्तित्व दृढ़ कर चुका है और अपनी एक अलग कोटि बना चुका है। इस कोटि में साधारणतः कल्पना-प्रसूत वह संपूर्ण कथा-साहित्य आ जाता है जो गद्य की रीति से व्यक्त किया गया हो। इस पर ध्यान देते ही प्रकट होता है कि यह एक ओर तो वास्तविक जीवनचरित्र से, चाहे वह पौराणिक, ऐतिहासिक अथवा सामयिक व्यक्तियों का हो, भिन्नता रखता है और दूसरी ओर पद्य

* देखो 'रूपक-रहस्य'।

की प्रणाली का परित्याग कर कविता की सूक्ष्म परिधि में पदार्पण नहीं करता। इस दृष्टि से इसको मध्य मार्ग मानना चाहिए। वास्तविक जीवन-चरित्र में घटनाओं और तिथियों का जो विशिष्ट क्रम स्वीकार करना पड़ता है उसके कारण उसमें वास्तविक जीवन की अनुकूलता भले ही देख पड़े पर काव्य की नैसर्गिक पूर्णता प्राप्त करना उसके लिए कठिन है। जीवन-चरित्र देश और काल के अभेद्य बन्धन से बद्ध होकर कला की स्वतंत्र सत्ता से अलग जा पड़ता है। वह एक प्रकार से साहित्य और विज्ञान के बीच की वस्तु है। उपन्यास में वैसा कोई बन्धन न रहने के कारण उसमें व्यक्तियों, वस्तुओं और व्यापारों को अधिक सुन्दर मूर्तिमत्ता प्राप्त हो सकती है और उपन्यासकार कल्पना के रंग में रँगकर अपनी कथा अधिक रोचक बना सकता है। परन्तु वह कथा ही और कथा के कुछ व्यक्ति, कुछ वस्तु-व्यापार किसी विशेष क्रम से करने के लिए बाध्य होते हैं। आरम्भ में उपन्यासकार को यह स्वतंत्रता तो रहती है कि वह अपने मनोनुकूल, कला के सुविधानुसार, काल्पनिक कथा का निर्माण करे; परन्तु जब वह उस कथा के साथ आगे बढ़ता है तब अनिवार्य रूप से घटना, परिस्थिति-चक्र और व्यापारों की एक शृंखला बना लेता है और मनुष्य-जीवन की भी वास्तविकताएँ उस पर अपना अधिकार जमा लेती हैं। तब वह स्वतन्त्र नहीं रह जाता, अपनी ही निर्माण की हुई औपन्यासिक सृष्टि के नियन्त्रण में आ जाता है। उपन्यास के पात्र सजीव होकर अपनी जीवन-यात्रा की ओर चल पड़ते हैं और उपन्यासकार उनके कार्य में कोई बाँधा नहीं उपस्थित कर सकता। केवल नियति का वेग, समाज का प्रभाव या समय का परिवर्तन अंकित करके ही वह अपने पात्रों पर कुछ शासन रखता है। नहीं तो जिस भाँति सब मनुष्य उसी भाँति उपन्यास के मनुष्य भी अपने-अपने स्वभाव के अनुसार क्रियाएँ करते हैं। उनमें मनुष्यता का पूरा प्रतिबिंब न दिखाई दे तो उपन्यास की कला सफल नहीं हो सकती। अतः उपन्यासकार मनुष्यता का मापदंड लेकर चलता है। उपन्यास का यह प्रतिबिंब जहाँ एक ओर उसकी सीमा बाँध देता है, वहाँ दूसरी ओर उसे एक विशिष कोटिकक्षा भी प्रदान करता है। उपन्यास की सीमा यही है कि उसके कुछ व्यक्तियों के साथ कुछ घटनाएँ किसी क्रम से घटित होंगी और इस समस्त व्यापार में हमारे नित्यप्रति के जीवन की वास्तविकता देख पड़ेगी। यह काव्य अथवा कविता की सीमा से संकीर्ण होती हुई भी उससे पृथक् है। कविता में घटनाएँ और पात्र केवल काल्पनिक संकेतों का काम भी दे सकते हैं और वे किसी निश्चित क्रम के साथ नहीं भी रखे जा सकते। ऐसी भी कविता हो सकती है जिसमें व्यक्ति या वस्तु का नितांत अभाव हो और केवल एक भावना या उच्छ्वास अथवा एक प्राकृतिक दृश्य मात्र अंकित कर दिया जाय। सारांश यह कि कविता मनुष्य की कल्पना-शक्ति का अधिक आश्रय लेकर, संगीत की मूर्च्छना के-से प्रयोग द्वारा हमारी बौद्धिक वृत्ति को शांत कर देती है और विश्वास का आविर्भाव कराती है। विश्वास कल्पना का ही दूसरा नाम है। कवि अपनी कल्पना द्वारा जो रचना करता है, हम अपने विश्वास द्वारा उसकी सत्यता के साक्षी होते हैं। उपन्यास की जिस वास्तविकता का ऊपर हम उल्लेख कर चुके हैं उसकी पृष्ठपोषकता के लिए भी विश्वास की आवश्यकता है, परन्तु वह विश्वास दूसरी कोटि का है। उपन्यास की घटनाएँ मानव-जीवन का प्रतिरूप खड़ा करने का बीड़ा उठाती हैं; इसलिए हम उपन्यास पढ़ते हुए प्रश्न करते हैं कि ये घटनाएँ इसी रूप में कैसे घटित हुईं। यदि हम उनके घटित होने पर विश्वास करते हैं तो उस अवस्था में भी हमारी बुद्धि विशेष रूप में जागरित रहती है। कविता पढ़ने पर हमारा प्रश्न यह होता है कि क्या यह चित्र सत्य हो सकता है? काव्य के प्रभाव से हम ऐसी मानविक स्थिति में होते हैं कि उक्त प्रश्न का उत्तर देते हुए कहते हैं, क्यों नहीं हो सकता। यह स्पष्ट ही विश्वासप्रधान उत्तर है। इसे यदि दार्शनिक शब्दावली में कहें तो यह आस्तिकता का द्योतक है। कवि-कल्पना के प्रति हमारा विश्वास आस्तिक कोटि का होता है। उपन्यास-लेखक की कृति के प्रति हमारे विश्वास में संशय प्रबल

रहता है, उसे नास्तिकता का द्योतक कहते हैं। उपन्यास बढ़कर हम यह नहीं स्वीकार करते कि ऐसा हो सकता है। प्रत्येक बार हमारा प्रश्न यही होता है कि ऐसा कैसे हुआ। उपन्यास और कविता का यही भेद उनके सम्बन्ध का निरूपण करता है।

इस प्रकार उपन्यास के एक ओर जीवनी और दूसरी ओर कविता है। इन्हें उपन्यास के दो छोर कह सकते हैं। कभी-कभी उपन्यास अपनी इस बीच की स्थिति का त्याग कर एक या दूसरे छोर की ओर बढ़ जाता है और तब वह उपन्यास संज्ञा का अधिकारी नहीं रहता। जैसे नदियाँ अपना नाम-रूप तब तक प्रकट रखती हैं जब तब वे दूसरी नदियों से संगम नहीं करतीं, वैसे ही उपन्यास भी अपनी सीमा में रहकर ही अपने नाम-रूप की रक्षा कर सकता है। यद्यपि ऐसे भी उपन्यास हैं जो किसी के जीवन-वृत्त के संकलन या किसी युग-विशेष के भावों के संग्रह मात्र होकर ही रह गये हैं और उनमें कल्पना का पुट अत्यंत क्षीण होने के कारण वास्तविक औपन्यासिकता नहीं आ पायी। मनुष्यों के हृदय उन्हें पढ़कर स्पंदित नहीं होते; क्योंकि उनमें मानवमन अंतरंग का स्पर्श नहीं हो सका, केवल घटनाओं का घटाटोप अथवा युग-विशेष की विचित्रताओं का समावेश देख पड़ता है। इसी प्रकार कुछ उपन्यास ऐसे भी हैं जो कविता की प्रणाली से व्यक्त किये गये हैं। इनमें अधिकांश प्रेममूलक आख्यान हैं जिनमें आश्चर्यप्रद काल्पनिक घटनाएँ अधिक मात्रा में सन्निहित होती हैं। पद्य द्वारा प्रकट किये जाने पर ये अँग्रेजी में 'रोमांस' काव्य कहलाते हैं। यहाँ भी उपन्यास अपने प्रकृत क्षेत्र के बाहर चला जाता है और हमारी किसी गहन अभिलाषा का समाधान न कर केवल कपोल-कल्पनाएँ जागरित करता है। इन प्रेममूलक आख्यानों में वीरत्व तथा नारी-समादर की भावनाएँ प्रबल रहती हैं परन्तु इनका संघटन घटना-परम्परा के ही द्वारा होता है। अतः इनमें न तो काव्य की घटना-विरहित सुषमा प्रवेश कर पाती है और न उपन्यास के सच्चे मनुष्य-चरित्र तथा उनके वास्तविक सुख-दुःख की मार्मिक अनुभूतियाँ प्रदर्शित की जाती हैं। अतएव हम देखते हैं कि उपन्यास की कला अपने व्यक्तित्व का प्रकाशन तथा उत्कर्ष की सिद्धि अपनी परिधि के बाहर जाकर नहीं रह सकती। वह अपनी ही सीमा में रहकर अपनी असीम सफलता प्राप्त कर सकती है।

उपन्यास और छोटी कहानी या 'गल्प'

उपन्यास की परिधि का निरूपण हम ऊपर कर चुके हैं और अब हमारे सामने प्रश्न यह है कि परिधि के अंतर्गत उसकी कला किन-किन प्रमुख दिशाओं में उन्मुख हुई है, अर्थात् उपन्यास के प्रधान विभाग कौन-कौन हैं। परन्तु इस प्रश्न का उत्तर देने के पूर्व हमारा ध्यान उपन्यास की ही एक संतान की ओर चला जाता है जो अब अपने पिता से पृथक् है। यह बालिका, जो 'गल्प' कहलाती है, उपन्यास की ही और जाता है; किन्तु कुछ समय से वह अपने पितृ-गृह में निवास नहीं करती। इसने नवीन कुल की मर्यादा ग्रहण कर ली है। यद्यपि उपन्यास और गल्प दोनों ही मनुष्य-जीवन की आनुषंगिक कथा को कल्पना के रंग में रंजित कर गद्य में व्यक्त करते हैं और इस दृष्टि से दोनों का आधार तथा प्रणाली एक ही है तथापि इन दोनों की सत्ता विभिन्न समझी जाने लगी है। इन दोनों में केवल आकार का भेद ही नहीं माना जाता वरन् इनके रूप-रंग भी भिन्न हो गये हैं। कुछ विद्वान् तो इन 'गल्प' बालिका के शोभाशाली विकास से इतने चकित हो गये हैं कि इसे ये एक स्वतंत्र सृष्टि मानने लगे हैं। परन्तु यदि हम पाश्चात्य का इतिहास देखें—क्योंकि वहीं इन दोनों का आधुनिक विकास हुआ है—तो समझ सकते हैं यह अवश्य है कि अमेरिका के उपर्युक्त लेखकों ने स्काट, डिकेंस आदि की कहानी का अधिक विकास कर उसे एक स्वतंत्र कलाकोटि में ला रचा है परन्तु मूल में ये फिर भी भिन्न नहीं हैं। आगे चलकर 'कल्प' या छोटी कहानी केवल एक प्रसंग को लेकर उसकी एक मार्मिक झलक दिखा देने का ही उद्देश्य रखने लगी जिससे वह उपन्यास के कथाभार से नितांत मुक्त हो गयी। वह

जीवन का समय-सापेक्ष चतुर्दिक् चित्र न अंकित कर केवल एक क्षण में घनीभूत जीवन-दृश्य दिखाने लगी, जिसके कारण वह उपन्यास की कोटि से स्वतंत्र हो गयी। इन दिनों की गल्प या कहानी यद्यपि आकार में छोटे उपन्यास से बड़ी भी हो तो भी उनकी गणना अलग ही की जायगी। इसका कारण यही है कि 'गल्प' या कहानी की कला दूसरे उपकरणों को लेकर अपना अंग सजाने लगी है। उन उपकरणों को 'गल्प' के उपकरण मानकर उन्हें उपन्यास के उपकरणों से पृथक् रखना होगा और आगे के पृष्ठों में उपन्यास के प्रधान विभागों का प्रदर्शन करते हुए हमें ध्यान रखना होगा कि हम उसकी परिधि को 'गल्प' के वृत्त से स्पष्टतः अलग रखें जिसमें साहित्य के ये दोनों कुटुंबी, जो पिता-पुत्री का संबंध रखते हैं, व्यवहार के अनुसार बातें और उपन्यास अपनी विवाहिता, अन्य कुलप्रविष्टा पुत्री का धान्य न स्वीकार करे। सारांश यह कि उपन्यास जैसे एक ओर जीवन-चरित्र और दूसरी ओर कविता के सीमाबंधों से सीमित है वैसे ही वह 'गल्प' के नवीन गृह में भी पदार्पण नहीं कर सकता। इन प्रतिबंधों का विचार कर अब हम उपन्यास की प्रमुख रूप-रचना, अंग-संघटन अथवा उसके प्रधान विभागों की ओर दृष्टिपात करेंगे।

उपन्यास के कोटि-क्रम (1) घटना प्रधान

यह तो हम आरम्भ में ही कह चुके हैं कि उपन्यास के अन्तर्गत वह सम्पूर्ण कथा-साहित्य आ जाता है जो गद्य की प्रणाली से व्यक्त किया गया हो। हमने यह भी उल्लेख किया है कि उपन्यास मनुष्य के वास्तविक जीवन से घनिष्ठ संबंध रखता है और वह प्रत्यक्ष या परोक्ष रूप से उसी की कथा कहता है। यदि हम ऊपर की पंक्तियों का निष्कर्ष निकालकर उपन्यास की व्याख्या करें और कहें कि उपन्यास मनुष्य के वास्तविक जीवन की काल्पनिक कथा है तो यह अधिक असंगत न होगा। इस व्याख्या पर अब ध्यान देना चाहिए। अवश्य ही इस संपूर्ण व्याख्या में 'कथा' शब्द ही सबसे अधिक महत्त्वपूर्ण है। उपन्यास के मूल में कथा है। वह काल्पनिक कथा है। ऊपर हम ऐतिहासिक वृत्त या जीवनचरित से इस काल्पनिक कथा का अंतर प्रकट कर चुके हैं, अतः किसी को इस भ्रम में पड़ने की आवश्यकता नहीं है कि काल्पनिक कथा का अर्थ असत्य कथा है। काल्पनिक कथा का अर्थ उस कथा से है जो कल्पना की सहायता से अधिक मार्मिक, सुरक्षित और ग्राह्य बना दी गयी हो; जिसमें सुन्दर चयन शक्ति की सहायता से जीवन के किसी उद्दिष्ट अंश की यथारुचि रूपरेखा अंकित की गयी हो; जिसमें अनावश्यक अंश एक भी न हो और जो अपनी ही पूर्णता में आकाश के चंद्रमा की भाँति चमक उठे। ऐसी काल्पनिक कथा में असत्य का अंश चंद्रमा की कालिमा की भाँति प्रकाश में लुप्त हो जाता है। किसी व्यक्ति की जीवनी यदि सत्य और वास्तविकता का ध्यान रखकर लिखी जाय तो वह एक सूची मात्र बन सकेगी। इसका कारण यही है कि उसमें अनावश्यक और निरर्थक घटनाएँ अस्त-व्यस्त होकर फैली हुई हैं। यह सूची केवल बाह्य अर्थ में सत्य कही जा सकती है; पर साहित्य का संबंध उस प्रकार के सत्य से नहीं के बराबर है। इसीलिए उपन्यासकार बाह्य सत्य की चिंता न कर काल्पनिक कथा का निर्माण करता और उसमें वास्तविक जीवन का सत्य निहित करना चाहता है।

वास्तविक हो या काल्पनिक, कथा में कुछ घटनाएँ अवश्य होंगी और वे किसी विशेष क्रम से घटित होंगी। प्रत्येक उपन्यास में घटनाएँ किसी क्रम से अवश्य ही घटित होती हैं। यदि उपन्यास की कथावस्तु का अध्ययन किया जाय तो उसके कतिपय प्रमुख भेदों का परिचय मिल सकता है। सबसे सरल अथवा निम्न कोटि की कथावस्तु वह है जो कुछ आश्चर्यजनक घटनाओं का ताँता बाँधकर पाठकों के कौतूहल को आरंभ से अंत तक जगाती रहे। मनुष्यों की आदिम कहानियों का इसे साहित्यिक रूप समझना चाहिए। घरों में बड़ी-बूढ़ी स्त्रियाँ बच्चों को जिस प्रकार की कहानियाँ सुनाती हुई, 'फिर क्या हुआ', 'फिर क्या हुआ' की जिज्ञासा का उत्तर देती स्वयं

थक जाती हैं और बच्चे भी सो जाते हैं, वे अधिकांश में ऐसी ही होती हैं। ये कहानियाँ घटनाप्रधान होती हैं और घटनाएँ विस्मयकारिणी होती हैं। इनकी निश्छल सरलता ही एकमात्र कला है।

हृदय में कौतूहल उत्पन्न कर देनेवाला कौशल यद्यपि स्वतः अधिक प्रयोजनीय नहीं समझा जाता परंतु इस कौशल की सहायता लेकर कतिपय श्रेष्ठ उपन्यासों की रचना भी हुई है। कौतूहल वहाँ केवल साधन का कार्य करता है जिसके द्वारा औपन्यासिक किन्हीं महत्त्वपूर्ण रहस्यों को पाठकों तक प्रभावशाली रीति से पहुँचा देते हैं। ऐसी कथाएँ हास्य-विनोदमयी तो होती हैं इसलिए उनमें निहित तत्त्व बड़ी ही रोचक विधि से ग्रहण किये जाते हैं। वे कथाएँ अधिकांश में अन्योक्ति या रहस्य-कथन का मर्म लिये हुए होती हैं जैसे कि अंग्रेजी की प्रसिद्ध 'गुलीवर्स-ट्रावेल्स', 'डान-क्विक्जट' आदि कथाएँ।

किंतु जहाँ कौतूहल ही एकमात्र उद्देश्य रहता है वहाँ उपन्यास अधिक उत्कर्ष नहीं प्राप्त करता। हाँ, यदि कौतूहल का सर्जन करनेवाली उपन्यास की घटनावली अधिक नियमित की जाय, कार्य-कारण संबंध में अधिक पुष्ट होकर वह उपस्थित हो और पाठकों के हृदय में प्रतीक्षा, आशा, आशंका, भय आदि संवेदनात्मक भावों को भी उदित करे तो उपन्यासकार अधिक सफल कहला सकता है। हिंदी का प्रसिद्ध चन्द्रकांता उपन्यास यद्यपि मुख्य रूप ले कौतूहल की ही सृष्टि करता है किंतु उपर्युक्त संवेदनात्मक भाव भी उसे पढ़कर उदित और अस्त होते रहते हैं। किंतु उपन्यास की प्रेमी-प्रेमिकाओं की योजना और उनकी प्रेम-संबंधी चर्चाएँ कौतूहल से कुछ आगे बढ़कर हृदय को स्पर्श करती हैं।

इस कोटि के उपन्यास, चाहे वे तिलस्मी हो या जासूसी खूनी, केवल आश्चर्यजनक घटनाओं को कौतूहलाकर्षक रीति से सज्जित कर लिखे जाते हैं और प्रेम, अपराध अथवा गुप्त नीति का रूप दिखाकर रस उत्पन्न करते हैं। ये मनुष्य जीवन के असाधारण और विरल अंश से ही संबंध रखते हैं और उस असाधारणता तथा विरलता की अनोखी दुनिया में पाठकों का मन हर्षित करते हैं। ऐसे उपन्यास अधिकांश में सुखान्त होते हैं और घटनाचक्र समाप्त होने पर नायक की विजय घोषित कर देते हैं। उनकी कुंजी किसी तहखाने, किसी गुप्त पत्र या ऐसे ही किसी स्थान में होती है जिसके मिलते ही उपन्यास के रहस्य का द्वार खुल पड़ता है और उसकी सुखपूर्वक इति-श्री हो जाती है।

(2) सामाजिक अथवा व्यवहार संबंधी उपन्यास

उपन्यास की कथावस्तु जब और अधिक संयम के साथ विशेष आशय लिये हुए नियोजित होती है और विरला की भूमि से खिंचकर सामूहिक जीवन के क्षेत्र में आने लगती है तब दूसरे प्रकार की औपन्यासिक सृष्टि आरम्भ होती है। यहाँ आकर कथानक का रूप इस प्रकार बदल जाता है जैसे पर्वत की पतली नदी समतल पर आकर चौड़ी हो जाय और अधिक धीमी चाल से बहने लगे। जैसे समतल की सरिता अधिक उपयोगिनी बनकर तट की नर-नारी, पशु-पक्षी सृष्टि के लिए ही अपने को समर्पित कर दे, वैसे ही इन उपन्यासों का कथानक समाज के नर-नारियों के क्रियाकलाप और पारस्परिक व्यवहार के ही अधिक काम आता है। ऐसे उपन्यासों को सामाजिक, चरित संबंधी अथवा व्यवहार-विषयक कह सकते हैं। इस शैली के अधिकांश उपन्यासों के आकर्षक कथानक से हटकर पात्रों, उनके पारस्परिक व्यवहारों तथा उस समाज की रीति-नीति में केन्द्रित हो जाता है जिसके वे पात्र हैं। इन उपन्यासों के पात्र भिन्न परिस्थितियों में पड़कर तथा नवीन व्यक्तियों के संसर्ग में आकर जिस भाँति आचरण करते हैं वही मनोरंजन का विषय बनता है। इससे स्पष्ट ही है कि उपन्यासों का क्षेत्र विस्तृत और समाजव्यापी होता है और इस विस्तार के ही भिन्न रंग-रूपों से सज्जित होकर वे हमारी आँखों के सामने आते हैं।

परिस्थितियों की रमणीय योजना ही, जिससे उपन्यास के पात्र स्वाभाविकता का निर्वाह करते हुए अधिक सामाजिक अंगों को स्पर्श कर सकें, इस कोटि के उपन्यासों की मुख्य कला होती है। संस्कृत का 'दशकुमार-चरित' उपन्यास अपने देश के साहित्य में इस प्रकार की प्रसिद्ध रचना है।

यों तो प्रत्येक उपन्यास में किसी क्षेत्र अथवा काल का प्रसंग रहता ही है; परन्तु उपन्यासकार अपने विषय के अनुरूप कभी एक को और कभी दूसरे को प्रधानता देते हैं। वे प्रमुख रूप से एक का व्यवहार कर दूसरे को आपसे आप ध्वनित होने को छोड़ देते हैं। इन सामाजिक व्यवहार-सम्बन्धी उपन्यासों का निर्माण करते हुए रचनाकार का ध्यान परिस्थितियों की योजना पर अधिक रहता है। समय की कल्पना या तो उसके मस्तिष्क में उदित ही नहीं होती या वह उसे स्वतः सिद्ध समझकर अनुल्लिखित ही रहने देता है। ऐसे उपन्यास अधिकांश में रचयिता के समसामयिक समाज के चित्र होते हैं, अतः समय की छाया उनपर स्वयं ही पड़ी रहती है। यह सत्य है कि किसी भी घटनावली के व्यतीत होने में स्वल्पाधिक समय लगता है; परन्तु उन सामाजिक उपन्यासकारों का काम उसपर ध्यान दिये बिना ही चलता रहता है।

अंतरंग जीवन के उपन्यास

काल या समय की गति को ही प्रधानता देने और प्रादेशिक सीमा को संकुचित कर उसे पात्रों के सुख-दुःख से रंजित एक स्मृति पटल मात्र बना देनेवाले उपन्यासों की तीसरी कोटि है। काल के प्रवाह में पड़े हुए व्यक्ति का चित्र अंकित करते हुए ये उपन्यास मनुष्य-जीवन का नैसर्गिक रूप दिखाने लगते हैं। इन उपन्यासों में व्यक्ति का जीवन चिरंतन मनुष्य-जीवन का प्रतीक अथवा संकेत मात्र बन जाता है। इनमें समय के परिवर्तनशील पटल पर व्यक्तियों के चित्र संपूर्ण आकृति में अंकित हो जाते हैं और हम जिस ओर से चाहें उन्हें देख सकते हैं। उपयुक्त सामाजिक उपन्यासों में भिन्न-भिन्न व्यक्ति एक दूसरे के संपर्क में आकर अपने को व्यक्त करते हैं; उसमें उनके व्यवहार की ही विशिष्टता अधिक होती है और जीवन के सब पहलू देखे जा सकते हैं। अधिकतर सामाजिक उपन्यासों के पात्र आदि से अन्त तक एक-सा ही स्वभाव लिये रहते हैं और उस स्वभाव के अनेक रंग-रूप परिस्थितियों के पटल को रंजित कर देते हैं, परन्तु इन उपन्यासों में व्यक्ति का शरीर, उसका मन, बुद्धि और आत्मा एक साथ झलक उठती है। मानो जीवन के अपार महासागर से निकलकर ये उपन्यास सरिता-रूप में उसी का जल सब रसों से युक्त लेकर बह चलें। इन उपन्यासों में घटनाएँ और परिस्थितियाँ आपसे आप या विधिवशात् पात्रों के जीवन में आ गयी जान पड़ती है जिससे इन रचनाओं को कला सम्बन्धी अद्वितीय पूर्णता प्राप्त हो जाती है। विद्वानों का कथन है कि उपन्यास-कला का पूर्ण परिपाक यहीं आकर होता है। ऐसे उपन्यासों में पात्रों और घटनाओं की संख्या थोड़ी और घटनास्थल संकीर्ण होता है। इसी संकीर्णता में इन उपन्यासों का तीव्र प्रभाव निहित है। इस विषय में ये उपन्यास नाटकीय रचनाओं की समता के हैं, जो छोटे से रंगस्थल पर खेले जाकर प्रभूत प्रभाव उत्पन्न करते हैं। सुखमय और दुःखमय नाटकों का सम्मिलित रूप इनमें देखा जाता है—संभवतः जीवन का यही सच्चा रूप है। ये उपन्यास भावना की तीव्रता से कविता के भी उपकूलों का स्पर्श करने लगते हैं और कहीं-कहीं उत्कृष्ट कवित्व की छटा छा देते हैं।

देश-काल सापेक्ष और निरपेक्ष उपन्यास

उपन्यासों की चौथी कोटि वह हो सकती है जिसमें देश और काल दोनों ही साधन रूप से ध्यानस्थ रखे जायँ या दोनों ही समान रूप से विस्मृत कर दिये जायँ। देश, काल दोनों का प्रयोग होने पर सब कुछ जैसे जंगम-सा प्रतीत होता है। दोनों का बहिष्कार कर 'एकदा', 'एकस्मिन् स्थाने' आदि के आरम्भ होनेवाले उपन्यासों में भी अनोखी स्थिरता का प्रभाव होता है। देश-काल-निरपेक्ष उपन्यासों की रचनाभूमि भारतवर्ष और उसके मौलिमुकुट महाकवि बाण की

कादम्बरी है। कादम्बरी की कथा में यद्यपि घटनाएँ सरोवर, तट, राज-गृह आदि स्थान-विशेष तथा संध्या, चाँदनी रात, युवावस्था आदि समय-विशेष में घटित होती हैं परन्तु कवि की अपार कवित्वमयी वर्णन-शक्ति से सजीव होकर उन्हों.ने अपनी समय तथा स्थान की संज्ञा छोड़-सी दी है और उपन्यास के अन्य प्राणियों की भाँति स्वयं प्राणी हो गयी हैं। इस उपन्यास में परम अद्भुत वर्णनों के द्वारा वस्तुओं की एक-एक क्रिया, भाव की एक-एक मुद्रा इतनी अधिक आकर्षण-संयुक्त हुई है कि श्रेष्ठ उपन्यासों की बड़ी-बड़ी घटनाएँ भी उतनी अधिक शक्तिमती न होंगी। जहाँ कोरे उपदेश हैं, वहाँ भी पूरी रसमयता है। जहाँ वियोग की उष्ण वासना है वहीं संयोग की शीतल छाया है। इस रमणीय रचना में सुख-दुःख के घात-प्रतिघात पाश्चात्य उपन्यासों के-से संघर्ष के रूप में नहीं दिखाये गये, बदलीवाले दिन के छाया-प्रकाश की भाँति उनकी युगवत् गति है। उसमें सामाजिक तथा मनोवैज्ञानिक चित्रण उत्तम शैली का है। संपूर्ण उपन्यास अपनी कोटि का एक ही है और उसकी परम्परा अत्यन्त विरल तथा वर्तमान काल में लुप्तप्राय हो चुकी हैं। इस काल के उपन्यासकार में न उतने बृहत् ऊहापोह की क्षमता है, न पाठकों में उतना पढ़ने का धैर्य है कि दूसरी कादम्बरी की रचना की जा सके; तथापि इस उपन्यास की वर्णन और चित्रण-सम्बन्धी अनेक अभिनव विशेषताएँ वर्तमान कलाकारों के अध्ययन, मनन और अनुकरण का विषय बन गयी हैं।

हिन्दी के उपन्यास आधुनिक समय की उत्पत्ति हैं। परन्तु ध्यान देकर देखने से इनकी परम्परा प्रेमाख्यानक कवियों के पद्यों से ही आरम्भ होती दिखाई देती है। वही इनका आदिम रूप समझना चाहिए। ऐसे आख्यान प्रचुर संख्या में सूफी कवियों ने लिखे, अतः उनमें आध्यात्मिकता की एक अन्तर्धारा भी बहती रही। परन्तु इन कथाओं का विन्यास प्रमुख रूप से औपन्यासिक हुआ है। यदि आध्यात्मिकता का पुट न होता तो इन्हें हम साफ-साफ 'रोमांस' काव्य कह सकते थे। परन्तु उस पुट के रहते हुए भी उनमें 'रोमांस' कविता की पूरी झलक है और हिन्दी के आरम्भ-काल के कथा-साहित्य पर, जो गद्य में लिखा गया, उसका कम प्रभाव नहीं पड़ा। कथाओं की रूप-रेखा, जो आरम्भिक गद्य-उपन्यासों में प्रायः एक सी ही रही; उन्हीं कवियों से अधीकांश में ली गयी। एक नायक, एक नायिका; नायिका के प्रति नायक का अटल प्रेम; प्रेम की बाधा; प्रेमपात्र की प्राप्ति का प्रयत्न; बाधाओं का परिहार; मिलन—मौखिक रूप से यही ढाँचा उस काल के अनेक उपन्यासों में स्वीकार किया गया। जैसे भारतेंदु-काल के नाटकों के नामों के नामों में विद्यासुन्दर; चन्द्रकला—भानुकुमार, रणधीर, प्रेममोहिनी—नायक-नायिका की अभिन्नता प्रदर्शित करते हैं, वैसे ही पहले के उपन्यासों में प्रेम की ही कथा कही गयी है और उस कथा का क्रम भी सरल, द्वंद्वात्मक तथा सुखान्त रखा गया।

उस काल के उपन्यासों की अधिक संख्या ऐसी होने के कारण परवर्ती उपन्यासों पर भी उनका प्रभाव पड़ा और प्रेम-प्रसंग मानो उपन्यास मात्र के अभिन्न अंग बन गये। यह समस्या पश्चिमीय उपन्यास शास्त्र के लिए भी विचारणीय हुई है कि उपन्यास में प्रेमकथा का होना अनिवार्य है या नहीं। और कुछ व्याख्याकारों ने तो उसे अनिवार्य मानकर उपन्यास की परिभाषा प्रेम की काल्पनिक कथा कहकर की है। परन्तु समय ने यह सिद्ध कर दिया है कि यद्यपि स्त्री-पुरुष के प्रेम की कथा न्यूनाधिक रूप में प्रायः सभी उपन्यासों में आती है तथापि उपन्यास की सीमा प्रेम-कथा द्वारा कदापि नहीं बाँधी जा सकती। यों तो मनुष्य-जीवन में प्रेम का प्रभाव सर्वसंमत है और मनुष्य जीवन की ही प्रतिकृति होने के कारण उपन्यास भी प्रेम का कथानक लेकर चल सकते हैं। साथ ही यह प्रेम-प्रसंग इतना रणीय होता है कि उपन्यासकार अन्य सब कौशलों से रहित प्रेममूलक कथा कहकर भी अपने पाठकों को प्रसन्न कर सकता है; परन्तु उपन्यास की कला का विकास आधुनिक युग में इतना अधिक हो चुका है कि वह प्रेम की

रोचकता पर अवलंबित नहीं रहा। तथापि हिन्दी गद्य के प्रारम्भिक दिनों में जब यह कला शैशव अवस्था में थी, प्रेम के ही विविध रंग-रूप दिखाकर पाठकों का जी बहलाया जाता था।

इस बीच में एक अभिनव उंत्थान 'चंद्रकांता-संतति' के रूप में हुआ जिसकी चर्चा हम प्रसंगवश ऊपर कर चुके हैं। चुनार की पहाड़ियों में देवकीनंदन खत्री को जो तहखानों की अनंत परंपरा मिल गयी और उनकी कल्पना ने जिनके साथ अनेकानेक वीर-कायर नायकों, नायिकाओं तथा उनकी सहचरियों की सृष्टि की तथा तिलस्म के सभी फन ईजाद किये, उससे हिंदी-उपन्यासों का घटना-भंडार तो बढ़ा ही, साथ ही प्रतीक्षा, आशंका आदि भावों को उत्पन्न करके कथानक के विस्तार में पाठकों का मन लगाये रहने का कौशल भी अधिक आया। प्रेम की रूढ़ कथा और ज्ञात या अनुमान-सिद्ध घटनाचक्र के स्थान पर कौतूहलवर्धक अशेष कथाओं की यह संतति, अवश्य ही हिन्दी उपन्यास-कला के विकास में युग-प्रवर्तक मानी जायगी।

परंतु प्रेम का प्रवाह फिर भी उमड़ता ही रहा और 'चंद्रकांता-संतति' के उपरांत उसने दूसरी बार हिंदी उपन्यास-क्षेत्र को प्लावित कर दिया। यह प्लावन उपन्यास-कला के विकास में सहायक न हो सका। पंडित किशोरीलालजी गोस्वामी के हाथों में आकर यद्यपि उपन्यास का क्षेत्र समाज के अधिक विस्तृत अंश तक पहुँच सका तथापि उन्हें सामाजिक उपन्यासकार नहीं स्वीकार किया जा सकता। वे फिर भी नायक-नायिका के ही उपन्यास प्रमुख रूप में लिख पाये। गोस्वामीजी ने पात्रों के अनुरूप भाषा-लेखन की कल्पना कर ली और भिन्न-भिन्न जातीय व्यवहारों को भी दिखाने की चेष्टा की। इससे सिद्ध होता है कि वे उपन्यासों में सामाजिक व्यवहार और चरित्र की विशेषताएँ अंकित करने की दिशा में आगे बढ़ना चाहते थे। परन्तु भाषा की भिन्नता ही व्यवहार और चरित्र की अनेकरूपता दिखाने में असमर्थ हुई। गोस्वामीजी की रुचि भी जातीय व्यवहारों के प्रति पक्षपात रूप में रही, अतः वे अपने उपन्यास-पात्रों के प्रति न्याय और अपनी चरित्र-चित्रण सम्बन्धी मूल भावना को प्रतिफलित न कर सके। तथापि इसमें कोई सन्देह नहीं कि उपन्यास-कला को इन्होंने एकांतिक प्रेमकथा अथवा घटनाओं के विलक्षण इन्द्रजाल से ऊपर उठाकर उस काव्य में सामाजिक जीवन के अंश सन्निहित करने की दिशा में जो कार्य किया वह नवीन और स्वागत करने योग्य हुआ। साहित्य के क्षेत्र में व्यक्तियों का महत्त्व सफल कृतियों की सृष्टि में ही नहीं है प्रत्युत नवीन दिशाओं की ओर अग्रसर होने और आरंभिक किन्तु निष्फल प्रयास करने में भी है।

बँगला के सामाजिक उपन्यास, जो हिन्दी में भी अनुवाद करके लाये गये, अधिकांश में कारुणिक परिस्थितियों से पूर्ण दिखाई दिये। यह करुणा कुछ तो केवल भावुकता थी और कुछ सामाजिक चक्र के फलस्वरूप भी थी। जो भी हो, उन उपन्यासों में सामाजिक जीवन का कथानक अधिक मात्रा में आया, यद्यपि वह भी उसका एक ही पक्ष था। वह केवल कुरीति, अन्याय अथवा अत्याचार का पथ कहा जा सकता है। फिर इनमें प्रेम की कथा भी अथवा प्रधान पद त्याग न सकी और न बंगाली लेखक उसका उद्भ्रांत रूप त्याग कर सके। इस कारण पात्रों का दुःख और भी बढ़ गया और उत्पीड़ित नारियों की जलसमाधि वा प्राणत्याग भी इन उपन्यासों में प्रभूत संख्या में मिलते हैं। इन्हें हम सामयिक परिस्थितियों की कठोरता के प्रति निर्बल भावना का निराश उच्छ्वास कह सकते हैं। इनमें से अधिकांश उपन्यास दुःखांत नाटक अथवा छोटी कहानी (गल्प) के रूप में लिखे जाने के अधिक उपयुक्त होते हैं।

यहाँ हम एक बार फिर उस सीमाभूमि की ओर दृष्टिपात कर सकते हैं जो उपन्यास और छोटी कहानी के बीच में पड़ती है। बंगाली लेखकों के वे उपन्यास एक या एकाधिक सामाजिक कुरीति को लेकर लिखे गये हैं परन्तु वास्तव में यह आधार गल्प के ही अधिक अनुरूप है। उपन्यास के लिए कोई रीति या उसके प्रति लेखक की कोई भावना ही पर्याप्त नहीं है। सामाजिक

जीवन की कालसापेक्ष छाया भी उपन्यास में पड़नी चाहिए और उक्त छाया की ही तरंगों के रूप में रीतियाँ या कुरीतियाँ भी चित्रित की जा सकती हैं। छोटी कहानियों के लिए तो एक भावनामात्र पर्याप्त हो सकती है और श्रेष्ठ कहानियाँ गीति काव्य कविता की भाँति एक ही घटना यां तन्मयता के एक ही क्षण में जन्म पा सकती हैं। ऐसी ही तन्मयता उन बंगाली उपन्यासकारों की थी, जिसे उन्होंने विफल प्रेम के कथानक में मिलाकर बहुत कुछ शिथिल कर दिया है जिससे उक्त उपन्यास उच्च कोटि के नहीं हो सके। बंकिमचन्द्र, महाकवि रवीन्द्रनाथ और कुछ काल उपरांत शरच्चन्द्र आदि की सुंदर औपन्यासिक रचनाएँ इस विषय के अपवाद हैं। बंकिम बाबू, जो बँगला के स्काट कहलाते हैं, बड़ी ही विनोदमयी रीति से सामाजिक जीवन की सामयिक प्रथाओं पर आक्षेप कर सके हैं, साथ ही उन्होंने चरित्रप्रधान उपन्यासों की अच्छी रचना की है। रवीन्द्रनाथ महोदय ने नौका डूबी, गोरा, योगायोग आदि उपन्यास जीवन के अंतरंग प्रवाह से ओतप्रोत हैं। इन्हें उपर्युक्त तीसरी कोटि के श्रेष्ठ उपन्यासों में स्थान दिया जा सकता है जिनमें सामाजिक मनुष्यता का एकपक्षीय नहीं वरन् चतुर्दिक् चित्र तथा पात्रों की संपूर्ण प्रकटीकृत परिस्थिति आँखों के सामने आ गयी है और जो कुछ ज्ञातव्य है वह उनमें गोप्य नहीं रखा गया। सभी पात्र जैसे अपनी सारी आकृति दिखाकर उपन्यास में आत्मसमर्पण करते हैं और रहस्य कुछ भी नहीं रखते। अतः यह आवश्यक नहीं कि पात्रों के जीवन का नखशिख चित्र उनकी जीवन-व्यापिनी घटनाओं को दिखाकर किया जाय। वह तो केवल उनके संबंध में कुछ चुने हुए शब्द कहकर या परिस्थितियों के बीच से उनके आचरण दिखाकर किया जा सकता है। अधिकांश में ये परिस्थितियाँ दुःखपूर्ण होती हैं, क्योंकि इनमें पड़कर जीवन का रूप अधिक निरीह, रहस्यहीन और प्रकृत हो उठता है। बँगला के श्रेष्ठ उपन्यासकार शरतचंद्र महोदय भी इसी कोटि के उपन्यास लिखने में समर्थ सिद्ध हुए हैं।

स्मरण रखना चाहिए कि उपन्यास-लेखन की आधुनिक कला पाश्चात्य देशों से आयी है और आधुनिक भारतीय उपन्यासकारों पर पश्चिम का तद्विषयक ऋण सबको स्वीकार करना होगा। परन्तु उक्त कला के अध्ययन के उपरांत यहाँ के श्रेष्ठ औपन्यासिक ने अपने देश अथवा प्रांत के सर्वतोव्याप्त जीवन का प्रत्यक्ष दर्शन किया और वही वातावरण उनकी कृतियों में भी छा गया है। उनकी मौलिकता और उनके कथानक की निजता देशी रंग-रूपों से समन्वित जीवन के प्रदर्शन मे है। बँगला के अतिरिक्त मराठी, गुजराती, उर्दू आदि के भी कुछ उपन्यास हिंदी में आये परंतु इनका कुछ विशेष व्यक्तित्व न देख पड़ा। पाश्चात्य साहित्य में से अँग्रेजी की जानकारी कतिपय लोगों में थी और अँग्रेजी के द्वारा यूरोपीय साहित्य और विशेष रूप से रूसी क्रांति तथा तद्विषयक नवीन शैली के उपन्यासों को पढ़ने की प्रवृत्ति भी उन लोगों में उत्पन्न हुई।

मुंशी धनपतराय (प्रेमचंद) जब हिंदी के उपन्यास-क्षेत्र में आये तब नवीन रूसी उपन्यासों का, जो सामाजिक तथा राजनीतिक क्रांति के उपरांत एक नये प्रकार की योजना करने और नयी संस्कृति को जन्म देने का प्रयोग कर रहे थे, प्रभाव लेकर आये। उन दिनों आर्य-समाज का सुधार-कार्य तो चल ही रहा था, संयोग से जोरदार राजनीतिक आन्दोलन का सूत्रपात भी उसी समय हुआ। इन्हीं तीनों प्रवाहों का आधार लेकर मुंशी धनपतरायजी ने अपने उपन्यासों की रचना आरंभ की। उनके उपन्यासों में सामयिक जीवन का चित्र सामयिक आंदोलन के रंग में रंगा हुआ दिखाई पड़ता है। व्यक्तियों के सुख-दुःख की कथा वहीं तक है जहाँ तक वह किसी एक वर्ग की प्रतिनिधि है। जमींदार, रैयत, संन्यासी, दारोगा, क्रांतिकारी, विधवा, अछूत या ऐसे ही जो अन्य वर्ग समाज में इस समय हैं और नवीन आंदोलनकारियों की दृष्टि में उनकी जो एक समाज-सापेक्ष सत्ता है, उसी घेरे में प्रेमचंदजी के उपन्यास भी घूमते हैं। परंतु अपने इन वर्ग-प्रतिनिधि पात्रों को एक दूसरे के संपर्क में लाने के लिए स्वाभाविक परिस्थितियों की योजना करने

में आप सिद्धहस्त हैं। आपका लक्ष्य सामाजिक चित्रण के साथ-साथ आंदोलन का समर्थन भी है और इन दोनों का समन्वय आपकी उपन्यास-कला नहीं कर सकी।

इस द्विमुखी उद्देश्य-सिद्धि की साधना में लगने से मुंशी धनपतराय के उपन्यास एक नवीन कोटि के समझे जा सकते हैं, जिन्हें हम उपयोगितावादी सामयिक उपन्यास कह सकते हैं। इनमें समाज का वह चित्र नहीं जो परिवर्तनशील न हो। आंदोलन चाहे जैसे भी हों, आंदोलन ही हैं। वे मनुष्य के स्थानापन्न नहीं हो सकते। उनका चित्रण मानुषीय चित्रण नहीं कहा जा सकता। प्रेमचंद के उपन्यास केवल कल्पना की निस्सीम शक्ति से नहीं रचे गये, बीती या बीतती हुई घटनाओं के प्रभाव से लिखे गये हैं। इस कारण उनके पात्र नैसर्गिक और अप्रतिहत प्रकृति की गति से सर्वत्र नहीं चलते। उसमें स्थान-स्थान पर उन्हीं की प्रकृति को देखते हुए, कृत्रिम, अस्वाभाविक और असंभव आचरण की जड़ता आ जाती है। इसे ही कुछ समालोचक आदर्शवाद कहते हैं परंतु यह केवल बौद्धिक सिद्धांत कहा जा सकता है और उपन्यासकार की कला इसके कारण वास्तव में उचित उत्कर्ष-साधन नहीं कर सकी। तो भी प्रेमचन्द काल के तीन गुणों ने उन्हें बहुत ऊँचा स्थान दे दिया है—(1) उनकी घटनाएँ इतनी घरेलू, सामयिक और मर्मस्पर्शिनी होती हैं कि पढ़े और बे-बढ़े सभी मुग्ध हो जाते हैं; (2) कवि की सहानुभूति किसानों और गरीबों से अधिक है, इससे उनके उपन्यास आदर के पात्र माने गये हैं; (3) उनकी भाषा ऐसी चलती है और लगती होती है कि कोई भी पाठक ऊबता नहीं। उपन्यास का यह सबसे बड़ा गुण है।

इन पृष्ठों में हमने उपन्यास-कला और उसके कोटिक्रम पर ही अधिक ध्यान रखकर केवल उदाहरण और विषय को स्पष्ट करने के लिए आधुनिक उपन्यासों पर ऊपर की पंक्तियाँ लिखी हैं। परंतु आधुनिक उपन्यास ऊपर के उदाहरणों से ही समाप्त नहीं होता, क्योंकि इस क्षेत्र में कतिपय अन्य क्षमताशील लेखक भी काम कर रहे हैं जिनपर इस काल के प्रतिनिधि लेखक प्रेमचंद की शैली का कुछ भी प्रभाव नहीं है तथापि अभी उनकी उपन्यास-कला को विकसित होकर स्थिर रूप धारण करने में कुछ देर है।

उपन्यास के तत्त्व

इतना कुछ कह लेने पर अब हम आधुनिक उपन्यासों के सम्बन्ध में विशिष्ट विवेचन करेंगे। पहले तो उपन्यासों का सम्बन्ध घटनाओं और व्यापारों से, अर्थात् उन बातों से होता है जो सहन या सम्पादित की जाती है। इन्हीं को हम 'उपन्यास वस्तु' कहते हैं। दूसरे, ये घटनाएँ और व्यापार मनुष्यों के आश्रित होते हैं: अर्थात् उन बातों को सहने या करनेवाले मनुष्य होते हैं जो व्यापार की शृङ्खला को स्थिर रखते हैं। इन्हें "पात्र" कहते हैं। उन पात्रों का आपस में वार्तालाप तीसरा तत्त्व है जिसे "कथोपकथन" कहते हैं और जिसका चरित्र-चित्रण से बड़ा घनिष्ठ सम्बन्ध है। ये सब व्यापार या घटनाएँ किसी समय या स्थान में होनी चाहिए, जहाँ और जिसमें पात्रों को अपना कार्य करना तथा सुख-दुःख भोगना पड़ता है। इसे "देश-काल" कहते हैं। यह चौथा तत्त्व है। पाँचवाँ तत्त्व "शैली" और छठा "उद्देश्य" है। प्रत्येक उपन्यास में लेखक को जीवन-सम्बन्धी अपने विचारों को परोक्ष या प्रत्यक्ष रूप में प्रकट करना पड़ता है। इसके निमित्त से अपने विचारों के अनुसार घटनाओं का क्रम-स्थान, पात्रों के राग-भाव आदि का प्रदर्शन तथा वस्तु-निर्देश इस प्रकार से करना पड़ता है जिससे वह अपने सांसारिक भाव और जीवन के लक्ष्य प्रकट कर सके। अतएव उपन्यास के छः तत्त्व होते हैं; यथा—वस्तु, पात्र, कथोपकथन, देश-काल, शैली और उद्देश्य। इनमें से शैली को छोड़कर हम शेष पाँचों तत्त्वों पर क्रमशः विचार करेंगे। "शैली" को हम इसलिए छोड़ देते हैं कि एक तो हम इसका स्वतन्त्र विवेचन आगे करेंगे; और दूसरे, यह तत्त्व सब प्रकार के काव्यों में वर्तमान रहता है। गद्य-काव्य में इसके लिए कोई विशेष स्थान नहीं है।

वस्तु

वस्तु तत्व का विचार आरम्भ करते ही हमें यह जानने की आवश्यकता होती है कि किस उपन्यास की सामग्री कहाँ से ली गयी है; अर्थात् जीवन की व्याख्या करने में उसके किन-किन उपादानों का उपयोग हुआ है। सांसारिक जीवन अनेक अवस्थाओं में विभक्त है। राजा-महाराजा से लेकर साधारण के साधारण व्यक्ति तक अपना जीवन निर्वाह करते हैं यद्यपि उनमें अवस्था के अनुसार अनेक बातों में भेद रहता है, पर संसार में मनुष्य मात्र एक ही प्रकार के रागों, भावनाओं और विचारों आदि से प्रेरित होता है। उन्हें एक ही प्रकार का कहने में हमारा तात्पर्य यही है कि मनुष्य मात्र में सुख-दुःख, स्नेह-घृणा, दया-क्रूरता, ईर्ष्या-द्वेष आदि के भाव और जीवन के साधारण प्रश्न जैसे दरिद्रता, सम्पन्नता; स्वास्थ्य, रोग; मित्रता, शत्रुता आदि की अवस्थाएँ समय-समय पर उपस्थित होती रहती है और अपना-अपना प्रभाव दिखाकर जीवन को सुखमय या दुःखमय बनाती अथवा उसमें उलट-फेर करती हैं। अतएव हमें पहले यह विचार करना पड़ता है कि किसी उपन्यास में जीवन की किस अवस्था का चित्र खींचा गया है और उसमें किन-किन उपादानों का उपयोग किया गया है। साधारणतया देखने की बात यह होती है कि कहीं उसके जीवन की साधारण और तुच्छ बातों की ओर तो विशेष ध्यान नहीं दिया गया है और ऐसी बातों की उपेक्षा तो नहीं की गयी है जो मानव-जीवन में सर्वथा और सर्वदा व्याप्त रहती हैं और जिन्हें हम जीवन का मूल भाव कह सकते हैं? काव्य में हम जीवन की व्याख्या कर चुके हैं। अतएव किसी अच्छे उपन्यास की महत्ता इसी में होती है कि वह उन बातों पर अधिक जोर दे जो जीवन को उत्साहपूर्ण, उद्योगी, दृढ़ और शिक्षामय बनाती हैं। एक कृषक के जीवन की साधारण से साधारण घटनाओं से लेकर एक वीरशिरोमणि की रोमांचकारी कृतियों तक में गुण विद्यमान रह सकते हैं। अथवा यह कहा जा सकता है कि जीवन का दुःखमय अंत या उसकी सफलता की पराकाष्ठा ही अधिक प्रभावोत्पादक होती है। पर किसी अच्छे उपन्यास की महत्ता इसी बात में होती है कि वह उन बातों को अपना मुख्य आधार बनावे जो मनुष्य मात्र के जीवन-संग्राम और उसकी सम्पत्ति-विपत्ति की घटनाओं से सम्बन्ध रखने के कारण हमारे मर्म को स्पर्श करनेवाली हों।

उपन्यासों का एक उद्देश्य खाली समय में चित्त बहलाना और दिनभर के परिश्रम तथा थकावट के उपरांत चित्त को शांति देना भी है। जो उपन्यास यह उद्देश्य सिद्ध करते हैं और उच्च कोटि के आनन्द का उद्रेक करते हुए हृदय को शक्ति और उत्साह से सम्पन्न करते हैं, वे अवश्य अच्छे उपन्यासों में गिने जाने के योग्य होते हैं। पर इनमें भी कथा कहने का ढंग, चरित्र-चित्रण में कौशल अथवा मनोविनोद या परिहास आदि के गुणों के रहने के कारण कथा-वस्तु के साधारण होने पर भी उपन्यास उत्तम श्रेणी का हो जाता है। अतएव इन छोटे-छोटे उपभेदों के रहते हुए भी यह मानना पड़ेगा कि किसी उपन्यास की महत्ता बहुत कुछ उसकी वस्तु पर अवलंबित रहती है। पर केवल वस्तु की महत्ता ही किसी उपन्यास का महत्त्व नहीं स्थापित कर सकती। उस वस्तु को उद्योग में लाने या कथा कहने का ढंग तथा इस कार्य में कौशल उसमें महत्त्वपूर्ण गुण उत्पन्न करने में सहायक होते हैं। अतएव किसी उपन्यासकार की विशेष शक्ति तथा कौशल तब तक निरर्थक है, जब तक वह मानव-जीवन के रहस्यों से भली भाँति परिचित न होगा।

हम यह बात पहले लिख चुके हैं कि उत्तम काव्य के लिए यह आवश्यक है कि कवि या लेखक अपने भावों या मनोवेगों का व्यंजन करने तथा उनके कारण हममें जो सुख-दुःख, आशा-निराशा, भ्रम-आशंका, आश्चर्य-चमत्कार, श्रद्धा-भक्ति आदि के भाव उत्पन्न होते हैं, उनके व्यक्त करने में निष्कपटता का व्यवहार करे। इसी को हमने "कवि-कल्पना में सत्यता" का नाम

दिया है। इस पर यह कह बैठना कि उपन्यास का तो आधार कल्पित कथा ही है, उसमें सत्यता कदाचित् ही मिल सके, अपने को भ्रम-जाल में डालना है। उपन्यासकार जीवन की चाहे जिस घटना या स्थिति को लेकर अपना काल्पनिक राज्य स्थापित करे, पर उसके लिए यह आवश्यक है कि वह उस घटना या स्थिति के रहस्यों और विशेषताओं से पूर्णतया परिचित हो। यदि उसमें इस ज्ञान का अभाव हो तो उसे उचित है कि उसका चित्रण करने का साहस न करे। मान लीजिए कि कोई उपन्यासकार किसी काल की ऐतिहासिक स्थिति का चित्र अपने उपन्यास द्वारा उपस्थित करना चाहता है। अब उसके लिए यह आवश्यक है कि वह उस काल की सामाजिक, राजनीतिक आदि परिस्थितियों का पूरा-पूरा परिचय प्राप्त करे। उसे यह जानना आवश्यक है कि उस काल में राजाओं, रानियों, राजकुमारों, राजकुमारियों, राज्य के बड़े-बड़े अधिकारियों, सेनाओं तथा साधारण प्रजा के रहन-सहन का क्या रंग-ढंग था, राजकार्य किस प्रकार चलता था, शासन कैसे होता था, महलों में क्या रंग-ढंग था, तथा उस समय की राजनीतिक स्थिति कैसी थी। इन बातों को जाने बिना मौर्य-काल, गुप्त-काल या मुगल-काल की घटनाओं पर उपन्यास लिखने का साहस करना अपनी मूर्खता प्रकट करते हुए एक ऐसा चित्र उपस्थित करना है जो वास्तविकता से कोसों दूर होगा और जिसके कारण मिथ्या ज्ञान का प्रचार बढ़ेगा। कुछ आचार्यों का कहना है कि जिस विषय का स्वयं अनुभव न कर लिया गया हो, उस विषय पर कुछ कहना या लिखना उचित नहीं। यदि आप समुद्र में आँधी आने पर जहाज के टूटने का वर्णना करना चाहते हों, तो यह आवश्यक है कि किसी ऐसी घटना का आपने स्वयं अनुभव किया हो। अथवा यदि आप मदकचियों और शराबियों के विषय में कुछ लिखना चाहते हों तो पहले उनके व्यवहारों, विचारों और रहन-सहन का अनुभव कर लें, तब कुछ लिखें। इस कथन में बहुत कुछ सत्यता है; पर यह ध्यान रखना चाहिए कि अनुभव अनेक प्रकार से प्राप्त हो सकता है। हम किसी बात का स्वयं अनुभव कर सकते हैं, या पुस्तकों को पढ़कर अथवा ऐसे लोगों से बातचीत करके भी यह अनुभव प्राप्त कर सकते हैं, जिन्हें स्वयं ऐसा करने का अवसर प्राप्त हुआ हो। अनुभव प्राप्त करने की इस प्रकृति के साथ ही साथ लेखक की प्रतिभा भी इस कोटि की होनी चाहिए कि जितने उपाय सबको उपलब्ध हो सकें, उन सबसे अपना अनुभव-भण्डार भरकर वह अपनी कल्पना-शक्ति से ऐसा जीता-जागता चित्र उपस्थित करे, जो वास्तविकता के रंग से पूरा-पूरा रंगा हुआ ज्ञात हो। अतएव यह आवश्यक है कि उपन्यास-लेखक मनुष्यों और वस्तुओं का जितना अधिक सम्भव हो अनुभव प्राप्त करे और अपने उद्देश्य की सिद्धि में उसका उपयोग करे। इस प्रकार जब लेखक की कल्पना-शक्ति अनुभव का सहारा लेकर अपने कार्य में प्रवृत्त होगी, तब उसे अवश्य ही पूरी-पूरी सफलता प्राप्त होगी।

उपन्यास वस्तु के सम्बन्ध में विचारने योग्य पहली बात यह है कि क्या उसकी कहानी चित्ताकर्षक और कहने योग्य है और क्या भली भाँति कही गयी है? इसका तात्पर्य यही है कि यदि हम उसकी भली भाँति जाँच करें तो उससे इन प्रश्नों का यथोचित उत्तर मिल सके—

(1) उसमें कहीं कोई बात छूटी हुई तो नहीं जान पड़ती, अथवा उसमें परस्पर विरोधी बातें तो नहीं कही गयी हैं?

(2) क्या उसमें सब अंगों में परस्पर साम्य और समीचीनता है? ऐसा तो नहीं है कि किसी ऐसी घटना के वर्णन से कई पृष्ट रँग डाले गये हों जिसका कथावस्तु से कोई स्पष्ट सम्बन्ध न देख पड़ता हो अथवा किसी पात्र का या भूमिका बहुत लम्बी-चौड़ी कर दी गयी हों; परन्तु कुछ आगे बढ़ते ही वह भूमिका बहुत ही तुच्छ या सामान्य हो जाती हो?

(3) क्या उसमें वर्णित घटनाएँ आपसे आप अपने मूल आधार से या एक दूसरी से निकलती चली आती हैं?

(4) क्या साधारण से साधारण बातों पर लेखक की लेखनी चलकर उन्हें असाधारण बनाने में समर्थ हुई है?

(5) क्या घटनाओं का क्रम ऐसा रखा गया है कि जिसमें वे हमको अलौकिक, असंगत और अस्वाभाविक न जान पड़ती हों, चाहे वे घटनाएँ कितनी ही असाधारण क्यों न हों?

(6) क्या उसका अन्त या परिणाम वर्णित घटनाओं के अनुकूल है और क्या कथावस्तु का समाहार पूर्वापर विचार से ठीक-ठीक हुआ है?

यदि इन प्रश्नों का संतोषजनक उत्तर मिल सके, तो समझना चाहिए कि उपन्यास की वस्तु का विन्यास भली भाँति किया गया है। इसके अतिरिक्त यह बात भी ध्यान में रखनी चाहिए कि वर्णनशक्ति का संपादन भी उपेक्षा योग्य नहीं है। कोई कहानी कहने में भी कौशल की आवश्यकता होती है और यह कौशल किसी व्यक्ति की विद्वत्ता या बुद्धिमानी से भिन्न है। विद्वान् या बुद्धिमान होने से ही यह कौशल स्वतः नहीं आ जाता। उस कौशल के सम्बन्ध में इस बात का पूरा-पूरा ध्यान रखना चाहिए कि जिसमें कष्ट-कल्पना या अस्वाभाविकता तो नहीं है और क्या सुननेवाले का मन उसकी ओर सहज ही आकृष्ट हो जाता है? यदि किसी कहानी के कहने में सुगमता, स्वाभाविकता और मनोमुग्धकारिता स्पष्ट देख पड़े तो समझ लेना चाहिए कि कहानी कहनेवाले में अपने व्यापार का जैसा कौशल चाहिए, वैसा है। यदि उसमें ये गुण न हों तो उसे इनके उपार्जन की ओर दत्तचित्त होना चाहिए।

वस्तु-विन्यास के विचार से उपन्यासों के दो भेद माने जाते हैं। एक तो वे जिनमें भिन्न-भिन्न घटनाओं का एक प्रकार से असंबद्ध वर्णन रहता है। वे घटनाएँ एक दूसरी पर आश्रित नहीं रहतीं और न दूसरी घटना पहली घटना का आवश्यक या अनिवार्य परिणाम होती है। इन घटना-समूहों को एक सूत्र में बाँधनेवाला उस पर उपन्यास का नायक होता है और उसी के विशिष्ट चरित्रों को लेकर उपन्यास के भिन्न-भिन्न अवयवों का ढाँचा खड़ा किया जाता है। ऐसे उपन्यास की वस्तु को असंबद्ध या शिथिल कथनात्मक कहा गया है। दूसरे प्रकार के प्रबुद्ध उपन्यास वे होते हैं जिनमें घटनाएँ एक दूसरी से इस प्रकार से सम्बद्ध रहती हैं कि वे साधारणतः अलग नहीं की जा सकतीं और अंतिम परिणाम या उपसंहार की ओर अग्रसर होती हुई उस उपन्यास को एक ऐसा रूप दे देती हैं जिनमें उसके भिन्न-भिन्न अंग या अवयव एक दूसरे से मिले हुए रहते हैं और उनको अलग-अलग करने से सबकी महत्ता नष्ट हो जाती है। ऐसे उपन्यास एक व्यापक विधान के अनुसार बनाये जाते हैं और उनकी सार्थकता घटना-समूहों पर निर्भर रहती है। ऐसे उपन्यासों की वस्तु को संबद्ध घटनात्मक कहते हैं। इस बात का निर्णय करना कठिन है कि इन दोनों प्रकार के उपन्यासों में कौन अच्छा है। हम यह बात पहले कह चुके हैं कि उपन्यासों में सुगमता, स्वाभाविकता और मनोमुग्धकारिता के गुणों का रहना आवश्यक है। घटनाएँ संबद्ध हों या असंबद्ध, परंतु यदि किसी उपन्यास में इन तीनों गुणों का समावेश कुशलतापूर्वक किया गया हो तो उस उपन्यास को सार्थक मानकर उसकी उत्तमता को स्वीकार करना चाहिए। कदाचित् यह कहना अनुचित न होगा कि संबद्धता और असंबद्धता दोनों में से अति की मात्रा को यत्नपूर्वक बचाना चाहिए। संबद्धता भी इतनी न हो कि उपन्यास में कष्ट-कल्पना का दोष आ जाय और स्वाभाविकता नाम मात्र को रह जाय। असंबद्धता भी इतनी न होनी चाहिए कि किसी उपन्यास के भिन्न-भिन्न परिच्छेद अलग-अलग कथाएँ जान पड़ें। किसी-किसी उपन्यास में दो कथाओं का समावेश भी कर दिया जाता है। यदि ऐसा हो तो इस बात का ध्यान रखना चाहिए कि दोनों कथाएँ आपस में मिल जायँ कि वे अलग-अलग न जान पड़ें। उनका दूध और चीनी का-सा संमिश्रण होना आवश्यक और वांछनीय है।

उपन्यासों की कथा कहने के तीन ढंग हैं। पहले में तो उपन्यासकार इतिहासकार का स्थान

ग्रहण करके और वर्णनीय कथा से अपने को अलग रखकर अपने वस्तु-विधान का क्रमशः उद्‌घाटन करता हुआ पढ़नेवालों को अपने साथ लिये हुए अंतिम परिणाम तक पहुँचाकर अपना अभिप्रेत भाव उत्पन्न करता है। दूसरे ढंग में उपन्यासकार नायक का आत्मचरित उसके मुँह से अथवा कभी-कभी किसी उपपात्र या गौण पात्र के मुँह से कहलाता है। तीसरा ढंग वह है जिसमें प्रायः चिट्ठियों आदि के द्वारा कथा का उद्‌घाटन किया जाता है। तीसरा ढंग बहुत कम और पहला ढंग बहुत अधिक काम में लाया जाता है। पहले ढंग का अनुसरण करने में ग्रंथकार को अपना कौशल दिखाने का पूरा-पूरा अवसर मिलता है। दूसरे और तीसरे ढंग का अनुसरण करने में उसे कई कठिनाइयों का सामना करना पड़ता है। इनमें सबसे बड़ी कठिनाई यह है कि वह अपनी समस्त सामग्री का यथोचित उपयोग नहीं कर सकता है।

पात्र

वस्तु-विन्यास के अनंतर जब हम किसी उपन्यास के पात्रों के विषय में विचार करते हैं, तब पहला प्रश्न तो स्वभावतः उपस्थित होता है, यह है कि क्या ग्रंथकार अपने पात्रों को हमारे संमुख वास्तविकता के परिधान से वेष्टित करने में सफल हुआ है? क्या हम उन्हें वैसा ही समझते और मानते हैं? क्या हमारी सहानुभूति उनके साथ वैसी ही है? क्या हम उनसे वैसा ही स्नेह या घृणा करते हैं, जैसा हम संसार के अन्य जाने-बूझे लोगों से करते हैं? यदि ये मनोवेग हमारे मन में उदित हो सकें, तो समझना चाहिए कि ग्रंथकार अपने उद्योग में सफल हुआ। इसके विपरीत यदि हमने उन पात्रों को सांसारिक जीवों से भिन्न जानकर उनका निवास एक भिन्न लोक में ही मान लिया और उनकी शारीरिक, मानसिक तथा आध्यात्मिक शक्तियों को अलौकिक अनुमान कर लिया, तो इस बात में कोई संदेह नहीं कि ग्रंथकार मानव-जीवन की व्याख्या करने में विफल-प्रयास हुआ। ग्रंथकार चाहे अपने साधारण अनुभव का उपयोग करें, चाहे अपने असाधारण अनुभव की परीक्षा करे, उसके पात्रों को सजीव स्त्री-पुरुषों की भाँति अपनी भूमिका संपादित करनी चाहिए और अपनी मानवी स्थिति का भाव हमारे मन पर अंकित कर देना चाहिए।

यहाँ यह प्रश्न हो सकता है कि उपन्यासों को पढ़कर क्यों हम उनके पात्रों को आपने सामने सजीव पुरुष या स्त्री मान बैठते हैं और उनसे मनुष्योचित आचरण कराने को उद्यत हो जाते हैं? यह विषय मनोविज्ञान का है, अतएव हमारे लिए इसपर विस्तारपूर्वक विचार करना अप्रासंगिक और अनावश्यक है। हम केवल यह निर्देश कर सकते हैं कि विभावना की तीव्रता या उत्कर्ष और कल्पना की यथार्थकारिता शक्ति ही इस स्थिति के मूल में है। इन्हीं दोनों मानसिक प्रवृत्तियों से प्रेरित होकर हम कल्पित पात्रों को भी वास्तविकता का रूप दे देते हैं। यह समझ लेना चाहिए कि मानसिक सृष्टि का क्रम निर्धारित करना उन्हीं के लिए कठिन नहीं है जो ऐसी कल्पनाओं के मायाजाल में फँसते हैं बल्कि वे विद्वान् भी, जो उसके निर्माता हैं, उसका रहस्य समझने में असमर्थ हैं। एक विद्वान् का कथन है—"यह शक्ति आध्यात्मिक है। कभी-कभी तो वह मानों लेखक के हाथ से कलम पकड़ लेती है और उनकी रुचि के विरुद्ध भी उसे चला सकती है।" एक पुस्तक में वह लिखता है--"मैं अपने पात्रों का अनुशासन करने में असमर्थ हो जाता हूँ और वे मुझे जहाँ चाहते हैं, ले जाते हैं।" इसका तात्पर्य यही है कि उसने पात्रों को स्वतंत्र संकल्पशक्ति से संपन्न कर दिया है। और उनका अनुशासन करना अर्थात् अपनी इच्छा के अनुसार उनमें काम लेना उसके सामर्थ्य से बाहर हो गया है। वे स्वतंत्र संकल्पवाले पात्र अपने मनोवेगों से प्रेरित होकर काम करते हैं; और कभी-कभी उनके कथन वा कार्य ऐसे हो जाते हैं जिनका लेखकों को कभी अनुमान भी नहीं होता। यहाँ हम कल्पना-शक्ति की पराकाष्ठा देखते हैं और इसके रहस्य का उद्‌घाटन करना लेखक या समालोचन दोनों के लिए असंभव है। सृष्टि-वैचित्र्य का सिद्धांत ही इस मानसिक कल्पना में गर्भित जान पड़ता है।

अतएव इस मानसिक कल्पना की सृष्टि की कथा को छोड़कर हमें केवल इस बात पर विचार करना चाहिए कि किन उपायों का अवलंबन करके लेखक चरित्र-चित्रण में सफल हो सकता है। इसके लिए सबसे आवश्यक बात सजीव वर्णन करने की शक्ति है। किसी नाटक के अभिनय में जो काम किसी पात्र की वेश-भूषा, बोल-चाल, रंग-ढंग तथा नाट्य-कौशल से निकलता है, वही काम उपन्यास-लेखक को अपने वर्णन कौशल से लेना पड़ता है। जैसे किसी दृश्य-काव्य में किसी पात्र और उसके अभिनय को देखकर हम उसके चरित्र से परिचित होते हैं, वैसे ही उपन्यास में उसके आकार-प्रकार और रूप-रंग का जीता-जागता वर्णन पढ़कर हम उससे अपना मानसिक संबंध स्थापित करते हैं। उपन्यास के पात्र की शारीरिक बनावट या प्रकृति आदि में जो विशेषता हो, किसी संकट के समय उसकी भावभंगी और आचार-व्यवहार में जो कुछ महत्ता या विशिष्टता हो, वह पाठकों के मानसिक नेत्रों के सामने वर्णन द्वारा साक्षात् सजीव रूप धारण करके उपस्थित होनी चाहिए। कुछ लोग यह समझते हैं कि किसी बात के सविस्तार वर्णन से, जिसमें कोई छोटी से छोटी या साधारण से साधारण बात भी छूटने नहीं पाती, इस उद्देश्य की सिद्धि हो सकती है। पर कुशल कलावान् अपने मतलब की बातें चुन लेता है और उन्हें आवश्यकतानुसार अपने भावों, विचारों या शब्दों से रंजित करके अपना उद्देश्य सिद्ध करता है।

चरित्र-चित्रण में प्रायः दो उपायों का अवलंबन किया जाता है। एक को विश्लेषणात्मक या साक्षात् और दूसरे को अभिनयात्मक या परोक्ष कहते हैं। पहले प्रकार में उपन्यास-लेखक अपने पात्रों का चरित्र-चित्रण स्वयं अपने शब्दों में करता है वह पात्रों के भावों, विचारों, प्रकृतियों और राग-द्वेषों को समझता, उनकी व्याख्या करता, उनके कारण बताता और प्रायः उन पर अपना विवेचनापूर्ण मत भी प्रकट करता है। दूसरे प्रकार में लेखक आप मानों अलग खड़ा रहता है और स्वयं पात्रों को अपने कथन और व्यापार से तथा उसके सम्बन्ध में दूसरे पात्रों की टीका-टिप्पणी तथा सम्पत्ति से अपना चरित्र-चित्रण करने देता है। उपन्यासों की कथा कहने के तीन ढंग हैं—(1) ऐतिहासिक या अन्य पुरुष-वाचक, (2) आत्मचारित्रिक या उत्तम पुरुष-वाचक और (3) पत्रात्मक। इनमें से पहले ढंग में चरित्र-चित्रण प्रायः विश्लेषणात्मक या प्रत्यक्ष प्रणाली से किया जाता है, और दूसरे तथा तीसरे ढंग में अभिनयात्मक या परोक्ष प्रणाली से। उपन्यासों में लेखक का वर्णन तो विश्लेषणात्मक प्रणाली के अनुसार ही होता है और पात्रों का परस्पर कथोपकथन अभिनयात्मक प्रणाली के अनुसार; इसलिए प्रायः दोनों प्रणालियों का प्रयोग और सम्मिश्रण देख पड़ता है। अतएव किसी उपन्यास-लेखक की कृति पर विचार करने में यह जानना आवश्यक होगा कि उसने किस प्रणाली का कहाँ तक प्रयोग किया है और कहाँ तक दोनों का संमिश्रण हुआ है; तथा उस कार्य में उसे कैसी सफलता प्राप्त हुई है। कुछ विद्वानों की सम्मति है कि अभिनयात्मक प्रणाली का अधिकाधिक प्रयोग होना चाहिए क्योंकि इसमें पात्रों को अपना चरित्र स्वयं चित्रित करने का अवसर मिलता है और पाठकों को भी कुछ अंशों में दृश्य-काव्य का आनन्द आ जाता है। इस कथन में बहुत कुछ सत्यता है। पर नाटक और उपन्यास दो भिन्न-भिन्न प्रकार के काव्य हैं। उपन्यास में नाट्य-शास्त्र के नियमों का वहीं तक उपयोग होना चाहिए जहाँ तक वे उनकी सत्ता नष्ट न कर दें और उसे नाटक का विकृत रूप न बना दें। नाटक और उपन्यास में प्रधान भेद यही है कि नाटक में पात्र अपना चरित्र स्वयं अथवा दूसरे पात्रों के द्वारा चित्रित करते हैं, नाटककार को उनके विषय में स्वयं कुछ कहने का अधिकार नहीं होता; पर उपन्यास में लेखक बहुत कुछ वर्णन स्वयं करता है; और यदि चरित्र का पूरा-पूरा चित्रण आप नहीं करता, तो भी उस कार्य में बहुत कुछ सहायता अवश्य देता है। इस भेद को नष्ट करना अनुचित है। उपन्यास की उत्तमता प्रत्यक्ष और परोक्ष दोनों प्रणालियों का अनुसरण करने से ही प्रस्फुटित हो सकती है। एक प्रणाली का अवलम्बन करने में वह बात नहीं आ सकती।

उपन्यासों में चरित्र-चित्रण के सम्बन्ध में सब कुछ एक और बात ध्यान देने योग्य है। उपन्यासकार को अपने पात्रों के विषय में सब कुछ एक ही समय में नहीं कह देना चाहिए। उसे यथास्थान पहले अपने पात्रं के चरित्र के विषय में मुख्य-मुख्य बातें कह देनी चाहिए और तब उसे छोड़ देना चाहिए जिसमें वह दूसरे पात्रों के प्रभाव, अपनी स्थिति और अपने अनुभव के अनुसार अपने चरित्र को क्रमशः प्रस्फुटित करता जाय। ऐसा करने से भिन्न-भिन्न स्थितियों में मनुष्य की मानसिक अवस्था के अनुसार रागद्वेषात्मक-प्रवृत्तियों का जो प्राबल्य होता है, उसका सुन्दर और जीता-जागता चित्र पाठकों के सम्मुख उपस्थित किया जा सकता है और वह उन्हें मुग्ध करने में समर्थ होता है। चरित्र-चित्रण के कार्य में संसार के अनुभव तथा मानव-प्रकृति के विश्लेषण की बहुत आवश्यकता होती है। इन दोनों के अभाव में चरित्र-चित्रण अधूरा, असंगत और अस्वाभाविक हो सकता है।

वस्तु और पात्र का संबंध

अब तक हमने वस्तु और पात्र के सम्बन्ध में अलग-अलग अपने विचार लिखे हैं। परंतु उपन्यास में दोनों का सम्मिश्रण अनिवार्य है। अतएव इस बात पर भी विचार कर लेना उचित होगा कि दोनों का पारस्परिक संबंध किस प्रकार का है और दोनों कहाँ तक एक दूसरे के आश्रित हैं।

उपन्यास प्रायः दो प्रकार के होते हैं—एक तो वे जिनमें पात्रों को प्रधानता रहती है और व्यापार-शृंखला को गौण स्थान दिया जाता है, दूसरे वे जिनमें व्यापार-शृंखला की प्रधानता रहती है और पात्रों का उपयोग घटनाचक्र को सुचारु रूप से चलाने में किया जाता है। इसमें सन्देह नहीं कि पात्रों की प्रधानता श्रेष्ठ है, क्योंकि मनुष्य के हृदय पर घटनाओं का प्रभाव स्थायी नहीं हो सकता। परंतु पात्रों के चरित्र का प्रभाव अधिक स्थायी और लाभकारी होता है। अतएव वे उपन्यास अवश्य उत्तम श्रेणी के हैं जिनमें चरित्र-चित्रण का अधिक ध्यान रखा जाता है। यदि विचारपूर्वक विवेचन किया जाय तो विदित होगा कि वस्तु और पात्र में परस्पर कुछ न कुछ विरोध रहता है। जहाँ वस्तु का अधिक ध्यान रखा जाता है, वहाँ पात्रों से वस्तु के अनुकूल काम लेना अनिवार्य हो जाता है; और ऐसा करने से चरित्र में असंगतता का दोष आ जाता है। पर जहाँ पात्र अर्थात् चरित्र-चित्रण की ओर अधिक ध्यान दिया जाता है, वहाँ चरित्र के क्रमशः विकसित होने और तदनुसार घटनाचक्र के अग्रसर होने से वस्तु का सामंजस्य प्रायः बिगड़ जाता है। ऐसी अवस्था में दोनों का उपयुक्त संमिश्रण ही वांछनीय है। जब तक वस्तु-विधान और चरित्र-चित्रण एक दूसरे के आश्रित होकर अपने-अपने उद्देश्य की सिद्धि में तत्पर न होंगे, तब तक यह मिश्रण हानिकारक ही सिद्ध होगा। जिन उपन्यासों का उद्देश्य रोमांचकारी घटनाओं का वर्णन होगा, उनमें वस्तु-विधान की प्रधानता अवश्य होगी और पात्रों के चरित्र-चित्रण की ओर नाममात्र का ध्यान दिया जायेगा। ऐसे उपन्यासों में पात्र घटना की शृंखला के वशवर्ती होकर इधर-उधर मारे-मारे फिरेंगे और उपन्यास की रोमांचकारिता के बढ़ाने में आवश्यकतानुसार सहायक बनाये जायँगे। किसी उपन्यास में कुछ विशेष प्रकृतियों और प्रवृत्तियों के कुछ लोगों का विशेष अवस्थाओं में संसर्ग हो जाता है और उन अवस्थाओं के अनुसार उनमें आपस में सहानुभूति या वैमनस्य होता है। आपस के इसी संसर्ग के परिणामस्वरूप उपन्यास की वस्तु का विचार होना चाहिए। इसमें कोई संदेह नहीं कि जिस अवस्था में पात्रों का परस्पर संसर्ग होता है, उसका व्यापार-शृंखला पर बहुत अधिक प्रभाव पड़ता है। इस प्रकार पात्र में ही घटना अंतर्हित रहती है। अतएव किसी उपन्यास के सम्बन्ध में विचार करते समय इस बात का ध्यान रखना चाहिए कि उसमें वस्तु और पात्र कहाँ तक एक दूसरे से सम्बद्ध हैं।

इस सम्बन्ध में यह बात भी विचारणीय है कि जिन-जिन घटनाओं का किसी उपन्यास में वर्णन हो, उनके संतोषजनक कारक बताने में लेखक कृतकार्य हुआ है या नहीं। अर्थात् पात्र

अपनी भूमिका द्वारा वस्तु के क्रमशः विकास में जिन रागद्वेषात्मक प्रवृत्तियों से प्रेरित होकर कोई व्यापार करते हैं, क्या वे व्यापार संतोषजनक और संगत हैं और उनका जो परिणाम या प्रभाव साधारणतः हुआ करता है, क्या वही परिणाम या प्रभाव हुआ है? यदि वस्तु कें निमित्त किसी पात्र को कोई ऐसा कार्य करने में प्रवृत्त कराया जाता है, जो उसके चरित्र तथा स्वभाव के सर्वथा प्रतिकूल है अथवा जिसकी प्रवृत्ति का कारण सर्वथा असंगत, अनुपयुक्त और अस्वाभाविक है, तो यह कहना पड़ेगा कि वस्तु और पात्र के पारस्परिक सम्बन्ध का ध्यान न रखकर ऐसा किया गया है। कभी-कभी यह दिखाया जाता है कि एक पात्र जन्मभर दुष्ट और नीच रहा है और सदा क्रूरता तथा दुर्जनता के कार्य करता रहा है; पर अंत में सुजन-शिरोमणि बना दिया जाता है; और इस अद्‌भुत परिवर्तन का संतोषजनक कारण नहीं बताया जाता। ऐसा करना सर्वथा अनुचित और पात्र तथा वस्तु के सम्बन्ध के सामंजस्य को नष्ट करना है।

कथोपकथन

पात्रों के विषय में विचार करने के अनन्तर यह स्वाभाविक है कि हम उनकी बातचीत पर विचार करें। कथोपकथन का सुचारू रूप से प्रयोग किसी उपन्यास की आकर्षक शक्ति को बहुत बढ़ा देता है। उपन्यास के इस तत्त्व के द्वारा हम उसके पात्रों के विशेष परिचित होते और दृश्य काव्य की सजीवता और वास्तविकता का बहुत कुछ अनुभव करते हैं। वह कथा को चटकीला बना देता और लेखक का कौशल स्पष्ट प्रकट कर देता है।

यद्यपि कथोपकथन का उद्देश्य प्रायः वस्तु-विकास करना माना जाता है, पर वास्तव में उसका सम्बन्ध पात्रों से है। उसके द्वारा राग-द्वेष, प्रवृत्ति, मनोवेग आदि का प्रस्फुटन, पात्रों की स्थिति का घटनाओं के अनुकूल परिवर्तन और उनका एक दूसरे पर प्रभाव बहुत अच्छी तरह दिखाया जा सकता है। कुशल लेखक, जो अभिनयात्मक ढंग को अधिक पसंद करता हो, इसके द्वारा चरित्र का विश्लेषण तथा उसकी व्याख्या बड़ी सुगमता से कर सकता है, और यदि ऐसा करने में स्वाभाविकता बनी रहे, तो मानों सोने में सुगंध आ जाती है। यदि विश्लेषणात्मक ढंग का भी प्रयोग किया जाय तो भी वह लेखक की उद्देश्य-सिद्धि में बड़ी सहायता पहुँचा सकता है।

कथोपकथन का पहला उद्देश्य वस्तु का विकास तथा पात्रों का चरित्र-चित्रण होना चाहिए। असंबद्ध बातें लाने में इसका प्रयोग कदापि नहीं होना चाहिए, चाहे वे बातें मन को कितनी ही प्रसन्न करनेवाली और परिहास का संचार करनेवाली क्यों न हों। हाँ, यदि उनका प्रयोग किसी पात्र का चरित्र-चित्रण करने के लिए हो तो बात दूसरी है। जिस बात का उपन्यास की कथा, उसके उद्देश्य अथवा पात्र से कोई संबंध न हो, उसके विषय में कुछ कहना या लिखना मानो उसमें स्पष्ट असंगति-दोष लाना है। कथोपकथन में बाहरी अथवा ऐसी बातों का प्रयोग, जो देखने में तो अप्रासंगिक जान पड़े पर वासतव में वैसी न हों, वहीं तक क्षम्य हैं, जहाँ तक वे बातें वस्तु-विकास में सहायक अथवा पात्रों के चरित्र-चित्रण मे विशेष उपयोगी हों। इस अपवाद को छोड़कर कथोपकथन स्वाभाविक, उपयुक्त और अभिनयात्मक होना चाहिए। इसका तात्पर्य यही है कि हम किसी पात्र का जैसा चरित्र चित्रित कर रहे हों और जिस स्थिति में तथा जिस अवसर पर वह कुछ कह रहा हो, उसी के अनुकूल उसकी बातचीत भी होनी चाहिए। साथ ही वह बातचीत सुबोध, सरस, स्पष्ट और मनोहर होनी चाहिए। ये गुण कथोपकथन के मूल तत्त्व हैं। इनके बिना बातचीत बनावटी, नीरस, भद्दी और अनुपयुक्त जान पड़ेगी। कुछ लोग कह सकते हैं कि स्वाभाविकता और उपयुक्तता को कुछ अंशों में अभिनयात्मकता से विरोध है और तीनों गुणों या तत्त्वों का एक ही स्थान में समावेश कदाचित् कठिन हो। यह ठीक है; पर कठिनाई दूर करने में ही लेखक का कौशल प्रकट होता है। ध्यान केवल इस बात का रहना चाहिए कि तीनों गुण उपयुक्त और आवश्यक मात्रा में हों। यदि साधारण अवस्था में असाधारण अथवा तेजस्वी लोगों

की बातचीत वैसी ही दी जाय, जैसी वह प्रायः हुआ करती है, तो वह उखड़ी हुई, विवादमय और प्रभावशून्य जान पड़ेगी। साथ ही यदि इन दोनों बातों को बचाने का उद्योग किया जाय, तो इस बात की आशंका होगी कि कहीं वह बनावटी, नीरस और क्षोभकारी न हो जाय; अतएव साधारण बातचीत में अथवा उद्वेग या उत्तेजना की अवस्था में मध्यम मार्ग का ग्रहण करना ही उचित होगा। लेखक का उद्देश्य होना चाहिए कि वह साधारण लोगों की नित्यप्रति की साधारण बातचीत के अनुरूप ही अपने पात्रों से कथोपकथन न करावे, बल्कि उसे ऐसा रूप दे जिसमें अभिनय की त्वरा तथा शक्ति के साथ ही साथ स्वाभाविकता और वास्तविकता का प्रत्यक्ष रूप भी दिख पड़े।

उपन्यास और रस

हम यह बात कई स्थानों में लिख चुके हैं कि सब प्रकार के काव्यों की विशेषता यह होती है कि वे पढ़नेवालों में भिन्न-भिन्न मनोवेगों को उत्तेजित करके उनमें अलौकिक आनन्द का उद्रेक करें। यही मनोवेग या भाव साहित्यशास्त्र में रस के मूल कहे जाते हैं। उपन्यासों में भी उनके संचार की आवश्यकता होती है। उनके बिना उपन्यास नीरस और प्रभावशून्य होते हैं। यही कारण है कि उनकी उपस्थिति अथवा अभाव इतना प्रत्यक्ष होता है कि साधारण से साधारण पाठक भी उनका अनुभव किये बिना नहीं रह सकता। अतएव यहाँ संक्षेप में इस बात का विचार कर लेना भी आवश्यक जान पड़ता है कि किसी लेखक में पाठकों के मन में आनन्द, करुणा, सहानुभूति अथवा विनोद आदि उत्पन्न करने की शक्ति का होना कहाँ तक आवश्यक और उपयोगी है। किसी उपन्यास-लेखक की कृति के गुणों और दोषों का विवेचन करते समय दो बातों का विशेष रूप से ध्यान रखा जाता है। पहली बात तो यह देखी जाती है कि उस लेखक की शक्तियाँ कितनी अधिक विस्तृत अथवा संकुचित हैं। यदि उपन्यासों का तुलनात्मक अध्ययन करते समय इस बात का ध्यान रखा जायगा, तो पाठकों को और भी आनन्द आयेगा। बात यह है कि किसी लेखक में तो करुण आदि रस का संचार करने की शक्ति अधिक और हास्य रस का संचार करने की शक्ति कम होती है; और किसी लेखक की अवस्था इसके बिल्कुल विपरीत होती है। कुछ लेखक ऐसे होते हैं जो केवल भीषण मनोविकार उत्पन्न करने में ही सिद्धहस्त होते हैं; और कुछ ऐसे होते हैं जो थोड़ी-बहुत मात्रा में सभी प्रकार के मनोविकार उत्पन्न कर सकते हैं। दूसरी बात को ध्यान रखने योग्य है, वह यह है कि इनमें से किसी मनोविकार का पाठकों पर कैसा और कितना अधिक प्रभाव पड़ता है। ऐसी ओजभरी या चमत्कृत उक्ति भी हास्य के ही अंतर्गत है जिससे मनुष्य को आनन्द तो बहुत अधिक होती है, पर वह केवल मुस्कराकर रह जाता है और ऐसी उक्ति भी हास्यपूर्ण ही मानी जाती है जिसके कारण हँसते-हँसते पेट में बल पड़ जाते हैं; पर जिसमें वास्तविक चमत्कार की मात्रा बहुत ही थोड़ी होती है। कभी तो किसी की दुरवस्था देखकर मन में सहानुभूति का बहुत ही कोमल भाव उत्पन्न होकर रह जाता है, और कभी पाठकों की आँखों में जल कर जाता है। कोई दुर्घटना तो मनुष्य के चित्त में साधारण क्षोभ उत्पन्न करके ही रह जाती है और कोई उसको बिल्कुल आपे से बाहर कर देती है। तात्पर्य यह है कि कोई उपन्यास पढ़ते समय इस बात का विचार रखना चाहिए कि उपन्यास अथवा उसका लेखक कहाँ तक और किस प्रकार का कोई मनोविकार उत्पन्न करने में समर्थ है।

यदि किसी लेखक की लेखनी सचमुच प्रभावशालिनी हो, यदि वह सचमुच पाठकों के मन में हास्य, करुणा अथवा शोक आदि विकार उत्पन्न करने में समर्थ हो, तो हमें यह देखना होगा कि वह अपने इस सामर्थ्य, इस शक्ति का कहाँ तक सदुपयोग अथवा दुरुपयोग करता है। उदाहरण के लिए परिहास को ही लीजिए। परिहास को इस प्रतिभा की सबसे बड़ी देन कह सकते हैं और इसके कारण किसी उपन्यास का सौंदर्य बहुत कुछ बढ़ सकता है, पर साथ ही यह भी संभव है

कि कोई हास्यप्रिय लेखक परिहास को अश्लीलता की सीमा तक पहुँचकर उसका दुरुपयोग कर डाले; अथवा वह ऐसे बुरे ढंग से या बेमौके परिहास कर सकता है कि उलटे स्वयं वह और उसका परिहास दोनों ही हास्यास्पद हो जायँ। कोई परिहास मन को प्रसन्न करने के बदले दुःखी अथवा क्रुद्ध भी कर सकता है। परंतु फिर भी परिहास के उपयोग के सम्बन्ध में कोई सीमा निर्धारित नहीं की जा सकती; क्योंकि कुछ बातें ऐसी भी होती हैं जिन्हें देखकर मनुष्य के मन में करुणा तो उत्पन्न होती है, पर साथ ही कभी-कभी हँसी भी आ जाती है। किसी बदमस्त शराबी को देखकर वस्तुतः मन में करुणा का ही आविर्भाव होगा, पर उसके कुछ कृत्यों से हँसी भी आ सकती है। किसी को बाइसिकिल पर से गिरते देखकर हँसना यद्यपि अनुचित है पर कभी-कभी ऐसा दृश्य भी मनुष्य को हँसा ही देता है। ऐसी दशा में स्वयं लेखक को इस बात का ध्यान रखना चाहिए कि मेरा परिहास उपयुक्त, उचित अवसर पर और मनोवांछित प्रभाव उत्पन्न करनेवाला हो। ऐसे परिहास से दूसरों के आचरण सुधर सकते और दुर्गुण हो सकते हैं। पर यह बात तभी हो सकती है जब लेखक स्वयं इस विषय में सतर्क और विचारशील हो। हम तो यही कह सकते हैं कि परिहास बे-मौके, अश्लील अथवा निर्दयतापूर्वक न होना चाहिए और उसमें शुद्ध विनोद की मात्रा अधिक होनी चाहिए। जो बात हास्य के सम्बन्ध में है, वही करुणा और शोक आदि के सम्बन्ध में भी कही जा सकती है। संसार के प्रायः सभी बड़े-बड़े साहित्यों में करुणारस-प्रधान अनेक ग्रन्थ वर्तमान है, जिनके विशिष्ट अंशों को पढ़कर मनुष्य की आँखों से आपसे आप अश्रुपात होने लगता है। हरिश्चन्द्र ने श्मशान-प्रवास अथवा रामचंद्र के वन-गमन का साधारण वर्णन भी मनुष्य का चित्त चंचल कर देता है। परन्तु अयोग्य लेखक के हाथ में पड़कर इन रसो की दुर्दशा हो सकती है और प्रायः होती भी है। कुछ लेखक केवल दुःखमय घटनाओं या दृश्यों के वर्णन में ही अपनी सारी शक्ति लगा देते हैं, अथवा किसी साधारण दुःखमय घटनाओं का इतना अत्युक्तिपूर्ण और विस्तृत वर्णन करते हैं कि या तो पाठकों का जी ऊब जाता है या उनका चित्त इतना अधिक व्याकुल और दुःखी हो जाता है कि उसके सँभलने में ही बहुत समय लग जाता है। यह प्रवृत्ति भावुक बंगाली लेखक में ही बहुत अधिकता से पायी जाती है। वे बात-बात में अपने पात्रों को रुला देते हैं जिसे पढ़नेवाले के मन में करुण रस का संचार तो होता नहीं, उल्टे एक प्रकार की अरुचि उत्पन्न हो जाती है। बँगला के प्रसिद्ध नाटककार गिरीश घोष के प्रायः सभी नाटकों के किसी न किसी पात्र पर इतनी अधिक विपत्ति ढायी गयी है कि अंत में उसके पागल होने की नौबत आ गयी है। यहाँ भी सब बातें लेखक के विवेक और विचारशीलता पर ही निर्भर करती है और कोई ऐसा नियम निश्चित नहीं किया जा सकता जिससे यह जाना जा सके कि इस सीमा तक करुण रस का संचार उचित और इसके आगे अनुचित है। हम केवल यही कह सकते हैं कि लेखक को इस बात का सदा ध्यान रखना चाहिए की पाठकों के चित्त पर ऐसी सभी बातों का कुछ न कुछ परिणाम या प्रभाव होता है और उसे यथासाध्य इस बात का उद्योग करना चाहिए कि उसका ऐसा वर्णन अप्रिय अथवा खटकनेवाला न हो। यदि किसी उपन्यास को समाप्त करने के उपरांत हमारी यह धारणा हुई कि उसके अमुक वर्णन ने हमारे मन को आवश्यकता से अधिक क्षुब्ध किया, व्यर्थ ही हमें उत्तेजित कर दिया, अथवा समाप्ति के उपरांत भी हमें बहुत देर तक दुःखी और चिन्तित रखा, तो फिर चाहे उस उपन्यास में और कितने ही गुण क्यों न हों वह पूर्ण रूप से प्रशंसनीय नहीं होगा। यद्यपि यह किसी उपन्यास के प्रशंसनीय होने की बहुत बढ़िया और बिलकुल ठीक कसौटी नहीं है, तथापि इसका कुछ न कुछ उपयोग अवश्य हो सकता है।

देश और काल

अब हम देश-काल-अपेक्षित उपन्यासों के देश और काल का विस्तार करते हैं। उपन्यास

के "देश और काल" से हमारा तात्पर्य उसमें वर्णित आचार-विचार, रीति-रिवाज, रहन-सहन और परिस्थिति आदि से है। इसे हम दो भागों में विभक्त कर सकते हैं—एक तो सामाजिक और दूसरा ऐतिहासिक या सांसारिक। ऐसे उपन्यास लिखना सहज नहीं है जिनमें जीवन या समाज के सभी अंगों और स्वरूपों का समावेश हो, और इसीलिए ऐसे उपन्यास देखने में भी कम आते हैं। साधारणतः अधिकांश उपन्यास ऐसे होते हैं जिनमें जीवन अथवा समाज के दो ही एक अंगों का चित्र खींचा गया हो। कोई उपन्यास साधारण गार्हस्थ्य जीवन से सम्बन्ध रखता है और कोई किसी ऐतिहासिक घटना पर अवलंबित होता है। पर फिर भी दोनों में से कोई पूर्ण व्यापक नहीं हो सकता। गार्हस्थ्य-जीवन के भी अनेक अंग हैं। किसी उपन्यास में कलह-प्रिय स्त्रियों का चरित्र चित्रित होता है, किसी में नवयुवकों का नैतिक पतन दिखलाया जाता है, किसी में धनवानों के विलास और नाश का प्रदर्शन होता है, दरिद्रों के कष्टपूर्ण जीवन का निरूपण होता है। बहुधा ऐसा होता है कि उपन्यास का आरंभ तो साधारण परिस्थिति में होता है, पर आगे चलकर उसके नायक को कठिन, असाधारण और विपरीत परिस्थितियों का सामना करना पड़ता है। लेखक चाहे जिस प्रणाली का अनुसरण करे और चाहे जिस अवस्था का चित्र खींचे, पर यह स्पष्ट है कि उसे चरित्र-चित्रण में देश, काल और परिस्थिति आदि का पूरा-पूरा ध्यान रखना पड़ेगा। हमें यह भी स्मरण रखना चाहिए कि बहुत से उपन्यास आदि तो केवल इसलिए मनोरंजक होते हैं कि उनमें समाज के किसी विशिष्ट वर्ग, देश के किसी विशिष्ट भाग अथवा काल के किसी विशिष्ट अंश से सम्बन्ध रखनेवाला ही वर्णन होता है। ऐसी दशा में जिस उपन्यास का वर्णन जितना ही सटीक और स्वाभाविक होगा, वह उपन्यास उतना ही अच्छा माना जायगा।

ऐतिहासिक उपन्यासों में इन बातों का ध्यान रखने की और भी अधिक आवश्यकता होती है; क्योंकि उनमें लेखक को किसी विशिष्ट युग अथवा काल का चित्र अंकित करना पड़ता है। कुछ उपन्यास तो स्वयं ऐतिहासिक घटनाओं से ही सम्बन्ध रखते हैं; पर कुछ ऐसे भी होते हैं जिनके कथानक का इतिहास से बहुत थोड़ा संबंध होता है और जिनमें किसी ऐतिहासिक काल के सामाजिक अथवा और किसी प्रकार के जीवन का चित्र रहता है। श्रीयुत् राखालदास वंद्योपाध्याय कृत करुणा और शशांक ऐसे उपन्यास हैं जिनकी कथा-वस्तु की रचना ऐतिहासिक घटनाओं के आधार पर ही की गयी है, पर जिनमें उस समय के आचार-विचार, रीति-रिवाज और राजकीय परिस्थिति आदि का पूरा-पूरा दिग्दर्शन कराया गया है। ऐसे उपन्यास लिखने के लिए यह बात बहुत ही आवश्यक है कि लेखक उस समय से संबंध रखनेवाली काम की सभी बातों का बहुत अच्छी तरह और विचारपूर्वक अध्ययन करे। ऐसा किये बिना वह कोई अच्छा ऐतिहासिक उपन्यास लिखने में कभी समर्थ और सफल हो ही नहीं सकता। यदि कोई लेखक केवल वर्तमान काल की घटनाओं और परिस्थितियों आदि के आधार पर कोई ऐतिहासिक उपन्यास लिखे और उन्हीं घटनाओं तथा परिस्थितियों का उस ऐतिहासिक काल में आरोप-मात्र करके छोड़ दे, तो उस उपन्यास का शिक्षित समाज में क्या आदर होगा! ऐतिहासिक उपन्यास का महत्त्व तो केवल इसी में है कि उसमें किसी प्राचीन काल के जीवन का पूर्ण और विस्तृत वर्णन किया जाय, जिससे पाठकों के सामने उस काल का जीता-जागता चित्र उपस्थित हो जाय और यह बात तभी हो सकती है जब लेखक ने उस काल की सभी बातों का भली भाँति अध्ययन किया हो; और साथ ही उसमें उनका ठीक-ठीक वर्णन करने की पूरी शक्ति भी हो। ऐतिहासिक उपन्यास लिखनेवाले का काम ही यह है कि पुरातत्त्व और इतिहास के जानकारों ने जिन रूखी-रूखी बातों का संग्रह किया हो उनको वह सरस और सजीव रूप देकर अपने पाठकों के सामने उपस्थित करे; और उसे इधर-उधर बिखरी हुई जो सामग्री भिन्न-भिन्न साधनों से मिले, उसकी सहायता से वह अपने कौशल के द्वारा एक सर्वांगपूर्ण चित्र प्रस्तुत करे। ऐतिहासिक उपन्यासों के पाठक तो उसी लेखक

का सबसे अधिक आदर करते हैं जो किसी विशिष्ट अतीत काल का बिलकुल सच्चा, जीता-जागता और साथ ही मनोरंजक वर्णन कर सके। इससे उसके पांडित्य और पुरातत्त्व-ज्ञान का भी आदर होता है, पर उतना अधिक नहीं जितना उसकी वर्णन-शक्ति का। हाँ, उस दशा में पुरातत्त्व-ज्ञान का भी विशेष आदर हो सकता है, जब उपन्यास की आधारभूत घटनाएँ बहुत ही प्राचीन और ऐसे काल से संबंध रखती हों जिनके विषय में सर्वसाधारण को बहुत ही कम ज्ञान हो पर यह विशेष विवेचन प्रस्तुत विषय से अधिक संबंध नहीं रखता इसलिए हम यही कहना पर्याप्त समझते हैं कि जिस ऐतिहासिक काल की घटनाओं के आधार पर कोई उपन्यास लिखा जाय, उस काल के विचारों, भावों, व्यवहारों और परिपाटियों आदि का उसमें ठीक-ठीक और पूरा-पूरा वर्णन होना चाहिए।

देश और काल के अतिरिक्त किसी उपन्यास का संबंध कुछ दूसरी ऐहिक बातों से भी होता है। कुछ लेखक तो बड़े और अच्छे दृश्यों का वर्णन भी बहुत ही संक्षेप में करके छुट्टी पा जाते हैं और कुछ लेखक छोटी-छोटी बातों का भी बहुत ही विस्तारपूर्वक वर्णन करने बैठ जाते हैं। कुछ लेखक तो पर्वतों, नदियों और जंगलों की प्रातःकालीन शोभा का वर्णन दो-चार पंक्तियों में ही दे देना पर्याप्त समझते हैं और कुछ लेखकों को खिड़खियों में लगे हुए जंगलों, उनके आगे पड़े हुए परदों और उन परदों में बने बेल-बूटों तक का वर्णन किये बिना संतोष नहीं होता। हमारी समझ में लेखक को किसी प्राकृतिक दृश्य का वैसा ही वर्णन करना चाहिए, जैसा कि कोई अच्छा चित्रकार उस दृश्य का चित्र खींचता है। बहुत ही विस्तृत अथवा बहुत ही संक्षिप्त वर्णन कभी प्रभावशाली अथवा चित्ताकर्षक नहीं हो सकता। हाँ, यदि लेखक चाहे तो उन प्राकृतिक दृश्यों और दूसरी बातों का अपने कथानक में और प्रकार से प्रयोग कर सकता है। वह अपनी रचना की केवल सौंदर्यवृद्धि के लिए भी ऐसे दृश्यों का वर्णन कर सकता है और अपने सुजन पात्रों के साथ पाठकों की सहानुभूति बढ़ाने अथवा दुष्ट पात्रों की दुष्टता अधिक प्रत्यक्ष करने के लिए भी कर सकता है। जैसे नवजात कृष्ण को गोद में लेकर यमुना पार करनेवाले वसुदेव के साथ सहानुभूति बढ़ाने के लिए भीषण अंधकार, घोर वर्षा, प्रचंड वायु और प्रबल बाढ़ का बहुत अच्छा वर्णन हो सकता है। अथवा मन में परम पवित्र भाव उत्पन्न करनेवाली किसी सुन्दर नदी के रमणीय तट पर किसी अघोर कृत्य करनेवाले दुष्ट की दुष्टता प्रकट करने के लिए भी ऐसे वर्णनों का उपयोग हो सकता है। अथवा किसी शोकपूर्ण घटना का वर्णन करते हुए पड़नेवाली फुहार का इन्द्र के अश्रुपात के रूप में उपयोग हो सकता है। पर प्रायः लेखक प्राकृतिक दृश्यों या घटनाओं आदि का उपयोग अपने पात्रों के साथ सहानुभूति बढ़ाने में ही करते हैं। किले के बुर्ज में बंद किसी कैदी का वर्णन करते हुए साथ में आँधी और तूफान का उल्लेख होता है, और अट्टालिका में पड़ी हुई विरहिणी के वर्णन के साथ बादल की गरज और बिजली की चमक का उल्लेख होता है। साधारणतः लेखक अपने पात्रों की अवस्था और प्राकृतिक घटनाओं में सामंजस्य ही स्थापित करने का उद्योग करते हैं। विरोध तो प्रायः ऐसे लेखकों की रचनाओं में पाया जाता है, जो यह समझ लेते हैं कि प्रकृति को मनुष्यों के सुख-दुःख का कुछ भी ध्यान नहीं होता, अथवा जो इस बात का अनुभव कर लेते हैं कि सुन्दर से सुन्दर दृश्यों और शोभाओं का भी निर्दय और कठोर-हृदय दुष्टों पर कोई प्रभाव नहीं पड़ता।

उद्देश्य

अब हम उपन्यास के अंतिम और छठे तत्त्व उद्देश्य का कुछ विचार करते हैं। इस उद्देश्य से हमारा तात्पर्य जीवन की व्याख्या अथवा आलोचना से है। नाटक की भाँति उपन्यास का भी जीवन के साथ सबसे अधिक और घनिष्ठ संबंध है। उपन्यासों में मुख्यतः यही दिखलाया जाता

है कि पुरुषों और स्त्रियों के विचार, भाव और पारस्परिक संबंध आदि कैसे हैं, वे किन-किन कारणों अथवा प्रवृत्तियों से प्रेरित होकर कैसे-कैसे कार्य करते हैं; अपने प्रयत्नों में वे किसी प्रकार सफल अथवा विफल होते हैं; और इन सबके फलस्वरूप उनमें कैसे-कैसे मनोविकार आदि उत्पन्न होते हैं। उपन्यास-लेखक का जीवन के किसी एक अथवा अनेक अंगों के साथ बहुत ही घनिष्ठ सम्बन्ध होता है, इसलिए किसी न किसी रूप में यह प्रकट करना उसका कर्त्तव्य हो जाता है कि जीवन के साधारण और असाधारण सभी व्यापारों का उसपर क्या और कैसा प्रभाव पड़ा है। कुछ विशेष सिद्धांतों अथवा विचारों के प्रतिपादन के उद्देश्य से तो बहुत ही कम उपन्यास लिखे जाते हैं, पर सभी उपन्यासों में कुछ न कुछ विशेष विचार अथवा सिद्धांत आपसे आप आ जाते हैं। यदि किसी छोटी से छोटी कहानी को भी ध्यानपूर्वक देखा जाय, तो उसमें भी नैतिक महत्त्व का कोई न कोई सिद्धांत मिल ही जायगा। तो फिर उपन्यासों में जीवन-सम्बन्धी ऐसे नैतिक सिद्धांतों या विचारों का पाया जाना तो बहुत ही साधारण बात है।

कुछ लोग कहा करते हैं कि उपन्यास खाली समय में केवल दिन बहलाने के उद्देश्य से ही लिखे जाते हैं; इसलिए उनमें जीवन सम्बन्धी गूढ़ सिद्धांतों और तत्त्वों को ढूँढ़ना ठीक नहीं। बहुत ही साधारण कोटि के उपन्यासों के सम्बन्ध में यह कथन ठीक हो सकता है, पर उच्च कोटि के उपन्यासों के सम्बन्ध में यह बात नहीं कही जा सकती। जीवन-सम्बन्धी कुछ न कुछ सिद्धांत और तत्त्व तो साधारण उपन्यासों में भी हो सकते हैं, पर वे स्पष्ट रूप से इसीलिए हमारे सामने नहीं आते कि उनके लेखकों में उन्हें व्यक्त करने की यथेष्ट शक्ति ही नहीं होता। पर बड़े-बड़े उपन्यास-लेखक अच्छे अनुभवी और विचारशील होते हैं। वे लोगों के विचारों, भावों और व्यवहारों आदि का भली भाँति निरीक्षण करके उनके सम्बन्ध में पूर्ण ज्ञान प्राप्त करते हैं; और उस अनुभव तथा ज्ञान की सहायता से वे नैतिक महत्त्व का ऐसा अच्छा चित्र अंकित करते हैं, जिसकी कोई विचारशील पाठक कभी उपेक्षा कर ही नहीं सकता। यही कारण है कि किसी अच्छे उपन्यास की चर्चा छिड़ते ही आपसे आप जीवन के भिन्न-भिन्न अंगों अथवा नीति-शास्त्र के भिन्न-भिन्न सिद्धांतों की चर्चा होने लगती है।

परंतु इसका यह तात्पर्य नहीं है कि कोई उपन्यास-लेखक अपने उपन्यास में बड़े-बड़े नैतिक सिद्धांतों अथवा जीवन-सम्बन्धी अच्छे-अच्छे आदर्शों की ही भरमार कर दे। यह अवश्य है कि जीवन के सम्बन्ध में उसके जो विचार अथवा आदर्श होंगे, उन्हीं के अनुसार वह अपने उपन्यास का वस्तु-विन्यास तथा उसके पात्रों का चरित्र-चित्रण करेगा। पर उसका यह कृत्य गौण होगा और उसका मुख्य कृत्य जीवन-सम्बन्धी वास्तविक घटनाओं अथवा कार्यों का निदर्शन और निरूपण करना होगा, अर्थात् वह केवल यही दिखलायेगा कि जीवन साधारणतः किस प्रकार व्यतीत किया जाता है। साधारण जीवन का जो चित्र वह अंकित करेगा वह अवश्य ऐसा होगा जिससे लोग शिक्षा ग्रहण करते हुए कुछ नैतिक सिद्धांत अथवा आदर्श भी स्थिर कर सकें। जीवन के सम्बन्ध में लेखक का जो कुछ अनुभव या निरीक्षण होगा, वह अवश्य लोगों के जीवन-सुधार में बहुत कुछ सहायक होगा। केवल इसी दृष्टि से उपन्यास का उद्देश्य निश्चित होना चाहिए।

जीवन की व्यवस्था

उपन्यासों में जीवन का आलोचन अथवा नैतिक सिद्धांतों का प्रतिपादन दो प्रकार से होता है। कुछ उपन्यास-लेखक तो, नाटककार की भाँति, सब घटनाओं और बातों को उनके वास्तविक रूप में ही अपने पाठकों के सामने उपस्थित कर देते हैं। संसार के मनुष्यों और चरित्रों को वे जिस रूप में देखते अथवा पाते हैं; उसी रूप में वे उनको चित्रित करके छोड़े देते हैं और वस्तु-विन्यास के ढंग से ही वे अपने नैतिक सिद्धांतों का प्रतिपादन कर देते हैं। अर्थात् वे अपनी कल्पना की सहायता से संसार का एक सूक्ष्म अथवा संक्षिप्त रूप ऐसे ढंग से अंकित करते हैं,—

जिससे कुछ नैतिक सिद्धांत स्थिर किये जा सकते हैं। केवल पात्रों के चरित्र-चित्रण और कथानक के विकास से ही वे जीवन अथवा नीति-सम्बन्धी अपने विचार और सिद्धांत प्रकट कर देते हैं, और तब तक पाठक अथवा आलोचक का यह काम रह जाता है कि वह उपन्यास में इधर-उधर बिखरी हुई बातों के आधार पर कुछ नैतिक निष्कर्ष निकाल ले।

यहाँ तक तो उपन्यास और नाटक दोनों एक ही ढंग से चलते हैं। दोनों कुछ घटनाओं अथवा बातों को लोगों के सामने उपस्थित कर देते हैं और परिणाम निकालने का काम पाठकों पर छोड़ देते हैं। नाटककार को तो स्वयं प्रत्यक्ष रूप से कुछ भी कहने का अधिकार नहीं होता, पर उपन्यासकार यदि चाहे तो बीच-बीच में स्वयं भी टीका-टिप्पणी कर सकता है। वह उपन्यास में दिये चरित्रों की आलोचना और कार्यों की व्याख्या कर सकता है और उनसे कुछ नैतिक सिद्धान्त निकालकर लोगों के सामने रख सकता है। जब वह अपना यह अधिक काम में लाता है और अप्रत्यक्ष रूप से चरित्र अंकित करने के साथ ही साथ प्रत्यक्ष रूप से उसकी आलोचना भी करने लगता है, तब वह मानों अपने रचे हुए संसार का आप ही आलोचक और व्याख्याता भी बन जाता है। उस दशा में उसकी वही आलोचना और व्याख्या बाहरी संसार की भी आलोचना और व्याख्या हो जाती है। यही जीवन की आलोचना का प्रत्यक्ष और दूसरा प्रकार है।

उपन्यास में सत्यता

किसी उपन्यास के जीवन-सम्बन्धी तत्त्वों की परीक्षा करते हुए सबसे पहले इस बात का ध्यान रखना चाहिए कि उसमें सत्यता की मात्रा कहाँ तक है पर वह सत्यता वैज्ञानिक सत्यता से बिल्कुल भिन्न और ''कवि कल्पना'' में मिलनेवाली ''सत्यता'' के समान ही होगी। हम यह नहीं कह सकते कि उपन्यासों में केवल झूठी और कल्पित बातें भरी होती हैं और उनमें सत्यता का कोई अंश होता ही नहीं। यह सच है कि कोई उपन्यास आदि के अंत तक वास्तविक अथवा सच्ची घटनाओं के आधार पर नहीं होता; उसकी अधिकांश बातें लेखक की कल्पना से उद्भूत रहती हैं, परन्तु इतना होने पर भी उसमें गूढ़ और व्यापक सत्यता अंतर्हित रहती है जो अधिक प्रभावशालिनी और शिक्षाप्रद होती है। कविता के विवेचन में हम जिस ''कवि कल्पना में सत्यता'' का उल्लेख कर चुके हैं, वही सत्यता उपन्यासों, आख्यायिकाओं और नाटकों आदि में उपस्थित रहती है। जो कुछ कभी हुआ हो अथवा नित्य होता हो, केवल वही सत्य नहीं है, बल्कि जो कुछ हो सकता है, वह भी सत्य ही है। इस अन्तर को स्पष्ट करने के लिए कुछ विद्वान् साहित्य के दो भेद मानते हैं—एक तो ज्ञान-साहित्य और दूसरा शक्ति का साहित्य। ज्यों-ज्यों विज्ञान की उन्नति होती जाती है त्यों-त्यों ज्ञान का साहित्य तो पिछड़ता और पुराना होता जाता है, पर शक्ति का साहित्य नया और ताजा बना रहता है। भौतिक विज्ञान अथवा शरीर-शास्त्र की पाठ्य-पुस्तकों में भी सत्य होता है। पर नये वैज्ञानिक आविष्कारों के कारण उनमें का सत्य पुराना और अधूरा होता जाता है, और इसीलिए उनमें सदा संशोधन, परिवर्तन और परिवर्द्धन आदि की आवश्यकता बनी रहती है। पर काव्य, नाटक और उपन्यास आदि ज्ञान के साहित्य नहीं, बल्कि शक्ति के साहित्य हैं। अर्थात् उनमें ज्ञान के बदले एक ऐसी शक्ति होती है जो लोगों को कुछ विशेष बातों का ज्ञान कराती है। ऐसी पुस्तकों में जो कल्पित सत्य होता है वह सदा एकरस रहता है। उसमें कभी किसी परिवर्तन, परिवर्द्धन या संशोधन आदि की कोई आवश्यकता नहीं होती है। पंचतंत्र, कादम्बरी अथवा शकुन्तला में जो सत्य प्रतिपादित है, उसमें क्या कभी कोई अन्तर पड़ सकता है या वह कभी पुराना और निकम्मा हो सकता है?

किसी ने कहा है—''उपन्यास में नामों और तिथियों के अतिरिक्त और सब बातें सच्ची होती हैं, और इतिहास में नामों और तिथियों के अतिरिक्त और कोई बात सच्ची नहीं होती।'' इस उद्धरण से हमारा तात्पर्य यही नहीं है कि इतिहासों में कुछ भी तथ्य नहीं होता। हमारा

अभिप्राय तो केवल यही है कि लोग भली भाँति समझ लें कि उपन्यासों और नाटकों आदि का महत्त्व किस प्रकार के सत्य का आश्रित है। उपन्यास-लेखक कुछ सच्ची अथवा संभावित घटनाओं को तोड़-मरोड़कर किसी नये और विलक्षण ढंग से हमारे सामने उपस्थित कर सकता है। पर फिर भी हम यह नहीं कह सकते कि जीवन की वास्तविक घटनाओं और शक्तियों अथवा आदर्श सम्भावनाओं से वह दूर जा पड़ा है। हाँ, यदि वह इन बातों से दूर जा पड़ा हो, यदि उसकी कृति में हमें आदि से अन्त तक बिलकुल असम्भव और अनुपयुक्त बातें ही मिलें, जैसी कि हिन्दी के ऐयारी के और तिलस्मी उपन्यासों में मिलती हैं, तो हम कह सकते हैं कि लेखक ने उपन्यास के वास्तविक उद्देश्य अथवा लक्ष्य पर कुछ भी ध्यान नहीं रखा; और इस दृष्टि से उसकी कृति प्रशंसनीय नहीं है।

उपन्यास में वास्तविकता

उपन्यास में जो सत्यता होती है, वह वास्तव में उसकी वास्तविकता अथवा संभावना से संबद्ध होती है। जो बात संभव हो, अथवा जो नित्य किसी न किसी रूप में वास्तव में होती हो, उसी को उपन्यास में स्थान मिलना चाहिए। साथ ही कोई ऐसी बाँधा भी नहीं होनी चाहिए जिससे लेखक अपनी कल्पनाशक्ति से पूरा-पूरा काम न ले सके। लेखक को संसार और जीवन की वास्तविकताओं का भली भाँति निरीक्षण करना चाहिए और यथासाध्य उनका ज्यों का त्यों चित्र अंकित करना चाहिए। पर कहीं-कहीं इस सिद्धान्त का भी दुरुपयोग हो सकता और होता है। दुष्टता और नीचता आदि का एक ही स्थान में कोई ऐसा चित्र खींचा जा सकता है जिस पर असंभव होने का तो दोष न लग सकता हो, पर फिर भी जो जीवन की साधारण वास्तविकताओं से बहुत दूर जा पड़ता हो। अथवा किसी बहुत ही साधारण, और नित्य होनेवाली बात का ऐसा लम्बा-चौड़ा वर्णन हो सकता है जो वास्तविकता से तो दूर न हो, पर फिर भी अनावश्यक और निरर्थक हो। कवि, लेखक या चित्रकार आदि को सत्यता, वास्तविकता और कल्पना का मेल मिलाना पड़ता है। उसका अंकित चित्र वास्तविक भी होता है और कल्पित भी। वह वास्तविक तो इसलिए होता है कि सचमुच होनेवाली घटनाओं से बहुत कुछ मिलता-जुलता होता है, और कल्पित इसलिए होता है कि वास्तव में उसका कोई अस्तित्व नहीं होता। तात्पर्य यह है कि वास्तविकता और कल्पना दोनों की समान रूप से आवश्यकता होती है। न तो कोई कल्पना से ही काम चल सकता है और न निरी वास्तविकता से ही। वास्तविकता में कल्पना का और कल्पना में वास्तविकता का सम्मिश्रण ही आनन्ददायक और शिक्षाप्रद हो सकता है।

उपन्यास में नीति

उपन्यास में नीति का स्थान सत्यता और वास्तविकता के अनन्तर आता है। उसमें लेखक का मुख्य काम होता है क्योंकि अच्छी कहानी अच्छे ढंग से कहना; और कहानी अच्छी तभी कही जायगी, जब पढ़नेवाले को उससे कोई अच्छी शिक्षा मिलेगी। यदि यह बात न होगी, तो अच्छे उपन्यासों और साधारण ऐयारी के तथा तिलस्मी उपन्यासों में कोई अन्तर ही न रह जायगा। उपन्यासों में वास्तविक घटनाओं का चित्र ऐसे ढंग से अंकित होना चाहिए कि उससे आपसे आप कुछ नैतिक शिक्षा मिले। आजकल जो उपन्यास अच्छे और उच्च कोटि के समझे जाते हैं, उन सबसे बहुत सी अच्छी-अच्छी शिक्षाएँ मिलती हैं। परन्तु ये शिक्षाएँ स्वयं उस कहानी में ही ऐसे अच्छे ढंग से मिली हुई होनी चाहिए कि समय-समय पर वे आप ही व्यक्त होती रहें। नैतिक शिक्षाएँ और उपदेश देने के लिए लेखक को उपदेशक या प्रचारक नहीं बन जाना चाहिए। उपन्यास का स्वयं वस्तुविन्यास और चरित्र-चित्रण आदि ही ऐसा होना चाहिए जो जीवन के शिक्षाप्रद अंगों से सम्बन्ध रखता हो और जिसके कारण पढ़नेवाले के मन पर कोई उत्तम स्थायी और अभीष्ट प्रभाव पड़ता हो। जिस उपन्यास के पढ़ने से पाठकों के मन पर जितना ही अच्छा

प्रभाव पड़ेगा, वह उपन्यास नैतिक दृष्टि से उतना ही अच्छा समझा जायगा।

एक विद्वान् का कथन है—"यदि हम साहित्य के इतिहास पर दृष्टि डालें, तो हमें पता चलेगा कि जिस साहित्य अथवा कला से लोगों की मानसिक उन्नति अथवा नैतिक भलाई नहीं होती; उसका अंत मानव-जाति आत्म-रक्षा के विचार से ही कर देती है। जो भाव या विचार आदि मानव-जाति की उन्नति के सिद्धान्तों के विरोधी अथवा विपरीत होते हैं, उनको वह अधिक समय तक प्रचलित नहीं रहने देती और शीघ्र ही नष्ट कर देती है। अतः किसी कला के महत्त्व के लिए यह आवश्यक है कि उसमें नैतिक मानसिक उन्नति के भाव भी वर्तमान हों। यों तो कला मात्र का उद्देश्य आनन्द का उद्रेक करना है; पर प्रत्येक कला से मन में कुछ न कुछ भाव, कुछ न कुछ विचार उत्पन्न होते हैं। इसलिए कला का महत्त्व इसी में है कि उससे हमारे भावों और विचारों में कुछ उन्नति हो। उनका कुछ परिमार्जन हो। मानव-जाति की वास्तविक उन्नति उसकी नैतिक उन्नति में ही मानी जाती है और इसीलिए मानव-जाति सारा उद्योग नैतिक उन्नति के लिए ही करती है, और यही कारण है कि जो कला-कुशल महत्त्व प्राप्त करना चाहते हैं, वे न तो नीति के विरुद्ध चल सकते हैं और न उसकी उपेक्षा कर सकते हैं।" जो लेखक इस तत्त्व पर ध्यान रखकर चलेंगे, वे अवश्य ही सफल-मनोरथ होंगे। अन्यान्य कलाओं की भाँति काव्य-कला पर भी नीति-संबंधी यह उत्तरदायित्व है। इसका भी जन्म जीवन से होता है, इसकी भी पुष्टि जीवन से होती है और इसका भी जीवन पर कुछ प्रतिघात होता है। इसलिए जीवन के प्रति उसका जो उत्तरदायित्व है, उसकी हम अवहेलना नहीं कर सकते। यदि उपन्यास का सम्बन्ध जीवन से है, तो नीति से भी उसका सम्बन्ध होना चाहिए; और नीति के साथ उसका जितना ही अधिक घनिष्ठ सम्बन्ध होगा, वह उतना ही महत्त्वपूर्ण तथा आदरणीय होगा।

(2) आख्यायिका

साहित्यिक आख्यायिका

साहित्यिक आख्यायिका का विकास अपने नवीन रूप में पाश्चात्य देशों से आरंभ हुआ। यद्यपि साहित्य के इस नये अंक का आविर्भाव हुए अभी तक शताब्दी भी नहीं हुई, परन्तु कतिपय कारणों से, जिनमें आख्यायिका का आकार एक प्रधान कारण है, उसकी कला यथेष्ट रूप से परिपुष्ट हो चुकी है और साहित्य के अंगों के समकक्ष वह स्वतंत्र विधि से रखी जा चुकी है। आख्यायिका और आकार आधुनिक युग की आवश्यकता के अनुसार ऐसा है जो पाठकों के लिए सुविधाजनक सिद्ध हुआ है। इसी कारण सामयिक पत्रों और पत्रिकाओं में उसे स्थायी स्थान प्रदान किया गया है, जिससे उसकी ओर जनता का ध्यान अधिक मात्रा में आकृष्ट हो सका है। वर्तमान समय में शायद ही कोई साहित्यिक पत्रिका ऐसी हो जिसमें दो-एक आख्यायिकाएँ प्रति अंक में न प्रकाशित होती हों। आख्यायिकाओं की इस लोकप्रियता के कारण एक ओर तो लेखकों को आर्थिक या व्यावसायिक दृष्टि से भी अधिक लाभ होता है और दूसरी ओर उन्हें समीक्षकों, संपादकों तथा पाठकों की सम्मति जानने तथा अन्य आख्यायिका लेखकों की कृतियों का निरीक्षण करने का अधिक अवसर प्राप्त होता है। इन्हीं कारणों से साहित्यिक क्षेत्र में कार्य करनेवाले अनेक व्यक्ति उपन्यास आदि की रचना से विमुख होकर छोटी कहानियों की ओर अधिक प्रवृत्त हुए हैं और आख्यायिका-लेखन की कला थोड़े समय में ही विशेष उन्नत हो सकी है। प्रतिभा और क्षमताशील लेखकों ने आख्यायिका की ओर लोकरुचि की अधिक प्रवृत्ति देखकर अपने सिद्धान्तों को उसकी प्रणाली से व्यक्त करना आरम्भ किया जिसके कारण आख्यायिका और भी समृद्ध हुई। एक ओर कला की दृष्टि से उसका विकास होता गया और दूसरी ओर उसमें उन्नत विचारों की मात्रा भी बढ़ती गयी। यद्यपि यह स्वीकार करना पड़ेगा कि सामयिक पत्रों में स्थान मिल जाने के कारण आख्यायिका की रचना अर्थ-लाभ की भी दृष्टि से की

गयी और जनता की रुचि का विचार रखने के कारण उसके कलात्मक विकास में कुछ बाधा भी पड़ी; तथापि जब हम इस बात पर ध्यान देते हैं कि साहित्य की प्रदर्शनी में कितने स्वल्प समय में वह कितना महत्त्वपूर्ण स्थान प्राप्त कर चुकी है, तब हमें उक्त बाधाएँ नगण्य-सी प्रतीत होती हैं और हम आख्यायिका की प्रगति पर पूर्ण परितोष प्राप्त करते हैं।

आख्यायिका का आकार

आरम्भ में जब आख्यायिका का व्यक्तित्व विकसित न था, उसकी गणना छोटे उपन्यास की कोटि में की जाती थी, उस समय उपन्यास और छोटी कहानी में केवल आकार का ही भेद था। आकार की भी कोई निश्चित मर्यादा न होने के कारण आख्यायिका यदि कुछ बड़ी हो जाती तो उपन्यास कहलाने लगती और यदि उपन्यास कुछ छोटा हो जाता तो उसे आख्यायिका कहने लगते। इस प्रकार उपन्यास और आख्यायिका परस्पर घनिष्ठ रूप से संबंद्ध थी। स्काट और डिकेंस आदि की कुछ औपन्यासिक रचनाएँ आकार में दीर्घ न होने के कारण उस समय आख्यायिका की ही कोटि में रखी गयी थीं। परन्तु कुछ काल के अनन्तर जब आकार ही आख्यायिका की एकमात्र कसौटी न रह गया तथा जब अन्य उपसर्ग भी उसके निरूपण में सहायक हुए, तब आख्यायिका की एक भिन्न कलाकोटि बनी, जो क्रमशः दृढ़ता धारण करती गयी और अब पूर्ण रूप से प्रशस्त हो चुकी है। आकार का भेद, जो कि आरम्भिक अवस्था में उपन्यास और कहानी का एकमात्र विभेदक था, वर्तमान समय में गौण स्थान का ही अधिकारी रह गया है। यद्यपि साधारण रूप से यह स्वीकार किया जाता है कि आख्यायिका का आकार 3000 से लेकर लगभग 12000शब्दों तक होना चाहिए तथापि इससे कम तथा अधिक शब्द भी आख्यायिकाओं में पाये जाते हैं और वे आख्यायिकाएँ श्रेष्ठ भी मानी जाती हैं। इसका कारण यह है कि उनमें आख्यायिका कला के अन्य उपकरण सुचारु रूप से प्रस्फुटित हुए हैं और आकार का प्रश्न अनावश्यक हो गया है।

विकास की प्रौढ़ावस्था में यद्यपि आख्यायिका के आकार का प्रश्न गौण अथवा अनावश्यक हो जाता है तो भी प्राथमिक अवस्था में आकार के आधार ही उसकी कला उन्नति करने में समर्थ हुई है। उपन्यास और आख्यायिका दोनों ही काल्पनिक सृष्टि हैं। दोनों को यथार्थ की अनुरूपता प्राप्त करना परम आवश्यक होता है। दोनों में घटना और पात्रों की ऐसी योजना अनिवार्य रूप से होनी चाहिए जिससे वह काल्पनिक रचना पूर्ण रूप से सजीव हो उठे। साहित्यिक कृति में सजीवता और वास्तविकता का अभाव उसके अस्तित्व पर ही कुठाराघात करता है। अतः यथार्थता का आभास उसमें सदैव मिलना चाहिए। अब विचारने की बात यह है कि उपन्यास का आकार दीर्घ होने के कारण उसमें यथार्थ और सजीव पात्रों का निर्माण उतना कठिन कार्य नहीं है जितना वह आख्यायिका में है। उपन्यास के एक लाख या उससे भी अधिक संख्या के शब्दों में वर्णन तथा चित्रण की जितनी सुविधा रहती है उतनी आख्यायिका के तीन-चार हजार शब्दों में नहीं रह सकती। अतः आख्यायिका-लेखक को अपने इस स्वल्प संबल का ध्यान रखना अतिशय आवश्यक होता है। वह अपनी कहानी में पात्रों या चरित्रों की संख्या उपन्यास की अपेक्षा अवश्य ही कम रखेगा। वह घटना या परिस्थिति-चक्र को अधिक सरल बनाने की चेष्टा करेगा, उपन्यास की-सी जटिलता और सघनता न लाना चाहेगा। थोड़ा सा भी ध्यान देने पर यह प्रकट हो जायगा कि आख्यायिका-लेखक के इस विधान में केवल साधारण बुद्धि ही अपेक्षित है। इसमें कला-सम्बन्धी कोई विशेष व्युत्पत्ति नहीं। जिस प्रकार एक व्यक्ति अपने छोटे से घर में बहुसंख्यक अतिथियों को आमंत्रित नहीं कर सकता और न उसके स्वागत-सत्कार या भोजन-पान की ही उचित व्यवस्था कर सकता है, उसी प्रकार एक आख्यायिका-लेखक भी अपने परिमित क्षेत्र में अनेकानेक चरित्रों और कथानकों की अवतारणा नहीं कर सकता। साधन के उपयुक्त ही

साध्य हो सकता है।

आख्यायिका का लक्ष्य

इस साधन-साध्य के प्रश्न से कुछ ही आगे बढ़ने पर हमें आख्यायिका के विकास की वह सीढ़ी मिलती है, जो उसे उपन्यास के क्षेत्र से उठाकर एक दूसरे धरातल पर ला रखती है। इसे हम कहानी-कला के विकास की पहली सीढ़ी कह सकते हैं। अपने साधन और उद्देश्य की ओर लक्ष्य कर आख्यायिका-कला के आविर्भावकों ने यह नियम बनाया कि प्रत्येक आख्यायिका का एक निश्चित लक्ष्य उसे लिखने के पूर्व ही निरूपित कर लिया जाय और उस निश्चित लक्ष्य की पूर्ति के लिए ही घटना, वर्णन, पात्र आदि की सृष्टि की जाय। उक्त घटना और पात्र आदि उस लक्ष्य को पूर्ण करने के निमित्त हों, उनकी कोई स्वतंत्र सत्ता न हो। आरंभ से ही जो वाक्य लिखे जायँ और जो क्रम चलाया जाय, वे उक्त लक्ष्य से ही सम्बन्धित हों, कहीं भी उससे भिन्न न पड़ें। उपन्यास में इस प्रकार निर्दिष्ट नियम नहीं होता। परंतु आख्यायिका में तो आदि से अंत तक उसका पालन किया जाना अत्यन्त आवश्यक है। अतएव उपन्यासों में घटनाओं का अनिर्दिष्ट क्रम और कथा का स्वच्छंद विकास किया जा सकता है किंतु छोटी कहानी या आख्यायिका में उसकी सुविधा नहीं मिल सकती। आख्यायिका को तो एक ही निर्दिष्ट दिशा में आगे बढ़ना पड़ता है। इधर-उधर चक्कर लगाना या भटकना, अंतर्कथाओं की सृष्टि करना उसके लिए निषिद्ध है। यद्यपि यह नहीं कहा जा सकता कि आज तक की लिखी गयी सभी श्रेष्ठ आख्यायिकाओं में एक मूल कथा के अतिरिक्त दूसरी अंतर्कथा को स्थान ही नहीं दिया गया (इस प्रकार के कठोर नियम साहित्य की भूमि के लिए अपरिचित हैं) तथापि आख्यायिका-कला के लिए उक्त नियम स्वीकार किया गया है और अधिकांश कहानियों में उसका पालन भी किया गया है।

लेखक का व्यक्तित्व

इस प्रकार आख्यायिका एक ही निश्चित लक्ष्य की ओर उन्मुख होने के कारण उपन्यासों से भिन्न अपनी एक नयी शैली भी बनाने में समर्थ हुई है। उपन्यासों से ही नहीं, पुरानी कहानियों से भी आधुनिक आख्यायिका की शैली में भिन्नता स्पष्ट प्रकट होती है। उपन्यासों तथा पुराने ढंग की कहानियों में अत्यंत करुण दृश्यों और वर्णनों के साथ प्रहसन भी सम्मिलित रूप में प्राप्त होता है। यही नहीं, उनमें कहीं धार्मिक और दार्शनिक सिद्धान्तों का जमघट और कहीं आलंकारिक चमत्कार आदि भी सन्निहित रहते हैं। किंतु आधुनिक विकास प्राप्त आख्यायिका में इस प्रकार का सम्मिश्रण नहीं पाया जा सकता। तदनुकूल आख्यायिका की शैली अधिक निश्चित प्रभावशालिनी होती है। आख्यायिका लेखक सदैव पाठक के सम्मुख उपस्थित होकर आमने-सामने बाते करता-सा प्रतीत होता है। उसकी शैली प्रत्यक्ष शैली कही जा सकती है। उपन्यास आदि की भाँति उसमें अस्पष्ट इंगितों और उल्लेखों का अभाव रहता है। उपन्यासकार की भाँति आख्यायिका-लेखक अपने व्यक्तित्व को छिपाकर नहीं रख सकता; उसे प्रत्येक क्षण अपने व्यक्तित्व को प्रकट रखना और अपने सम्पूर्ण मंतव्य को स्पष्टतः कहना पड़ता है। उपन्यास-कला के लिए यह आवश्यक नहीं है कि लेखक अपने पाठकों के सम्मुख मित्र रूप में उपस्थित हो और अंतरंग की भाँति ही बातें करे। उसे अपना रहस्य छिपाने का भी अधिकार है। किंतु आख्यायिका-लेखक की शैली पाठक के अंतरंग मित्र की-सी होती है। वह घरेलू और आपसी आदमियों की भाँति गपशप करती है। उसकी कला ऐसी ही शैली की आवश्यकता रखती है। वह व्यक्तित्व-प्रधान शैली की कला है।

आख्यायिका और गीति-काव्य

इस स्थान पर यह प्रकट होता है कि आख्यायिका की कला गीति-कविता से अधिक मात्रा में मिलती-जुलती होती है। दोनों ही व्यक्तित्व-प्रधान सृष्टियाँ हैं। गीति-कविता में जिस प्रकार एक

ही प्रधान भावना को उच्छ्वसित करना पड़ता है उसी प्रकार आख्यायिकाओं में भी एक ही प्रधान लक्ष्य की पूर्ति करनी पड़ती है। इन दोनों में ही भावना की एक धारा बहती है और सभी दृश्य प्रयोजनीय होते हैं। फालतू वस्तुओं का नितांत अभाव होने के कारण इसका प्रभाव अधिक मार्मिक होता है। कला की दृष्टि से ये दोनों ही श्रेष्ठ कोटि में आते हैं।

आख्यायिका और उपदेश

एक निश्चित उद्देश्य या लक्ष्य को लेकर लिखी गयी आख्यायिका यद्यपि निर्णय-प्रधान होती है, परन्तु स्मरण रखना चाहिए कि उसका निर्णय सदैव उपदेशात्मक ही नहीं होता। कुछ विद्वानों का यह मत है कि आरम्भ में ही एक निश्चित विचार बना लेने और उसके निदर्शनार्थ कथा का सूत पिरो देने का लक्ष्य रखने के कारण आख्यायिका की कला उपदेश-प्रधान होने को बाध्य है। परन्तु यह मत सर्वथा सत्य नहीं प्रतीत होता। एक ही भाव या विचार की प्रधानता होते हुए भी कथा की रचना ऐसी की जा सकती है जिसमें घटनाएँ और चरित्र अत्यंत स्वाभाविक रीति से अग्रसर हों और अत्यंत अनिवार्य रूप से उक्त भाव को ध्वनित करें। यह रचनाकार की निपुणता का द्योतक होगा कि वह स्वाभाविक कथानक का तंतु तानकर उसमें कथा के लक्ष्य को इस प्रकार लपेट ले जिस प्रकार माता अपने बालक को गोद में छिपा लेती है। परन्तु यदि आख्यायिका-लेखक उतना कला-कुशल नहीं है तो आख्यायिका में उपदेश का पुट दूर से ही दिखाई देगा। ऐसी आख्यायिकाएँ किसी व्याख्यान के अंश-सी प्रतीत होंगी। उनमें उच्च कला का स्वरूप स्फुटित होता न देख पड़ेगा। यह कार्य कठिन अवश्य है जिसके द्वारा रचयिता अपनी रचना-वस्तु में, विशेषकर आख्यायिका जैसी छोटी रचना में, वर्णन और चित्रण का नैसर्गिक सामंजस्य करता हुआ, कथा के लक्ष्य को भी स्पष्टतः प्रकट करे। इस उद्देश्य की सिद्धि के लिए अत्यंत उच्च कोटि की कल्पना अपेक्षित है। इसके लिए यह आवश्यक है कि छोटी सी सीमा में ही अनेक प्रकार की सुचारु योजनाएँ की जायँ और एक परिमित घेरे में ही विशद व्यापार के रूप में घटना, पात्र तथा परिस्थितियाँ एकत्र की जायँ। एतदर्थ आख्यायिका-लेखक को उत्कृष्ट कोटि की ध्वन्यात्मक शैली का प्रश्रय लेना पड़ता है, नहीं तो वह स्वल्प सीमा में अपनी अभीष्ट-सिद्धि नहीं कर सकता। श्रेष्ठ आख्यायिका की शैली इसीलिए ध्वनि-गर्भित, पुष्ट और वेगवती होती है तथा उसमें शिथिल व्यापार की योजना कदापि नहीं की जाती। आरम्भ से ही पाठकों को यह विश्वास दिलाना पड़ता है कि जो कुछ आगामी पंक्तियों में कहा जायगा वह विश्वसनीय, रुचिकर और सत्य होगा तथा जिस शैली से विचार व्यक्त किये जायँगे वह प्रांजल और आकर्षक होगी। उपदेश-प्रधान कहानियों में इतनी कलात्मक योजना नहीं हो सकती, अतः श्रेष्ठ आख्यायिकाएँ उपदेश-प्रधान नहीं होतीं। इसका अर्थ यह नहीं कि वे एक विशिष्ट भाव, विचार या समस्या को लेकर नहीं चलतीं। बिना वैसा किये तो आख्यायिका-कला के प्राथमिक स्वरूप की ही सिद्धि होने में बाधा पड़ेगी। परन्तु हमारे कथन का आशय यह है कि उनमें कथानक की योजना इस प्रकार की जाती है कि जिससे उक्त भाव, विचार या समस्या स्वभावतः ध्वनित होकर उपस्थित हो, ऊपर से लादी गयी न जान पड़े।

प्राख्यायिका के उपकरण—(1) उद्देश्य

एक ही मुख्य लय या भाव की अभिव्यक्ति करना; यह तो आख्यायिका-कला की अनिवार्य और प्राथमिक विशेषता है। पाश्चात्य देशों में इस आख्यायिका-तत्त्व की उद्‌भावना सर्वप्रथम अमेरिका में हुई थी। अमेरिका ही आधुनिक आख्यायिका की अवतार भूमि और प्रधान लीलाक्षेत्र माना जाता है। एडगर ऐलेन पो हाथर्न तथा ब्रेटहार्ट आदि वहाँ के जगत्प्रसिद्ध आख्यायिका-कला-आविष्कारक हो गये हैं। इनमें भी पो को प्रधानता दी जाती है। उपन्यास तथा अविकसित कथा के गर्भ से आख्यायिका की सर्वप्रथम सृष्टि करने का श्रेय पो को ही प्राप्त होता

है। पो ने ही सबसे पहले स्पष्ट शब्दों में आख्यायिका की रूप-रचना को उपन्यास के वेश-विन्यास से भिन्न बताया। उसने लिखा है कि आख्यायिका-लेखक यदि चतुर और कला-कुशल है तो वह अपनी आख्यायिका में पहले कोई घटनाचक्र बनाकर पीछे उसें विचारों की शृंखला जोड़ देने की गलती कभी न करेगा। वह सावधान होकर पहले एक विशेष लक्ष्य या प्रभाव की कल्पना कर लेगा। तदनंतर वह ऐसी घटनाओं की सृष्टि करेगा—वस्तु को इस रूप में नियोजित करेगा जिससे वह उक्त लक्ष्य या प्रभाव को अधिक से अधिक सफलतापूर्वक व्यंजित कर सके। यदि प्रथम वाक्य से ही वह उक्त प्रभाव का द्योतन करने में समर्थ नहीं होता तो 'प्रथमग्रासे मक्षिकापातः' की उक्ति चरितार्थ होती है। पूरे प्रबन्ध में एक ही शब्द ऐसा न होना चाहिए जिसकी प्रेरणा निश्चित आदर्श को प्रत्यक्ष या परोक्ष रीति से सिद्ध करने की नहीं होती। इस प्रकार परिश्रम और कौशलपूर्वक एक चित्र की रचना की जाती है जो उस कलाकार के मन में पूर्ण संतोष-सुख उत्पन्न करता है। आख्यायिका की मूलभूत भावना निर्विकार रूप में बिना किसी बाँधा के व्यक्त हो जाती है—यह एक ऐसा उद्देश्य है जिसकी पूर्ति उपन्यास से कदापि नहीं की जा सकती।

(२) घटना और पात्र

आख्यायिका के इस आरम्भिक उत्थान के उपरांत समय-समय पर उसकी कला में अन्य उपकरण भी सम्मिलित किये गये हैं। इसमें सबसे अधिक उल्लेखनीय फ्रेंच कहानी-लेखकों द्वारा नियोजित नाटकीय उपकरण कहा जा सकता है। इसका स्वरूप समझने के लिए फ्रांस देश में प्रचलित नाटक संकलन-सम्बन्धी नियम पर (जो अशुद्ध सिद्ध हो चुका है) ध्यान देना पड़ता है। वह नियम यह था कि नाटक में एक ही वस्तु का विन्यास एक ही स्थान पर तथा एक ही दिन होना चाहिए। वस्तु, स्थान और कला का यह संकलनत्रय आख्यायिका में भी चरितार्थ किया गया। नया नियम यह बना कि छोटी कहानी या गल्प एक ही पात्र, एक ही घटना, एक ही भाव अथवा एक ही दृश्य से उत्पन्न भाव-राशि का चित्रण कर सकता है। इस नये नियम का पालन यद्यपि पूर्ण रूप से न किया जा सकता था और न किया गया तो भी इसके फलस्वरूप आख्यायिका में कतिपय महत्त्वपूर्ण परिवर्तन हुए। सबसे बड़ा प्रभाव यह पड़ा कि नाटक की भांति आख्यायिका में आकर्षण उत्पन्न करनेवाली सामग्री की योजना अधिक होने लगी। उसकी वस्तु का विन्यास इस प्रकार किया जाने लगा जिससे कथा के बीच में घटना का उत्थान, चरमावस्था, पुनः पतन की लड़ी सजायी गयी और इसी नाटकीय प्रभावशाली घटनाचक्र के पात्रों का भी चित्रण किया गया। घटनाओं का क्रम ऐसा रखा गया जो पात्रों के जीवन-क्रम के स्वाभाविक होता तथा जिससे पात्रों का आगामी विकास अभिन्न रूप से जुड़ा होता। इस प्रकार घटना और पात्र अन्योन्याश्रित बना दिये गये तथा दोनों के ही सम्मिलित उत्थान के द्वारा नाटकीय चमत्कार सन्निहित किया गया। कथा में नायक को प्रधानता दी गयी तथा उसके ही संसर्ग से घटनाओं में संघटन किया जाने लगा। घटनाओं में तीव्रता तथा प्रभावोत्पादकता की मात्रा अधिक रहने लगी तथा नायक की रंगस्थली अर्थात् कथा का देश-काल विशेष सावधानी के साथ यथार्थता का पूर्ण आभास लिये हुए अंकित किया जाने लगा।

नाटकीय आख्यान

इस नवीन नाटकीय तत्त्व के साथ जब हम पूर्वोक्त तथ्य को मिलाकर रखते हैं तब आख्यायिका की एक व्यापक तथा विशिष्ट व्याख्या तैयार हो जाती है। उसे हम इन शब्दों में व्यक्त कर सकते हैं कि आख्यायिका एक निश्चित लक्ष्य या प्रभाव को रखकर लिखा गया नाटकीय आख्यान है। इस व्याख्या के अंतर्गत आख्यायिका-कला का स्वरूप आ जाता है। इसके अतिरिक्त कुछ विद्वानों ने कुछ अन्य उपकरणों का उल्लेख भी किया है, परंतु सूक्ष्म रीति से विचार करने पर प्रकट होगा कि वे सभी उपकरण इस व्याख्या की सीमा में आ जाते हैं।

उदाहरण के लिए एक मत यह है कि आख्यायिका का एक अनिवार्य उपकरण संक्षिप्त प्रणाली से भावाभिव्यक्ति करना भी है। यद्यपि हम स्वीकार करते हैं और इसी कारण आख्यायिका की एक प्रधान विशेषता है और इसी कारण आख्यायिका की कला को ध्वनि-विशिष्ट कहा गया है परन्तु उसकी यह विशेषता हमारी व्याख्या के ही अन्तर्गत आती है। एक विशेष लक्ष्य या प्रभाव को ही मूर्तिमान करने के उद्देश्य से लिखी गयी आख्यायिका संक्षिप्त शैली का प्रश्रय लेने तथा ध्वनि-विशिष्ट होने को बाध्य है। परन्तु इसका यह अर्थ नहीं कि आख्यायिका-लेखक संक्षिप्त होने की लालसा में कथा के स्वाभाविक क्रम को ही नष्ट कर दे और अपने उद्योग में असफल सिद्ध हो। आख्यायिका का विकास अप्रतिहत होना चाहिए। उसे संक्षिप्त करने का यदि कुछ अर्थ हो सकता है तो इतना ही कि अनावश्यक वर्णन तथा शब्दाडंबर से उसकी कलेवर-वृद्धि न की जाय। परन्तु ये सिद्धान्त तो साहित्य के सभी अंगों के लिए समान रूप से सत्य हैं। आख्यायिका में भी इसका प्रयोग सीमित नहीं रह सकता। इतना अवश्य कहा जा सकता है कि श्रेष्ठ आख्यायिका-लेखकों ने बड़ी ही प्रौढ़, अर्थ-सबल तथा स्पष्ट अभिव्यक्ति की चेष्टा की और उसमें सफलता भी प्राप्त की है। परन्तु यह उनकी व्यक्तिगत या वर्गगत विशेषता मानी जा सकती है। आख्यायिका-कला का यह कोई स्वतन्त्र सिद्धान्त नहीं है। इसे सन्निहित, घनिष्ठ और एकीभूत प्रभाव उत्पन्न करने का एक साधन स्वीकार किया जा सकता है। इसी प्रकार एक दूसरा मत यह है कि संघटन की पुष्टता भी आख्यायिका की एक अभिन्न विशेषता मानी जानी चाहिए। किन्तु यह तो आख्यायिका के नाटकीय तत्त्व से ही संबद्ध एक उपकरण है। ऊपर नाटकीय तत्त्व की चर्चा करते हुए हम कह चुके हैं कि घटना का पात्रों के साथ अन्योन्याश्रित सम्बन्ध तथा उनका सम्मिलित आरोह-अवरोह नाटकीय प्रभाव उत्पन्न करने के लिए आवश्यक समझा गया है। आख्यायिका के संघटन की पुष्टता के पक्षपातियों का भी प्रायः यही मत है। अतः इस मत को भी हम उक्त व्याख्या की सीमा में सम्मिलित कर सकते हैं। उसे अलग से उपस्थित करने की कोई आवश्यकता नहीं प्रतीत होती।

आख्यायिका और लोक-सेवा

इस प्रकार एक ओर अमेरिका और दूसरी ओर फ्रांस से आख्यायिका-कला के जो उपादान प्राप्त हुए उनसे उसकी पूर्ण श्रीवृद्धि हुई। कहा जा सकता है कि उन्हीं दो प्रमुख उपादानों से आख्यायिका का व्यक्तित्व प्रकट होता है। परन्तु इससे यह न समझना चाहिए कि अन्य देशों में आख्यायिका की उन्नति हुई ही नहीं। ऊपर हम कह चुके हैं कि आख्यायिका का आकार आधुनिक युग के पाठकों के लिए विशेष सुविधाजनक है। अतः जनसमूह में अपने विचारों और सिद्धान्तों के प्रचारार्थ इसका प्रयोग किया जाना स्वाभाविक ही था। लोक-शिक्षण या समाज-सेवा का उद्देश्य रखकर आख्यायिका के क्षेत्र में आनेवालों में रूसी साहित्यिकों का स्थान सबसे अधिक महत्त्वपूर्ण है। रूस देश में सामाजिक उथल-पुथल के साथ ही विचारों की क्रान्ति भी हो रही थी। अभिनव प्रकार के आदर्श को लेकर रूसी कहानी-लेखकों ने आख्यायिका को सामूहिक प्रचार की एक मशीन बना लिया है। उत्कृष्ट कोटि के कलाकारों का सहयोग पाने के कारण इन प्रचार-सम्बन्धी कहानियों में सामाजिक जीवन के बड़े ही मार्मिक तत्त्व सन्निहित किये गये। परन्तु यह स्वीकार करना पड़ता है कि रूसी आख्यायिकाओं में विविधता और अनेकरूप चित्रण की कमी है। वहां की प्रायः अधिकांश आख्यायिकाएँ दुःखान्त हैं। अनेकानेक कहानियों में अधिकतर किसी किसान या मजदूर पर किये गये उच्च वर्गवालों के अत्याचारों का वर्णन मिलेगा। विवश होकर उक्त अत्याचारग्रस्त किसान अपनी मानसिक पीड़ा के शमन के लिए मदिरा पान करने लगता है या अन्य प्रकार से चरित्रभ्रष्ट होता है। इन प्रकार के वर्णन बड़े शक्तिशाली और मनोवृत्तियों पर अधिकार कर लेनेवाले होते हैं। यदि पाठक की मनःशक्ति अधिक बलशालिनी

नहीं है तो उसका मस्तिष्क इन्हीं दुःखपूर्ण दृश्यों से भर जाता है और वह अन्य प्रकार की रचनाओं का आनन्द लेने में असमर्थ हो जाता है। दुःख की गहरी रेखा उसके मस्तिष्क में भी रेखाएँ अंकित कर देती है और वह साहित्य के हल्के चित्रणों तथा विनोदमय आख्यानों का रस नहीं ले सकता। यह धारणा दूर कर दी जाय कि आख्यायिका को कलापूर्ण बनाने के लिये विषादमय तथा उद्वेगजनक भी बना देना चाहिए। आख्यायिका के लिए सुखांत दृश्य भी उपयोगी हैं। आख्यायिका-लेखक विनोदशील व्यक्ति हो तो भी अथवा गंभीर प्रकृति का हो तो भी श्रेष्ठ आख्यायिकाएँ लिख सकता है। केवल उसमें उपयुक्त प्रतिभा, अनुभव तथा आख्यायिका की कला होनी चाहिए।

आख्यायिका के सिद्धांत

ऐसी पुस्तकों की कमी नहीं है जिनमें आख्यायिका-लेखों को श्रेष्ठ कहानियाँ लिखने की व्यावहारिक विधियाँ बतायी गयी हैं। यदि उनमें से कुछ चुनी हुई विधियाँ ही संकलित कर दी जायँ तो एक बड़ा-सा निबन्ध प्रस्तुत हो सकता है। परन्तु उससे अधिक लाभ की संभावना नहीं। इस प्रकार की विधियों की जानकारी से उच्च कोटि के आख्यायिका-लेखक की सृष्टि नहीं की जा सकती। प्रसिद्ध लोकोक्ति के अनुसार प्रकृति ही वह सर्वश्रेष्ठ तथा उपयोगिनी पुस्तक है जिसके पन्ने सबके लिए समानरूप से खुले हुए हैं। जिस मनुष्य में जितनी अधिक ग्राहिका शक्ति होगी वह उतना ही बड़ा रचनाकार हो सकता है। यह भी स्वयं प्रकृति की देन है जो अभ्यास के द्वारा और भी उन्नत की जा सकती है। तो भी आख्यायिका-कलस के प्रधान तत्त्वों तथा इसके विकास को कुछ मुख्य दिशाओं के दर्शन से नवीन अभ्यासियों को बहुत कुछ सहायता मिल सकती है। ऊपर जो कुछ कहा गया है उसके आधार पर पाठक समझ सकते हैं कि प्रकृति के रहस्यों का गम्भीर निरीक्षण, सांसारिक अनुभव की प्रचुरता तथा नवीन उद्भावना की शक्ति जिस प्रकार अन्य साहित्यिक रचनाओं के लिए आवश्यक है उसी प्रकार आख्यायिकाओं के लिए भी है। आख्यायिका-कला की जानकारी से भी रचयिताओं को लाभ उठाना चाहिए। शैली के विषय में यह समझ लेना चाहिए कि आख्यायिका के छोटे घेरे में प्रभावशालिता पर पूरा ध्यान देना होता है। एतदर्थ श्रेष्ठ आख्यायिकाकारों ने नियम-सा बना दिया है कि वे कथोपकथन को नाटकीय तथा अर्थ-सबल शैली का ही कहानियों में प्रयोग करेंगे। कथोपकथन का आख्यायिका के लिए बहुत बड़ा महत्त्व है। जो लेखक वस्तु-वर्णन के द्वारा अपना मंतव्य प्रकट करता है उसे बड़े विस्तार की आवश्यकता होती है। पाठकों को उस वर्णन पर विश्वास करने को प्रेरित करना है—इसमें अधिक कठिनाई का सामना करना होता है। किन्तु कथोपकथन के द्वारा—यदि वह अत्यंत मार्मिक तथा वास्तविक हो तो—एक अनोखा चमत्कार उत्पन्न किया जा सकता है और पाठक स्वतः उससे अपना निष्कर्ष निकाल लेता है। कथोपकथन की वास्तविकता का अर्थ यह नहीं है कि साधारण मनुष्य जिस प्रकार बातचीत करते हैं उसी का अनुसरण किया जाय। आधुनिक कथोपकथन, जिसका प्रयोग नाटक तथा आख्यायिका में किया जाता है, अत्यंत मार्मिक मनोवैज्ञानिक वस्तु है। इसका उपयोग उत्तम कोटि के कलाकार करते और उसमें बौद्धिक उत्कर्ष की पराकाष्ठा दिखा देते हैं। उनके हाथों में पड़कर कथोपकथन श्रेष्ठ ध्वन्यात्मक अभिव्यक्ति की प्रणाली बन जाता है। आख्यायिका में भी इसी के प्रयोग का चलन हो गया है। इसीके फलस्वरूप विद्वानों का एक वर्ग आख्यायिका की कला को संकेत-मूलक कला कहता है। इसीके कारण आख्यायिका का अध्ययन पाठकों की बुद्धि का तकाजा करता है। उपन्यास की भाँति आख्यायिका पढ़कर जिज्ञासा की शांति नहीं होती, वह और बढ़ती है। अधिक उत्तेजित होकर पाठक की बुद्धि जीव-जगत् के रहस्यों को जानने के लिए उन्मुख होती है। यह आधुनिक आख्यायिका की बौद्धिक विशेषता उसे उपन्यासों से भिन्न कोटि में ला रखती है।

बौद्धिक वृत्ति जागरूक रहने के कारण आख्यायिका का पाठक उसके लेखक से बहुत अधिक विवेक की अपेक्षा रखता है। लेखक को भी तदनुसार ही अधिक कौशलपूर्वक अपना कार्य करना पड़ता है। वह अपनी आख्यायिका में कहीं भी अविश्वसनीय अंश न आने देगा—ऐसा अंश जो पाठक की कल्पना को कुछ भी खटके। वह आख्यान को अधिक स्थायी प्रभावकारक बनाने के आशय से वस्तुओं के रूप, रस, गंध, स्पर्श आदि का सूक्ष्म वर्णन करेगा। ये तन्मात्राएँ पाठक के मन में बैठ जाती है और उसकी स्मृति को दृढ़ करती हैं।

यह कहा जा सकता है कि आख्यायिका की विशेषता प्रदर्शित करते हुए जो बातें ऊपर कही गयी हैं वे साहित्य के अन्य अंगों के सम्बन्ध में भी चरितार्थ होती हैं। विशेषतः उपन्यास की रचना में तो आख्यायिका से सभी तत्त्व आ जाते हैं। इसके उत्तर में यही कहा जा सकता है कि साहित्य का एक अंग दूसरे अंग से घनिष्ठ रूप से संलग्न है। विशेषतः उपन्यास और आख्यायिका का अत्यन्त आत्मीय सम्बन्ध है। पहले हम उपन्यास को आख्यायिका का जनक कह चुके हैं। इसलिए यह आशा न करनी चाहिए कि आख्यायिका के विषय की बातें अन्य साहित्यांगों से नितांत पृथक् हैं। ऐसा समझना तो साहित्य-तत्त्व से ही अनभिज्ञता प्रकट करना होगा। आरम्भिक अध्याय से ही कहते आ रहे हैं कि साहित्य एक अखंड सृष्टि है। उसके भेदोपभेद केवल व्यावहारिक सुविधा के लिए किये गये हैं। इस व्यावहारिक भेद में भी आख्यायिका और उपन्यास एक दूसरे के अतिशय निकट हैं। अतः इस प्रसंग में हमने इन दोनों निकटतम वस्तुओं की ही विशेषताओं पर अधिक दृष्टि डाली है, जिसमें इनकी पृथकता का अंश प्रकाश में आवे। हमारे उद्देश्य की सिद्धि के लिए यही आवश्यक भी है, क्योंकि यहाँ हमारा प्रयोजन आख्यायिका को एक विशेष साहित्यकोटि में नियोजित करना—साहित्य के विविध अंगों के बीच उसके व्यक्तित्व का प्रदर्शन करना—ही रहा है। यहाँ हम साहित्य को उसके व्यापक रूप में देख रहे हैं। यहाँ खंडशः उसके एक वर्ग की मीमांसा की जा रही है। अतः यहाँ हम पुनः कह सकते हैं कि आख्यायिका और उपन्यास में वास्तविक भेद है। किसी लेखक की रचनाएँ देखकर हम पहचान सकते हैं कि उसकी प्रवृत्ति उपन्यास की ओर अधिक या आख्यायिका की ओर। यदि वह बड़े-बड़े कथानकों का निर्माण करने में सिद्धहस्त जान पड़े, चरित्रों की अधिक संख्या संघटित कर शक्तिपूर्ण रीति से उनका निर्वाह कर सके तो उसमें आख्यायिका-लेखक की कुछ उपर्युक्त विशेषताएँ होते हुए भी उसे प्रधानतः उपन्यासकार ही माना जायगा। परन्तु यदि लेखक में शुद्ध तथा स्पष्ट अभिव्यक्ति करने की प्रवृत्ति है, यदि उसके लिए घटना का महत्त्व चरित्र के महत्त्व से न्यून है, यदि उसकी व्यंजना की शक्ति विस्तृत वर्णन की शक्ति से अधिक प्रबल है, यदि वह ऐसी संगठित रचनाएँ करने में पटु है, जिसमें एक भी वाक्य अनावश्यक या व्यर्थ नहीं, तो समझना चाहिए कि उक्त लेखक आख्यायिका के क्षेत्र में कार्य करने और यशस्वी होने के लिए ही उत्पन्न हुआ है।

(3) निबंध

निबंध की विशेषता

आकार में आख्यायिका के अनुरूप परन्तु अन्य कतिपय गुणों में उससे भिन्नता के लिए निबन्ध नाम का एक स्वतंत्र साहित्यिक वर्ग विद्वानों के द्वारा स्वीकार किया गया है। आकार से ही नहीं, अन्य प्रकार से भी आख्यायिका और निबन्ध परस्पर समता रखते हैं। दोनों ही एक निश्चित विषय या लक्ष्य लेकर लिखे जाते हैं और उसके पूर्ण हो जाने पर समाप्त हो जाते हैं। दोनों ही अपना अपना पृथक् व्यक्तित्व रखते हैं। जिस प्रकार किसी उपन्यास का एक परिच्छेद या प्रकरण आख्यायिका नहीं कहा जा सकता वरन् आख्यायिका कहलाने के लिए उसमें आख्यायिका-शैली की विशेषताएँ तथा उसको कलात्मक पूर्णता आवश्यक है, उसी प्रकार किसी

दार्शनिक या साहित्यिक ग्रन्थ का एक अध्याय निबन्ध के नाम से अभिहित नहीं हो सकता। निबन्ध की कोटि तक पहुँचने के लिए उसमें वह सब सामग्री सन्निहित की जानी चाहिए जिससे उसका व्यक्तित्व प्रकट हो सके। निबन्ध के व्यक्तिंत्व का विकास अपने देश में प्राचीन काल से ही हुआ है परंतु वह एक भिन्न प्रकार का विकास है, जो आधुनिक निबन्ध के साहित्यिक विकास से बहुत कम समता रखता है। प्राचीन संस्कृत परम्परा के अनुसार निबन्ध केवल बौद्धिक अभिव्यक्ति का साधन बनाया गया। भारत का सूक्ष्म दार्शनिक विश्लेषण और क्रमबद्ध वैज्ञानिक अभिव्यक्ति जगत्प्रसिद्ध है। इसी दार्शनिक विश्लेषण के लिए निबन्ध का प्रयोग किया गया, अतः उसकी शैली रूप से वस्तु-प्रधान और कहीं-कहीं जटिल तथा सूत्रबद्ध हो गयी। एक निश्चित विषय को लेकर उसके अंग अंग की मीमांसा ऐसे निःशंक रूप में की गयी कि उसमें लेखक की व्यक्तिगत सत्ता की छाया भी न छा पायी। ऐसे निबन्ध स्वभावतः ही बुद्धिविशिष्ट, रुक्ष और वैज्ञानिक कोटिक्रम से संयुक्त हुए। प्राचीन निबन्धों की यही प्रमुख विशेषता है कि वे लौह-अच्छर में जकड़े हुए परतंत्र स्वरूप में प्रकट हुए, जिनमें न्यायशास्त्र के हेतु-निगम-दृष्टांत आदि सब शृंखलाबद्ध पद्धतियों की अवतारणा हुयीं। प्राचीन निबन्ध इसी कारण शुद्ध साहित्यिक कोटि में स्थान न प्राप्त कर सके। एक प्रकार से विज्ञान की विश्लेषणात्मक कोटि में रख दिये गये। साहित्य की रसात्मकता का उनमें बहुत कुछ अभाव रहा। न तो उनमें व्यक्तित्व की कोई चमत्कारपूर्ण मुद्रा दिखायी दी और न उनमें भावना प्रधान शैली का प्रवेश ही हो पाया।

निबंध का विकास

निबन्ध का साहित्यिक विकास पाश्चात्य देशों में प्राचीन यूनान और रोम से आरम्भ हुआ, परन्तु वहाँ उसे कोई विशिष्ट मर्यादा प्राप्त न हो सकी। सर्वप्रथम फ्रांस देश के मौनटेन नामक रचनाकार द्वारा निबन्ध को एक स्वतंत्र सम्मानित पद प्राप्त हो सका। मौनटेन निबंध 'एसे' नाम से लिखे गए थे और यही नाम अब निबंध-मात्र का प्रायः सभी पाश्चात्य देशों में प्रचलित हो गया है। इस बात से भी निबंधों के क्षेत्र में मौनटेन की महत्ता प्रकट होती है। 'एसे' शब्द का व्युत्पत्त्यर्थ प्रयत्न या प्रयास माना गया है। मौनटेन के 'एसे' व्यक्तिगत विचारों को एक कलात्मक सूत्र में पिरो देने का प्रयास करते हैं। उसकी शैली बड़ी ही रोचक और भावमय हुई। किसी विशष विषय का शीर्षक रखकर उसके अन्तर्गत जीव-जगत् के अनेक पहलुओं का स्पर्श करते हुए मौनटेन के 'एसे' स्वतन्त्र अनुभवों की मनोरम तालिका के रूप में प्रंकट हुए। 'एसे' इस प्रकार से पूर्णतः व्यक्तिगत प्रयास है। उसमें परम्परा या रूढ़ि से प्राप्त विचारों का सन्निवेश करने की प्रथा नहीं रखी गयी। रचनाकार स्वतः अपनी प्रकृत अनुभूति की सहायता से उनकी रचना करता और रूढ़ विचारों का खंडन भी करता है। कुछ काल के अनंतर प्राचीन पद्धतियों और सामाजिक रीतियों की निस्सारता प्रदर्शित करनेवाले निबन्ध-लेखकों की एक टोली ही तैयार हो गयी जिनकी शैली व्यंग्य और विनोद की विशिष्टता से समन्वित हुई। कहने का आशय यह कि आरम्भिक अवस्था से ही निबन्ध का आधार व्यक्तिगत प्रयास होने के कारण उसमें नैसर्गिक और तर्कसंगत भावनाओं तथा विचारों का प्रचुर मात्रा में प्रवेश हुआ और आगे चलकर वे निबन्ध रूढ़ियों के आन्दोलन करने वाले और बुद्धिसमत मौलिक अनुभूतियों को प्रकट करनेवाले प्रमुख साधन सिद्ध हुए।

बुद्धि और भावना के क्षेत्र में नवीनता का आग्रह करनेवाले मौनटेन के निबंध अनुपम आकर्षणयुक्त और हृदयग्राही थे। मौनटेन के निबन्धों में पाण्डित्य की मात्रा उतनी नहीं थी जितनी स्वच्छ और व्यक्तिगत अनुभूति से सनी हुई भावयोजना की। मौनटेन के लिए यह आवश्यक न था कि वह किसी निश्चित विषय पर निबन्ध लिखने बैठे और उस पर चतुर्दिक् विचार करके अपना निष्कर्ष सुनाये। उसकी शैली कुछ और ही थी। उसके निबन्धों का एक

निश्चित विषय तो अवश्य रहता था। परन्तु उसके 'एसे' उस विषय की परिधि से ही घिरे नहीं रहते थे। प्रस्तुत विषय के साथ अग्रसर होते हुए उक्त विषय के संसर्ग से जो प्रासंगिक विषय सम्मुख उपस्थित हो जाते थे उनकी ओर भी मौनटेन की लेखनी बढ़ जाती थी। इस प्रकार वह विषयान्तर में भी पड़ जाता था। अनेक बार उसे एक विषयान्तर से दूसरे और दूसरे से तीसरे की ओर जाते देखा जा सकता है। इससे प्रकट होता है कि मौनटेन के लिए निबन्ध का विषय केवल आरम्भ में लेखनी को उत्तेजित करनेवाली एक प्रेरणा-मात्र थी और एक बार जब उसकी लेखनी चल पड़ती थी तब वह अन्य प्रेरणाओं के वशीभूत होकर आगे बढ़ती रहती थी। परन्तु इसका यह अर्थ नहीं है कि मौनटेन की रचनाओं में निबन्ध की शृंखला नितांत उच्छिन्न है—उसमें विचारों का कोई तारतम्य ही नहीं। यदि ऐसा होता तो उसके निबन्ध कलात्मक पूर्णता के अभाव में साहित्य की भूमि में पदार्पण ही न कर पाते, उन्हें विशिष्ट साहित्यिक पद प्राप्तकरने का तो प्रश्न ही न होता। वास्तव में उसके 'एसे' विषय के मुख्य सूत्र को पकड़कर ही चलते हैं और आत्यंतिक रूप से उसका त्याग कभी नहीं करते। वह विषयांतर में अवश्य चला जाता है परन्तु वहाँ से लौटकर पुनः मुख्य विषय पर पहुँचता है। निबन्ध के समाप्त होने पर हम उसकी अन्तर्निहित एकता का अनुभव करते हैं। यही मौनटेन के निबंधों को साहित्य की कोटि में बने रहने देने की योग्यता कही जा सकती है।

निबन्ध-लेखन की वह प्रारम्भिक शैली, जिसका जन्मदाता मौनटेन माना जाता है, पाश्चात्य देशों में बड़े महत्त्व की दृष्टि से देखी जाती है। कहना तो यह चाहिए कि निबन्ध को एक विशिष्ट साहित्यिक व्यक्तित्व उसी शैली के द्वारा प्राप्त हुआ है। यद्यपि समय-समय पर कुछ परिवर्तन भी हुए हैं, परन्तु प्रधान रूप से निबन्धों का आदर्श मौनटेन की कृतियाँ ही मानी जाती हैं। अतः हमें उस पर भली भाँति दृष्टि डाल लेनी चाहिए। मौनटेन के निबन्ध उस कोटि की रचनाएँ हैं जैसी किसी विशेष विषय पर बातचीत करते हुए पंडित मित्रों की मंडली में हुआ करती है। वह मंडली मित्रों की होने के कारण उसमें आत्मीयता का ही भाव झलकता है। मौनटेन के निबन्धों में भी आत्मीयता का भाव झलकता है। एक विशेष विषय पर जब कई मित्र बातें करते हैं तब विषय का महीन सूत्र ही संमुख रहता है, बातों की कोई परिमिति नहीं रह जाती। ऐसी बातचीत में मैत्री-सुलभ सहानुभूति और भावमयता की मात्रा कम नहीं रहती। कई व्यक्तियों के एकत्र वार्तालाप से उसमें कल्पना की भी अच्छी मात्रा सन्निविष्ट हो जाती है; क्योंकि प्रत्येक व्यक्ति अपने अनुभव का उपयोग करता है और दूसरों के अनुभव की वृद्धि में सहायक बनता है। मौनटेन के निबन्धों में ये सभी गुण पाये जाते हैं। व्यापक सहानुभूति और आत्मीयता के वातावरण के साथ व्यक्तिगत और स्वानुभूति के विचारों की नैसर्गिकता उसमें रहती है। कल्पना की सहायता से लेखक एक विषय से दूसरे का सूत्र पकड़कर आगे बढ़ता और अनेक खंड-चित्रों की सृष्टि करना है। उन अनेक खंड-चित्रों में समन्वय की एक संकलित धारा भी रहती है। यही पाश्चात्य देशों की निबन्ध-रचना का आदर्श स्वरूप है।

निबंध के उपकरण

निबंध के इस स्वरूप की तुलना एक ओर आख्यायिका और दूसरी ओर गीत-कविता से की जा सकती है। आख्यायिका को एक विषय समस्या या वस्तु-व्यापार पर आदि से अंत तक प्रकाश डालना पड़ता है। अतः टार्च-लाइट् की भाँति उसकी शैली अधिक तीव्र और केन्द्रीभूत होती है। निबंध की शैली में शैथिल्यपूर्ण वातावरण की ही प्रधानता होती है। वह किसी विशेष दिशा की ओर अतिशय उपयुक्त होकर नहीं चलती। यह शैथिल्य—जिसमें आत्मीयता और सुकरता की ध्वनि भरी रहती है—निबंध की कलाजन्य विशेषता है। इसका यह अर्थ नहीं है कि साधारण लेखकों की अपरिपुष्ट रचनाओं का-सा शैथिल्य निबंध की विशेषता है और निबंध-लेख

का कार्य प्रारंभिक अथवा निम्नकोटि का साहित्यिक कार्य है। बात बिल्कुल ही विपरीत है। वास्तव में निबंध की शिथिल शैली अत्यधिक प्रभावशालिनी होनी चाहिए। बौद्धिक विचारों की शुष्कता और दुरूहता को दूर करने के लिएं निबंध-लेखकों का यह प्रधान साधन है जिससे वे पाठकों के हृदय को अपनी ओर लगा सकें। उन्हें शैथिल्यपूर्ण हल्का वातावरण बनाना कला की दृष्टि से आवश्यक होता है। आख्यायिका-लेखक घटनाओं और पात्रों की योजना से आकर्षण संचित करता है। गीत-कविता में भावना की तन्मयता और व्यक्तिगत अभिव्यक्ति की आत्मीयता पाठकों को अपनी ओर खींचती है। निबंध लेखक को ये सब सुविधाएँ आंशिक रूप में ही प्राप्त हैं। वह न तो काव्य की रसमयता का लाभ उठा सकता है, न मानवीय कथानक की सहानुभूति एकत्र कर सकता है। अतः यह इन दोनों के बीच में अपना स्थान बनाता और दोनों के उपकरणों का अंश-रूप में उपयोग करता है। इस दृष्टि से निबंध को आख्यायिका और गीत-रचना के बीच की वस्तु भी कहा जा सकता है।

मौनटेन की इस आदर्श निबंध-रचना के उपरान्त कितने ही जगत्प्रसिद्ध निबंध लेखक हुए जिनकी शैली उनकी निजी विशेषताओं से युक्त हुई। ऐसे लेखकों के द्वारा निबंध के क्षेत्र में महत्त्वपूर्ण परिवर्तन भी हुए। निबंधों की व्यापकता और भी बढ़ी तथा उनमें कितनी ही विभिन्न शैलियों का सन्निवेश हुआ। इंग्लैंड के प्रसिद्ध निबंध-लेखक बेकन का उदय सर्वप्रथम हुआ। वह एक उच्च कोटि का दार्शनिक और विचारक था। उसके निबंधों में उसकी दार्शनिक अंतर्दृष्टि की छाप सर्वत्र प्राप्त होती है। बेकन के निबंध विचार-परिपुष्ट और उनकी शैली तार्किक थी परन्तु उसमें भावमयता भी अच्छी मात्रा में पायी जाती है। बौद्धिक विकास के साथ ही बेकन की मनुष्य-जीवन की सूक्ष्म सत्ताएँ भी अवगत थीं। अपने निबंधों में वह उनकी सहायता से बड़ा ही मार्मिक प्रभाव उत्पन्न करता है। बेकन ने गहन और गूढ़ विचारों को अपनी गंभीर शैली द्वारा व्यक्त किया और इस प्रकार वे एक नयी पद्धति चलानेवाले हीं सिद्ध हुए। उसके अनुयायियों का एक वर्ग उसके निबंध-शैली को ही आदर्श शैली मानता है। उस शैली में मौनटेन की-सी स्वच्छंदता नहीं है। उसके स्थान पर बौद्धिक और मनोवैज्ञानिक सूक्ष्मता तथा कुछ आदर्शोन्मुख भावुकता का सम्मिश्रण है। यद्यपि कुछ स्वदेश-प्रेमी अंग्रेज आलोचकों ने बेकन को निबंध-रचना के क्षेत्र में सर्वोत्कृष्ट महत्त्व देना चाहा है परन्तु अधिकांश निष्पक्ष समालोचन यह स्वीकार करते हैं कि मौनटेन के निबंधों की शैली ही आदर्श मानी जानी चाहिए।

बेकन के निबंधों की क्लिष्टता हमें प्राचीन भारतीय दार्शनिक निबंध-लेखकों की याद दिलाती है जिनका इस प्रकरण के आरंभ में उल्लेख किया जा चुका है। हम कह चुके हैं कि उस शैली की रचनाएँ साहित्य की सीमा से कुछ दूर वैज्ञानिक कोटि में आती हैं। परंतु बेकन के निबंधों का ध्येय साहित्यिक था। वे मनुष्यों की अंतर्वृत्तियों को प्रभावित करने का लक्ष्य लेकर लिखे गये हैं। केवल तार्किक विश्लेषण ही उनका उद्देश्य नहीं था।

बेकन के उपरांत अँग्रेजी निबंध-लेखकों का द्वितीय प्रसिद्ध उत्थान स्टील, एडीसन, डाक्टर जानसन तथा उनके सहयोगियों के आगमन से आरम्भ हुआ। ये सब एक ही वर्ग के लेखक कहे जा सकते हैं, यद्यपि इनकी शैलियों में थोड़ा-बहुत भिन्नता अवश्य पायी जाती है। इस वर्ग के लेखक का लक्ष्य सामाजिक बुराइयों, जड़ताओं और रूढ़ियों के विरोध में विनोद तथा व्यंग्यपूर्ण शैली की टिप्पणियाँ लिखना था। इन लेखकों उदय के साथ ही सामयिक पत्रों और पत्रिकाओं आदि का भी श्रीगणेश हुआ जो दैनिक, साप्ताहिक, पाक्षिक अथवा मासिक रूप में प्रकाशित होने लगे। इन पत्रों के उपयुक्त ही निबंधों का आकार भी था। एक अंक में एक विशेष समस्या पर प्रकाश डालने के लिए जो निबंध लिखा जाता था वह प्रायः उसी में समाप्त भी हो जाता था। कुछ विशेष प्रकार के व्यक्तियों का चित्रण करने के उद्देश्य से भी विनोदपूर्ण प्रबंध

लिखे गये। उनमें से कतिपय उन पत्रों के कई अंशों में क्रमशः एकत ही शीर्षक प्रकाशित हुए। परंतु अधिकतर निबंध एक अंक में ही समाप्त कर दिये गये हैं। पुनः उसी शीर्षक से उसी व्यक्ति का चित्रण करते हुए दूसरा निबंध लिखा गया। कहने का आशय यह है कि निबंधों का आकार अधिक विस्तारप्राप्त नहीं बनाया गया। उसके संक्षिप्त रूप की रक्षा की गयी।

इन पत्रिका-निबंधों और वैयक्तिक-चित्रणों की शैली भी मौनटेन की-सी सरलता और स्वाभाविकता लिए हुए है। तत्कालीन अँग्रेजी-साहित्य के विकास में इन निबंधों का बड़ा ही उच्च स्थान है। इनमें भी स्तील और एडीसन की जोड़ी अधिक महत्त्वपूर्ण मानी गयी है।

निबन्धों की कोटियाँ

सामयिक पत्रों के प्रकाशित होने के पश्चात् निबंधों की कई अन्य कोटियाँ भी प्रचलित हुई। उसमें एक तो साहित्यिक आलोचना-सम्बन्धी-निबंधों की कोटि है। इस कोटि के प्रसिद्ध लेखकों में मेथ्यू आर्नल्ड , हेजलिट, डीक्वेंसी, लेहंट आदि अँग्रेजी साहित्य में आदर की दृष्टि से देखे जाते हैं। उनमें विचारों की मौलिकता, क्रमबद्धता और विशद अभिव्यक्ति प्रधान रूप से प्रकट हुई है। व्यक्तिगत चिंतन का गुण पूर्णरूप से इन लेखकों में मिलता है और यह निबंध-रचना का एक अनिवार्य गुण मान लिया गया है। इसी विशेषता के कारण उक्त निबंध-लेखक साहित्य में आदृत स्थान प्राप्त कर सके। व्यक्तिगत विचारों का एक अनोखा आकर्षण होता है जो रसज्ञों पर अपनी मुद्रा अंकित किए बिना नहीं रहता। उन विचारों को व्यक्त करने में लेखक अपने व्यक्तित्व को भी प्रकट ही कर देता है। इस प्रकार निबंध के उस प्रधान स्वरूप की, जिसका उल्लेख मौनटेन की आदर्श निबंध-रचना की चर्चा करते हुए ऊपर किया गया है, झलक उसमें स्पष्ट रूप से मिलती है। वे यद्यपि विचारों को व्यक्त करते हैं परन्तु उसके भीतर भावना का एक सूक्ष्म तंतु सदैव निहित रहता है। यही उनको निबंध की कोटि में महत्त्वपूर्ण स्थान का अधिकारी बनाता है।

इस काल के, दूसरी कोटि के निबंध-लेखकों में दो परस्पर विरुद्ध वर्ग देखे जाते हैं। प्रधानतः यह विरोध आकार का विरोध है। इसमें एक वर्ग बृहदाकार निबंध लिखकर सम्मुख आया और दूसरा अत्यधिक संक्षिप्त निबंध टिप्पणियों या रेखा-चित्रों के रूप में लेकर पहुँचा। वृहत्काय निबंध पुस्तकाकार प्रकाशित हुए। इनके लेखकों में मेकाले का नाम भारत में विशेष प्रसिद्ध है। मेकाले की शैली अत्यन्त अतिशयोक्तिपूर्ण और चमत्कारिणी थी। उसकी शैली की विशेषता और आकर्षण इसी चमत्कार में है जो काल्पनिक विशिष्टता की द्योतक है। परंतु इस वर्ग के निबंध साहित्य में अधिक उत्कृष्ट स्थान पर प्राप्त कर सके। इनका विरोधी वर्ग, जिनमें संक्षिप्त रेखा-चित्र अंकित करने की पद्धति चली, सामयिक पत्रों में बराबर स्थान प्राप्त करता रहा और अब भी पा रहा है। इस वर्ग के निबंधकारों में आधुनिक काल के हेराल्ड लास्की की अच्छी ख्याति अँग्रेजों तथा अँग्रेजी जाननेवाले भारतीयों में है।

इनके अतिरिक्त कार्लाइल, रस्किन तथा इमरसन आदि लेखकों की एक विशिष्ट कोटि निबंध-क्षेत्र में स्वीकार की गयी है। वे अतिशय भावनामय और आध्यात्मिक प्रवृत्ति के लेखक हो गये हैं। इनमें से रस्किन तथा कार्लाइल ने इंगलैण्ड में तथा इमरसन में अमेरिका में जन्म लेकर विश्वख्याति प्राप्त की है। इनकी शैली में भावुकता की मात्रा स्वभावतः अधिक है: परंतु वह अत्यंत उत्कृष्ट कोटि की मर्मस्पर्शिनी भावुकता है। वह भावुकता उनकी चित्तवृत्तियों के अंतरतम की पुकार-सी विदित होती है। वह उस प्रकार की हल्की और सस्ती भावप्रवणता नहीं जो उपदेशकों और व्याख्यानदाताओं में देखी जाती है। वह गंभीर मानसिक उद्वेलन के फलस्वरूप प्रकट हुई है, अतः उसमें व्यक्तिगत अनुभूति का पूर्ण वशीकरण वर्तमान है। मानसिक वृत्तियों के सूक्ष्म स्तर में ये लेखक बड़ी मनोहारिणी गति से विचरण करते हैं, अतः इनकी उक्तियों में केवल

शाब्दिक चमत्कार का आडंबर नहीं है। इनके निबंधों में उपदेश की अच्छी मात्रा होने के कारण यद्यपि कुछ लोग इन्हें उपदेश-प्रधान और धार्मिक लेखक मानते हैं। परंतु वास्तव में वे किसी रूढ़िबद्ध धार्मिक परंपरा के उपदेशक या पादरी कोटि के व्यक्ति नहीं थे। उनके लेखों में उच्च कोटि की साहित्यिक भाव-सबलता पायी जाती है।

पाश्चात्य निबन्ध—लेखकों के ऊपर जो विवरण दिया गया उसका उद्देश्य निबन्ध की ऐतिहासिक चर्चा करना नहीं है। उसका उद्देश्य निबन्ध की उन भिन्न-भिन्न शैलियों का उल्लेख करना और उनकी विशेषताओं की ओर ध्यान आकर्षित करना है जो अधिक ख्यात हो चुकी है। इनमें से प्रत्येक शैली में निबन्ध-लेखन-कला की प्रमुख विशेषताएँ वर्तमान हैं। उन विशेषताओं की चर्चा भी यथास्थान की जा चुकी है। अँग्रेजी साहित्य से अधिक सम्बन्ध होने के कारण हमने मौनटेन के अतिरिक्त इस कला के जिन प्रतिनिधितियों का नामोल्लेख किया है वे अँग्रेज या अमेरिकन ही हैं। मौनटेन यूरोप का प्रसिद्ध निबन्ध-लेखक और उसकी कला का प्रधान आविष्कर्त्ता हो गया है। इस विषय में वह अँग्रेजी साहित्य का भी पथ-प्रदर्शक है। उसके लिखे निबन्धों का अनुवाद अँग्रेजी में हुआ है। यही नहीं, उसकी शैली की छाप प्रायः सभी श्रेष्ठ निबन्धों में पायी जाती है। वह छाप अनुकरणजन्य नहीं है, क्योंकि निबन्ध-लेखन कला के मूल में ही अनुकरण का निषेध है। वैयक्तिक अनुभूति कीं व्यंजना निबन्धकार का प्रथम साध्य है परन्तु किसी न किसी रूप में मौनटेन का प्रभाव यूरोप के अनेक निबन्ध-लेखकों में पाया जाता है।

अँग्रेजी का एक श्रेष्ठ निबन्ध-लेखन चार्ल्स लेंब, जिसका हम अन्त में उल्लेख कर रहे हैं, एक प्रकार से फ्रांसीसी मौनटेन का अँग्रेजी विकास है। उसके निबन्धों में, जो अधिकांश आत्म-कथा कहे जा सकते हैं, अँग्रेजी निबन्ध-लेखन पराकाष्ठा पर पहुँच गया है। आश्चर्य यह है कि इस अत्यन्त सरल प्रकृति लेखक में, जो मामूली क्लर्क का काम करता था, मस्तिष्क-विकार के भी परमाणु मौजूद थे और उसकी भगिनी मेरी तो पगली ही हो गयी थी। परन्तु लेंब अपने निबन्धों में अपनी ही घरेलू कथा इतने निष्कपट रूप से कहता और पुराने संस्मरण इतने स्वाभाविक रूप से सम्मुख उपस्थित करता है कि पाठक मुग्ध हो जाते हैं। निबन्धों का वास्तविक वातावरण उसकी रचनाओं में प्रायः सर्वत्र दिखायी देता है। वह वातावरण स्वच्छ, स्वाभाविक, रवानुभूत और सहानुभूतिपूर्ण है—यही संक्षेप में कहा जा सकता है।

हिन्दी में निबन्ध

आधुनिक हिन्दी-साहित्य में निबन्ध का श्रीगणेश कितने ही वर्ष पूर्व हो चुका है। परन्तु अभी उत्तम कोटि के निबन्धों की उल्लेखनीय मात्रा हो सकी है। अँग्रेजी की भाँति निबन्ध की भिन्न-भिन्न शैलियों का विकास यहाँ धीरे-धीरे हो रहा है। भारतेंदु और उनके समकालीन निबन्ध-लेखकों में अधिकांश निबन्ध-लेखक-कला से अवगत नहीं थे। उनमें से कुछ तो अपने निबन्धों का आरम्भ 'कोटिशः धन्यवाद उस परमपिता परमेश्वर से है' आदि शब्दों से करते थे। उनमें अनुप्रास आदि शाब्दिक प्रयोगों का प्राधान्य है। बिना अर्थ की भूमिका बाँधने की भी परिपाटी चल गयी थी। रूढ़िगत धार्मिकता और भावुकता का प्रकाशन भी अधिक मात्रा में किया गया था। परन्तु हरिश्चंद्रजी तथा उनके समकालीन कतिपय लेखकों ने निबन्ध-रचना में कुछ सफलता भी प्राप्त की। इस क्षेत्र में सबसे अधिक उत्कृष्ट कार्य पं0 प्रतापनारायण मिश्र का माना जायगा। उनके समकालीन तथा परवर्ती भी कोई उनके समकक्ष नहीं पहुँचते। विनोद की मात्रा के साथ-साथ प्रतापनारायणजी में स्वगत भाव को अत्यन्त स्पष्ट और स्वाभाविक रूप से कह सुनाने की क्षमता थी। आत्मीयता उनकी शैली का विशिष्ट गुण है। अन्य लेखकों में उसके बदले कृत्रिम गम्भीरता का पुट रहता है जो उक्त कला के लिए बड़ा व्याघात सिद्ध हुआ है। पंडित

प्रतापनारायण मिश्र को आधुनिक हिन्दी का 'मौनटेन' या 'लैब' कहा जा सकता है।

गम्भीरता-समन्वित शैली को अपनानेवाले लेखक अब तक इस क्षेत्र में अधिक सफल नहीं हो सके हैं। पंडित बालकृष्ण भट्ट, पंडितं महावीरप्रसाद द्विवेदी तथा पंडित रामचंद्र शुक्ल आदि ने इस क्षेत्र में अच्छा कार्य किया है। पंडित बदरीनारायण चौधरी, पंडित अम्बिकादत्त व्यास तथा पण्डित माधवप्रसाद मिश्र के निबन्ध या तो भाषा के अलंकरण-भार में दब गये हैं या साधारण कोटि की भावुकता और धार्मिकता का द्योतन करते हैं। उच्चकोटि के भावना-संबंधित निबन्ध लिखनेवालों में श्रीयुत पूर्णसिंह तथा गुलाबरायजी के निबन्ध अग्रगण्य हैं। इनकी शैली रस्किन और इमरसन आदि के टक्कर की है परन्तु इनकी रचनाओं की संख्या थोड़ी ही हो सकी है।

साहित्यिक विषयों के निबन्धों का भी आरम्भ हो चुका है। इस क्षेत्र में अभी और प्रौढ़ता तथा प्रांजलता लाने की आवश्यकता है। आशा है निबन्ध-रचना का सर्वांगीण विकास हमारी हिन्दी भाषा में शीघ्र ही होगा।

(4) मुक्तक-काव्य

मुक्तक-काव्य

आधुनिक काल में नये प्रकार की गद्य रचना का सूत्रपात हुआ है। उसमें भावों या विशिष्ट मानसिक अवस्थाओं अथवा कल्पित या प्राकृतिक बातों पर छोटे-छोटे निबन्ध लिखे जाते हैं। इनकी विशेषता यही है कि इनकी भाषा भावों या विचारों के सर्वथा अनुकूल होती है। वर्तमान समय में पद्य में जो स्थान रहस्यवादी कविता का है वही स्थान हिन्दी गद्य में इन मुक्तक-काव्यों का है। इसका आरम्भ बंगाली साहित्य के आधार पर हुआ, पर अब ये स्वतंत्र होकर अपने अस्तित्व की साक्षी दे रहे हैं। इस प्रकार के गद्य-काव्यों का प्रचार दिनोंदिन बढ़ रहा है। इसका आरम्भ 'अन्तस्तल' नामक ग्रन्थ से हुआ और अब तो अनेक लेखकों की उत्कृष्ट कृतियाँ देखने में आती हैं।

(5) साहित्यिक आलोचना

कुछ विद्वानों ने आधुनिक काल में साहित्यिक आलोचना को भी गद्य-काव्य के अंतर्गत माना है। हम इस पुस्तक के अन्तिम अध्याय में आलोचना के सम्बन्ध में अपने विचार प्रकट करेंगे। अतएव यहाँ केवल इसका उल्लेख कर दिया गया है।

छठा अध्याय
रस और शैली

साहित्य की मूल मनोवृत्तियाँ

मनुष्य-मात्र की यह स्वाभाविक प्रवृत्ति होती है कि वह अपने भावों तथा विचारों को दूसरों पर प्रकट करे और स्वयं बड़ी उत्सुकता से दूसरे के भावों और विचारों को सुने और समझे। वह अपनी कल्पना की सहायता से ईश्वर, जीव तथा जगत् के विविध विषयों के संबंध में कितनी ही बातें सोचता है तथा वाणी के द्वारा उन्हें व्यक्त करने की चेष्टा करता है। वाणी का वरदान उसे चिरकाल से प्राप्त है और उसका उपयोग भी वह चिरकाल से करता आ रहा है। प्रेम, दया, करुणा, द्वेष, घृणा तथा क्रोध आदि मानसिक वृत्तियों का अभिव्यंजन तो मानव-समाज अत्यंत प्राचीन काल से करता ही है, साथ ही प्रकृति के नाना रूपों से अद्‌भुत अपने मनोविकारों तथा जीवन की अन्यान्य परिस्थितियों के संबंध में अपने अनुभवों को व्याप्त करने में भी उसे एक प्रकार का संतोष, तृप्ति अथवा आनंद प्राप्त होता है। यह सत्य है कि सब मनुष्यों में न तो अभिव्यंजन की शक्ति एक-सी होती है और न सब मनुष्यों के अनुभवों की मात्रा तथा विचारों की गंभीरता एक-सी होती है, परंतु साधारणतः यह प्रवृत्ति प्रत्येक मनुष्य में पायी जाती है। मनुष्य की इसी प्रवृत्ति की प्रेरणा से ज्ञान और शक्ति से उस भांडार का सृजन, संचय और संवर्द्धन होता है जिसे हम साहित्य कहते हैं।

साहित्य के मूल में स्थित इन मनोवृत्तियों के अतिरिक्त एक दूसरी प्रवृत्ति भी है जो सभ्य मानव-समाज में सर्वत्र पायी जाती है और जिससे साहित्य में एक अलौकिक चमत्कार तथा मनोहारिता आ जाती है। इसे हम सौन्दर्य की भावना कहते हैं। सौंदर्यप्रियता की ही सहायता से मनुष्य अपने उद्‌गारों में ''रस'' भर देता है जिससे इस प्रकार के अलौकिक और अनिर्वचनीय आनन्द की उपलब्धि होती है और जिसे साहित्यकारों ने ''ब्रह्मानंदसंहोदर'' की उपाधि दी है। सौंदर्यप्रियता की भावना ही शुद्ध साहित्य को एक ओर तो जटिल और नीरस दार्शनिक तत्त्वों से अलग करती तथा दूसरी ओर उसे मानव-मात्र के लिए आकर्षक बनाती है। जैसे सब मनुष्यों में मनोवृत्तियाँ एक ही नहीं होतीं वैसे ही सौन्दर्यप्रियता की भावना सबमें समान रूप से विकसित नहीं होतीः सभ्यता तथा संस्कृति के अनुसार भिन्न-भिन्न मनुष्यों में उसके भिन्न-भिन्न स्वरूप हो जाते हैं। परन्तु इसका यह आशय है कि हम प्रयत्न करके किसी देश अथवा काल के साहित्य में उपर्युक्त भावना की न्यूनता अथवा अधिकता का पता नहीं लगा सकते या उसके विभिन्न स्वरूपों को समझ नहीं सकते।

भावपक्ष तथा कलापक्ष

इस प्रकार एक ओर तो हम अपनें भावों, विचारों, आकांक्षाओं तथा कल्पनाओं का अभिव्यंजन करते हैं और दूसरी ओर अपने सौन्दर्य-ज्ञान के सहारे उन्हें सुन्दरतम बनाने तथा उनमें एक अद्‌भुत आकर्षण का आविर्भाव करते हैं। इन्हीं दो मूल तत्त्वों के आधार पर साहित्य के दो पक्ष हो जाते हैं जिन्हें हम भावपक्ष तथा कलापक्ष कहते हैं। यद्यपि साहित्य के इन दोनों पक्षों में बड़ा घनिष्ठ सम्बन्ध है और दोनों के समुचित संयोग और सामंजस्य से ही साहित्य को स्थायित्व मिलता तथा उनका सच्चा स्वरूप उपस्थित होता है; तथा साधारण विवेचन के लिए ये दोनों पक्ष अलग-अलग माने जा सकते हैं और इन पर भिन्न-भिन्न दृष्टियों से विचार किया जा सकता है। साहित्य के विकास के साथ उसके दोनों पक्षों का विकास भी होता जाता है पर उनमें

समन्वय नहीं बना रहता। तात्पर्य यह कि दोनों पक्षों का समान रूप से विकास होना आवश्यक नहीं है। किसी युग में भावपक्ष की प्रधानता और कलापक्ष की न्यूनता तथा किसी दूसरे युग में इसके विपरीत परिस्थिति हो जाती है। इसलिए साहित्य के इन दोनों अंगों का अलग-अलग विवेचन करना केवल आवश्यक ही नहीं, वरन् कभी-कभी अनिवार्य भी हो जाता है।

भावपक्ष

साहित्य के इन दोनों अंगों में से उसके भावात्मक अंग की अपेक्षाकृत प्रधानता मानी जाती है और कलापक्ष को गौण स्थान दिया जाता है। सच तो यह है कि साहित्य में भावपक्ष ही सब कुछ है, कलापक्ष उसका सहायक तथा उत्कर्ष-वर्धक मात्र है। साथ ही भावपक्ष पर विचार करना ही अपेक्षाकृत जटिल तथा दुरूह है, क्योंकि मनुष्य की मनोवृत्तियाँ जटिल तथा दुरूह हुआ करती हैं; उनमें शृंखला तथा नियम ढूँढ़ निकालना सरल काम नहीं होता। मनुष्य के भाव और विचार तथा उसकी कल्पनाएँ भी बड़ी विचित्र तथा अनोखी हुआ करती हैं। साहित्य मनुष्य के इन्हीं विचित्र और अनोखे भावों, विचारों तथा कल्पनाओं का व्यक्त स्वरूप है, अतः उसमें भी मानव-स्वभाव सुलभ सभी विशेषताएँ होती हैं। साहित्य में जो विचित्रता तथा अनेकरूपता दिखाई देती है उसके मूल में मानव-स्वभाव की विचित्रता तथा अनेकरूपता है। हम स्वयं देखते हैं कि हमारी प्रवृत्ति सदा एक-सी नहीं रहती। कभी तो हम अनेक अनोखी कल्पनाएँ किया करते हैं और कभी बहुत से साधारण विचार हमारे मन में उठते हैं; कभी बातचीत करते हैं और कभी कथा-कहानी कहते हैं; कभी हम जीवन के जटिल तथा गंभीर प्रश्नों पर विचार करते हैं और कभी उसके सरस मनोरंजक स्वरूप की व्याख्या करते हैः कभी हम आत्मचिंतन में लीन रहते हैं और कभी हमारी दृष्टि समाज अथवा बाह्य जगत् पर आ जमती है। सारांश यह है कि हमारी प्रवृत्ति सदा एक-सी नहीं रहती। प्रवृत्तियों की इसी अनेकरूपता के कारण साहित्य में भी अनेकरूपता दिखाई देती है। कविता, नाटक, उपन्यास, आख्यायिका, निबंध आदि जो साहित्य के विभिन्न अंग हैं और इन मुख्य अंगों के भी जो अनेक उपांग हैं, उसका कारण यही है कि मनुष्य की मनोवृत्तियों के भी अनेक उपांग होते हैं तथा उनकी भी विभिन्न श्रेणियाँ होती हैं। इन अंगों, उपांगों एवं श्रेणियों के होते हुए भी मानव-स्वभाव के मूल में भावात्मक साम्य होता है, अतएव साहित्य में भी अनेकरूपता के होते हुए भी भावना-मूलक समता दिखाई देती है और इसी समता पर लक्ष्य रखते हुए हम साहित्य के इस पक्ष का विवेचन करते हैं।

कलापक्ष

जिस प्रकार मनुष्यों में अपने भावों तथा विचारों को व्यक्त करने की स्वाभाविक इच्छा होती है, उसी प्रकार उन भावों तथा विचारों को सुन्दरतम शृंङ्खलाबद्ध तथा चमत्कारपूर्ण बनाने की अभिलाषा भी उनमें होती है। यही अभिलाषा साहित्य-कला के मूल में रहती है और इसी की प्रेरणा से स्थूल, नीरस तथा विशृंङ्खल विचारों को सूक्ष्म, सरल और शृंखलाबद्ध साहित्यिक स्वरूप प्राप्त होता है। भावों के अभिव्यंजन का साधन भाषा है और भाषा के आधार शब्द हैं जो वाक्यों में पिरोये जाने पर अपनी सार्थकता प्रदर्शित करते हैं। अतः शब्दों तथा वाक्यों का निरंतर संस्कार करते रहने एवं उपयुक्त रीति से उनका प्रयोग करने से ही अधिक से अधिक प्रभावोत्पादकता आ सकती है। इसके अतिरिक्त प्रचलित लोकोक्तियों का समुचित प्रयोग तथा भाव-व्यंजन की अनेक आलंकारिक प्रणालियों का उपयोग भी साहित्य-ग्रंथों की एक विशेषता है। कविता में भावों के उपयुक्त मनोहर छंदों का प्रयोग तो चिरकाल से होता आ रहा है और नित्य नवीन छंदों का निर्माण भी साहित्य के कलापक्ष को पुष्ट करता है। भाषा की गति या प्रवाह, वाक्यों का समीकरण, शब्दों की लाक्षणिक तथा व्यंजनामूलक शक्तियों का अधिकाधिक प्रयोग ही साहित्य के कलापक्ष के विकास की सीढ़ियाँ हैं, इस विषय का विस्तृत विवरण अलंकार-शास्त्रों तथा

लक्षण-ग्रंथों में मिलता है। संकुचित अर्थ में लक्षण-ग्रंथों में इसे साहित्य-शास्त्र कहा गया है।

काव्य के तत्त्व

हम पिछले अध्यायों में इस बात को अनेक बार कई स्थानों पर लिख चुके हैं कि सब प्रकार के काव्यों में जीवन-व्यापार के निरीक्षण द्वारा जिस सूचित सामग्री को कवि अपने कौशल की सहायता से काव्य-कला का रूप देता है, वह बुद्धि-तत्त्व, कल्पना-तत्त्व और रागात्मक तत्त्व की आश्रित रहती है। हम यह भी बता चुके हैं कि बुद्धि-तत्त्व से हमारा अभिप्राय उन विचारों से है जिन्हें कोई लेख या कवि अपने विषय के प्रतिपादन में प्रयुक्त करता है और अपनी कृति में अभिव्यक्त करता है। कल्पना-तत्त्व से हमारा अभिप्राय मन में किसी विषय का चित्र अंकित करने की शक्ति से है, जिसे कवि या लेखक अपनी कृति में प्रदर्शित करके पाठकों के हृदय-चक्षु के सम्मुख भी वैसा ही चित्र उपस्थित करने का प्रयत्न करता है। रागात्मक तत्त्व से हमारा अभिप्राय उन भावों से है जिनको कवि या लेखक का काव्य-विषय स्वयं उसके हृदय में उत्पन्न करता है और जिनका वह अपनी कृति द्वारा अपने पाठकों के हृदय में संचार करना चाहता है। ये तीनों तत्त्व सब प्रकार के काव्य के, चाहे वह कविता हो, चाहे गद्य-काव्य हो, आधार, प्राण या अंतरात्मा हैं। इनके बिना काव्य अपना सहज, सुचारु और मनोमुग्धकारी रूप धारण नहीं कर सकता, चाहे उसमें बाहरी सज-धज या बनावट कितनी अधिक और कितनी ही अच्छी क्यों न हो। इस अध्याय में हम काव्य के आधारों तथा उसकी बाहरी सज-धज के सम्बन्ध में अपने विचार प्रकट करेंगे।

इन तीनों तत्त्वों का परस्पर बड़ा घनिष्ठ सम्बन्ध है और काव्य में तो इनका ऐसा सम्मिश्रण हो जाता है कि इसका विश्लेषण करके इन्हें अलग-अलग करना कठिन ही नहीं एक प्रकार से से असंभव भी है। प्रायः देखने में आता है कि एक ही पदार्थ के देखने पर हमारे मन में विचार, कल्पना तथा मनोवेगों की एक साथ उत्पत्ति होती है। यद्यपि ये तीनों बातें, भिन्न-भिन्न मानसिक क्रियाओं के व्यापारों के भिन्न-भिन्न रूप हैं, पर कहाँ एक की समाप्ति होकर दूसरे का आरंभ होता है अथवा उनकी उत्पत्ति का क्रम किस प्रकार है, इसका निर्णय करना और एक विभाजक रेखा खींचकर उनकी सीमाएँ निर्धारित करना असंभव है। इस कठिनाई के रहते हुए भी हम तीनों तत्त्वों का कुछ विवरण देना आवश्यक समझते हैं।

अंतःकरण की वृत्तियाँ

मनुष्य का निर्माण इतना जटिल है कि अभी तक इस निर्माण के तत्त्वों को पूरा-पूरा समझने और समझाने में वैज्ञानिक और दार्शनिक दोनों विफल रहे हैं। साधारणतः वैज्ञानिकों के मत से मनुष्य शरीर और मन का संयोग है। शरीर का निर्माण जड़-पदार्थों से हुआ है। अतएव उसके विषय में पदार्थ-विज्ञान के विद्वानों ने बहुत कुछ सूक्ष्म विवेचना की है। शरीर के व्यापार, क्रियाएँ, गुण और पदार्थ-विज्ञान के सिद्धांतों और नियमों के अनुसार होते हैं। इसलिए शरीर-शास्त्र की विवेचना तो सहज है, परन्तु मन का विवेचन उतना सहज नहीं है।

अंतःकरण से हमारा तात्पर्य उसी भीतरी इंद्रिय से है जो संकल्प, विकल्प, निश्चय, स्मरण तथा सुख-दुःख आदि का अनुभव करती है। कार्य-भेद से अंतःकरण की चार वृत्तियाँ मानी गयी हैं—मन, बुद्धि, चित्त और अहंकार। धन की वृत्ति से संकल्प-विकल्प होता है, बुद्धि का कार्य विवेक या निश्चय करना है, चित्त का कार्य बातों का अनुसंधान करना है और अहंकार-वृत्ति से संसार के अन्य पदार्थों के साथ हमारा सम्बन्ध दिखायी पड़ता है। वेदांतसार के अनुसार मन और बुद्धि के अंतर्गत अनुसंधानात्मक वृत्ति को चित्त कहा है। अंतःकरण की उत्पत्ति पंचभूतों की गुण-समष्टि से मानी गयी है और मन तथा बुद्धि उसकी दो वृत्तियाँ बतायी गयी हैं। इनमें से मन को संशयात्मक और बुद्धि को निश्चयात्मक कहा है। वेदांग में प्राण को मन का कारण कहा

है और मृत्यु होने पर उसका प्राण में लय हो जाना माना है। कई दार्शनिक ग्रंथों में मन या चित्त का स्थान हृदय माना है।

पाश्चात्य विद्वान् अंतःकरण के सब व्यापारों का स्थान मस्तिष्क में मानते हैं जो समस्त ज्ञान-तंतुओं का केन्द्र-स्थान है। खोपड़ी के भीतर जो टेढ़ी-मेढ़ी गुरियों की-सी बनावट होती है, वही मस्तिष्क है उसी के सूक्ष्म मज्जा तन्तुजाल और कोशों की क्रिया के द्वारा सारे मानसिक व्यापार होते हैं। भूतवादी वैज्ञानिकों के मन से चित्त, मन या आत्मा कोई पृथक् वस्तु नहीं है, केवल व्यापार विशेष का नाम है, जो छोटे जीवों में बहुत ही अल्प परिमाण में होता और बड़े जीवों में क्रमशः बढ़ता जाता है। इस व्यापार का प्राणरस के कुछ विकारों के साथ नित्य सम्बन्ध है। प्राण-रस के ये विकार अत्यन्त निम्न श्रेणी के जीवों में प्रायः शरीर भर में होते हैं; पर उच्च प्राणियों में क्रमशः इन विकारों के लिए विशेष स्थान नियत हो जाते हैं और उनसे इंद्रियों और मस्तिष्क की सृष्टि होती है।

पाश्चात्य विद्वान् मन के विषय में न तो अभी तक अपने सिद्धान्त स्थिर कर सके हैं और न उसकी कोई ठीक परिभाषा ही बता सके हैं। कोई तो कहता है कि मन वह है जो विचार करता, स्मरण करता, तर्क और आकांक्षा करता है। दूसरा कहता है कि जिसे हम मन कहते हैं; वह केवल भिन्न-भिन्न विषयों के इंद्रियज्ञान का समुच्चय या ढेर है, जो किसी अज्ञान सम्बन्ध से इकट्ठा हो जाता है। तीसरा कहता है कि ज्ञान-विषयक कल्पनाओं के परे मन कोई ऐसी वस्तु है जो इन कल्पनाओं को देखती, समझती और इसके विषय में कई क्रियाएँ करती है, जैसे आकांक्षा, तर्क, स्मरण आदि। चौथे महाशय मन को मनोविकारों की शृंखला या माला मानते हैं। पाँचवें महाशय कहते हैं कि मन को यथार्थ ज्ञान उसके राग, संकल्प और बुद्धि-विषयक तीन विशिष्ट गुणों पर विचार करने से हो सकता है।

इन सब बातों के कहने का तात्पर्य इतना ही है कि अभी तक पाश्चात्य विद्वानों ने इस सम्बन्ध में ऐसा सिद्धान्त नहीं स्थिर किया है जो सबको मान्य हो। हमारे यहाँ अंतःकरण से प्रारम्भ करके उसकी चार वृत्तियों में मन, बुद्धि, चित्त और अहंकार को गिना दिया है। इसमें भी चित्त को मन और बुद्धि के अंतर्गत माना है। पाश्चात्य विद्वान् मन के द्वारा अन्तर्बोध का होना मानते हैं और उसके गुण, राग, संकल्प और बुद्धि बताते हैं।

हमारा उद्देश्य मनोविज्ञान-शास्त्र का विवेचन करना नहीं है। हमारे काम के लिए तो इतना ही जान लेना यथेष्ट होगा कि राग और बुद्धि ऐसी मानसिक वृत्तियाँ हैं जिनका काव्य से घनिष्ठ सम्बन्ध है। यह विचार और कल्पना के ही अन्तर्गत आ जाता है।

बुद्धि-तत्त्व

मनोविज्ञान में बुद्धि को बहुत ऊँचा स्थान दिया गया है। मानसिक कार्यों में इसकी प्रधानता रहती है। हमारे यहाँ इसे अंतःकरण की निश्चयात्मिक वृत्ति माना जाता है। इसे हम मन की चेतन-शक्ति भी कह सकते हैं। इसी की सहायता से सब प्रकार के इन्द्रियज्ञान या मनोवेगादि का बोध होता है। जब हमें किसी वस्तु का ज्ञान होता है, तब बुद्धि के ही द्वारा उसके सम्बन्ध के विचारों की उत्पत्ति होती है। दार्शनिकों ने विचार के दो अर्थ लिये हैं। पहला अर्थ तो उन सब मानसिक स्थितियों का है जिनका बुद्धि द्वारा अंतर्बोध या ज्ञान होता है। इस अर्थ के अनुसार विचार में मनोराग, संकल्प, इच्छा आदि सबका समावेश हो जाता है। दूसरा अर्थ शब्द का वह रूप है जो वाणी द्वारा प्रकाशित किया जाता है। कुछ लोग विचार से बुद्धि के उस कार्य का अर्थ लेते हैं जो कल्पना द्वारा होता है। साहित्यशास्त्र के लिए इन सूक्ष्म विचारों की आवश्यकता नहीं है। हमारे लिए तो इतना ही जान लेना बहुत है कि जब हमारा मन बुद्धि द्वारा किसी ज्ञान को प्राप्त कर लेता है तब उसके सम्बन्ध में अनेक प्रकार के भाव हमारे मन में अभिव्यक्त होते हैं। जब हम

किसी नदी-तालाब, पेड़-फूल, घर-दूकान, स्त्री-पुरुष आदि को देखते हैं; तब भिन्न-भिन्न मानसिक क्रियाओं के कारण हमारे मन में कुछ भाव अभिव्यक्त होते हैं; इन्हीं मानसिक भावों का नाम विचार है। जैसा कि हम पहले लिख चुके हैं, प्रत्येक लेखक या कवि अपने विषय प्रतिपादन में कुछ विचारों का प्रयोग करता है और उन्हें अपनी कृति में अभिव्यक्त करता है। विचारों की उत्तमता के विषय में कुछ कहने की आवश्यकता नहीं है, क्योंकि यदि यह गुण किसी काव्य में न हो तो वह निकृष्ट, निरुपयोगी और हानिकारक हो जाता है। अतएव विकारों की श्रेष्ठता ध्यान देने योग्य है। कवि या लेखक को इनके द्वारा समाज का हित करने की ओर सदा दत्तचित्त रहना चाहिए। पर यह तभी संभव है जब वह स्वयं परिमार्जित, संस्कृत और उच्च विचारों का केन्द्र हो और अपने पाठकों के मन में उन विचारों का संचार करके उन्हें उच्च भावों से परिपूर्ण तथा उनके कारण आनंदित कर सके। काव्य में बुद्धितत्त्व का यही उद्देश्य है और इसी को काव्य में सुचारु रूप से सुव्यवस्थित करने में कवि या लेखक का कौशल तथा उसकी महत्ता अभिव्यक्त होती है।

कल्पना-तत्त्व

काव्य का दूसरा तथ्य कल्पना है। दार्शनिकों ने सब प्रकार के ज्ञान की पाँच अवस्थाएँ मानी हैं—परिज्ञान, स्मरण, कल्पना, विचार और सहज ज्ञान। सबसे पहले हमें बाह्य पदार्थों का ज्ञान अपनीं ज्ञानेन्द्रियों अर्थात् आँख, कान, नाक, जिह्वा और त्वचा से होता है। जब हम किसीं मनुष्य के सामने जाते हैं, तब हमारे नेत्रों के द्वारा उस मनुष्य का प्रतिबिम्ब हमारे मन पर पड़ता है। जब तक हम उस मनुष्य को देखते हैं, तब तक वह प्रतिबिम्ब स्पष्ट रहता है परन्तु जब हम नेत्र बन्द कर देते हैं, तब वह प्रतिबिम्ब विलीन हो जाता है। इस प्रकार के ज्ञान को ''परिज्ञान'' कहते हैं। यदि हमने उस मनुष्य को ध्यान से देखा है, तो पीछे से आवश्यकता पड़ने पर ''स्मरण'' शक्ति की सहायता से हम उस मनुष्य के रूपादि का कुछ ध्यान कर सकते हैं, परन्तु फिर भी पहले की नाईं स्पष्ट चित्र हमारे सामने नहीं आ जाता। यदि हम उसी मनुष्य को बार-बार देखें और ध्यान से उसके प्रत्येक अंग की बनावट तथा उसके रूपादि को अपने मन में बैठा लें, तो फिर हमारी स्मरण-शक्ति कुछ अधिक सहायता कर सकती है और हमारे मन में उस व्यक्ति का एक स्पष्ट चित्र-सा बन जाता है। यह कार्य मन की स्मरण-शक्ति के द्वारा संपन्न होता है।

मान लीजिए की उक्त मनुष्य, जिसका हमें पहले पहल आँखों द्वारा परिज्ञान हुआ और जिसका चित्र हम अपने मन पर स्मरण-शक्ति द्वारा खचित कर सके हैं, एक अँगरेज है। हमने एक संन्यासी को भी देखा है और हमें उस संन्यासी के रूप, आकार तथा उसके वस्त्रों के रंग का स्मरण है। अब यदि हम चाहें तो अपने मन में उस अँगरेज का सूट, बूट छीनकर उसके संन्यासी का गेरुआ वस्त्र पहना सकते हैं; और तब हमारी मानसिक दृष्टि के सामने एक अँगरेज संन्यासी का चित्र उपस्थित हो जाता है। हमने बाह्य जगत् में केवल एक साधारण अँगरेज तथा एक संन्यासी को देखा; हमारी ज्ञानेन्द्रियों ने हमें उनका तद्रूप बोध कराया और स्मरण-शक्ति ने उनकी व्यक्तिगत विशेषताओं को मन में अंकित कर लिया। इसके अनंतर मन की एक विशेषताओं को मन में अंकित कर लिया। इसके अनंतर मन की एक विशेष क्रिया से स्मरण-शक्ति द्वारा संचित अनुभवों को विभक्त कर और फिर उनके पृथक्-पृथक् भागों को इच्छानुसार जोड़कर हमने मन में एक नवीन व्यक्ति की रचना कर ली जिसका अस्तित्व बाह्य जगत् में नहीं है, परन्तु जिसका बाह्य जगत् से स्वतंत्र चित्र हमारे मन में रहता है। मन की इस क्रिया को ''कल्पना'' कहते हैं। जो उदाहरण हमने दिया है, वह साधारण कल्पना का है। उसके आगे उस कल्पना का प्रादुर्भाव होता है जिसे 'मन की तरंग' कहते हैं, मनोरागों का अस्तित्व भी इसका प्रधान लक्षण है। इन्हीं रागों के द्वारा यह कल्पना उत्तेजित होती है, और काव्यों द्वारा आनंद का उद्रेक करने में सहायक बनती है। जब यह कल्पना और उत्तेजित हो जाती है, तब वह अपनी

बिलकुल नई सृष्टि खड़ी करने में भी समर्थ होती है। यह कल्पना-शक्ति की पराकाष्ठा है। इसी की सहायता से बड़े-बड़े प्रतिभाशाली लेखक और कवि काव्य रचने में समर्थ होते हैं। विधायक कल्पना ही संसार में नये-नये वैज्ञानिक आविष्कारों को संभव कर दिखाती है और संसार का ज्ञान बढ़ाती है।

कल्पना का आनंद दो प्रकार का होता है। एक तो वह आनंद है जो पदार्थों के वास्तविक अवलोकन तथा निरीक्षण द्वारा प्राप्त होता है। जब हम किसी खुले हुए समतल मैदान, विस्तृत रेगिस्तान, आकाशचुंबित पर्वतमाला, ऊँची-ऊँची चट्टानों, विपुल जलराशि आदि को देखते हैं, तब हमारे मन में एक विशेष प्रकार का आनंद उत्पन्न होता है। यदि इन पदार्थों में नवीनता, साधारणता या सुंदरता भी वर्तमान हो तो हमारे आनंद की मात्रा और बढ़ जाती है। दूसरा आनंद वह है जो ऐसे पदार्थों से उद्भूत होता है जिनको हमारी आँखों ने एक बार देखा है और जो हमारे मन में फिर से स्मरण-शक्ति की सहायता से उपस्थित होते हैं। इसके लिए यह आवश्यक नहीं है कि वे ठीक वैसे ही पदार्थ हों जो हमें पहले आनंद देनेवाले हो चुके हैं। हमारी कल्पना में यह शक्ति है कि जिन पदार्थों को हम एक बार देखकर आकृष्ट हो चुके हैं, उन्हें हमारी कल्पना अपनी रुचि के अनुसार घटा-बढ़ाकर या परिवर्तित करके हमारी मानसिक दृष्टि से सम्मुख उपस्थित करें और इस प्रकार हमें अंपनी स्वतंत्र सृष्टि का अनुभव करावे।

इस प्रकार हमारी कल्पना-शक्ति हमारे पूर्वसंचित अनुभवों के सम्मिश्रण से एक मनोहर चित्र हमारे सम्मुख उपस्थित करती है और कवि या लेखक अपनी शाब्दिक शक्ति से उस चित्र का ऐसा सुंदर वर्णन करता है जो हमारे मन को मुग्ध कर लेता है और हम पर ऐसा प्रभाव डालता है कि हम उसे काल्पनिक समझकर वास्तविक समझने और मानने लगते हैं। अतएव कवि या लेखक के लिए यह अत्यंत आवश्यक है कि वह अपने काल्पनिक वर्णन में अस्वाभाविकता न आने दें। हम यह बात पहले लिख चुके हैं कि जब कल्पना अत्यंत उत्तेजित होकर नई सृष्टि के निर्माण में लग जाती है और उस सृष्टि का वर्णन कवि या लेखक अपनी मनोहर भाषा में करता है, तब वह काव्य-कला की सहायक होकर उसे उत्कृष्ट बनाने में समर्थ होती है। अतएव पहले साधारण कल्पना उद्भूत होती है; फिर वह मन की तरंग का रूप धारण करती है; और अंत में विधायकता से सम्पन्न कवि-कल्पना का रूप धारण करती है। काव्यों में मन की इन्हीं तरंगों और विधायक कल्पना का विशेष रूप से प्रयोग होता है। मन की तरंगों के उदाहरण तो उत्कृष्ट काव्य में पद पद पर मिलते हैं; पर विधायक कल्पना में विशेष कौशल की आवश्यकता होती है। इसके उदाहरण संस्कृत में मेघदूत काव्य तथा हिन्दी में कवि मलिक मुहम्मद जायसी का 'पद्मावती' है।

मनोवेग या भाव

काव्य का तीसरा तत्व मनोवेग है जिन्हें साधारणतः भाव कहते हैं। भाव मन में उत्पन्न होनेवाले ऐसे विशेष प्रकार के विकार नहीं हैं: जो कभी उत्पन्न हों और और कभी न हों। वे मानसिक जीवन के अंग-स्वरूप होकर उसें सदा व्याप्त रहते हैं। मन में उठी हुई कोई ऐसी तरंग ही नहीं है जिसमें भावों का लेश न हो; अथवा हम यों कह सकते है कि वास्तव में कोई ऐसा ज्ञान ही नहीं है जो भाव रहित हो। इस संसार में कुछ ज्ञान हम प्राप्त करते हैं, वह भावों ही के द्वारा होता है। हमारा यह विचार कि "यह विद्या हमारी है" एक भाव है। इसी भाव के कारण "हम" और "तुम" का विभेद माना जाता है। भावों में एक बड़ी विशेषता यह होती है कि मनुष्य स्वयं तो भावों का अनुभव करता है परंतु यदि कोई दूसरा व्यक्ति उन्हीं भावों के कुछ अंशों को अनुभव करना चाहे तो यह सर्वथा असंभव है। भाव प्रत्येक व्यक्ति की अंतरात्मा का एक विशेष धर्म है। अतएव शब्दों की सहायता से इस बात का वर्णन करना असंभव है कि वास्तव में भाव क्या है।

मनुष्य उनका केवल अनुभव कर सकता है, परन्तु उनके वास्तविक स्वरूप का वर्णन नहीं कर सकता।

भावों के प्रकार

भाव कितने प्रकार के हैं अथवा किस प्रकार से अभिव्यक्त होते हैं, इन बातों का निश्चय करने के पहले यह जान लेना आवश्यक है कि मन क्या वस्तु है; क्योंकि भाव का संबंध वास्तव में मन से ही है। मन अंतरात्मा की एक कार्यकारिणी शक्ति है अतएव भाव इसी कार्यकारिणी शक्ति का एक विकारमात्र हैं। इस शक्ति का परिचालन दो ओर होता है—एक सुख की ओर और दूसरा दुःख की ओर। इन दोनों के बीत में सम भावों का भी परिचालन होता है। सुख के भाव मनुष्य को अपने लक्ष्य की ओर अग्रसर करते हैं और दुःख के भाव, इसके विपरीत कार्य की गति को रोकने का प्रयत्न करते हैं।

मन में अनेक प्रकार की इच्छाएँ उत्पत्र होती हैं। इन्हीं इच्छाओं से प्रेरित होकर मनुष्य अनेक लक्ष्यों को अपने सामने रखकर तथा उन लक्ष्यों तक पहुँचकर संतुष्टि प्राप्त करने का प्रयत्न करता है। मनुष्य की जितनी इच्छाएँ होती हैं, उतने ही प्रकार के भाव भी होते हैं; पर इच्छाओं की गिनती असंख्य होने के कारण भावों की गिनती का भी ठिकाना नहीं है। फिर भी मनुष्यों को विशिष्ट-विशिष्ट लक्ष्यों को लेकर हम यह जानने का प्रयत्न कर सकते हैं कि वास्तव में भाव कितने प्रकार के होते हैं।

विचार करने पर हम भावों को तीन श्रेणियों में विभक्त कर सकते हैं। सबसे पहले हमें स्थूल शरीर की ओर ध्यान देना चाहिए। मन की रचना ऐसी अद्‌भुत है कि शरीर के किसी अंश में किसी प्रकार का विकार होते ही आत्मा की भावकता के कारण चट उसका संवाद मन तक पहुँच जाता है। स्वयं मानव शरीर में जब किसी बात की आवश्यकता होती है, तब उसका भी संवाद मन तक पहुँच जाता है और मन उस आवश्यकता को पूरा करने के प्रयत्न में अपनी शक्ति लगाने लग जाता है। उन आवश्यकताओं के पूर्ण हो जाने पर आनन्द होता है और पूर्ण न होने की अवस्था में दुःख का प्रादुर्भाव होता है। इस प्रकार स्थूल शरीर से सम्बन्ध रखनेवाले भावों को हम प्रथम श्रेणी में स्थान देते हैं। मनोविज्ञानवेत्ता इस प्रकार के भावों को इंद्रिय-जनित भाव कहते हैं।

मन की दूसरी शक्ति वह है जिसके द्वारा वह संसार के सब अनुभवों को एकत्र करके उनसे पूर्ण ज्ञान प्राप्त करने का प्रयत्न करता है। इस ज्ञान से सम्बन्ध रखनेवाले जितने भाव हैं, उन्हें हम दूसरी श्रेणी में रखते हैं। ऐसे भावों की संज्ञा प्रज्ञात्मक भाव है।

मन अपनी तीसरी शक्ति के द्वारा मनुष्य के विचारों को एकत्र करके किसी विशेष लक्ष्य का स्वरूप खड़ा करने अथवा उस लक्ष्य को पूर्णता प्राप्त करने में यत्नशील होता है। मन की इस शक्ति से जो भाव उत्पत्र होते हैं, उन्हें हम तीसरी श्रेणी में स्थान देते हैं और उन्हें गुणात्मक भाव कहते हैं। अब हम इन तीनों प्रकार के भावों पर विशेष रूप से विचार करेंगे।

इन्द्रिय-जनित भाव

सबसे पहले हम अपने स्थूल शरीर से सम्बन्ध रखनेवाले प्रथम श्रेणी के इंद्रियजनित भावों के विषय में तत्वज्ञों के मत का सारांश देते हैं। सबसे पहला तथा सबसे सरल माध्यम जिसके द्वारा अंतरात्मा अपनी शक्ति का प्रयोग करता है, हमारा यह स्थूल शरीर ही है। इस शरीर को हम अवयवों का एक संघटित समूह कह सकते हैं। ये अवयव एक दूसरे से भिन्न होने पर भी आपस में ऐसे मिले हुए हैं कि उनकी समस्त शक्ति का उपयोग उनके पारस्परिक सम्बन्ध ही पर निर्भर रहता है। इन अवयवों द्वारा जो ज्ञान हमें प्राप्त होता है, वह इन सबकी विभिन्नता दूर कर देता है। यदि आँखें कुछ देखती हैं तो यह पूरा शरीर उसका अनुभव करता है। यदि शरीर के

किसी अंग में चोट लग जाती है तो यह समस्त शरीर उसका अनुभव करता है। इसका कारण यही है कि शरीर के ये सब अंग या अवयव एक ही अंतरात्मा से सम्बन्ध रखते हैं और इनके द्वारा अंतरात्मा को जो ज्ञान प्राप्त होता है उसी से भावों की अभिव्यक्ति होती है। सब वस्तुओं की कोई न कोई निर्धारित सीमा होती है। इसी प्रकार इंद्रियज्ञान की भी सीमा समझनी चाहिए। अपने वेग के सीमा से अधिक या कम हो जाने के कारण वे दुःखदायी प्रतीत होने लगते हैं, जब वे अपनी सीमा में रहते हैं तभी उनका अनुभव सुखकर होता है। सूर्य का अधिक प्रकाश नेत्रों को दुःखदायी होता है। इसी प्रकार बहुत सूक्ष्म प्रकाश नेत्रों को दुःखदायी होता है। परन्तु बीच का या सम प्रकाश मन को सुख देनेवाला होता है। बड़े जोर की चिल्लाहट अथवा बहुत धीमी बड़बड़ाहट कानों को कष्टकर होती है। परन्तु साधारण स्वर से उच्चरित वाणी प्यारी लगती है। इसका कारण यही है कि या तो स्वर अथवा प्रकाश के अधिक तीव्र होने के कारण इन्द्रियों को उसे ग्रहण करने में विशेष कष्ट होता है; अथवा अत्यन्त सूक्ष्म होने के कारण उनको ग्रहण करने में सामर्थ्य से अधिक प्रयत्न करना पड़ता है। इन दोनों के बीच की अवस्था अथवा समभाव होने से इन्द्रियाँ उसे सहज में ग्रहण कर लेती है। यही कारण है कि कर्णेंद्रिय के द्वारा मन को ताल तथा तल-युक्त गान से विशेष आनन्द प्राप्त होता है। इसके साथ ही किसी भाव का अधिक समय तक मन में स्थिर रहना अथवा बहुत शीघ्रता से निकल जाना भी दुःखदायी होता है। जब तक मन किसी भाव में तल्लीन रहता है, तभी तक वह सुखदायी रहता है। इसका कारण यह है कि किसी भाव के बहुत थोड़ी देर तक मन में रहने से उसमें परिपक्वता नहीं आती और बहुत देर तक रहने से उससे जी ऊब जाता है।

यह तो स्पष्ट ही है कि ज्ञान से भावों की उत्पत्ति होती है। परन्तु ये भाव जिनका हम वर्णन कर रहे हैं और उन्हें हमने प्रथम श्रेणी में गिना है, इन्द्रियों द्वारा प्राप्त ज्ञान से उत्पन्न होते हैं। इसी लिये इन्हें इन्द्रिय-जनित भाव कहते हैं। जीभ द्वारा किसी स्वादिष्ट भोजन के आस्वादन में हमें आनन्द होता है और किसी बुरे स्वादवाले भोजन के चखने से दुःख होता है। शरीर के किसी अंग में कष्ट पहुँचने से आलस्य होता है, उसमें व्याधि होने से चिन्ता होती है। इसी प्रकार इन्द्रियों द्वारा केवल हर्ष; विषाद, आलस्य, चिन्ता इत्यादि ही नहीं बल्कि शोक, भय आदि भाव भी अभिव्यक्त होते हैं।

प्रज्ञात्मक भाव

दूसरे प्रकार के भाव वे हैं जो मन की ज्ञान तथा अनुभव प्राप्त करनेवाली शक्ति से संबंध रखते हैं। इंद्रिय-जनित भावों और इन भावों में यह अंतर है कि वे सीधे इंद्रिय ज्ञान से प्राप्त होते हैं और ये भूत, भविष्य और वर्तमान अनुभवों द्वारा उन इंद्रिय जनित भावों को विशेष रूप से पुष्ट करते हैं। मान लीजिए कि किसी प्रकार हमारा हाथ कट गया। अब हाथ कटने का कष्ट दो हम अवश्य अनुभव करेंगे, क्योंकि वह इंद्रिय-जनित शारीरिक कष्ट है और अवश्यंभावी है। पर उस समय इस कोष्ट की मात्रा बहुत अधिक बढ़ जाती है जब हम इस बात का विचार करते हैं कि हाथ के बिना हमारे बहुत से काम रुक जायेंगे। यह विचार अनुभव द्वारा प्राप्त होता है, क्योंकि हम जानते हैं कि हाथ से बहुत-से काम होते हैं; और उसके न रहने पर हमें अनेक बाधाओं का सामना करना पड़ेगा। इस प्रकार के भाव हमें इंद्रिय-जनित भावों से बहुत आगे ले जाते हैं। इनसे हममें केवल इस बात का ज्ञानोत्पन्न भाव रहता है कि हमें किसी प्रकार का सुख या दुःख है। पर किस पदार्थ से यह भाव अभिव्यक्त हुआ, इससे इसका कोई संबंध नहीं है। जब हम कोई कार्य करने में अपनी शक्ति का प्रयोग करते हैं और बीच में बाधा उपस्थित होती है, तब विषाद का भाव अभिव्यक्त होता है। ऐसे भाव संचारी भावों का काम करते हैं।

हम पहले यह कह चुके हैं कि इस प्रकार से उत्पन्न भाव भूत, भविष्य और वर्तमान

अनुभवों से संस्कृत होते हैं। जिस प्रकार होने वाले बहुत-से कार्यों का हमारा ज्ञान अनुभव द्वारा संस्कृत और परिवर्धित होता है, उसी प्रकार विचारों का भी संस्कार होते-होते मन को एक बान सी पड़ जाती है। जब हम पुराने अनुभवों द्वारा नए अनुभवों का संशोधन करते हैं तो चिंतारूपी भाव की उत्पत्ति होती है। यदि हमसे कोई अपराध बन पड़ा और उसी का हम विचार करने लगें तो विषाद; जड़ता आदि भावों की अभिव्यक्ति होती है जब कई कार्यों में से किसी एक कार्य को निश्चित करना होता है, तब तर्क-वितर्क आदि भावों की अभिव्यक्ति होती है। साधारणतः ये सब भाव संचारी या व्यभिचारी भावों के समान होते हैं, पर कभी-कभी ये स्थायी भाव का रूप भी धारण कर लेते हैं। यदि हमें कोई अनुभव ऐसा हो रहा हो जिससे हमारे मन में इस बात का विचार उत्पन्न हो कि जो कार्य हमारे सामने, उसको पूरा करने की शारीरिक शक्ति हममें नहीं, तो मयरूपी स्थायी भाव की उत्पत्ति हो जाती है। हम कह चुके हैं कि भविष्य से संबंध रखनेवाले अनुभवों के द्वारा भी भाव अभिव्यक्त होते हैं। भविष्य में क्या होनेवाला है, इस विचार से उत्पन्न भाव औत्सुक्य कहलाता है। साहस एक ऐसा भाव है जिसके द्वारा मनुष्य आनेवाली आपत्तियों का सामना करने में अपने को समर्थ समझ लेता है। इसी प्रकार भविष्य से संबंध रखनेवाले विचारों से चिंता, निराशा आदि अनेक संचारी भावों की अभिव्यक्ति होती है। सारांश यह है कि दूसरी श्रेणी के भाव, जिन्हें प्रज्ञात्मक भाव कहते हैं, ऐसे होते हैं जो मन की ज्ञान तथा अनुभव प्राप्त करनेवाली शक्तियों से संबंध रखते हैं और भूत, भविष्य तथा वर्तमान अनुभवों के द्वारा इंद्रिय-जनित भावों को परिपुष्ट करते हैं। साधारणतः इन्हीं भावों को साहित्य में संचारी भाव कहते हैं। कभी-कभी अनुकूल स्थिति पाकर के स्थायी भाव का रूप भी धारण कर लेते हैं। मनुष्य की अंतरात्मा की वृत्ति सदा कोई कार्य करने की ओर अग्रसर होती है। इन कार्यों में कभी तो मनुष्य सफल मनोरथ होता है और कभी विघ्नों के आ जाने के कारण विफल-मनोरथ होता है। यही हर्ष तथा शोकादि भावों की अभिव्यक्ति का कारण है। अंतरात्मा के प्रत्येक कार्य का कोई न कोई लक्ष्य होता है। उसी लक्ष्य की ओर मन नियमित रूप से अपनी विचार-शक्ति का प्रयोग किया करता है। इसमें निश्चलता होने से सुख और विचलता होने से दुःख होता है।

गुणात्मक भाव

तीसरे प्रकार के भाव वे हैं जिन्हें गुणात्मक भाव कहते हैं। यह बात ध्यान में रखनी चाहिए कि जो कार्य मन द्वारा संपादित होते हैं, वे किसी स्थूल वस्तु के विषय में होते हैं। इसलिये हमारे सब भाव उस वस्तु विशेष द्वारा अभिव्यक्त होते और उसी में लीन हो जाते हैं। वह वस्तु, जिससे भाव अभिव्यक्त होते हैं, विभाव कहलाते हैं। विभाव दो प्रकार के होते हैं। एक वे, जिनसे मन में किसी का चित्र उपस्थित होता है और जिन्हें आलंबन विभाव कहते हैं। ये विभाव कल्पना-शक्ति की सहायता से उपस्थित होते हैं। दूसरे वे जिनसे भाव उद्दीप्त या जागरित होते हैं और जिन्हें उद्दीपन विभाव कहते हैं। वास्तव में भाव और विभाव अलग नहीं किये जा सकते। वे एक ही ज्ञान के दो अंग हैं।

भाव वास्तव में दो प्रकार के होते हैं—एक सामान्य और दूसरे परिवर्धित उद्दीप्त या तीव्र। इन्हीं परिवर्धित, उद्दीप्त या तीव्र भावों को मनोवेग या राग कहते हैं। राग किसी वस्तु-विशेष या आलंबन पर ही निर्भर रहता है; परन्तु सामान्य भाव के लिये किसी आलंबन की आवश्यकता नहीं होती। किसी की चिल्लाहट से चौंक पड़ना या किसी के दुःख से विषादयुक्त होना सामान्य भाव है। पर किसी में प्रीति या घृणा होना व्यक्ति या वस्तु-विशेष पर निर्भर रहता है। इसलिये जितने प्रकार के आलंबन होंगे, उतने ही प्रकार के रागात्मक भाव भी होंगे। एक झाडू के संबंध में हमारा जो भाव होगा, वही भाव गुलाब के एक फूल के संबंध में नहीं होगा। कारागृह के विषय में हमारा जो भाव होगा, वह उद्यान के लिये नहीं होगा। इसका कारण यही है कि अंतरात्मा से

प्रत्येक आलंबन का संबंध भिन्न-भिन्न प्रकार का होगा और इन्हीं आंतरिक संबंधों के अनुसार हमारे भाव होंगे।

अब हमें इन अनुराग-जनित भावों की व्यापकता की ओर ध्यान देने चाहिए। सामान्य भाव तो इंद्रिय-जनित और अव्यापक होते हैं पर रागात्मक भाव अधिक तीव्र और व्यापक होते हैं। इन भावों में अंतरात्मा अपनी शक्ति को बाहर आलम्बन की ओर फेंकती है। अंतरात्मा सदा उन्नति की ओर अग्रसर रहती है। इस कार्य में उसे उन बाह्य पदार्थों से सामना करना पड़ता है जिन पर उसे अनुराग होता है। ये आलम्बन दो प्रकार के होते हैं—एक वस्तु-विषयक और दूसरे व्यक्ति-विषयक। सांसारिक वस्तुएँ उसके अनुभव को अवश्य बढ़ाती हैं, पर वास्तव में उसे पूरा अनुभव मनुष्यों के द्वारा ही हो सकता है: क्योंकि एक अंतरात्मा वास्तव में दूसरी अंतरात्मा में अपनी प्रतिच्छाया देख सकती है, और उसी के द्वारा अपना अनुभव पूर्ण करती है। व्यक्ति-विषयक भाव दो प्रकार के होते हैं--एक प्रज्ञात्मक और दूसरे सौंदर्य-विवेकी। मन में सदा नये अनुभव करने की इच्छा भरी रहती है। इसको पूरा करनेवाली वृत्ति को प्रज्ञात्मक भाव कहते हैं। मनोमुग्धकारी वस्तु-विषयक अनुभव प्राप्त करने की वृत्ति को, जिसके द्वारा मनुष्य एक आदर्श अपने सामने रखकर उसको प्राप्त करने अथवा उसके अनुकूल होने की वृत्ति अपने मन में रखता है, सौंदर्य-विवेकी भाव कहते हैं। वस्तुओं में सौंदर्यगुण रहता है। वास्तव में उसी सुन्दरता को प्राप्त करने या तज्जनित आनन्द का अनुभव करने की इच्छा ही को सौंदर्य-विवेकी भाव कहते हैं।

प्रत्येक भाव से मनुष्य कुछ न कुछ अनुभव प्राप्त करता रहता है। ज्यों-ज्यों भावों का व्यापकत्व बढ़ता जाता है, त्यों-त्यों अनुभवों की वृद्धि होती जाती है। इंद्रियजनित भावों से मनुष्य केवल शरीर सम्बन्धी सुखों के साधन प्राप्त करने में लगा रहता है; प्रज्ञात्मक भावों से वह वस्तुओं का ज्ञान प्राप्त करने में दत्तचित्त होता है; तथा सौंदर्य विवेकी भावों से वह किसी आदर्श का निर्माण करने अथवा उसे प्राप्त करने में प्रयत्नशील होता है। सामाजिक भाव उसे परस्पर के सम्बन्ध-जनित व्यवहारों में लगाते हैं। इसी प्रकार जब उसमें धर्म-जनित भाव का उदय होता है तब वह पूर्णता को प्राप्त होता है। इस अंतिम भाव में पूर्व-कथित सब भावों का मिश्रण रहता है और इसकी व्यापकता इतनी अधिक है कि वे भाव उसी मनुष्य में उत्पन्न होंगे जिसमें स्वार्थ का लेशमात्र भी न होगा।

जिस प्रकार व्यापकता में भाव उत्तरोत्तर वृद्धि-लाभ करते हैं, उसी प्रकार वे गहरे भी होते जाते हैं। एक बच्चे के भाव क्षणिक होते हैं। वे शीघ्र ही अभिव्यक्त होते और शीघ्र ही विलीन हो जाते हैं। पर एक बड़े मनुष्य के विचार में परिपक्वता आ जाती है। इसका कारण यह है कि जिस प्रकार एक ही काम के बार-बार करने में उसकी बान-सी पड़ जाती है, उसी प्रकार विचारों में भावों की दशा होती है। किसी भाव पर बार-बार मनन करते रहने से विचार-शक्ति का झुकाव उस ओर अधिक हो जाता है। इसका परिणाम यह होता है कि थोड़ी सी उत्तेजना मिलते ही परिपक्व अवस्था के मनुष्य का चित्त चट उस भाव को पुनः अभिव्यक्त कर देता है। मन ऐसा चंचल है कि किसी एक वस्तु पर वह पूर्ण रूप से नहीं जमता। पर एक ही वस्तु का बार-बार मनन करते रहने से मन का ऐसा अभ्यास पड़ जाता है कि उस भाव को मन में उद्भूत करने के लिये उसे कुछ सोचने-विचारने की आवश्यकता ही नहीं पड़ती है। चित्तवृत्ति, जो कि इधर-उधर बिखरी रहती है, अभ्यास के कारण आवश्यकता के उपस्थित होते ही चट मनोनीत वस्तु पर आ जमती है और थोड़ी-सी उत्तेजना भी उसे जागृत करने में समर्थ होती है। इसी प्रकार मन का अभ्यास बढ़ते-बढ़ते ऐसा दृढ़ हो जाता है कि चित्तवृत्ति आचरण का रूप धारण कर लेती है।

भाव अपने आलम्बन से सदा संबद्ध रहते हैं। इसका परिणाम यह होता है कि ये आलम्बन मनुष्य में कोई कार्य करने की प्रवृत्ति उत्पन्न करनेवाले हो जाते हैं। ये प्रवृत्तियाँ पुनः भावों पर

अपना प्रभाव डालकर उन्हें सुदृढ़ और सुस्पष्ट बना देती हैं। उदाहरण के लिये एक बच्चे को लीजिए। वह एक नारंगी खाता है। इससे उसे आनन्द प्राप्त होता है। यह आनन्द उसमें पुनः नारंगी खाने की इच्छा उत्पन्न करता है, अर्थात् प्रवृत्ति का रूप धारण करता है। इसका फल यह होता है कि उस बच्चे का हर्षरूपी भाव उत्तरोत्तर दृढ़ और स्पष्ट होता जाता है।

जिस प्रकार भाव अनुभव द्वारा सुखदायी तथा दुःखदायी प्रतीत होते हैं, उसी प्रकार वस्तु या आलम्बन भी सुखदायी तथा दुःखदायी हो जाते हैं। यही प्रेम या घृणा की उत्पत्ति का मूल कारण है। ज्यों-ज्यों अनुभव द्वारा अंतरात्मा की उन्नति होती जाती है, त्यों-त्यों भाव भी दृढ़ और स्पष्ट होते जाते हैं। मनुष्य केवल इंद्रिय सुख-जनित संतोष से पूर्ण सुख नहीं प्राप्त कर सकता ऐसे सुख क्षण में उत्पन्न होते और क्षण ही में नष्ट हो जाते हैं। मनुष्य भूख-प्यास की संतुष्टि से उतना सुख नहीं अनुभव करता जितना कि सुन्दर वस्तुओं के निरीक्षण से प्राप्त करता है। इसके अनंतर उसका प्रेम व्यक्ति-विशेष और अन्त में परमात्मा पर आकर स्थिर होता है। बात यह है कि मनुष्य अपनी अंतरात्मा का अनुभव और ज्ञान प्राप्त करना, उसे समझना और प्रत्यक्ष करना चाहता है। वह बाह्य पदार्थों, जीवों और मनुष्यों में इस ज्ञान की खोज करता-करता स्वयं अपने ही अंतरात्मा तक पहुँच जाता है और उसमें वास्तविक प्रेम का साक्षात् रूप देखकर परमात्मा की ओर बढ़ता है। दार्शनिकों का मत है कि भाव जितने ही तीव्र होते हैं, उतने ही वे अस्थिर भी होते हैं और उतनी ही शीघ्रता से वे विलीन भी हो जाते हैं। भूख बहुत शीघ्र लगती है, बहुत अधिक सताती है और इष्ट पदार्थ के मिलते ही शीघ्र नष्ट भी हो जाती है।

अस्तु दार्शनिकों के मत से भाव तीन प्रकार के होते हैं—इंद्रिय-जनित, प्रज्ञात्मक और रागात्मक। जिस वस्तु से यह भाव व्यंजित होता है, वह आलम्बन या विभाव कहलाती है। विभाव के कारण मन में जो विकार उत्पन्न होता है, वह शरीर की भिन्न-भिन्न क्रियाओं द्वारा प्रकट होता है: जैसे रोमांच, स्वेद आदि। इन्हें अनुभाव कहते हैं। जो भाव मुख्य भावों की पुष्टि करते हैं, और जो समय-समय पर मुख्य भाव का रूप धारण कर लेते हैं, उन्हें संचारी भाव कहते हैं। अतएव स्थायी या मुख्य भाव, विभाव, अनुभाव और संचारी भाव ये चारों मिलकर रस को अभिव्यक्त करते हैं।

रस-निरूपण

यहाँ तक तो हमने मनोविज्ञान-वेत्ताओं के विचारों के अनुसार भावों का विवेचन किया। अब हम साहित्यिकों के विचारों और सिद्धांतों के अनुसार रस का निरूपण करते हैं। इस बात के कहने की अब आवश्यकता नहीं कि रसों की व्याख्या भावों पर अवलम्बित रहती है। भावों में चित्त की एकाग्रता विशेष रूप से रहती है। वह एकाग्रता साधारण ज्ञान में नहीं पाई जाती। भावों की स्थिति में मानसिक क्रिया अत्यंत तीव्र हो जाती है। भावों की क्रिया-संचालन-शक्ति भी ज्ञान की संचालन-शक्ति से कहीं अधिक होती है। धर्म, अर्थ और काम सभी में भावों से काम चलता है। अर्थात् भावों की प्रधानता धर्म में ही नहीं, वरन् राजनीति, समाजशास्त्र और विज्ञान में भी है। प्रत्येक विषय के लिये विशेष भाव काम में आते हैं। इन्हीं विशेष भावों के उदीप्त और उद्बुद्ध होने पर रसों की निष्पत्ति होती है। अर्थात् इन लौकिक और भौतिक भावों के अलौकिक और काव्यमय स्वरूप को रस कहते हैं। रस के आधारभूत भावों का भारतीय साहित्यशास्त्र में बड़ा सुन्दर विवेचन हुआ है।

रसों का रहस्य

रस-सिद्धांत का सबसे प्राचीन उल्लेख भरत मुनि के नाट्य-शास्त्र में मिलता है। यद्यपि स्वयं नाट्य-शास्त्र में इस बात के प्रमाण विद्यमान हैं कि भरत के पूर्व भी काव्य के संबंध में रस की चर्चा होती थी तथापि जहाँ तक पता चलता है उस समय तक यह शब्द सामान्यतः काव्यानंद

के अर्थ से प्रयुक्त होता था, उसे अभी शास्त्रीय महत्त्व नहीं प्राप्त हुआ था। रस को सिद्धांत रूप में स्वीकार कर उसे शास्त्रीय रूप देना संभवतः भरत मुनि ही का काम था। राजेश्वर ने नंदिकेश्वर को रस-सिद्धांत का प्रवर्तक माना है और यह संभवतः इसलिये कि उन्होंने कामशास्त्र पर ग्रन्थ लिखे थे। रति-रहस्य, पंचसायक और वात्स्यायन के काम सूत्रों में क्रमशः नंदिकेश्वर, नंदीश्वर और नंदी नामसे इनके वाक्य उद्धृतत किए गए हैं। शृंङ्गार-रस सब रसों में प्रधान माना जाता है। उसे रसराज की उपाधि दी गई है और शृंङ्गार तथा कामशास्त्र का परस्पर संबंध होने के कारण पीछे के आचार्यों ने शृंङ्गार-रस की सीमा लाँघकर उसके नाम पर कामशास्त्र के क्षेत्र में प्रवेश कर लिया। इसी से ऐसा जान पड़ता है कि कामशास्त्र के आचार्य रस-सिद्धांत के आचार्य माने जाने लगे। रस पर नन्दिकेश्वर के किसी ग्रन्थ का उल्लेख नहीं मिलता। अतएव आज तक जो कुछ ज्ञात है उसके आधार पर यह कहा जा सकता है कि रस-सिद्धांत के लिये कव्य-शास्त्र भी नाट्यशास्त्र का ही आभारी है।

भरत मुनि रस-सिद्धांत के प्रवर्त्तक हों चाहे न हों; पर यह बात निर्विवाद है कि आगे आनेवाले आचार्यों ने रस के संबंध में उन्हीं का अनुसरण किया और निरंतर बहुत काल तक नाट्य-शास्त्र के ही संबंध में रस की चर्चा होती रही। जो कुछ भरत मुनि लिख गए थे उसका विरोध किसी साहित्याचार्य ने नहीं किया। हाँ उसके आधार पर व्याख्या के रूप में नए-नए मत अवश्य निकलने लग गए।

रस का अर्थ है आस्वाद्य—'आस्वाद्यत्वाद्रसः'; जैसे भोज्य और पेय पदार्थों का स्वाद लिया जाता है वैसे ही काव्य-रस का भी स्वाद लिया जाता है। जिस काव्य से, चाहे वह दृश्य-काव्य हो अथवा श्रव्य, यह आस्वाद न मिले वह सफल नहीं हो सकता भरत मुनि के अनुसार तो कोई काव्यार्थ रसहीन होना ही नहीं चाहिए।

न रसादृते कश्चिदर्थः प्रवर्तते।

इसी से रस काव्य का एक आवश्यक तत्त्व माना जाता है। पिछले अध्याय में कहा जा चुका है कि रूपक रसों के आश्रित होते हैं। यही कारण है कि नाट्य-शास्त्र में भी रस को इतना महत्त्व दिया गया है।

भाव

भरत मुनि के अनुसार रसों के आधार भाव हैं। भाव मन के विकारों को कहते हैं। ये वाणी, अंग-रचना और अनुभूति के द्वारा काव्यार्थों की भावना कराते हैं। इसीलिये इनको भाव कहते हैं—"वागंगसत्वोपेतान् काव्यार्थान् भावयंतीति भावाः"। गहराई की न्यूनाधिक मात्रा के अनुसार भाव दो प्रकार के होते हैं। जो छोटी-छोटी तरंगों की भाँति उठकर थोड़े ही समय में विलीन हो जाते हैं वे संचारी भाव कहलाते हैं। इन्हीं को व्यभिचारी भाव भी कहते हैं। इसके विपरीत जो भाव रस का आस्वादन होने तक मन में ठहरे रहते और उसे निमग्न कर डालते हैं वे स्थायी भाव कहलाते हैं। जब तक स्थायी भाव मन में रहता है तब तक उसी का प्राधान्य रहता है, और भाव, चाहे वे सजातीय हों या विजातीय, केवल उसके पोषक होकर आ सकते हैं; उससे बढ़ नहीं सकते। उन सबको उसी के रूप में ढल जाना पड़ता है। जिस प्रकार खारे समुद्र में गिर जाने से सब वस्तुएँ नमकीन बन जाती हैं उसी प्रकार स्थायी भाव के मेल में सब भाव उसी के रूप को ग्रहण कर लेते हैं। स्थायी भाव ही रस के लिये मूल आधार प्रस्तुत करते हैं; संचारी तो केवल स्थायी भाव को पुष्ट करने के उद्देश्य से थोड़े ही समय तक संचरण कर चले जाते हैं।

संचारी भाव तैंतीस कहे गए हैं—(1) निर्वेद, (2) ग्लानि, (3) शंका, (4) श्रम, (5) धृति, (6) जड़ता, (7) हर्ष, (8) दैन्य, (9) उग्रता, (10) चिंता, (11) त्रास, (12) असूया, (13) अमर्ष, (14) गर्व, (15) स्मृति, (16) मरण, (17)मद, (18) स्वप्न, (19) निद्रा, (20) विबोध, (21)

व्रीडा, (22) अपस्मार, (23) मोह, (24) मति, (25) अलसता, (26)आवेग, (27) तर्क, (28) अवहित्था, (29) व्याधि, (30) उन्माद, (32) औत्सुक्य और (33) चपलता।

ये तैंतीस संचारी भाव हैं। परन्तु इससे यह न समझना चाहिए कि इतने ही में इनकी समाप्ति है। प्राचीन आचार्यों ने काव्यों में इतने ही संचारियों को पाया अतएव उन्होंने इतने ही का उल्लेख किया है। परम्परा पालन की प्रवृत्ति के कारण आगे के आचार्य भी तैंतीस की ही संख्या से बँधे रहे और यदि किसी को कोई अन्य संचारी सूझे भी तो उनको इन्हीं तैंतीस में से किसी के अंतर्गत लाकर ठूँस देने की व्यवस्था कर दी गयी। मात्सर्य, उद्वेग, दंभ, ईर्ष्या, विवेक, निर्णय, क्षमा, उत्कंठा, धृष्टता आदि भावों का भी संचारित्व देखने में आता है। परन्तु रस-तरंगिणीकार की सम्मति है कि इन्हें असूया, त्रास, अवहित्था, अमर्ष, मति (विवेक और निर्णय दोनों को) धृति, औत्सुक्य और चपलता के अंतर्गत समझना चाहिए। केवल देव कवि ने हिन्दी में छल को अलग ही चौंतीसवाँ संचारी माना है।

स्थायी भाव

स्थायी भाव का उल्लेख ऊपर कर चुके हैं। यह सजातीय अथवा विजातीय किसी प्रकार के भावों से विच्छिन्न नहीं होता। अन्य भावों के द्वारा विच्छिन्न होना तो दूर रहा उलटे वह उन्हें अपने ही में मिला लेता है। उनकी विजातीयता भी उनकी पुष्टि का ही कारण होती है। सजातीय भावों के द्वारा स्थायी भाव के विच्छिन्न न होने का उदाहरण बृहत्कथा में मदनमंजूषा के प्रति नरवाहनदत्त का प्रेम है। उसके अनन्तर और नायिकाओं पर भी नरवाहनदत्त का प्रेम हुआ, परन्तु इस कारण मदनमंजूषा पर उसका प्रेम कम न हुआ। इसी प्रकार विजातीय भाव के द्वारा विच्छिन्न न होने का उदाहरण मालती माधव के पाँचवें अंक में मिलता है। वहाँ यद्यपि माधव श्मशान का वीभत्स दृश्य देखता है जिससे उसके हृदय में जुगुप्सा उत्पन्न होती है, तथापि इससे उसके हृदय में मालती के प्रति जो रतिभाव है वह कम नहीं होता रति ही की प्रेरणा से वह प्रेतों के पास नरमांस विक्रय जैसा वीभत्स कर्म करने के लिए आया था।

भरत ने रति, हास, क्रोध, उत्साह, भय, जुगुप्सा, विस्मय और शोक ये आठ स्थायी भाव माने हैं।

(1) रति—स्त्री-पुरुष के परस्पर प्रेम-भाव को रति कहते हैं।

(2) हास—किसी के अंगों तथा वाणी के विकारों के ज्ञान से जो प्रफुल्लता होती है उसे हास कहते हैं।

(3) क्रोध—अपना कोई बहुत बड़ा बिगाड़ करने पर अपराधी को दंड देने के लिए उत्तेजित करनेवाली मनोवृत्ति क्रोध कहलाती है। क्रोध से उत्तेजित होकर मनुष्य अपने शत्रुओं को मार डालने तक को उद्यत हो जाता है; परन्तु जब यही मनोवृत्ति किसी छोटे-छोटे से अपराध से उत्पन्न होने के कारण हलकी ही-सी रहती है; तब यह स्थायी भाव न होकर अमर्ष संचारी कहलाती है।

(4) उत्साह—दान, दया और शूरता आदि के प्रसंग से उत्तरोत्तर उत्पन्न होनेवाली मनोवृत्ति को उत्साह कहते हैं।

(5) भय—प्रबल अनिष्ट करने में समर्थ विषयों को देखकर मन में जो व्याकुलता होती है उसे भय कहते हैं। किन्तु यह व्याकुलता यदि किसी छोटे से अनर्थ के सम्बन्ध में हो और बहुत प्रबल न हो तो संचारी ही गिनी जायगी; स्थायी नहीं। उस अवस्था में उसे त्रास कहेंगे।

(6) जुगुप्सा—घृणोत्पादक वस्तुओं को देखकर उनसे सम्बन्ध न रखने के लिए बाध्य करनेवाली मनोवृत्ति को जुगुप्सा कहते हैं।

(7) विस्मय—किसी असाधारण अथवा अलौकिक वस्तु को देखकर जो आश्चर्य होता है

उसे विस्मय कहते हैं।

(8) शोक—प्रिय वस्तु से वियुक्त होने पर मन में जो व्याकुलता उत्पन्न होती है वह शोक कही जाती है।

शर्म को भी स्थायी भाव मानते हैं और यह ठीक भी है। इसका विवेचन शान्त रस के सम्बन्ध में करेंगे। किसी-किसी ने पुत्र तथा मित्र के प्रति रति को स्थायी माना है। इसे भी आगे के लिए छोड़ देते हैं।

विभाव

यद्यपि स्थायी भाव ही रस के प्रधान निष्पादक हैं, किन्तु उनके रस-अवस्था तक पहुँचने के लिये पहले उनका जागृत तथा उद्दीप्त होना आवश्यक है। विभावों द्वारा यह कार्य सम्पन्न होता है। वे ही भाव में आस्वाद-योग्यता के अंकुर उत्पन्न करते हैं। जो विभाव भाव को जगाते हैं उन्हें आलम्बन कहते हैं और उसे उद्दीप्त अथवा तीव्र करनेवाला विभाव उद्दीपन कहलाता है। सुन्दर पुष्पित और एकान्त उद्यान में शकुन्तला को देखकर दुष्यन्त के हृदय में रति-भाव जागृत होता है। यहाँ पर शकुन्तला आलम्बन विभाव है और कुसुमित तथा एकान्त उद्यान उद्दीपन विभाव। बिना विभावों के कोई भी भाव उदित नहीं होता। स्थायी भाव के ही लिए नहीं संचारी भावों के उदय के लिए भी विभावों की अपेक्षा होती है। इस दृष्टि से संचारी और स्थायी भाव में इतना ही भेद है कि संचारी भाव के लिए स्वल्प विभाव ही पर्याप्त होते हैं; परन्तु स्थायी भाव के उदय के लिए अल्प सामग्री से काम नहीं चलता, उसके लिए विभावों का बढ़ा-चढ़ा होना आवश्यक है।

अनुभाव

आन्तरिक भावों का बाहरी आकृति आदि पर प्रभाव पड़ता है। रति-भाव के उदय होने से चेहरे की कान्ति बढ़ जाती है, क्रोध के उदय होने पर होंठ काँपने लगते हैं आँखें लाल और भौंहें टेढ़ी हो जाती हैं। इसी प्रकार और भावों में भी बाह्य लक्षण दिखायी देते हैं। इन लक्षणों को अनुभाव कहते हैं। अनुभाव का व्युत्पत्ति लभ्य अर्थ ही 'भाव के पीछे होनेवाला' है। भाव कारण और अनुभाव कार्य है। अनुभावों के द्वारा भाव की सूचना मिलती है। जैसा कह चुके हैं, विभाव भाव को अंकुरित करता है परन्तु अनुभाव उसे आस्वादन योग्य बना देता है। नायक है, नायिका भी है, बसंत-ऋतु में कुसुमित कुंज और निर्जनता भी है। परिस्थिति नायक-नायिका में परस्पर रति-भाव के उदय के लिए अनुकूल है। परन्तु इतने ही से हम इस परिणाम पर नहीं पहुँच सकते कि उनमें रति-भाव का उदय हो ही गया। यह निश्चय तभी हो सकता है जब हम देखें कि नायक ठक-सा रह गया है। अथवा उसका हृदय धड़कने लगा है, शरीर में कंप हो आया है, आँखें ललचाई हुई हैं, इत्यादि; या नायिका लजीली दृष्टि से छिप-छिपकर उसकी ओर देख रही है, अथवा उसे अपनी ओर आकृष्ट करने के लिये कोई उपाय कर रही है। अनुभावों से नायक-नायिका को एक-दूसरे के भावों को जानने में सहायता तो मिलती ही है जिससे रति-भाव पुष्ट होता जाता है, परन्तु इससे अधिक महत्त्व अनुभावों का प्रेक्षक ही दृष्टि से है, क्योंकि उन्हीं के द्वारा स्थायी भाव रस का रूप प्राप्त कर उसके हृदय में आस्वाद के रूप में आविर्भूति होता है।

अनुभाव तीन प्रकार के होते हैं—कायिक, मानसिक और सात्विक। स्थायी भाव के कारण उत्पन्न हुए अन्य भाव अथवा मनोविकार को मानसिक अनुभाव कहते हैं तथा आंतरिक अनुभूति के सूचक शारीरिक लक्षण कायिक अनुभाव कहाते हैं। यही अनुभाव जब मन की अत्यन्त विह्वलकारी दशा से उत्पन्न होते हैं तब सात्विक कहलाते हैं। कुछ विद्वानों के मत में आहार्य भी एक अनुभाव है। वेष बदलकर भाव प्रदर्शित करने को आहार्य कहते हैं। हमारी समझ से इनकी गिनती अनुभावों के अंतर्गत नहीं की जानी चाहिए। इसे अभिनय का एक अंग समझना चाहिए या यदि यों कहें कि यह अभिनय का बीज-रूप है, तो अनुचित नहीं।

वैसे तो अनुभावों की गिनती नहीं हो सकती परन्तु सात्विक अनुभावों की संख्या आचार्यों ने निश्चित कर दी है। सात्विक अनुभाव के आठ भेद होते हैं—स्तंभ, स्वेद, रोमांच, स्वर-भंग, वेपथु, वैवर्ण्य, अश्रु और प्रलयं। जीवन के लक्षणों के बने रहते कर्मेन्द्रियों की सब गतियों का एकाएक रुक जाना स्तंभ कहाता है। बिना परिश्रम किए हुए पसीना बह निकलना स्वेद सात्विक है। रोमांच में हर्ष, भय, क्रोध आदि के कारण शरीर के रोम खड़े हो जाते हैं। शारीरिक रोग के अभाव में स्वाभाविक ध्वनि के बदल जाने को स्वर-भंग कहते हैं। हर्षाधिक्य अथवा भय या क्रोध के कारण अंग-अंग का सहसा काँप उठना वेपथु कहाता है। ज्वर अथवा क्षीणता के कारण जो कंप होता है वह सात्विक के अंतर्गत नहीं आवेगा, क्योंकि वह किसी आंतरिक अनुभूति का लक्षण नहीं है। शरीर के फीके पड़ जाने (रंग उतर जाने) को वैवर्ण्य कहते हैं। यह भी हर्ष, शोक, अथवा भय के कारण होता है। उसी प्रकार हर्षातिरेक, भय अथवा शोक के कारण आँखों से जो जल-धारा बहती है उसे अश्रु कहते हैं। धुएँ से अथवा जुकाम इत्यादि रोगों के कारण आँखों से जो आँसू निकलते हैं वे सात्विक के अंतर्गत नहीं आते, अपनी सुध-बुध जाने को प्रलय कहते हैं।

विभाव, अनुभाव, संचारी भाव तथा स्थायी भाव का वर्णन हो चुका था। यही सब सामग्री है जिसके द्वारा रस समझा जाता है। यह हम पहले ही देख चुके हैं कि रस के मूल आधार स्थायी भाव हैं और विभाव, अनुभाव अथवा संचारी भाव स्थायी भाव को रस की अवस्था तक पहुँचाने में सहायक होते हैं। स्वभावतः प्रश्न यह उठता है कि वह कौन प्रक्रिया है जिससे रस का परिपाक होता है और इस सामग्री से उसका क्या संबंध है। भरत मुनि ने तो सीधे-सादे ढंग से इतना ही लिख दिया है कि 'विभावानुभाव व्याभिचारि-संयोगाद्रसनिष्पत्तिः' अर्थात् विभाव, अनुभाव और व्यभिचारी भाव के संयोग से रस की निष्पत्ति होती है। परन्तु इससे उस प्रश्न का उत्तर नहीं मिलता, क्योंकि 'संयोग' और 'निष्पत्ति' से भरत का क्या तात्पर्य है, यह ठीक-ठीक नहीं विदित होता। भिन्न-भिन्न आचार्यों ने इनके भिन्न-भिन्न अर्थ निकाले जिससे रस के संबंध में कई सिद्धांत चल पड़े।

भट्ट लोल्लट का उत्पत्तिवाद

भट्ट लोल्लट ने अपना उत्पत्तिवाद चलाया। उन्होंने कहा—निष्पत्ति से भरत का अभिप्राय था उत्पत्ति और संयोग से सम्बन्ध। उनके अनुसार विभाव कारण थे और रस उसका कार्य। रस वस्तुतः नायक आदि पात्रों में उत्पन्न होता है। नट वेष भूषा, वाणी, क्रिया आदि से उनका अनुकरण करता है जिससे उनमें भी रस की प्रतीति होती है और प्रेक्षक या पाठक चमत्कृत होकर आनन्दित हो जाते हैं। पर उनके हृदय में रस वस्तुतः होता नहीं है। यह मत मीमांसा शास्त्र के अनुकूल होता है परन्तु इसको स्वीकार करने में कई अड़चनें होती हैं। पहले तो यह बात समझ में नहीं आती कि भावों का अनुकरण कैसे किया जा सकता है। वेष-भूषा, क्रिया इत्यादि बाहरी बातों का अनुकरण किया जा सकता है और उनके द्वारा भावों की सूचना भी दी जा सकती है परन्तु भावों का अनुभवजन्य अनुकरण—चाहे वह गौण रूप में ही क्यों न हो—शक्य नहीं है। फिर यह भी संभव नहीं कि जिस भाव का प्रेक्षक या पाठक को स्वयं अनुभव न हो उससे वह आनन्द उठा सके। रस को विभाव आदि का कार्य मानना भी ठीक नहीं, क्योंकि कार्य कारण के अनंतर भी अस्तित्व में रह सकता है। परन्तु रस तभी तक रहता है। जब तक विभाव आदि का प्रत्यक्ष दर्शन होता रहता है। फिर कारण और कार्य का पूर्वापर सम्बन्ध रहता है, किन्तु विभावों का दर्शन और रस का आस्वादन दोनों साथ ही साथ होते हैं। कारण के पीछे कार्य चाहे कितनी ही जल्दी क्यों न आ उपस्थित हो, परन्तु उसमें पूर्वापर सम्बन्ध रहता अवश्य है। चन्दन-लेप का त्वचा पर स्पर्श होने और उसकी शीतलता का अनुभव होने में कुछ न कुछ अवश्य लगता ही है

चाहे वह कितना ही स्वल्प क्यों न हो।

श्री शंकुक का अनुमितिवाद

उत्पत्तिवाद से असंतुष्ट होकर श्री शंकुक, न्याय के आधार पर, अपने अनुमितिवाद को लेकर आगे आए। उन्होंने भरत के 'निष्पत्ति' का अर्थ अनुमिति माना। उनके अनुसार विभाव अनुमापक हैं और रस अनुमाप्य। इन्हीं को गम्य और गमक भी कहते हैं। नायक में स्थायी भाव का अस्तित्व रहता ही है। विभाव अनुभाव आदि से, जिनको वह बड़ी कुशलता से अभिनय करके दिखाता है नट में भी उसका अनुमान कर लिया जाता है, यद्यपि उसमें (रस का) अस्तित्व नहीं रहता। बात यह है कि प्रेक्षक उस निपुण अभिनेता नट को ही नायक समझ लेता है। इस सुखद भ्रम में पड़कर उस नायक के भावों का अनुमान हो जाता है। इस अनुमान के द्वारा प्रेक्षक जब इस भाव को समझने लगता है तब उसके (भाव के) सौंदर्य के कारण वह चमत्कृत हो जाता है और उसे एक प्रकार का अलौकिक आनंद मिलता है। यही आनंद स्वाद या रस है। चित्र-तुरंग-न्याय के अनुसार (जैसे जित्र के घोड़े को लोग घोड़ा ही कहते हैं उसी प्रकार) प्रेक्षक अभिनेता को नायक समझता है और नायक की मनोवृत्तियों का उसमें आरोप कर स्वयं रसास्वाद करता है।

इस अनुमिति के विरुद्ध भी कई आक्षेप किये गये हैं। सबसे पहले तो इसें इस तथ्य की अवहेलना की गई है कि प्रत्यक्ष ज्ञान से जो चमत्कारपूर्ण आनंद मिल सकता है वह अनुमान से नहीं।

फिर उत्पत्ति के विषय में विषय में जो कठिनाई उठी थी वह इससे दूर नहीं होती। अनुमितिवाद तथा उत्पत्तिवाद दोनों में ही रस की सत्ता प्रेक्षक में नहीं मानी जाती। यदि मानी जाय तो प्रश्न यह उठेगा कि दूसरे व्यक्ति के भावों को उसने कैसे अपना लिया।

जैसे भट्ट नायक ने कहा है—यदि रस की अवस्थिति अन्य व्यक्ति में है और वह तटस्थ है तो प्रेक्षक स्वयं प्रभावित नहीं हो सकता। नायक के कृत्यों से भी प्रेक्षक में रस का उदय मानना नहीं बनता, क्योंकि वे विभाव और अनुभाव, जिनके द्वारा नायक प्रभावित होता है, नायक ही के सम्बन्ध में विभावानुभाव हैं, प्रेक्षक के प्रसंग में नहीं।

इस पर कुछ विद्वानों का मत है कि विभावानुभाव आदि के द्वारा नायक के स्थायी भाव की प्रतीति होती है, जिसके कारण सहृदय-प्रेक्षकों के हृदय में यह भावना उत्पन्न होती है कि नायक मैं ही हूँ। इस प्रकार की भावना के दोष से जो फल होता है वही 'संयोग' है। जिस प्रकार रज्जु में सर्प और शुक्ति में चाँदी का भ्रम होता है उसी प्रकार प्रेक्षक का हृदय भी कल्पित नायकत्व से छा जाता है। शकुंतला नाटक देखते हुए प्रेक्षक को भ्रम होगा कि दुष्यन्त मैं ही हूँ और शकुन्तला के प्रति स्थायी भाव रति की, उसके हृदय में, एक विलक्षण रूप से अवस्थिति होगी, जिसके विषय में न यही कहा जा सकता है कि वह है (सत्) क्योंकि वस्तुतः तो वह दुष्यन्त के हृदय में थी, प्रेक्षक के हृदय में नहीं और न यही कहा जा सकता है कि नहीं है (असत्) क्योंकि भ्रम-रूप में उसके हृदय में उसकी स्थिति है। इस मत के अनुसार आलम्बन के प्रति नायक का स्थायी भाव प्रेक्षक के हृदय में सर्वथा मिथ्या-रूप में उत्पन्न होता है और आत्मा का परावर्तित चैतन्य उसे प्रकाशित करता है, जिससे रस-रूप में उसका आनन्द मिलता है।

परन्तु आलम्बन के प्रति नायक के जो रति आदि स्थायी भाव होते हैं उनका प्रेक्षक के हृदय में उदय होना मानें तो यह देवता आदि पूज्य व्यक्तियों के विषय में कैसे निभेगा? जिन सीता देवी को प्रेक्षक परम्परा से जगन्माता मानते आए हों उनके विषय में राम की रति का उनके हृदय में उद्भव होना संभव नहीं। फिर नायक के वे पराक्रमपूर्ण कार्य, जिनके करने में प्रेक्षक सर्वथा असमर्थ है, कैसे उसके हृदय में आ सकते हैं? जिन भावों का हमने स्वतः अनुमान नहीं किया है वे कैसे हमारे लिये विभावों का काम दे सकेंगे? राम के बाण-संधान-मात्र करने से समुद्र में दाह

उत्पन्न कर देना इत्यादि अलौकिक कृत्य का हमें अनुभव हो ही नहीं सकता। फिर यदि प्रेक्षक नायक के ही भावों का अनुभव करता है तो रस सदैव आनन्द-रूप नहीं माना जा सकता। रति के स्थान पर जब नायक को शोक हो रहा हो उस समय प्रेक्षक को भी इसके अनुसार शोक ही होना चाहिए, जो आनन्ददायक नहीं, वरन् दुःखदायक होता है। और यदि यह बात होती तो भवभूति के लिये नाटक इतने सर्वप्रिय न होते जितने कि वे वास्तव में हैं, क्योंकि करुण रस के होने के कारण वे उस दशा में दुःखदायक सिद्ध होते। इसलिए यह मत भी विद्वानों को न रुचा।

भट्ट नायक का भुक्तिवाद

भट्ट नायक ने प्रेक्षक के हृदय में रस की अवस्थिति मानी है। उनके अनुसार स्थायी भाव से रस बनने तक की प्रक्रिया में तीन शक्तियों का हाथ रहता है। ये शक्तियाँ हैं—अमिधा, भावकत्व और भोजकत्व। अभिधा के द्वारा काव्य के सामान्य और आलंकारिक अर्थोत् का ज्ञान होता है। भावकत्व के द्वारा विभाव-अनुभाव आदि व्यक्ति सम्बन्ध से मुक्त होकर साधारण अर्थात् मनुष्य-मात्र के अनुभव के योग्य बन जाते हैं। उनमें कोई विशेषता नहीं रहने पाती। प्रेक्षक के हृदय में यह ज्ञान नहीं रहता कि यह दुष्यन्त की स्त्री शकुन्तला है वह उसको स्त्री-मात्र समझता है। इसी प्रकार दुष्यन्त पुरुष-मात्र रह जाता है। व्यक्तित्व, देश-काल आदि विशेषताएँ दूर हो जाती हैं। इसका फल यह होता है कि स्थायी भाव मनुष्य मात्र के द्वारा भोग किये जाने के योग्य हो जाता है, साधारण हो जाता है। यहाँ संयोग का अर्थ सम्यक् अर्थात् साधारण रूप से योग्य अर्थात् भावित होना है। जिस क्रिया के द्वारा इस प्रकार साधारणीकृत स्थायी भाव का रस-रूप में विभोग होता है उसे भोजकत्व कहते हैं। यह भोग ही निष्पत्ति है। रस के सम्बन्ध में जब 'भोग' का प्रयोग किया जाता है तब उसे सांसारिक अर्थ में नहीं समझना चाहिए। भोग के द्वारा रजस् और तमस् गुण निवृत्त होकर सत्व गुण की वृद्धि होती है, जिससे आनन्द का प्रकाश होता है। यही आनन्द रस है, जिसका भोग करते हुए मनुष्य थोड़ी देर के लिए सांसारिक बन्धनों से निर्मुक्त होकर सार्वभौम चैतन्य जगत् में प्रवेश पा जाता है। इसी से वह आनन्द ब्रह्मानन्द सहोदर कहलाता है। ब्रह्मानन्द और काव्यानन्द (रस) में इतना ही भेद है कि ब्रह्मानन्द तो सांसारिक विषयों में विरत होने पर होता है, और नित्य है, परन्तु काव्यानन्द विषयों से उद्भूत होता है और थोड़े ही समय तक रहता है।

अभिनवगुप्त का अभिव्यक्तिवाद

इस सिद्धान्त पर यह आपत्ति हुई कि काव्य की तीन शक्तियों को मानने के लिए कोई आधार रूप प्रमाण नहीं है। जिन बातों के लिए युक्तियुक्त नियम प्राप्त हो सकते हैं उनके लिये अप्रमाणित सिद्धान्त का प्रचलन उचित नहीं। भट्ट नायक के सिद्धान्त की विशेषता इसी में है कि उन्होंने भावकत्व और भोजकत्व ये दो नई क्रियाएँ मानी हैं अभिनव गुप्ताचार्य के अनुसार इन दोनों क्रियाओं का काम व्यंजना और ध्वनि से चल जाता है। भावकत्व तो भावों का अपना गुण है ही। भरत मुनि ने इसीलिए कहा है कि 'काव्यार्थान् भावयन्तीति भावाः—जो काव्यार्थों को भावना का विषय बनावे के भाव होते हैं। अभिनवगुप्त के अनुसार काव्यार्थ का यहाँ वह मुख्य कार्य है जिसमें काव्य का आनन्द निहित रहता है। संचारियों से पुष्ट होकर स्थायीभाव ही आस्वादयुक्त काव्यार्थ के अस्तित्व के कारण होता है। अतएव वही (काव्यार्थ) रस का भावक है, क्योंकि उसी से रस व्यंजित होता है। रस का भोग आस्वाद के अतिरिक्त कोई दूसरी वस्तु नहीं। रस में भोग का भाव पहले ही से विद्यमान है। 'आस्वाद्यत्वाद्रसः'—रस वही है जिसका आस्वाद हो सके, भोग हो सके। अतएव भोजकत्व को भी अलग शक्ति मानने की आवश्यकता नहीं, क्योंकि वह ध्वनि द्वारा संपन्न हो जाता है। इसी लिए संयोग का अर्थ है ध्वनित या व्यञ्जित होना और निष्पत्ति का अर्थ हुआ आनन्द-रूप में प्रकाशित होना।

परन्तु रस की अभिव्यक्ति होती कैसे है? बात यह है कि मनुष्य भिन्न-भिन्न परिस्थितियों में पड़कर जिन भावों का अनुभव करता है वे, वासना-रूप में उसके हृदय में स्थिर हो जाते हैं। इस प्रकार स्थायी भाव वासना रूप में पहले ही से उसके हृदय में विद्यमान रहते हैं। केवल बात इतनी है कि इस रूप में उनका अनुभव मनुष्य को नहीं होता, क्योंकि उनके विषय में माता पर अज्ञान का आवरण छाया रहता है। निपुण अभिनय के द्वारा विभावानुभाव के प्रदर्शन से अज्ञान का आवरण छाया रहता है। निपुण अभिनय के द्वारा विभावानुभाव के प्रदर्शन से अज्ञान का आवरण हट जाने पर वे अभिव्यक्त हो जाते हैं। इस प्रकार आत्मानन्द के प्रकाश में जब उनका अनुभव होता है तब वे रस कहे जाते हैं। या यह भी कह सकते हैं कि विभावानुभाव के प्रदर्शन पूर्व-संस्कार को उत्तेजित कर प्रेक्षक को इतना तन्मय बना देते हैं कि उसकी चित्तवृत्ति आनन्दमय हो जाती है, यही रसास्वादन है। चाहे जिस तरह लीजिए, स्थायी-भाव और चैतन्य के योग से ही रस की प्रतीति होती है। किन्तु रस की अनुभूति तब तक सम्भव नहीं जब तक कि वासना-रूप संस्कार हृदय में पहले ही से विद्यमान न हों, जिस मनुष्य के हृदय में ये वासना-रूप होते हैं वह सहृदय कहलाता है। मनुष्य सहृदय तीन प्रकार से हो सकता है। सांसारिक अनुभव है, न जिसके पूर्वजन्म के संस्कार हैं और जो इस जन्म में भी साहित्य-शास्त्र इत्यादि के अनुशीलन के द्वारा अभ्यास नहीं करते वे सहृदयों की श्रेणी में नहीं आते और रसास्वादन से वंचित रहते हैं। मीमांसकों, वैयाकरणों आदि को साहित्यिकों ने इसी कोटि में रखा है। यह भी ध्यान में रखना चाहिए कि आत्मानन्द के प्रकाश में स्थायी भाव की जो रस-रूप आनंदानुभूति होती है उसमें भी लौकिकता नहीं रह जाती। सब वैयक्तिक सम्बन्धों से मुक्त होकर निर्विशेष रूप से प्रेक्षक को उसकी अनुभूति मिलती है। इसीलिये उसे ब्रह्मानन्द-सहोदर कहा जाता है।

यद्यपि रस का आनन्द विषय-जन्य है तथापि विषयानंद से उसका कोई सम्बन्ध नहीं, इसीलिए उसे ब्रह्मानन्द-सहोदर कहा जाता है। रस का आस्वादन करते हुए मनुष्य अपने आप को भूल जाता है। वह अपने आप को मनुष्य-जाति से अलग व्यक्ति-विशेष नहीं समझता वरन् मनुष्य मात्र होकर उसका अनुभव करता है।

प्रश्न उठ सकता है कि स्थायी भाव विभावानुभाव आदि लौकिक वस्तुओं से लौकिक रस का उदय किस प्रकार संभव है। इसके उत्तर में शास्त्रकार यही कहा करते हैं कि जिस प्रकार मिश्री, मिरिच, कर्पूरादि के संयोग से तैयार होनेवाले पान (शर्बत) के रस का स्वाद इन सब वस्तुओं से विलक्षण होता है। उसी प्रकार इन लौकिक पदार्थों से भी अलौकिक रस का आविर्भाव होता है।

ऊपर अभिनवगुप्ताचार्य का जो मत दिया गया है, पीछे से नाट्यशास्त्रकारों ने उसे ही स्वीकार किया है। धनंजय ने भी इसी ने भी इसी को माना है। धनञ्जय का उसने इतना ही भेद ज्ञात ज्ञात होता है कि धनंजय नट में भी आनन्द मान बैठे हैं, जिसे अभिनवगुप्त नहीं मानते। इन शास्त्रकारों ने संक्षेप में रस की व्याख्या इस प्रकार की है। स्थायी भाव जब विभाव, अनुभाव और संचारी भावों के योग से आस्वादन करने योग्य हो जाता है तब सहृदय प्रेक्षक के हृदय में रसरूप से उसका आस्वादन होता है। भाव के अनुभव और उसके रसास्वादन में भेद है। अनुभव में भाव की सुख-दुःख-पूर्ण प्रकृति के अनुसार अनुभवकर्त्ता को भी सुख-दुःख होता है, परन्तु उसका आस्वादन इनसे रहित है। इसकी अवस्थिति इस मत के अनुसार न नायक में मानी जा सकती है और न नट में (क्योंकि रस तो वर्तमान वस्तु है और नायक भूतकाल में था, वर्तमान में नहीं है और नट का कार्य तो नायक आदि के अभिनय से अनुकरण मात्र करना है) वह तो केवल विभाव आदि को प्रेक्षक के सामने प्रदर्शित भर कर देता है। रस की अवस्थिति सहृदय प्रेक्षक में है। प्रेक्षक में भी स्थायी भाव आदि के ज्ञान मात्र ही से रस उत्पन्न नहीं होता।

यह ज्ञान सामान्य ज्ञान से भिन्न होता है अतः प्रेक्षक, श्रोता अथवा पाठक के हृदय में जो

रसानुभूति होती है उसकी प्रक्रिया समझने के लिए मधुमती-भूमिका और परप्रत्यक्ष को पहले समझ लेना चाहिए। अपने मेघदूत (अनुवाद, संशोधित संस्करण) की भूमिका में पंडित केशव प्रसाद मिश्र ने लिखा है—

मधुमती-भूमिका और परप्रत्यक्ष

''मधुमती-भूमिका चित्त की यह विशेष अवस्था है जिसमें वितर्क की सत्ता नहीं रह जाती। शब्द, अर्थ और ज्ञान इन तीनों की पृथक् प्रतीति वितर्क है। दूसरे शब्दों में वस्तु, वस्तु का सम्बन्ध और वस्तु के सम्बन्धी इन तीनों के भेद का अनुभव करना ही वितर्क है। जैसे, 'यह मेरा पुत्र है ' इस वाक्य से पुत्र, पुत्र के साथ पिता का जन्य-जनक सम्बन्ध और जनक होने के नाते सम्बन्धी पिता इन तीनों की पृथक्-पृथक् प्रतीति होती है। इस पार्थक्यानुभव को अपर प्रत्यक्ष भी कहते हैं। जिस अवस्था में सम्बन्ध और सम्बन्धी विलीन हो जाते हैं, केवल वस्तु मात्र का आभास मिलता रहता है उसे परप्रत्यक्ष का निर्वितर्क समापित कहते हैं। जैसे, पुत्र का केवल पुत्र के रूप में प्रतीत होना। इस प्रकार प्रतीत होता हुआ पुत्र प्रत्येक सहृदय के वात्सल्य का आलम्बन हो सकता है। चित्त की यह समापित्ति सात्त्विक वृत्ति की प्रधानता का परिणाम है। रजोगुण की प्रबलता भेद-बुद्धि और तत्फल दुःख का तथा तमोगुण की प्रबलता अबुद्धि और तत्फल मूढ़ता का कारण है। जिसके दुःख और मोह दोनों दबे रहते हैं, सहायकों से शह पाकर उभरने नहीं पाते, उसे भेद में अभेद और दुःख में भी सुख की अनुभूति हुआ करती है। चित्त की यह अवस्था साधना के द्वारा भी लायी जा सकती है और न्यूनातिरिक्त मात्रा से सात्विकशील सज्जनों में स्वभावतः भी विद्यमान रहती है। इसकी सत्ता से ही उदारचित्त सज्जन वसुधा को अपना कुटुम्ब समझते हैं और इसके अभाव से क्षुद्र-चित्त व्यक्ति अपने-पराये का बहुत भेद किया करते हैं और इसी लिये दुःख पाते हैं, क्योंकि ''भूमा वै सुखं नाल्पे सुखमस्ति?''

साधारणीकरण

जब तक सांसारिक वस्तुओं का हमें अपर प्रत्यक्ष होता रहता है तब तक सोचनीय वस्तु के प्रति हमारे मन में दुःखात्मक शोक अथवा अभिनन्दनीय वस्तु के प्रति सुखात्मक हर्ष उत्पन्न होता है। परन्तु जिस समय हमको वस्तुओं का परप्रत्यक्ष होता है उस समय शोचनीय अथवा अभिनन्दनीय सभी प्रकार की वस्तुएँ हमारे केवल सुखात्मक भावों का आलम्बन बनकर उपस्थित होती हैं। उस समय दुखात्मक क्रोध, शोक आदि भाव भी अपनी लौकिक दुःखात्मता छोड़कर अलौकिक सुखात्मकता धारण कर लेते हैं। अभिनवगुप्तपादाचार्य का साधारणीकरण भी यही वस्तु है, और कुछ नहीं।

योगी अपनी साधना से इस अवस्था को प्राप्त करता है। जब उसका चित्त इस अवस्था या मधुमती-भूमिका का स्पर्श करता है तब समस्त वस्तुजात उसे दिव्य प्रतीत होने लगते हैं। इस प्रकार से उसके लिए स्वर्ग का द्वार खुल जाता है। पातंजलि सूत्रों के भाष्यकर्त्ता भगवान् व्यास कैसे सुन्दर शब्दों में इसका वर्णन करते हैं—

मधुमती भूमिका साक्षात्कुर्वतोऽस्य देवाः सत्त्वशुद्धिमनुपश्यंतः स्थानैरुपनिमन्त्रयन्ते—भो इहास्यताम्, इह रम्यताम्, कमनीयोऽयं भोगः, कमनीयेयं कन्या, रसायनमिदं जरामृत्युं बाधते; वैहायसमिदं यानम्, अभी कल्पद्रुमाः, पुण्या मन्दाकिनी, सिद्धा महर्षयः, उत्तमा अनुकूला अप्सरसः, दिव्ये श्रोत्रचक्षुषी, वज्रोपमः कायः, स्वगुणैः सर्वमिदमुपार्जितमायुष्मता, प्रतिपद्यतामिदमक्षयमजरममरस्थानं देवानां प्रियमिति।

अर्थात् मधुमती-भूमिका का साक्षात्कार करते ही साधक की शुद्ध सात्त्विकता देखकर देवता अपने-अपने स्थान से उसे बुलाने लगते हैं—इधर आइए, यहाँ रहिए, इस भोग के लिए लोग तरसा करते हैं, देखिए कैसी सुन्दरी कन्या है। यह रसायन बुढ़ापा और मौत दोनों को दबाता है।

यह आकाश-यान, यह कल्पवृक्ष, यह पावन मंदाकिनी, ये सिद्ध महर्षिगण, ये उत्तम् और अनुकूल अप्सराएँ ये दिव्य श्रवण, यह दिव्य दृष्टि, यह वज्र-सा शरीर सब आप ही ने तो अपने गुणों से उपार्जित किया है। फिर पधारिए न इस देवप्रिय अक्षय, अजर-अमर स्थान में।

इसी दिव्य भूमिका में पहुँचकर क्रांतदर्शी वैदिक कवि ने कहा था—

मधु वाला ऋतायते मधु क्षरन्ति सिन्धवः, माध्वीनेः सन्त्वोषधीः। मधु नक्तमुतोषसो मधुमत्पार्थिवं रजः मधु द्यौरस्तु नः पिता। मधुमान्नो वनस्पतिर्मधुमाँ अस्तु सूर्यः। माध्वीर्गावो भवन्तु नः। ऋ0 1/90/6

योगी की पहुँच साधना के बल पर जिस मधुमती-भूमिका तक होती है उस भूमिका तक प्रातिभज्ञान-संपन्न सत्कवि की पहुँच स्वभावतः हुआ करती है। साधक और कवि में अन्तर केवल यही है कि साधक यथेष्ट काल तक मधुमती-भूमिका में ठहर सकता है; पर कवि अनिष्ट रजस् या तमस् के उभरते ही उससे नीचे उतर पड़ता है; जिस समय कवि का चित्त इस भूमिका में रहता है उस समय उसके मुँह से वह मधुमती वाणी निकलती है जो अपनी शब्दशक्ति से उसी निर्वितर्क समापत्ति की अवस्था है, यही रस की 'ब्रह्मास्वादसहोदरता' है।

बड़े ही गूढ़ अभिप्राय से प्रकाशकार ने 'माधुर्य...द्रुतिकारणं' कहकर मधुमती के पुत्र माधुर्य को चित्त-द्रुति का कारण बतलाया है। चित्त की द्रुति अथवा द्रवीभाव है क्या? चित्त स्वभावतः कठिन होता है। उसी कठिनता इसी में है कि वह अपने को किसी भाव से आविष्ट नहीं होने देता, किसी भाव को संचार के लिए उसमें अवकाश नहीं मिलता। जब इस प्रकार की कठिनता चली जाय, जब शोक, क्रोध, जुगुप्सा आदि से उत्पन्न दीप्ति (तमतमाहट) मिट जाय, जब विस्मय, हास, भय आदि से उत्पन्न विक्षेप भी न रहे, उस समय आवरण हटाकर रति आदि भावों के आकार में भासमान आन्तरिक आनन्द-ज्योति के जग उठने पर जो सहृदय पुरुष के हृदय की आर्द्रता होती है, जो अश्रुप्रवाह या पुलकावलि का संचार हो उठता है यही तो चित्त की द्रति है। यह भी रसानुभूति की अवस्था है। माधुर्य से इसका सम्बन्ध बतलाकर मम्मट ने मधुमती की ओर ही संकेत किया है, पर खुले शब्दों में नहीं।

संस्कृत-साहित्य में ऐसे दो उदाहरण मिलते हैं जहाँ अपर प्रत्यक्ष की अवस्था में भी रस-संचार का वर्णन है। एक तो साक्षात् क्रौच-वध देखने से महर्षि वाल्मीकि के चित्त में लौकिक संकोचक शोक न उत्पन्न होकर उस अलौकिक विकासशोक का उत्पन्न होना जिसके आवेश में उनका प्रतिभज्ञान जाग उठा और उन्होंने

मा निषाद प्रतिष्ठां त्वमगमः शाश्वतोः समाः।
यत्क्रौञ्चमिथुनादेकमवधीः काममोहितम्॥

इस छंदोमयी दैवी वाणी का आकस्मिक उच्चारण कर डाला। इस वागब्रह्म के प्रबोध का वर्णन कालिदास, भवभूति तथा आनन्दवर्धन ने 'श्लोकत्वमापद्यत यस्य शोकः' आदि कहकर ऐसे ढंग से किया है कि वह शोक महर्षि के पर-प्रत्यक्ष का विषय ही जान पड़ता है। दूसरा सीता-परित्याग के पश्चात् पुनः पंचवटी में स्वयं गये हुए रामचन्द्र में, संगम कालीन दृश्यों का अपर-प्रत्यक्ष होने पर भी, लौकिक शोक न होकर उस करुणरस का संचार होना जिसका निर्देश भवभूति ने

शंका-समाधान

अनिर्भिन्नो गंभीरत्वादन्तर्गूढः धनव्यथः।
पुटपाकप्रतीकाशो रामस्य करुणो रसः॥

कहकर स्पष्ट ही कर दिया है। इन उदाहरणों में भी परप्रत्यक्ष की अवस्था ही माननी चाहिए। महर्षि वाल्मीकि और भगवान् रामचंद्र दोनों ही ऐसे व्यक्ति थे जो परम सात्विक कहे जा

सकते हैं। उनकी चित्तवृत्ति एक प्रकार से सदा ही मधुमती-भूमिका में रमी रहती होगी। अतः उनका शोक आत्म सम्बन्धी या पर-सम्बन्धी परिच्छिन्न शोक नहीं है जिससे कि वह दुःखात्मक हो; अपितु वह व्यक्ति-सम्बन्ध-शून्य अपरिच्छिन्न शोक था जो स्थायी भाव होकर रस के रूप में परिणत हो सका।

"कवि के समान हृदयालु वही सहृदय इसका स्वाद भी पा सकता है जिसका हृदय एक-एक कण के साथ बन्धुत्व के बन्धन से बँधा है।"

इस विवेचन में ये बातें ध्यान देने की हैं—

1. रसानुभूति मधुमती-भूमिका में होती है।

2. मधुमती-भूमिका में पर-प्रत्यक्ष होता है। अनुभूति, अखण्ड और एकतान होती है।

3. चित्तवृत्ति की इसी एकतानता का नाम है साधारणीकरण।

4. इस अवस्था (अथवा भूमिका) में केवल आनन्दानुभूति होती है। सुख-दुःख का लौकिक अनुभव नहीं होता। इसी से उस अनुभव का नाम है आस्वाद, रसना अथवा चर्वणा।

5. वह आनंद इंद्रिय-जन्य नहीं प्रत्युत अलौकिक और अखण्ड होता है।

6. इस भूमिका में पहुँचने पर साधक के ही समान कवि और भावक, (पाठक, प्रेक्षक अथवा श्रोता) दोनों का ही अनुभव तथा ज्ञान सामान्य और साधारण होती है। यही साधारण-अलौकिकता ला देता है। जब वृत्तियों का साधरणीकरण हो जाता है तब इंद्रियों के व्यापार तथा मन के भाव सभी स्थिर हो जाते हैं, तर्क-वितर्क विलीन हो जाते हैं, अपने और पराए की भावना लोक-भावना में लीन हो जाती है और आत्मा में आनन्द की अनुभूति (अथवा अभिव्यक्ति) होने लगती है। इसी विचित्र और अलौकिक अनुभूति को रसास्वाद कहते हैं।

7. यह अनुभूति साधारण लोक की अनुभूति नहीं है। यह स्मरण रखना चाहिए।

8. इस रस दशा में "सभी प्रकार की वस्तुएँ हमारे सुखात्मक भावों का आलम्बन" बन जाती हैं। अर्थात् उस समय हम तर्क के लोक में नहीं, भाव के लोक में रहते हैं। यह हमारा साधारण लोक नहीं है। वह असाधारण मधुमान लोक है। जिसे काव्यरसिक रसभूमिका कहते हैं उसे ही योगवाले मधुमती-भूमिका और ज्ञानी पर-प्रत्यक्ष की दशा कहते हैं। इसी बात को ध्यान में रखकर 'अलौकिक' विशेषण का व्यवहार किया गया है क्योंकि यहाँ लोक के साधारण कार्य-कारण नहीं काम करते। यहाँ तो दुःखकथा से भी एक प्रकार का सुखात्मक अनुभव होता है, रसानुभूति होती है। सामान्य लोक में कारण के अनुरूप ही कार्य होता है पर इस रसलोक में सदा आनन्द मिलता है।

9. इस प्रसंग में यह भ्रम न होना चाहिए कि जिन भावों के सहारे रस का स्वाद मिलता है वे हमारे लोक के नहीं हैं। वे भाव सर्वथा हमारे लोक के हैं, वे अतींद्रिय, पारलौकिक अथवा लोकबाह्य नहीं होते। वे अलौकिक केवल इसलिए कहे जाते हैं क्योंकि उनका अनुभव पर-प्रत्यक्ष के लोक में—चित्त की मधुमती भूमिका में—होता है और उस अनुभव के कार्य-कारण साधारण और लौकिक नहीं होते। इसी से जो अँग्रेजीवाले अनुवादक अलौकिक का supernatural तथा extra-ordinary शब्दों से अनुवाद करते हैं के सत्य तक नहीं पहुँच पाते। अलौकिक का इस प्रसंग में अर्थ होता है supersensuous (पर-प्रत्यक्ष-गम्य)। लौकिक-अलौकिक पर हम पहले दूसरे अध्यायों में भी लिख चुके हैं क्योंकि कई विद्यार्थी तथा पाठक इसी भ्रम के कारण रस-परम्परा पर भी छींटे उछालने लगते हैं। आजकल के कुछ आलोचक जब पत्र-पत्रिकाओं में रस अलंकार आदि की छीछालेदर करने बैठते हैं तब हम उनसे यही प्रार्थना करते हैं कि पहले हजारों वर्ष की अर्जित, परिमार्जित तथा सांस्कृतिक निधि को परखने का यत्न करो, परखकर उसका उपयोग करो, तब आगे बढ़ो। इससे व्यर्थ श्रम और लज्जा के फेर में न पड़ोगे।

10. रसानुभूति कवि तथा सहृदय (भावुक) दोनों को होती है।

11. भाव में रज अथवा तम की प्रधानता रहती है और रस में केवल सत्त्व की। एक बात और बड़े पत्ते की है कि 'भाव' का धात्वर्थ होता है। क्रिया या व्यापार।

ऊपर के विवेचन से यह भी स्पष्ट हो गया है कि रस तो सभी भावुकों के अनुभव की चीज है पर रस-मीमांसा का विषय साधारण बात नहीं है। वह एक गहन और गंभीर शास्त्रीय विषय है। इसी से लोगों को प्रायः भ्रम हो जाया करता है। लोग पश्चिम के मनोविज्ञान को आधार बनाकर रस का सिद्धान्त समझने चलते हैं और बीच में ही उलझ जाते हैं और कभी-कभी तो साधारणीकरण, अलौकिक और अभिव्यक्त आदि शब्दों के भ्रम में पड़ जाते हैं। हम उन्हीं (पंडित केशवप्रसाद मिश्र) की लिखी दूसरी भूमिका से ऐसा उद्धरण देते हैं जिससे इन बातों पर थोड़ा अधिक प्रकाश पड़े और इंद्रिय, मन, बुद्धि तथा आत्मा का भी सम्बन्ध मालूम हो जाय।

मन, बुद्धि और आत्मा

"इस जगत् में इंद्रियगम्य स्थूल विषय तो हैं ही; ऐसे सूक्ष्म विषय भी हैं जहाँ इंद्रियों की गति नहीं होती। या तो आधुनिक वैज्ञानिक साधनों के द्वारा उनमें से कुछ की सत्ता प्रतीत होती है या मानसिक क्रिया द्वारा सब की। मन केवल सत् या प्रतीतियोग्य विषयों का ही साक्षात्कार नहीं करता, वह असत् यां अप्रतीतियोग्य, लोकबाह्य, असंभाव्य, अचिंत्य अतएव असंगत तथा विलक्षण विषयों का भी साक्षात्कार कर सकता है, साक्षात्कार क्या, उनकी सृष्टि कर सकता है। जैसे पहले पहल समस्त सत् पदार्थों की सृष्टि मन ने ही की है उसी प्रकार आगे-आगे नई से नई सृष्टि करने की क्षमता भी इसी मन में है। पर मानव का छोटा सा मन जो कुछ नई सृष्टि करता है उसके उत्पादन, उसके आरंभिक अणु, उसी महान् मन की महारुचि से उत्पादित सृष्टि से ही लिए हुए होते हैं। मानव-मन उपादानों की नई से नई योजना करके नवीन मूर्तियाँ खड़ी कर सकता है, पर उपादान परिचित ही होते हैं, उनमें मौलिक नवीनता लाना मन के मान का नहीं। मन अपनी योजना-शक्ति की सहायता से जो नई सृष्टि करता है उसे विलक्षण होने पर भी सलक्षण और असंगत होने पर भी सुसंगत होना चाहिए। अन्यथा बुद्धि, जिसका पद मन से ऊँचा है, उसको हेय समझती है, बावले का हवाई किला मानती है। मनःकल्पित प्रत्येक वस्तु बुद्धि-ग्राह्य होनी चाहिए। इसी तिनके की ओट में ही तो पागल और सरेख के भेद का पहाड़ है। मनसाराम केवल उत्पादन ही नहीं बड़े भावुक भी हैं। अपनी ही रचना पर समय से रीझ या खीझ जाया करते हैं। अस्तु इतने पर भी मन और बुद्धि करण या साधन ही हैं। अतः उनमें स्वतः चेतनता या प्रकाश नहीं होता। वे जिसके प्रकाश में अपना-अपना कार्य करते हैं वह स्वतः प्रकाश सच्चिदानन्द आत्मा सबका तटस्थ साक्षी है।

रस और साधारणीकरण

मधुमती भूमिका में पहुँचा कवि का मन जब उल्लसित होकर नवीन सृष्टि का आरम्भ करता है और अपनी ही सृष्टि की सुन्दरता पर मुग्ध होकर रीझता है उस समय उसकी समस्त वृत्तियाँ एकतान एकलय हो जाती हैं। इसीलिये उसकी रचना भावों का संगीत है। मन की इस एकविषयावगाहिनी निरोधावस्था से चित् (= ज्ञान) का आवरण-भंग होता है; अर्थात् मन जब विक्षिप्त होकर इधर-उधर अनेक विषयों पर दौड़ता है उस समय अपनी इस विक्षेप-क्रिया से वह नित्य शुद्ध-बुद्ध-मुक्त-स्वभाव चित् पर एक प्रकार का पर्दा-सा डालता रहता है, पर जहाँ उसकी यह विक्षेपावस्था निरोधावस्था में बदली कि उसका आवरण डालना बन्द हो जाता है और चित् निवारण होकर चमकने लगता है। इस अवस्था में वह अनुभविता और अनुभाव्य अथवा द्रष्टा और दृश्य दोनों है। इसीलिये निवारण चित् को आनन्दस्वरूप का अनुभव करने के लिए किसी दूसरे अनुभाविता की आवश्यकता नहीं होती। आत्मा के इसी आनन्द स्वरूप को रस कहते हैं।

कवि के समान हृदयालु सहृदय (आजकल का समीक्षक, समालोचक या critic) भी जब उसी भूमिका का स्पर्श करता है, तब उसकी भी वृत्तियाँ उसी प्रकार एकतान एकलय हो जाती हैं, (जिसके लिए पारिभाषिक शब्द साधारणीकरण है) और उसे भी वही संगीत सुनाई पड़ने लगता है—उसी आनन्द की झलक मिलती है। इस साधारण अवस्था में पहुँचने की शक्ति उसे कुछ तो कवि की दृष्टि की विशेषता और कुछ अपने संस्कार दोनों ही यथातथ्य प्रदान करते हैं। कवि और सहृदय दोनों साधारण होते हुए भी भिन्न हैं। एक की प्रतिभा उत्पादक और दूसरे की ग्राहक होती है। आचार्य अभिनवगुप्त ने पहली को प्रख्या और दूसरी को उपाख्या कहा है। राजशेखर ने एक को कारयित्री प्रतिभा और दूसरी को भावयित्री प्रतिभा नाम दिया है।

भिन्न-भिन्न कवि-सहृदय अपनी शक्ति के अनुसार कभी प्रतिपाद्य विषयों की, कभी प्रतिपादक शब्दों की अथवा कभी दोनों की नई से नई उद्‌भावना या भावना करके उसी आनन्द की उपलब्धि किया या कराया करते हैं पर सबके प्रयास का फल एक समान नहीं होता। मात्राभेद से किसी को आनन्द, किसी को आनन्दाभास और किसी को चमत्कारमात्र नवीन होता है।''

बड़े महत्त्व के भ्रम

इस प्रकार रस की मीमांसा हो जाने पर भी दो-एक भ्रमों का निराकरण करना आवश्यक हो गया है; क्योंकि प्रारम्भिक ग्रंथ में प्रतिपादन का प्रधान भाग भ्रम-निंवारण में ही हो जाना चाहिए। भ्रमवश हिन्दी के आलोचकों ने रस को न जाने क्या समझ रखा है। एक विद्वान् अँग्रेजी मनोविज्ञान के फेर में पड़कर रस की मीमांसा करते हुए लिखते हैं—

''दो मनुष्य क्रोध में भरे एक दूसरे पर खड्गों से प्रहार कर रहे हों तो दोनों का भाव 'रौद्र' अवश्य है पर उनको रौद्र का रस नहीं आ रहा है। किन्तु; यदि एक मनुष्य दूसरे को गहरा घाव पहुँचाकर और बेकाम करके ठहर जाय और कहे—'क्यों, और लड़ोगे, फिर ऐसा करोगे, अब तो समझ गये न?' तो उसको रौद्र रस आया ऐसा जानना चाहिए।''

ऐसे विचार पश्चिमी मनोविज्ञान के औरस पुत्र हैं। भारतीय शास्त्रों में भाव और रस का ऐसा भेद नहीं किया गया है। यह तो feeling emotion तथा sentiment की चर्चा-सी जान पड़ती है। इस प्रकार के भ्रमपूर्ण विचार केवल हिन्दी में नहीं अँग्रेजी तक की प्रसिद्ध पुस्तकों में पाये जाते हैं। इसी से भ्रम से सावधान रहना चाहिए।

एक दूसरे विद्वान् लिखते हैं—''जब तक किसी भाव का कोई विषय इस रूप में नहीं लाया जाता कि वह सामान्यतः सबके उसी भाव का आलम्बन हो सके तब तक उसमें रसोद्‌बोधन की पूर्ण शक्ति नहीं आती। इसी रूप मे लाया जाना हमारे यहाँ 'साधारणीकरण' कहलाता है।

साधारणीकरण से यहाँ यह अर्थ लिया गया है कि विभाव, अनुभाव आदि को साधारण रूप देकर सामने लाया जाय। विभाव, अनुभाव आदि का साधारण अथवा लोकसामान्य होना दो अर्थों में माना जा सकता है। एक तो स्वरूपतः सामान्य होना और दूसरे परिणाम अथवा उद्देश्य में सामान्य होना। स्वरूपतः सामान्य होने का आग्रह करना ठीक न होगा क्योंकि उस अवस्था में विभाव, अनुभाव आदि सीमित और शृंखलाबद्ध हो जायँगे और काव्य की व्यापकता नष्ट हो जायगी। परिणामतः वा अंतिम ध्येय में सामान्यतया (साधारणीकरण) मानने के भी दो प्रकार हो सकते हैं। एक तो बौद्धिक या द्वैतवादी जिसमें काव्य को नैतिक और अनैतिक के द्वन्द्वों के भीतर देखा जाता है और नैतिक पक्ष का रसास्वाद किया जाता है और दूसरा मनोवैज्ञानिक, ध्वन्यात्मक अथवा कलात्मक जिसमें नैतिकता का प्रश्न पृथक् नहीं रहता, 'ध्वनि' में अवसित हो जाता है। इनमें पहला प्रकार भट्ट नायक के 'भुक्तिवाद' के अनुकूल पड़ता है और दूसरा अभिनवगुप्त के ध्वनिवाद से सम्बन्धित है। कहने की आवश्यकता नहीं कि उक्त विद्वान् पहले प्रकार के समर्थक हैं किन्तु हम आचार्य अभिनवगुप्त का मत मानते हैं। साधारणीकरण तो कवि अथवा भावक की

चित्तवृत्ति से सम्बन्ध रखता है। चित्त के एकतान और साधारणीकृत होने पर उसे सभी कुछ साधारण प्रतीत होने लगता है।

एक भ्रम लोगों में यह फैल गया है कि रस और कला का सम्बन्ध योग से है। यह बात तो सोलहों आने ठीक है, पर इसका यह अर्थ नहीं है कि रस का सम्बन्ध देवता और परलोक से है। योग का अर्थ है केवल वह चित्तवृत्ति का निरोध जिससे पर-प्रत्यक्ष और साधारणीकरण का सम्बन्ध है। यही कारण है कि कला की चर्चा आते ही भारतीय कलाविद् 'योग' की चर्चा करते हैं। भारत में भाव और भावना, काव्य और कला सब आत्मपक्ष की चीजें हैं इसी से योग और चित्तवृत्तिनिरोध का प्रश्न पहले उठता है और पश्चिम में पहले वस्तु पक्ष सामने आता है, तब कहीं मन आता है। पश्चिम को इसी बुद्धि ने यह भ्रम फैला दिया है कि भारतीय तो सभी जगह धर्म और दर्शन को ठूँसकर कला तथा शिल्प आदि का स्वरूप बिगाड़ देते हैं। बात ऐसी कभी नहीं है। उदाहरण के लिए केवल एक बात देखिए। यदि काव्य में देवादिविषया रति पाई जाती है तो उसे 'रस' का पद भी नहीं मिलता वह केवल भाव मानी जाती है। यहाँ के आचार्यों ने सबकी सीमा रखी है। इस कला और रस के क्षेत्र में उन्होंने कभी लोक को नहीं भुलाया है।

अपूर्ण रस

ऊपर से रस के परिपाक की बात कही गई है परन्तु कभी-कभी ऐसा भी होता हैं कि रस परिपक्व अवस्था तक नहीं पहुँचता, जिसमें उसका आस्वादन होता है। चार अवस्थाओं में यह बात होती है। एक तो जब विभाव, अनुभाव आदि अन्य सामग्री के प्रबल होने के कारण भाव अंकुरित होकर ही रह जाता है, आगे बढ़कर तीव्र नहीं होने पाता; दूसरे जब एक भाव के उदय होते ही दूसरा भाव उदय होकर उससे प्रबल हो जाता है और उसे दबा लेता है; तीसरे जब एक भाव मन को एक ओर खींचता है और दूसरा दूसरी ओर तथा दोनों में से कोई इतना प्रबल नहीं होता कि दूसरे को दबा सके; और चौथे, जब कई भाव एक ही साथ उदय होते हैं अथवा एक के अनंतर कई भाव उदय होते हैं और अपने से पूर्व के भाव को दबाते चलते हैं। पहली अवस्था को भावोदय दूसरी को भाव-शान्ति, तीसरी को भावसंधि और चौथी को भाव सबलता कहते हैं। यद्यपि जहाँ रस पूर्णता को नहीं पहुँच पाता वहाँ रस मानना युक्ति-युक्त नहीं है, तथापि रूढ़ि के अनुसार ऐसे स्थल भी सरस ही माने जाते हैं।

रस-भेद

भरत मुनि ने प्रधान चार रस माने हैं—शृंङ्गार, वीर, वीभत्स और रौद्र। इनसे चार और रसों का उदय होता है। शृंङ्गार से हास्य का, वीर से अद्‌भुत का, वीभत्स से भयंकर का और रौद्र से करुण का। इस प्रकार आठ रस हुए शृंङ्गार रति स्थायी से, और वीर उत्साह से, वीभत्स जुगुत्सा से, रौद्र क्रोध से, हास्य हास से, अद्‌भुत आश्चर्य से, भयंकर भय से और करुणा शोक से उदित होते हैं।

निर्वेद

काव्य-शास्त्रों में शान्त भी एक रस माना जाता है, परन्तु नाट्य-शास्त्रकारों ने इसे नाट्य-रसों में इसलिए नहीं गिना है कि उनके अनुसार इसके स्थायी भाव शम का अभिनय नहीं किया जा सकता। शम के लिए पूर्ण संयम इन्द्रिय निग्रह और निश्चेष्टा की आवश्यकता है। मन को बाह्य विषयों से हटाकर अंतर्मुख कर लेना पड़ता है। वे बातें नट में नहीं हो सकतीं। उसे तो शान्त होने के लिए भी सचेष्ट होना पड़ेगा। परन्तु यह युक्ति-युक्ति नहीं जान पड़ती। नट के लिए तो यह आवश्यक नहीं कि जिस भाव का वह अभिनय करे उसका अनुभव भी करे। वह तो अपनी अनुकरण-निपुणता के कारण उसे दिखला भर देता है। जैसे वह और भावों का अभिनय करता है वैसे ही इसका भी कर सकता है। और जब निर्वेद संचारी का अभिनय हो सकता है तब

कोई कारण नहीं कि निर्वेद स्थायी का भी अभिनय न किया जा सके। इसलिए महापात्र विश्वनाथ और पंडितराज जगन्नाथ आदि आचार्यों ने शान्त रस की नाट्य-रसों में भी गणना की है।

इस प्रकार रसों की संख्या नौ मानी गई है। इससे यह न समझना चाहिए कि रस के वस्तुतः भेद होते हैं। रस तो सदा भेद-रहित और एकरस है। यह जो भेद माने गये हैं वह केवल स्थायी भावों के भेदों के आधार पर किए गये हैं जिससे रस प्रक्रिया के ज्ञान में सुगमता हो।

श्रृंगार-रस

कुछ शास्त्रकारों ने श्रृंङ्गार के तीन प्रकार माने हैं—अयोग, विप्रयोग और संयोग। पीछे के काव्य-शास्त्रों में आयोग और विप्रयोग दोनों को विप्रलंभ के अंतर्गत माना है, जिससे श्रृंङ्गार के ही दो भेद ठहरते हैं। धनंजय के अनुसार जहाँ एक-चित्त दो नववयस्क व्यक्तियों (नायक-नायिका) में प्रेम होने पर भी परतंत्रता के कारण संगम न हो सके वहाँ अयोग श्रृंगार रस होता है। किन्हीं दो युवा-युवती में यदि अत्यन्त प्रेम-भाव है किन्तु उनके माता-पिता उनके आपस में विवाहित होने में बाधा-स्वरूप हों तो यह आयोग श्रंगार का उदाहरण होगा।

धनञ्जय के अनुसार अयोग की दस अवस्थाएँ होती हैं। पहले दोनों के हृदय में अभिलाषा उत्पन्न होती है, फिर चिंतन, उसके अनन्तर स्मृति, फिर गुणकथन और तदुपरांत क्रमशः उद्वेग, प्रलाप, उन्मान, संज्वर, जड़ता और और मरण।

अयोग में तो अभी एक दूसरे का संयोग हुआ ही नहीं रहता है, किन्तु विप्रयोग श्रृंगार वहाँ होता है जहाँ संयुक्त व्यक्ति वियुक्त हो जायँ। विप्रयोग दो प्रकार का होता है, मान-जनित और प्रवास-जनित। मान भी दो प्रकार का होता है, एक प्रणय-मान और दूसरा ईर्ष्या-मान। प्रेम से वशीभूत होने को प्रणय कहते हैं। इसके भंग होने से जो कलह होता है उसे प्रणय-मान कहते हैं। और जब यह सुनने, देखने अथवा अनुमान करने से कि नायक किसी दूसरे स्त्री से अनुरक्त है, ईर्ष्या उत्पन्न होती है तब उसे ईर्ष्या-मान कहते हैं। अनुमान से ईर्ष्या-मान भी तीन प्रकार का होता है। एक स्वप्न में कहे गये वचनों के अनुसार से होता है, दूसरे में भोग के चिह्नों से और तीसरे में अनजाने अन्य किसी स्त्री का नाम मुख से निकल जाने से। मान के उपचार के उपाय बतलाए गए हैं—साम, भेद, दान, नति, उपेक्षा और रसांतर। प्रिय वचन कहना साम कहलाता है। नायिका की सखियों को अपने साथ मिला लेने को भेद कहते हैं। गहने इत्यादि देकर प्रसन्न करना दान और पाँवों में पड़ना नति कहाता है। यदि ये उपाय असफल हो जायँ तो नायिका की उपेक्षा करनी चाहिए। धृष्टता, भय, हर्ष आदि भावों के प्रदर्शन से भी कोप भंग किया जा सकता है। ऐसा करने से नायिका का मन दूसरे भावों की ओर खिंच जाता है और वह अपने मान को भूल जाती है। यह रसांतर कहलाता है। इन उपायों का क्रमशः उपयोग विधेय कहा गया है।

प्रवास से विप्रयोग दो प्रकार का होता है। एक तो वह जिसमें प्रवास कार्यवश हो, दूसरा वह जो भ्रम अथवा शाप के कारण हो। पहले में तो जान-बूझकर प्रवासी होना पड़ता है। यह तीन प्रकार का हो सकता है—भूत, भविष्यत् और वर्तमान। दूसरा प्रवास अचानक होता है और उसमें देव-कृत अथवा मनुष्य-कृत उत्पात प्रवास का कारण होता है। शाप से रूप के बदल जाने के कारण प्रेमिकों के पास ही रहने पर भी प्रवास ही समझना चाहिए।

दोनों में से एक के मर जाने पर जो विलाप होता है वह शोक का सूचक है। उसे श्रृंगार न समझकर करुण रस में गिनना चाहिए। रति वहाँ समझी जायगी जहाँ मृत्यु का निवारण हो सके। जहाँ मृत प्रेम पुनरुज्जीवित हो जाय वहाँ श्रृंगार ही मानना चाहिए।

प्रणयमान और अयोग के कारण विरहिणी नायिका को उत्का कहते हैं। प्रवास के कारण विरहिणी को प्रेषित-पतिकोः ईर्ष्या के कारण वियुक्त नायिका को कलहांतरिता और जिसका पति अन्य से अनुराग रखता हो उसे खंडिता कहते हैं।

जैसा कह चुके हैं, अन्य आचार्यों ने अयोग और विप्रयोग दोनों को एक में सम्मिलित कर उसे 'विप्रलंभ' संज्ञा दी है, जिसकी सीधी-सादी व्याख्या है 'वियोग के समय होनेवाली रति'।

संयोग के समय जो रति होती है उसे संयोग अथवा संभोग शृंगार कहते हैं। संयोग शृंगार के लिये इतना ही आवश्यक नहीं है कि नायक-नायिका पास रहें। खंडित नायिका और नायक यदि एक दूसरे को स्पर्श भी कर रहे हों तो भी वियुक्त ही कहलायेंगे। ऐसी अवस्था में संयोग शृंगार नहीं होगा, विप्रलंभ (धनञ्जय आदि के अनुसार विप्रयोग) होगा। संयोग और प्रयोग चित्त की वृत्ति पर अवलम्बित है। हम संयुक्त हैं अथवा वियुक्त, नायक-नायिका के इन भावों के आधार पर ही संयोग-वियोग का निश्चय किया जा सकता है। अतएव संयोग के लिये यह आवश्यक है कि सामीप्य के साथ-साथ दोनों में एक चित्तता तथा परस्पर अनुकूल हो, और उसके कारण प्रसन्नता भी हो। इसीलिये धनञ्जय ने संयोग शृंगार की व्याख्या इस प्रकार की है— संयोग शृंगार उसे कहते हैं जिसमें दोनों विलासी (नायक-नायिका) परस्पर अनुकूल होकर दर्शन, स्पर्श आदि के द्वारा आनंदपूर्वक एक दूसरे का सेवन (उपभोग) करते हैं जैसे नीचे लिखे पद्य से व्यंजित होता है—

संसर्ग अति लहि हम मिलाए मुदित कपोल कपोल सों।
दृढ़ पुलकि आलिंगन कियो भुजिमेलि तव भुज लोल सों॥
कछु मन्द बानी सन विगत क्रम, कहत तोसों भामिनी।
गए बीत चारहु पहर पै नहिं, जात जानी जामिनी॥

(उत्तर-रामचरित)

शृंगार रस सबसे अधिक व्यापक रस है। इसमें आठों स्थायी भावों का, आठों सात्विकों का और सभी संचारियों का रस-पुष्टि के लिये उपयोग हो सकता है परन्तु रस-पुष्टि के लिए इनका उपयोग करने में निपुणता की आवश्यकता है, नहीं तो रस-विरोध होने के कारण उसके आस्वादन में व्यवधान पड़ेगा। कई रस ऐसे हैं जो स्वभावतः एक दूसरे के विरोधी हैं। इनका विवरण आगे, रस-विरोध के प्रकरण में यथास्थान दिया जायगा। इसी प्रकार आलस्य, उग्रता, मरण और जुगुप्सा, संचारी आश्रय-भेद से अथवा एक ही आलम्बन विभाव के सम्बन्ध में नहीं प्रयुक्त किये जाने चाहिए। अन्यथा रस की चर्वणा में बाधा पड़ेगी।

हास्य-रस

अपने अथवा पराए परिधान, वचन अथवा क्रिया-कलाप से उत्पन्न हुए हास का परिपुष्ट होना हास्य-रस कहलाता है। पंडितराज जगन्नाथ आत्मस्थ और परस्थ का दूसरा ही अर्थ लेते हैं। आलम्बन को विकृत दशा आदि में देखने-मात्र से जो हास स्वतः उत्पन्न होता है वह आत्मस्थ और जो उस पर दूसरे को हँसते देखकर उत्पन्न होता है वह परस्थ। हास्य के छः भेद होते हैं— स्मित, हसित, विहसित, उपहसित, अपहसित और अतिहसित। जिनमें केवल नेत्र विकसित हों उसे स्मित, जिसमें कुछ-कुछ दाँत भी दिखाई दें, वह हसित, जिसमें मधुर ध्वनि भी हो वह विहसित, जिसमें सिर हिलने लगे वह उपहसित, जिसमें हँसते-हँसते आँसू आने की नौबत आ जाय वह अपहसित और सारा शरीर हिलने लगे तथा पेट में बल पड़ जाय उसे अतिहसित कहते हैं। स्मित और हसित उत्तम पुरुष में, विहसित और उपहसित मध्यम पुरुष में और अपहसित और अतिहसित अधम पुरुष में माने गये हैं। निद्रा, आलस्य, श्रम, ग्लानि और मूर्छा हास्य के सहायक संचारी हैं।

वीर-रस

प्रताप, विनय, अध्यवसाय, सत्व (धैर्य), अविषाद (हर्ष), नय, विस्मय, विक्रम आदि विभावों से उत्साह स्थायी का परिपाक होने पर वीर-रस होता है। इसमें मति, गर्व, धृति और

प्रहर्ष संचारी, सहायक होते हैं। वीर-रस तीन प्रकार का माना जाता है—दयावीर, दानवीर और युद्धवीर। नागानंद में जीमूतवाहन दयावीर, महावीर-चरित में राम युद्धवीर के तथा पौराणिक आख्यानों में राजा बलि दानवीर के उदाहरण हैं। परन्तु वीर-रस को इस तीन भेदों में विभाजित करने में अव्याप्ति दोष है। वीर इसी भाँति और भी कई प्रकार के हो सकते हैं। सत्यवीर जैसे राजा हरिश्चन्द्र, धर्मवीर जैसे हकीकत राय इत्यादि, पर इन सबमें प्रधान युद्धवीर ही हैं।

अद्‌भुत-रस

आश्चर्यजनक लौकिक पदार्थों से उद्‌भूत रस होता है। साधुता (वाहवाही, आश्चर्य-प्रकाशन), अश्रु, वेपथु स्वेद और गद्‌गद् वाणी—ये इसके अनुभाव होते हैं और हर्ष, आवेग, धृति आदि इसके पोषक संचारी भाव।

उदाहरण—

लीन्हों उखारि पहार विशाल चल्यो तेहि काल विलंब न लायो।
मारुत-नंदन मारुत को, मन को, खगराज को वेग लजाओ॥
तीखी तुरा तुलसी कहतो पै हिए उपमा को समाउ न आयो।
मानो प्रतच्छ परब्बत को नभ लीक लसी कवि यों धुकि धायो॥

(तुलसीदास)

वीभत्स-रस

वीभत्स-रस का आधार जुगुप्सा है। इसमें कीड़े; सड़न, कै आदि से उद्वेग होता है। रक्त, अँतड़ियाँ, हड्डियाँ और मज्जा-मांस आदि के दर्शन से क्षोभ होता है। वैराग्य होने पर जब स्त्रियों की जंघाओं तथा स्तन आदि अंगों पर घृणा होती है तब भी वीभत्स-रस ही की प्रतीति होती है। इसमें नासा-संकोच और मुख मोड़ना आदि अनुभाव और आवेग, व्याधि तथा शंका—ये संचारी भाव होते हैं। मालती-माधव का यह पद्य वीभत्स का अच्छा उदाहरण है—

उतिन उतिन चाम फेरि ताहि काढ़त हैं,
लोथि कौं उठाइ भखैं ऐसे बे-अतंक हैं।
सर्‌यो मांस कंधों जाँघ पीठ औ नितंबनु कौ,
सुलभ चबाइ लेत रुचि सौं निसंक हैं॥
गौंथि डारैं नाड़ी नेत्र आँत और निकारै दाँत,
लिथरै शरीर जिन सोनित की पंक हैं।
अस्थिनु पै ऊँची नीची और तिन बीच हूँ कै;
धरे-धीरे कैसे मांस खात प्रेत रंक हैं॥

वीभत्स और हास्य-रस के विषय में एक शंका उत्पन्न हो सकती है। रस का आधार स्थायी भाव है। भाव के लिए एक आलम्बन चाहिए और एक आश्रय। आलम्बन तो वह है जिसे देखकर भाव उदय हो और आश्रय वह है जिसके मन में उस भाव का उदय होता है। जैसे शृंङ्गार-रस में नायक अथवा नायिका यथा-अवसर आश्रय अथवा आलम्बन हो सकते हैं। हास्य और बीभत्स-रस के सम्बन्ध में आलम्बन तो क्रमशः अपने अथवा अन्य के अंग, वाणी अथवा क्रिया-विकार तथा घृणोत्पादक वस्तुएँ हैं, पर आश्रय कौन है? स्थायी भाव जिसके मन में उदित होता है? उसका तो इसमें कहीं वर्णन नहीं होता। क्या सुननेवाले को ही उसका आश्रय मान लें? परन्तु वह हो नहीं सकता क्योंकि सुननेवाला तो रस का आस्वादन करता है, भाव का अनुभव नहीं करता। पहले तो यह बात सदैव नहीं होती कि इस रसों के सम्बन्ध में आश्रय का उल्लेख न हो। ऊपर मालती माधव से जो पद्य उद्‌धृत किया गया है उसमें माधव आश्रय है। परन्तु यदि आश्रय का स्पष्ट उल्लेख न भी हो तो पंडितराज जगन्नाथ जी की यह सम्मति है कि ऐसी अवस्था

में किसी दर्शक का ऊपर से आक्षेप कर लेना चाहिए।

भयानक-रस

विकृत स्वर और अधैर्य आदि विभावों से उदित भय स्थायी से भनायक रस की उत्पत्ति होती है। इसमें वेपथु, स्वेद, शोक और वैचित्र्य—ये अनुभाव और दैन्य, संभ्रम, मोह, त्रास आदि संचारी उसके सहायक होते हैं।

उदाहरण—

हरहरात इक दिसि पीपल कौ पेड़ पुरातन।
लटकत जामें घंट घने माटी के बासन॥
वर्षा ऋतु के काज और हू लगत भयानक।
सरिता बहति सबेग करारे गिरत अचानक॥
ररत कहूँ मंडूक कहूँ झिल्ली झनकारैं।
काक मण्डली कहूँ अमंगल मन्त्र उचारैं॥
भई आनि तब साझ घटा आई घिरि कारी।
सनै सनै सब ओर लगी बाढ़न अँधियारी॥
भए इकट्ठा आनि तहाँ डाकिनि पिचास गन।
कूदत करत कलोल किलकि दौरत तोरत तन।
आकृति अति विकराल धरे, कुइला से कारे।
वक्र बदन लघु लाल नयन जुत जीभ निकारे॥

(रत्नाकर)

रौद्र-रस

शत्रु के प्रति मत्सर तथा घृणा आदि भावों से विभाजित, क्षोभ, अपने होठों को दाँतों से दबाना, कंप, भ्रुकुटी टेढ़ी करना, पसीना, मुख का लाल होना, शस्त्रास्त्रों को चमकाना, गर्वोक्ति करते हुए कंधे फैलाना, धरणी को जोर से चाँपना, प्रतिज्ञा करना आदि अनुभावों से परि-वृद्धि तथा अमर्ष, मद, स्मृति, चपलता, असूया, उग्रता, आवेग आदि संचारियों से परिपुष्ट क्रोध स्थायी को रौद्र-रस कहते हैं।

उदाहरण—

बारि टारि डारौं कुंभकर्णहिं बिदारि डारौं,
मारौं मेघनादै आज यों बल-अनंत हौं॥
कहै पदमाकर त्रिकूट ही को ढाहि डारौं,
डारत करेई—यातुधानन को अंत हौं॥
अच्छहिं निरच्छ कपि रुच्छ ह्वै उचारौं इमि,
तोसे तिच्छ तुच्छन को कछुवै न गंत हौं।
जारि डारौं लंकहि उजारि डारौं उपवन,
फारि डारौं रावण को तो मैं हनुमन्त हौं॥

(पद्माकर)

करुण-रस

शोक स्थायी से करुण-रस होता है। इसमें इष्ट-नाश अथवा अनिष्टागम आदि विभाव और निःश्वास, उच्छ्वास, रुदन, स्तंभ, प्रलाप आदि अनुभाव तथा निद्रा, अपस्मार, दैन्य, व्याधि, मरण, आलस्य, आवेग, विषाद, जड़ता, उन्माद और चिंता आदि संचारी भाव सहायक होते हैं।

इष्ट-नाश से करुण—

मेरो तब पुरुषारथ थाको।
बिपति बँटावन बधु-बाहु बिनु करौं भरोसौ काको?
सुनु सुग्रीव साँचेहूँ मोपर फेर्‌यौ बदन बिधाता।
ऐसे समय समर-संकट हौं तज्यौं लषन सम भ्राता।।
गिरि कानन जैहें साखा-मृग हौं पुनि अनुज-सँघाती।
ह्वै है कहा विभीषन की गति रही सोच भरि छाती।।

(तुलसीदास)

रत्नावली नाटिका में सागरिका का कैद किया जाना अनिष्टागम से करुण का अच्छा उदाहरण है।

शान्त-रस

यह कहा जा चुका है कि प्राचीन नाट्याचार्य शान्त को नाट्यरस में नहीं गिनते थे; और यह भी बताया जा चुका है कि शान्त-रस को क्यों नाट्य-रस मानना चाहिए। शम नामक स्थायी भाव के परिपाक की अवस्था में पहुँचने से शान्त-रस होता है। सांसारिक सुख तथा देह की क्षणभंगुरता, संत-समागम और तीर्थाटन आदि इसके विभाव हैं। तथा सर्वभूतदया, परमानन्द की अवस्था, तल्लीनता रोमांच आदि इसके अनुभाव हैं। मति, चिंता, धृति, स्मृति, हर्ष आदि संचारी भाव इसके परितोषक हैं।

उदाहरण—

(1)

हाथी न साथी न घोरे न चेरे न गाउँ न ठाउँ को ठाउँ बिलैहै।
तात न मात न पुत्र न मित्र न बित्त न तीय कहीं सँग रैहै।।
'केसव' काम को राम बिसारत और निकाम न कामहि ऐहै।
चेति रे चेति अजौं चित, अंतर अंतकलोक अकेलोई जैहे।।

(केशव)

(2)

रहिमन जिन मन की बिथा, मन ही राखौ गोय।
सुनि अठिलैहैं लोग सब, बाँटि न लैहैं कोय।।

(रहीम)

(3)

भागीरथी जलपान करों
अरु नाम द्वै नाम के लेत नितै हौं।
मो को न लेनो न देनो कछु
कलि! भूलि न रावरो ओर चितैहौं।।
जानि कै जोर करौं परनाम;
तुम्हैं पछतैहौ पै मैं न मितैहौं।
ब्राह्मन ज्यों उगल्यो उरगारि
हौं त्योंही तिहारे हिये न हितैहौं।।

(तुलसी)

शान्त-रस सर्वोत्तम रस है, पर कई लोग उसे रस ही नहीं मानते। जो शान्त को रस मानते भी हैं वे उसका सच्चा विवेक और आस्वाद नहीं कर पाते। प्रायः देव-विषयक रति अथवा शुष्क ज्ञान को ही वे शान्त-रस समझ बैठे हैं। अतः इन उदाहरणों पर ध्यान से विचार करना चाहिए कि

ये भाव के नहीं, शान्त-रस के उदाहरण हैं। शान्त में दो बातें स्पष्ट होनी चाहिए—निर्वेद और मनोयोग (अर्थात् मानसिक-शान्ति)। पहले उदाहरण में क्षणभंगुरता दिखाकर निर्वेद की पुष्टि तथा मन शान्त की सिद्धि वर्णित है। दूसरे में शान्त मनुष्य अपनी अनुभूति का रहस्य खोल रहा है कि 'अपने मन को ही साधो, व्यर्थ दूसरों से कहकर अपना दुःख न बढ़ाओ।' इस पंक्ति में वेदना, निर्वेद और शान्ति की बड़ी गंभीर भावना है। तीसरा उदाहरण इन दोनों से अच्छा है क्योंकि उसमें ज्ञान की अपेक्षा भाव अधिक है। इसमें कवि स्पष्ट ही अपनी निर्द्वंद्वता अभिव्यक्त कर रहा है पहली पंक्ति में जो गंगा और राम की चर्चा है वह निर्वेद की पोषक है, अतः यह भी कोई दोष नहीं हो सकता।

रस-विरोध

रस-विरोध को हमने उपयुक्त स्थान के लिए छोड़ दिया था। अब उसका वर्णन कर देना अच्छा होगा। कुछ रस स्वभाव ही से आपस में विरोधी माने गये हैं। करुण, बीभत्स, रौद्र, वीर और भयानक, शृङ्गार के, करुण और भयानक, हास्य के; हास्य और शृङ्गार करुण के, हास्य शृङ्गार, भयानक और अद्भुत, रौद्र के; भयानक और शान्त वीर के, शृङ्गार, वीर, रौद्र, हास्य और शान्त भनायक के; शृङ्गार बीभत्स का, रौद्र अद्भुत का और शृङ्गार, वीर, रौद्र, हास्य और भयानक शान्त-रस के विरोधी माने जाते हैं। जहाँ शृङ्गार की चर्चा हो वहाँ जुगुप्सा, क्रोध, शोक और भय के भावों की चर्चा रंग में भंग करना ही मानी जायगी। इसी प्रकार शोक के समय हँसी मजाक अथवा प्रेम का राग अलापना तथा हँसी के अवसर पर शोक और भय करना भी अवसरोचित नहीं हे। ऐसे ही और के विषय में समझना चाहिए।

परन्तु प्रत्येक दशा में विरोधी रसों का एक साथ वर्णन सदोष नहीं होता। दोष तभी होगा जब विरोधी रस या तो एक ही आलंबन या एक ही आश्रय से सम्बन्ध रखते हों या इतने सन्निकट हों कि एक दूसरे के ज्ञान को बाधित करें। पहले दो को स्थिति-विरोध करते हैं और तीसरे को ज्ञान-विरोध। विरोधी रसों को अलग-अलग आलम्बनों अथवा आश्रयों में स्थित कर देने से स्थिति-विरोध का निराकरण हो जाता है और अविरोधी रस को विरोधी रसों के मध्य में रखने से ज्ञान-विरोधी का। रस-गंगाधर से इन दोनों के उदाहरण यहाँ पर दिये जाते हैं—

'हे राजन्, खैंचकर कुंडली धनुष को हाथ में लिए हुए आपके सामने शत्रु वैसे ही नहीं ठहर सके जैसे मृग सिंह के सामने नहीं ठहर सकते।' इसमें वीर और भयानक रस एक ही साथ आया है परन्तु स्थिति-विरोध इसलिए नहीं आ पाया है कि दोनों का अलग-अलग नायकों से सम्बन्ध है। इसी प्रकार 'अप्सराओं से आलिंगित, विमानों में बैठे हुए वीर आकाश से, पृथ्वी पर सियारियों से घिरे हुए अपने शवों को देख रहे हैं, से परस्पर ज्ञान-बाधक रसों का वर्णन होने पर भी ज्ञान विरोध का परिहार हो गया है क्योंकि दोनों के बीच में एक अविरोधी रस रख दिया गया है। "अप्सराओं से आलिंगित" कहने से शृङ्गार रस की व्यंजना होती और "सियारियों से घिरे हुए अपने शवों को देख रहे हैं" से बीभत्स की। ये दोनों परस्पर ज्ञान-विरोधी हैं। इनके बीच 'स्वर्ग-यात्रा' से वीर रस का आक्षेप किया गया है जिससे ज्ञान-विरोध की शान्ति हो गई है। एक साथ दो विरोधी रसों को लाने के इच्छुक नाट्यकारों तथा कवियों को इन बातों का ध्यान रखना आवश्यक बतलाया गया है।

शैली का रूप

यहाँ तक रसों का विवेचन हो चुका है। सारांश यह कि सब प्रकार के काव्य की आत्मा रस है। बिना आत्मा के शरीर निर्जीव होकर त्याज्य हो जाता है। पर आत्मा के रहते हुए भी शरीर के बाह्य सौंदर्य को बढ़ाने और आकर्षक बनाने की आवश्यकता रहती है। इसी का तात्पर्य काव्य के भाव-पक्ष और कला-पक्ष से है। दोनों का नित्य सम्बन्ध है, जो सदा अक्षुण्ण बना रहता है। जहाँ

एक का दूसरे से बिछोह हुआ वहाँ काव्य की अंतरात्मा को अपने को प्रकट करने की सामर्थ्य नहीं रह जाती। तात्पर्य यह है कि कवि या लेखक की सामग्री चाहे कैसी ही उत्तम क्यों न हो और उसके भाव, विचार तथा कल्पनाएँ चाहे किसी ही परिपक्व और अद्‌भुत क्यों न हों; जब तक उसकी कृति में रूप-सौंदर्य नहीं आयेगा, जबतक वह अपनी सामग्री को ऐसा रूप न दे सकेगा जो अनुक्रम, सौष्ठव और प्रभावोत्पादकता के सिद्धान्तों के अनुकूल हो, तब तक उसकी कृति काव्य न कहला सकेगी। इसीलिए कुछ विद्वानों का मत है कि बुद्धितत्त्व, कल्पनातत्त्व और भावतत्त्व के अतिरिक्त एक चौथा तत्त्व भी है जिसे शैली या रूप-चमत्कार कह सकते हैं। इसी बात को लेकर महाकवि कालिदास ने रघुवंश के आदि में वंदना करते हुए कहा है—

वागर्थाविव संपृक्तौ वागर्थप्रतिपत्तये।
जगतः पितरौ बन्दे पार्वतीपरमेश्वरौ॥

अर्थात् वाक् और अर्थ की भाँति संपृक्त जगत् के माता-पिता पार्वती और परमेश्वर की वंदना इसलिए करता हूँ कि जिसमें वाक् और अर्थ की प्रतिपत्ति हो। यहाँ वाक् और अर्थ से वही प्रयोजन है जो कलापक्ष तथा भावपक्ष अथवा भाव और शैली से है। इसीलिए रचना-चमत्कार को शैली का नाम दिया जाता है।

किसी कवि या लेखक की शब्द-योजना, वाक्यांशों का प्रयोग, वाक्यों की बनावट और उनकी ध्वनि आदि का नाम ही शैली है। एक विद्वान् के मत से शैली विचारों का परिधान है। पर यह ठीक नहीं; क्योंकि परिधान का शरीर से अलग और निज का अस्तित्व होता है, उसकी उस व्यक्ति से भिन्न स्थिति होती है। जैसे मनुष्य से उसके विचार अलग नहीं हो सकते, वैसे ही उन विचारों को व्यंजित करने का ढंग भी उनसे अलग नहीं हो सकता। अतएव शैली को विचारों का परिधान न कहकर उनका बाह्य और प्रत्यक्ष रूप कहना बहुत कुछ संगत होगा। अथवा उसे भाषा का व्यक्तिगत प्रयोग कहना भी ठीक होगा।

काव्य की अन्तरात्मा का हम विशेष रूप से विवेचन कर चुके हैं। अब उसके बाह्य या प्रत्यक्ष रूप के विषय में भी कुछ विचार करना आवश्यक है; क्योंकि भाव, विचार और कल्पना यदि हमारे ही मन में उत्पन्न होकर लीन हो जाय, तो संसार को उनसे कोई लाभ न हो और हमारा जीवन व्यर्थ हो जाय। मनुष्य समाज में रहना चाहता है। वह उसका अंग है। उसी में उसके जीवन और कर्त्तव्य का साफल्य है। वह अपने भावों, विचारों और कल्पनाओं को दूसरों पर प्रकट करना चाहता है और दूसरों के भावों, विचारों और कल्पनाओं को स्वयं जानना चाहता है। सारांश यह है कि मनुष्य समाज में भावों, विचारों और कल्पनाओं का विनिमय नित्य प्रति होता रहता है। भावों, विचारों और कल्पनाओं का यही विनिमय संसार के साहित्य का मूल है। इसी आधार पर साहित्य का प्रासाद खड़ा होता है। जिस जाति का यह प्रासाद जितना ही मनोहर, विस्तृत और भव्य होगा, वह जाति उतनी ही उन्नत मानी जायगी। इसके अतिरिक्त हमें आपस के नित्य व्यवहार में कभी दूसरों को समझाना, कभी उन्हें अपने पक्ष में करना और कभी प्रसन्न करना पड़ता है। यदि वे शक्तियाँ आदि अपने स्वाभाविक रूप में वर्तमान न हों तो मनुष्यों के सब काम रुक जायँ। साहित्य-शास्त्र का काम इन्हीं शक्तियों को परिमार्जित और उत्तेजित करके उन्हें अधिक उपयोगी बनाना है। अतएव यह स्पष्ट हुआ कि भाव, विचार और कल्पना तो हममें नैसर्गिक अवस्था में वर्त्तमान रहती हैं; और साथ ही उन्हें व्यक्त करने की स्वाभाविक शक्ति भी हममें रहती है। अब यदि उस शक्ति को बढ़ाकर, संस्कृत और उन्नत करके हम उसका उपयोग कर सकें तो उन भावों, विचारों और कल्पनाओं के द्वारा हम संसार के ज्ञान-भांडार की वृद्धि करके उसका बहुत कुछ उपकार कर सकते हैं। इसी शक्ति को साहित्य में शैली कहते हैं।

हम कह चुके हैं कि मनुष्य को प्रायः दूसरों को समझाना, किसी कार्य में प्रवृत्त करना अथवा

प्रसन्न करना पड़ता है। ये तीनों काम मनुष्य की भिन्न-भिन्न तीन मानसिक शक्तियों से संबंध रखते हैं। समझना या समझाना बुद्धि का काम है; प्रवृत्त होना या करना संकल्प का काम है और प्रसन्न करना या होना भावों का काम है।

परन्तु प्रवृत्त करने या होने में बुद्धि और भाव दोनों सहायक होते हैं। इन्हीं के प्रभाव से हम संकल्प शक्ति को मनोनीत रूप देने में समर्थ होते हैं। बुद्धि की सहायता से हम किसी बात का वर्णन, कथन या प्रतिपादन करते हैं; और भावों की सहायता से काव्यों की रचना कर मनुष्य का समस्त संसार से रागात्मक सम्बन्ध स्थापित करते हैं। इसलिए शैली की विशेषता इसी बात में होती है कि मनुष्य के ऊपर कहे हुए तीनों कामों को पूरा करने के लिए हम अपनी भाषा को, अपने भावों, विचारों और कल्पनाओं को अधिकाधिक प्रभावशाली बना सकें। इसके लिए यह आवश्यक है कि हम इस बात का विचार करें कि यह प्रभाव कैसे उत्पन्न हो सकता है।

शब्दों का महत्त्व

भाषा ऐसे सार्थक शब्द-समूहों का नाम है जो एक विशेष क्रम से व्यवस्थित होकर हमारे मन की बात दूसरे के मन तक पहुँचाने और उसके द्वारा उसे प्रभावित करने में समर्थ होते हैं। अतएव भाषा का मूल आधार शब्द है जिन्हें उपयुक्त रीति से प्रयुक्त करने के कौशल को ही शैली का मूल तत्त्व समझना चाहिए। प्रायः देखने में आता है कि जिन लेखकों की लेखन-सैली प्रौढ़ नहीं है, जो अभी अपने साहित्यिक जीवन की प्रारम्भिक अवस्था में ही हैं, उनकी कृतियों में शब्दों का बाहुल्य और भावों तथा विचारों आदि की न्यूनता रहती है। ज्यों-ज्यों उनका अनुभव बढ़ता जाता है और उनमें लेखन-शक्ति की वृद्धि होती जाती है त्यों-त्यों उनमें शब्दों की कमी और भावों की वृद्धि होती जाती है। मध्यावस्था में प्रायः शब्दों और भावों आदि में समानता आ जाती है और प्रौढ़ावस्था में भावों की अधिकता तथा शब्दों की कमी स्पष्ट देख पड़ती है। उस समय ऐसा जान पड़ता है मानों शब्दों और भावों में होड़ मची हुई है। दोनों कवि या लेखक की कृति में अग्रसर होकर प्रधान स्थान ग्रहण करने के लिए उत्सुक हो रहे हैं। पर इस दौड़ में शब्द पीछे रह जाते हैं और भाव आगे निकल जाते हैं। एक ही भाव के लिए अनेक शब्द मिलने लगते हैं और लेखक या कवि उपयुक्त शब्दों को ग्रहण करने, सूक्ष्म से सूक्ष्म भावों के प्रदर्शित करने और थोड़े में बड़ी-बड़ी गम्भीर और भावपूर्ण बातें करने में समर्थ होता है। अतएव प्रारम्भिक अवस्था में प्रायः शब्दाडंबर ही अधिक देख पड़ता है। उस समय लेखक को अपने भाव स्पष्ट करने के लिए अनेक शब्दों को खोज-खोजकर लाना और सजाना पड़ता है। इससे प्रायः स्वाभाविकता की कमी हो जाती है और शब्दों की छटा में भी वैसी मनोहरता नहीं दिखाई पड़ती है। पर प्रौढ़ावस्था में ये सब बातें नहीं रह जातीं। वहाँ तो एक शब्द के भी घटाने-बढ़ाने की जगह नहीं रहती। जो लेखक या कवि विद्याव्यसनी नहीं होते, जिन्हें अपने विचारों को प्रौढ़ करने का अवसर नहीं मिलता, या जिनकी उस ओर प्रवृत्ति नहीं होती, उनमें यह दोष अन्त तक वर्तमान रहता है और उनकी कृति वाग्बाहुल्य से भरी रहती है। इसलिए लेखकों या कवियों को शब्दों के चुनाव पर बहुत ध्यान देना चाहिए। उपयुवत शब्दों का प्रयोग सबसे आवश्यक बात है; और यह गुण प्रतिपादित करने में उन्हें दत्तचित्त रहना चाहिए। इस कार्य में स्मरण-शक्ति बहुत सहायता देती है। शब्दों के आधार पर ही उत्तम काव्य-रचना हो सकती है। इस नींव पर यह सुन्दर प्रासाद खड़ा किया जा सकता है। अतएव यह आवश्यक ही नहीं बल्कि अनिवार्य भी है कि कवि या लेखक का शब्द-भाण्डार बहुत प्रचुर हो और उसे इस बात का भली भाँति स्मरण रहे कि मेरे भाण्डार में कौन-कौन से रत्न कहाँ रखे हैं, जिसमें प्रयोजन पड़ते ही मैं अपने रत्नों को निकाल सकूँ। ऐसा न हो कि उनको ढूँढ़ने में ही मुझे बहुत-सा समय नष्ट करना पड़े और अन्त में झूठे कान्तिहीन रत्नों को इधर-उधर से मँगनी माँगकर अपना काम चलाना पड़े।

कवि या लेखक के लिए शब्द भण्डार का महत्त्व कितना अधिक है, यह इसी से समझ लेना चाहिए कि यूरोप में साहित्यालोचकों ने बड़े-बड़े कवियों और लेखकों द्वारा प्रयुक्त शब्दों की गिनती तक कर डाली है और उससे वे उनके पाण्डित्य की थाह लेते हैं। हमारे यहाँ इस ओर अभी ध्यान नहीं गया है। परन्तु जब तक ऐसा न हो, तब तक उनकी भावों को व्यंजन करने की शक्ति और उसके ढंग के आधार पर ही हमें उनके विषय में अपने सिद्धान्त स्थिर करने होंगे। हम किसी कवि या लेखक के ग्रन्थ को ध्यानपूर्वक पढ़कर इस बात का पता लगा सकते हैं कि उसकी शक्ति कैसी है, उसने शब्दों का कैसा प्रयोग किया है और कहाँ तक वह इस कार्य में दूसरों से बढ़ गया था या पीछे रह गया है। इसी प्रकार हम यह भी सहज ही में जान सकते हैं कि किस प्रकार के भाव प्रकट करने में कौन कहाँ तक सफल हुआ है। यह अनुमान करना कि सब विषयों पर लिखने के लिए सबके पास यथेष्ट शब्द-सामग्री होगी, उचित नहीं होगा। न तो सब मनुष्यों का स्वभाव एक-सा होता है। और न उनकी रुचि ही एक सी होती है। इस अवस्था में यह आशा करना कि सब में सब विषयों पर अपने भाव प्रकट करने की एक-सी शक्ति होगी, जान-बूझकर अपने को भ्रम में डालना होगा। संसार से हमको रुचि वैचित्र्य का निरन्तर साक्षात्कार होता रहता है; और इसी वैचित्र्य के कारण लोगों के विचार और भाव भी भिन्न होते हैं। अतएव जिसकी जिस बात में अधिक रुचि होगी, उसी के विषय में वह अधिक सोचे-विचारेगा और अपने भावों तथा विचारों को अधिक स्पष्टता और सुगमता से प्रकट कर सकेगा। इसी कारण उस विषय से सम्बन्ध रखने वाला उसका शब्द भण्डार भी अधिक पूर्ण और विस्तृत होगा। पर इतना होते हुए भी शब्दों के प्रयोग की शक्ति केवल रुचि पर निर्भर नहीं हो सकती। रुचि इस कार्य में सहायक अवश्य हो सकती है; पर केवल उसी पर भरोसा करने से शब्दों का प्रयोग करने की शक्ति नहीं आ सकती। यदि हम कोई भिन्न-भिन्न पुरुषों को चुन लें और उन्हें गिने हुए सौ-दो-सौ शब्द देकर अपनी-अपनी रुचि के अनुसार अपने ही चुने हुए विषयों के सम्बन्ध में अपने-अपने भावों तथा विचारों को प्रकट करने के लिए कहें, तो हम देखेंगे कि सामग्री की समानता होने पर भी उनमें से हर एक का ढंग निराला है। यदि एक में विचारों की गंभीरता, भावों की मनोहरता तथा भाषा का उपयुक्त गठन है; तो दूसरे में विचारों की निस्सारता, भावों की अरोचकता और भाषा की शिथिलता है; और तीसरे में भावों और विचारों की ओर से उदासीनता तथा वाग्बाहुल्य की ही विशेषता है। इसलिए केवल प्रयुक्त शब्दों की संख्या से ही किसी के पाण्डित्य की थाह लेना अनुचित और असंगत होगा। उन शब्दों में प्रयोग के ढंग पर विचार करना भी नितान्त आवश्यक है। अर्थात् हमें इस बात का भी विवेचन करना चाहिए कि किसी वाक्य में शब्द किस प्रकार सजाये गये हैं और उनको वाक्य रूपी माला में चुनकर गूँथने में कैसा कौशल दिखाया गया है।

हमारे यहाँ शब्दों में शक्ति, गुण और वृत्ति ये तीन बातें मानी गई है। परन्तु यह स्मरण रखना चाहिए कि स्वयं शब्द कुछ भी सामर्थ्य नहीं रखते। सार्थक होने पर भी शब्द जबतक वाक्यों में पिरोये नहीं जाते तब तक न तो उनकी शक्ति ही प्रादुर्भूत होती है, न उनके गुण ही स्पष्ट होते हैं और न वे किसी प्रकार का प्रभाव उत्पन्न करने में ही समर्थ होते हैं। उनमें शक्ति या गुण आदि के अंतर्हित रहते हुए भी उनमें विशेषता, महत्त्व, सामर्थ्य या प्रभाव का प्रादुर्भाव केवल वाक्यों में सुचारु रूप से उनके सजाए जाने पर ही होता है, अतएव हम वाक्यों के विचार के साथ ही इनका भी विचार करेंगे।

शैली के विवेचन में वाक्य का स्थान बड़े महत्त्व का है। रचना शैली में इन्हीं पर निर्भर रहकर पूरा-पूरा कौशल दिखाया जा सकता है और इसी में इनकी विशेषता अनुभूत हो सकती है। इस सम्बन्ध में सबसे पहली बात, जिस पर हमें विचार करना चाहिए, शब्दों का उपयुक्त प्रयोग है। जिस भाव या विचार को हम प्रकट करना चाहते हैं, ठीक उसी को प्रत्यक्ष करनेवाले शब्दों का

हमें उपयोग करना चाहिए। बिना सोचे-समझे शब्दों का अनुपयुक्त प्रयोग वाक्यों की सुन्दरता नष्ट करता और लेखक के भांडार की अपूर्णता अथवा उसकी असावधानी प्रकट करता है। अतएव वाक्यों में प्रयोग करने के लिए शब्दों का चुनाव बड़े ध्यान और विवेचन से करना चाहिए।

वाक्यों की विशेषता

इसके अनन्तर हमें इस बात पर ध्यान देना चाहिए कि वाक्यों की रचना किस प्रकार से हो। वैयाकरणों ने वाक्यों के अनेक प्रकार बताए हैं और उनकी रीतियों तथा शुद्धि आदि पर भी विचार किया है। पर हमें वैयाकरण की दृष्टि से वाक्यों पर विचार किया है। पर हमें वैयाकरण की दृष्टि से वाक्यों पर विचार नहीं करना है। हमें तो यह देखना है कि हम किस प्रकार वाक्यों की रचना और प्रयोग करके अधिक से अधिक प्रभाव उत्पन्न कर सकते हैं। इस प्रयोजन के लिए सबसे अधिक अच्छा वाक्य वह होता है जिसे हम वाक्योच्चय कह सकते हैं और जिसमें तब तक अर्थ स्पष्ट नहीं होता, जब तक वह वाक्य समाप्त नहीं हो जाता। हम उदाहरण देकर उस बात को स्पष्ट करेंगे। नीचे लिखा वाक्य इसका अच्छा उदाहरण है—

"चाहे हम किसी दृष्टि से विचार करें, हमारे सब कष्टों का अंत यदि किसी बात से हो सकता है, तो वह केवल स्वराज्य से।"

इस वाक्य का प्रधान अंग "वह केवल स्वराज्य से हो सकता है" है, जो सबके अंत में आता है। इस अंतिम अंश में कर्त्ता 'वह' है। पहले के जितने अंश हैं; वे अंतिम वाक्यांश के सहायक-मात्र हैं। वे हमारे अर्थ या भाव की पुष्टि-मात्र करते हैं और पढ़नेवाले या सुननेवाले में उत्कंठा उत्पन्न करके उसके ध्यान को अंत तक आकर्षित करते हुए उसमें एक प्रकार की जिज्ञासा उत्पन्न करते हैं। यह पढ़ते ही कि "चाहे हम किसी दृष्टि से विचार करें" हम यह जानने के लिए उत्सुक हो जाते हैं कि लेखक या वक्ता क्या कहना चाहता है। दूसरे वाक्य को पढ़ते ही वह हमारी जिज्ञासा को संकुचित कर हमारा ध्यान एक मुख्य बात पर स्थिर करता हुआ मूल भाव को जानने के लिए हमारी उत्सुकता को विशेष जागरित कर देता है। अंतिम वाक्यांश को पढ़ते ही हमारा संतोष हो जाता है और लेखक का भाव हमारे मन पर स्पष्ट अंकित हो जाता है। ऐसे वाक्य पढ़नेवाले के ध्यान को आकर्षित करके उसे मुग्ध करने, उसकी जिज्ञासा को तीव्रता देने तथा आवश्यक प्रभाव उत्पन्न करने में समर्थ होते हैं।

दूसरी बात, जो वाक्यों की रचना में ध्यान देने योग्य है वह शब्दों का संघटन तथा भाषा की प्रौढ़ता है। वाक्यों में इन दोनों गुणों का होना भी आवश्यक है। यदि किसी वाक्य में संघटन का अभाव हो, यदि एक वाक्यांश कहकर उसे समझाने या स्पष्ट करने के लिए अनेक ऐसे छोटे-छोटे शब्द-समूहों का प्रयोग किया जाय जो अधिकतर विशेषणात्मक हों, तो छोटे-छोटे वाक्यांशों की भूलभुलइया में मुख्य भाव प्रायः लुप्त-सा हो जायेगा, और वह वाक्य अपनी जटिलता के कारण पढ़नेवाले को निरुत्साहित कर उसकी जिज्ञासा मंद कर देगा तथा किसी प्रकार का प्रभाव उत्पन्न न कर सकेगा। अतएव ऐसे वाक्यों के प्रयोग से बचना चाहिए। साथ ही इस बात का भी ध्यान रखना चाहिए कि वाक्योच्चय बहुत बड़े तथा लंबे न हों। उनके बहुत अधिक विस्तार से संघटनात्मक गुणों का नाश हो जाता है और वे मनोरंजक होने के बदले अरुचिकर हो जाते हैं। वाक्यों की लंबाई या विस्तार की कोई सीमा निर्धारित नहीं की जा सकती। यह तो लेखक के अभ्यास, कौशल और सौष्ठव-बुद्धि पर निर्भर है। पर इतना अवश्य कहा जा सकता है कि लेख या भाषण के विषय के आधार पर इस सीमा को निर्धारित करना उचित होगा। जो विषय जटिल अथवा दुर्बोध हों, उनके लिए छोटे वाक्यों का प्रयोग ही सर्वथा वांछनीय है। सरल और सुबोध विषयों के लिए यदि वाक्य अपेक्षाकृत कुछ बड़े भी हों, तो उनसे इतनी हानि नहीं होती। कई लेखकों में यह प्रवृत्ति देखने में आती है कि वे जानबूझकर अपने वाक्यों को विस्तृत और जटिल

बनाते हैं और उन्हें वाक्यांशों से लादे चलते हैं। इसका परिणाम यह होता है कि पढ़नेवाले ऊब जाते हैं और प्रायः लेखक स्वयं यह भूल जाता है कि किस मुख्य भाव को लेकर मैंने अपना वाक्य आरंभ किया था। ऐसे वाक्य के समाप्त होते ही वह मुख्य भाव भूलकर और किसी दूसरे गौण भाव को लेकर आगे दौड़ चलता है और अपने वाक्यों में परस्पर संबंध स्थापित करने की ओर कुछ भी ध्यान नहीं देता। इस भारी दोष से बचने ही में लाभ है।

जब किसी वाक्य के वाक्यांश एक से रूप और आकार के होते हैं; तब उन्हें समीकृत वाक्य कहते हैं। इन समीकृत वाक्यों की समरूपता या तो व्याकरण के अनुसार उनकी बनावट से होती है अथवा शब्दों के उच्चारण या अवधारणा पर निर्भर रहती है। इन वाक्यांशों का अर्थ भिन्न होता है और शब्द भी प्रायः भिन्न ही होते हैं। इसे स्पष्ट करने के लिए हम एक उदाहरण देते हैं—

"चाहे हमारी निंदा हो चाहे स्तुति, चाहे हमारी आज ही मृत्यु हो, चाहे हम अभी बरसों जीएँ, चाहे हमें लक्ष्मी स्वीकार करे, चाहे हमारा सारा जीवन दारिद्र्यमय हो जाय, परंतु जो व्रत हमने धारण किया है उससे हम कभी विचलित न होंगे।"

इस प्रकार के वाक्यों का प्रभाव दो प्रकार से पड़ता है—एक तो जब वाक्यों की शृंखला किसी एक ही प्रणाली पर बनाई जाती है, तब वह हमारी स्मरणशक्ति को सहायता पहुंचाती है और एक से वाक्यांशों की आवृत्ति मन को प्रभावित करती है; और जब हम यह जान लेते हैं कि भिन्न-भिन्न वाक्यांशों में किस बात में समानता है, तब हमें केवल उनकी विभिन्नता का ही ध्यान रखना आवश्यक होता है। प्रबंध-रचना का यह साधारण नियम है कि यदि दो वस्तुओं में समानता दिखाई जाय, तो रचना में भी उनको समान ही स्थान मिलना चाहिए। समीकृत वाक्यों द्वारा रचना के इस सिद्धांत का पालन बड़ी सुगमता से हो सकता है।

समीकृत वाक्यों का दूसरा प्रभाव एक प्रकार का सुखद विस्मय उत्पन्न करना है। समरूप वाक्यों द्वारा भिन्न भाव प्रदर्शित करने से मन को आनन्द प्राप्त होता है और कुछ-कुछ संगीत के लय-सुर का-सा अनुभव होने लगता है। जब एक वाक्यांश द्वारा भिन्न परन्तु साथ ही नवीन भाव का उद्‌बोधन कराया जाता है, तब हमारे आनन्द और विस्मय की मात्रा बढ़ जाती है। जैसे यदि हम यह कहें कि यह अशक्य तो है पर असंभव नहीं, अथवा 'यह कठिन तो है पर अशक्य नहीं' तो यहाँ 'अशक्य' और 'असंभव' तथा 'कठिन' और 'अशक्य' के संयोग से वाक्यांश में एक प्रकार की विशेषता आ जाती है तो हमारे आनंद और विस्मय का कारण होती है। इसी प्रकार यदि हम और परिमार्जित करके केवल दो शब्दों को वाक्यांशों में भिन्न-भिन्न स्थान दे दें, जैसे तुम्हारा कहना अविश्वसनीय है पर असत्य नहीं, और उसका कहना असत्य है पर 'अविश्वसनीय नहीं' तो वाक्यांश की सुन्दरता, आनंददायिता और विस्मयकारिता और भी बढ़ जाती है।

वाक्यों में सबसे अधिक ध्यान रखने की वस्तु अवधारणा का संस्थान है; अर्थात् इस बात का ध्यान रखना कि वाक्य की किस बात पर हम अधिक जोर देना चाहते हैं और उसका प्रयोग कैसे होना चाहिए। साधारण नियम यह है कि जिस बात पर जोर देना हो वह वाक्य के आदि अथवा अन्त में रखी जाय। आदि में रहने से वह पहले ही ध्यान आकर्षित करती है और अन्त में रहने से स्मृति में अधिक काल तक ठहर सकती है। मध्य का स्थान साधारण और अप्रधान बातों के लिए छोड़ देना चाहिए। इस नियम का पालन प्रस्तावना या उपसंहार रूप में आए हुए वाक्यों में नहीं होना चाहिए। अवधारणा को आदि या अन्त में स्थान देने से वाक्य में स्पष्टता आ जाती है और वह लालित्य-गुण से संपन्न हो जाता है।

भारतीय शैली का आधार

जैसा कि हम पहले संकेत कर चुके हैं, हमारे यहाँ शब्दों की शक्ति तीन प्रकार की मानी गई है—अभिधा, लक्षणा और व्यंजना। वास्तव में ये शब्दों की शक्तियाँ नहीं हैं, किन्तु एक प्रकार

से उनके अर्थों के भेद हैं। इस कारण इनका महत्त्व वाक्यों में ही देख पड़ता है। जबतक शब्द स्वतंत्र रहते हैं, अर्थात् किसी वाक्य या वाक्यांश के अंग नहीं बन जाते, तब तक उनका कोई निंश्चित या सर्वसम्मत अर्थ ही लिया जाता है; परन्तु वाक्यों में पिरोए जाने पर उनका अर्थ अवस्थानुकूल वाच्य, लक्ष्य या व्यंग्य हो जाता है। जिन शब्दों का एक ही अर्थ होता है, उनके सम्बन्ध में तो केवल लक्षणा और व्यंजना शक्तियों का ही उपयोग देख पड़ता है, पर जहाँ एक शब्द के कई अर्थ होते हैं, वहाँ अभिधा शक्ति द्वारा, अभिप्रेत अर्थ को ग्रहण किया जाता है। शब्द को सुनते ही यदि उसके अर्थ का बोध हो जाय, तो यह उसकी अभिशक्ति का कार्य हुआ। पर शब्द के अनेक अर्थ हो सकते हैं, इसलिए जिस शक्ति के कारण कोई शब्द किसी एक ही अर्थ को सूचित करता है, उसे अभिधा शक्ति कहते हैं। इसका निर्णय कि कहाँ किस शब्द का क्या अर्थ है संयोग, वियोग, साहचर्य, विरोध, अर्थ-प्रकरण, प्रसंग, चिह्न, सामर्थ्य, औचित्य, देश-बल, काल-भेद और स्वर-भेद से किया जाता है। जैसे 'मरु में जीवन दूरि हैं' कहने से मरुभूमि के कारण यहाँ 'जीवन' का अर्थ केवल 'पानी' ही लिया जा सकता है, दूसरा नहीं। अतएव यहां 'जीवन' का अर्थ 'पानी' उस शब्द की अभिधा शक्ति से लगाया गया। जहाँ शब्द के प्रधान या मुख्य अर्थ को छोड़कर किसी दूसरे अर्थ की इसलिये कल्पना करनी पड़ती है कि किसी वाक्य में उसकी संगति बैठें; वहाँ शब्द की लक्षणा शक्ति से काम लेना पड़ता है। जैसे—

अंग अंग नग जगमगत, दीप-शिखा-सी देह।
दिया बढ़ाये हू रहै, बड़ो उजेरो गेह।।

यहाँ बढ़ाने का अर्थ 'वृद्धि करना' मानने से दोहे का भाव स्पष्ट नहीं होता; और 'दीया बढ़ाने' से मुहाविरे का अर्थ 'दीया बुझाना' करने से दोहे में चमत्कार आ जाता है। एक दूसरा उदाहरण देकर इस भाव को और भी स्पष्ट कर देना उचित होगा।

फली सकल मनकामना, लूट्यो अगणित चैन।
आजु अचै हरि-रूप सखि, भये प्रफुल्लित नैन।।

इस दोहे में फली, लूट्यौ, अचै और भये प्रफुल्लित—ये शब्द विचारणीय हैं। साधारणतः वृक्ष फलते हैं, भौतिक पदार्थ लूटे जा सकते हैं, पेय-पदार्थ और आचमन किया जा सकता है और फूल प्रफुल्लित (विकसित) होते हैं; पर यहाँ मनोकामना का फलना (पूर्ण होना), चैन का लूटना (उपभोग करना) हरिरूप का अचवना (दर्शन करना) और नैन का प्रफुल्लित होना (देखना) कहा गया है। यहाँ ये शब्द अपनी लक्षणा शक्ति के कारण भिन्न-भिन्न अर्थ देते हैं। इस शब्दशक्ति के अनेक भेद और उपभेद माने गए हैं। उनमें प्रधान ये हैं—(1) उपादान-लक्षणा, (2) लक्षणा-लक्षणा, (3) गौणी सारोपा लक्षणा, (4) गौणी साध्यवसाना लक्षणा, (5) शुद्धा सारोपा लक्षणा, (6) शुद्धा साध्यवसाना लक्षणा। विस्तार-भय से यहाँ इनके उदाहरण नहीं दिए जा रहे हैं। इनका विस्तृत परिचय साहित्य-ग्रन्थों में दिया गया है।

तीसरी शक्ति व्यंजना है जिससे शब्द या शब्द-समूह के वाच्यार्थ अथवा लक्ष्यार्थ से भिन्न अर्थ की प्रतीति होती है; अर्थात् जिससे साधारण को छोड़कर किसी विशेष अर्थ का बोध होता है। जैसे यदि कोई मनुष्य किसी दूसरे से कहे कि तुम्हारे मुँह से शठता झलक रही है, और इसका उत्तर वह दे कि 'मुझे आज ही जान पड़ा कि मेरा मुँह दर्पण हैं' तो इससे यह भाव निकला कि तुमने अपने मुँह का मेरे दर्पण रूपी वह में प्रतिबिम्ब देखकर शठता की झलक देख ली, इससे वास्तव में तुमने अपनी ही प्रतिच्छाया देखी है; अर्थात् तुम्ही शठ हो, मैं नहीं। इसके मुख्य भेद हैं (1) शाब्दी और (2) आर्थी। इनके उपभेद (1) अभिधामूलक शाब्दी व्यंजना और (3) अभिधामूलक आर्थी व्यंजना, (4) लक्षणामूलक आर्थी व्यंजना तथा (5) व्यंग्यसंभवा आर्थी व्यंजना हैं। इनके भी उद्धरण साहित्य-ग्रन्थों में देखने चाहिए।

हमारे शास्त्रियों ने यह निश्चय किया है कि सर्वोत्तम वाक्य वही है जिसमें व्यंग्यार्थ रहता है क्योंकि सबसे अधिक चमत्कार इसी के द्वारा आ सकता है। पश्चिमी विद्वानों ने व्यंग्य को एक प्रकार का अलंकार माना है; और हमारे यहाँ तो इसके अनेक भेद तथा उपभेद करके इस अलंकार का बड़ा विस्तार किया गया है। सारांश यही है कि हमारे यहाँ शब्द की शक्तियों का विवरण देखकर पहले उनको वाक्यों में विशेषता उत्पन्न करने वाला माना है और फिर अलंकारों में उनकी गणना करके उन्हें रसों का उत्कर्ष बढ़ानेवाला कहा है। हमारे यहाँ काव्यों के अनेक गुण भी माने गए हैं और उन्हें "प्रधान रस का उत्कर्ष बढ़ानेवाले रसधर्म" कहा है। वाक्यों में रसों की प्रधानता होने और उन्हीं के आधार पर समस्त साहित्यिक सृष्टि की रचना होने के कारण सब बातों में रस का संबंध हो जाता है। पर वास्तव में ये गुण शब्दों से और उनके द्वारा वाक्यों से संबंध रखते हैं।

यों तो हमारे शास्त्रियों ने अपनी विस्तार-प्रियता और श्रेणी-विभाग की कुशलता के कारण कई गुण माने हैं पर मुख्य गुण तीन ही माने गए हैं; यथा माधुर्य, ओज और प्रसाद। इन तीनों गुणों को उत्पन्न करने के लिए शब्दों की बनावट के भी तीन प्रकार कहे गए हैं, जिन्हें वृत्ति कहते हैं। ये वृत्तियाँ---गुणों के अनुसार ही---मधुरा परुषा और प्रौढ़ा हैं। इन्हीं गुणों के आधार पर पद या वाक्यं-रचना की भी तीन रीतियाँ---वैदर्भी, गौड़ी और पांचाली--- मानी गई हैं। इन रीतियों के नाम देश भागों के नामों पर हैं। इससे जान पड़ता है कि इन देश-भागों के कवियों ने एक-एक ढंग का विशेष रूप से अनुकरण किया था; अतएव उन्हीं के आधार पर ये नाम भी रख दिए गए हैं। माधुर्य गुण के लिए मधुरा वृत्ति और वैदर्भी रीति, ओज गुण के लिये परुषा वृत्ति और गौड़ी रीति तथा प्रसाद गुण के लिये प्रौढ़ वृत्ति और पांचाली रीति आवश्यक मानी गयी है। शब्दों में किन-किन वर्णों के प्रयोग से कौन-सी वृत्ति होती है और पदों या वाक्यों में समासों की न्यूनता या अधिकता के विचार से कौन-सी रीति होती है, इसका भी विवेचन किया गया है। इन्हीं तीनों बातों का विवेचन हमारे भारतीय सिद्धान्तों के अनुसार रचना-शैली में किया गया है। पर यहाँ यह बात न भूलनी चाहिये कि हमारा साहित्य-भांडार पद्य में है। गद्य का तो अभी आरंभिक काल ही समझना चाहिये। इसलिए गद्य की शैली के विचार से अभी हमारे यहाँ विवेचन ही नहीं हुआ है। अपना कोई विशेष ढंग न होने के कारण और अंग्रेजी का पठन-पाठन अधिक होने से हमारे गद्य पर अंग्रेजी भाषा की गद्य-शैली का बहुत अधिक प्रभाव बढ़ रहा है; और यह एक प्रकार से अनिवार्य भी है। इसी कारण हमने पहले अंगरेजी सिद्धांतों के अनुकूल शब्दों और वाक्यों के संबंध में विचार किया है और फिर अपने भारतीय सिद्धांतों का उल्लेख किया है। गुणों के संबंध में एक और बात का निर्देश कर देना आवश्यक है। रसों की प्रधानता के कारण हमारे शास्त्रियों ने यह भी बताया है कि माधुर्य गुण शृंगार, करुण और शांत रस को ओज गुण वीर, वीभत्स और रौद्र रस को और प्रसाद गुण सब रसों को विशेष प्रकार से परिपुष्ट करता है। पर विशेष-विशेष प्रसंगों के उपस्थित होने पर इसमें कुछ परिवर्तन भी हो जाता है। जैसे शृंगार रस का पोषण माधुर्य गुण माना गया है। पर यदि नायक धीरोदात्त या निशाचर हो, अथवा अवस्था-विशेष में क्रुद्ध या उत्तेजित हो गया हो, तो उसके कथक या भाषण में ओज गुण होना आवश्यक और आनंददायक होगा। इसी प्रकार रौद्र, आदि रसों की परिपुष्टि के लिये गौड़ी रीति का अनुकरण वांछनीय कहा गया है; पर अभिनय में बड़े-बड़े समासों की वाक्य रचना से दर्शकों में अरुचि उत्पन्न होने की बहुत संभावना है। जिस बात के समझने में उन्हें कठिनता होगी, उससे चमत्कृत होकर अलौकिक आनन्द का प्राप्त करना उनके लिए कठिन ही नहीं एक प्रकार से असंभव हो जायेगा। ऐसे अवसरों पर नियत सिद्धांत के प्रतिकूल रचना करना कोई दोष नहीं माना जाता, बल्कि लेखक या कवि की कुशलता तथा विलक्षणता का ही द्योतक होता है।

अलंकारों का स्थान

हम शब्दों और वाक्यों के विषय में संक्षेप में लिख चुके हैं। अब पदों के संबंध में कुछ विवेचन करना आवश्यक है। परन्तु जिस प्रकार वाक्यों के विचार के अनंतर गुण, रीति आदि पर हमने विचार किया है, उसी प्रकार अलंकारों के संबंध में भी विवेचन करना आवश्यक है। जिस प्रकार आभूषण शरीर की शोभा बढ़ा देते हैं, उसी प्रकार अलंकार भी भाषा के सौंदर्य की वृद्धि करते, उसका उत्कर्ष बढ़ाते और रस, भाव आदि को उत्तेजित करते हैं इन्हें शब्द और अस्थिर धर्म कहा है; क्योंकि जैसे आभूषणों के बिना भी शरीर की नैसर्गिक शोभा बनी रहती है; उसी प्रकार अलंकारों के न रहने पर भी शब्द और अर्थ की सहज सुंदरता, मधुरता आदि बनी रहती है। हम पहले लिख चुके हैं कि वाक्यों की अंतरात्मा और बाह्यालंकारों में बड़ा भेद है। दोनों को एक मानना अथवा एक को दूसरे का स्थानापन्न करना काव्य के मर्म को न जानकर उसे नष्ट करना है। काव्यों में भाव, विचार और कल्पना उसकी अंतरात्मा के मुख्य स्वरूप कहे गये हैं, और वास्तव में काव्य की महत्ता इन्हीं के कारण प्रतिपादित तथा व्यंजित होकर स्थिरता धारण करती है। अलंकार इस महत्ता को बढ़ा सकते हैं; इसे अधिक सुन्दर और मनोहर बना सकते हैं, परंतु भाव, विचार तथा कल्पना का स्थान नहीं ग्रहण कर सकते और न उनके आधिपत्य का विनाश करके उनके स्थान के अधिकारी हो सकते हैं हम भावों, विचारों तथा कल्पनाओं को काव्य राज्य के अधिकारी कह सकते हैं। और अलंकारों को उनके पारिपार्श्वक का स्थान दे सकते हैं। दुर्भाग्यवश हमारी हिंदी कविता में इस बात का ध्यान न रखकर अलंकारों को ही सब कुछ जान लिया गया है; और लोगों ने उन्हीं के पठन-पाठन तथा विवेचन को कविता का सर्वस्व समझ रखा है। हमारा यह तात्पर्य नहीं है कि अलंकार अत्यंत हेय तथा तुच्छ और इसलिये सर्वथा त्याज्य है। हम केवल यह बताना चाहते हैं कि उनका स्थान गौण है और इन्हें अपने अधिकार की सीमा के अंदर ही रखकर अपना कौशल दिखाने का अवसर देना चाहिये; दूसरों के विशेष महत्त्व के अधिकार का अपहरण करने में उन्हें किसी प्रकार की सहायता नहीं देनी चाहिए।

हम कह चुके हैं कि अलंकार शब्द और अर्थ के अस्थिर धर्म हैं। इसी लिये अलंकारों के दो भेद किए गए हैं—एक शब्दालंकार और दूसरा अर्थालंकार। यदि कहीं-कहीं एक ही साथ दोनों प्रकार के अलंकार आ जाते हैं, तो उनकी उभयालंकार की संज्ञा दी जाती है। शब्दालंकार पाँच प्रकार के माने गए हैं अर्थात्—वक्रोक्ति, अनुप्रास यमक, श्लेष और चित्र। चित्रालंकार में शब्दों के निबंधन से भिन्न-भिन्न प्रकार के चित्र बनाये जाते हैं। केवल शब्दों को किसी वांछित क्रम से बैठाना ही इस अलंकार का मुख्य कर्म है। इसमें एक प्रकार का मानसिक कौशल दिखाना पड़ता है। प्रायः ऐसा करने में शब्दों को बहुत कुछ तोड़ने-मरोड़ने की भी आवश्यकता पड़ती है; अतएव इसमें स्वाभाविकता का बहुत कुछ नाश हो जाता है। श्लेष और यमक में बहुत थोड़ा भेद है। जहाँ एक शब्द अनेक अर्थ दे, वहाँ श्लेष और जहाँ एक शब्द अनेक बार आवे और साथ ही भिन्न-भिन्न अर्थ भी दे, वहाँ यमक अलंकार होता है। अनुप्रास में स्वरों के भिन्न रहते हुए भी सदृश-वर्णों का कई बार प्रयोग होता है। कहीं व्यंजन आपस में बार-बार मिल जाते हैं, कहीं व्यंजनों का एक प्रकार से एक बार साम्य अथवा अनेक प्रकार से कई बार साम्य होता है। पद के अंत में आनेवाले सस्वर व्यंजनों का साम्य भी अनुप्रास के ही अंतर्गत माना जाता है जहाँ एक अभिप्राय से कहे हुए वाक्यों को किसी दूसरे अर्थ में लगा दिया जाता है, वहाँ वक्रोक्ति अलंकार होता है। इन सबके बड़े ही सूक्ष्म और अनेक उपभेद किए गए हैं। पर इनका तत्त्व यही है कि वर्णों की मैत्री, संयोग या आवृत्ति के कारण शब्दों में जो चमत्कार आ जाता है, उसे ही अलंकार माना गया है। अर्थालंकारों की संख्या का तो ठिकाना ही नहीं है। ये अलंकार कल्पना के द्वारा बुद्धि को प्रभावित करते हैं, अतएव इनके सूक्ष्म विचार में बुद्धि के तत्त्वों का विचार आवश्यक हो

जाता है। हमारी प्रज्ञात्मक शक्तियाँ तीन भिन्न-भिन्न रूपों में हमें प्रभावित करती हैं; अर्थात् साम्य, विरोध और सान्निध्य से। जब समान पदार्थ हमारा ध्यान आकर्षित करते हैं, तब उसकी समानता का भाव हमारे मन पर अंकित हो जाता है इसी प्रकार जब हम पदार्थों में विभेद देखते हैं, तब उसका पारस्परिक विरोध या अपेक्षता हमारे मन पर जम जाती है जब हम एक पदार्थ को दूसरे के अनन्तर और दूसरे को तीसरे के अनंतर देखते हैं, अथवा दो का अभ्युदय एक साथ देखते हैं, तब हमारी मानसिक शक्ति बिना किसी प्रकार के व्यतिक्रम के हमारे मस्तिष्क पर अपनी छाप जमाती जाती है और काम पड़ने पर स्मरण-शक्ति की सहायता से हम उन्हें पुनः यथारूप उपस्थित करने में समर्थ होते हैं, अथवा जब दो पदार्थ एक दूसरे के अनन्तर हमारे ध्यान में अवस्थित होते हैं या जब उनमें से एक ही पदार्थ कभी समता और कभी विरोध का भाव व्यक्त करता है, तब हम अपने मन में उसका संबंध स्थापित करते हैं और एक का स्मरण होते ही दूसरा आप से आप हमारे ध्यान में आ जाता है। इसे ही सान्निध्य या तटस्थता कहते हैं।

हमारे यहाँ अलंकारों की संख्या का ठिकाना नहीं है। उन्हें श्रेणीबद्ध करने का भी कोई उद्योग नहीं किया गया है। इससे बिना आधार के चलने के कारण उनकी संख्या में उत्तरोत्तर वृद्धि होती जाती है। यहाँ इस बात का ध्यान दिला देना आवश्यक है कि अलंकार यथार्थ में वर्णन करने की एक शैली है, वर्णन का विषय नहीं है। अतएव वर्णित विषयों के आधार पर अलंकारों की रचना करके उनकी संख्या बढ़ाना उचित नहीं है। स्वाभावोक्ति और उदात्त अलंकारों का संबंध वर्णित विषय से होने के कारण इनकी गणना अलंकारों में नहीं होनी चाहिए। हमारे यहाँ कुछ लोगों ने अलंकारों की संख्या घटाकर 61 भी मानी है; पर इनमें भी एक अलंकार के अनेक भेद तथा उपभेद आ मिले हैं। साम्य, विरोध और सान्निध्य या तटस्थता के विचार से हम इन अलंकारों की तीन श्रेणियाँ बना सकते हैं और उनके उपभेदों को घटाकर अलंकारों की संख्या नियत कर सकते हैं।

पद-विन्यास

अब हमको केवल पद-विन्यास के संबंध में कुछ विचार करना है। पदों से हमारा तात्पर्य वाक्यों के समूहों से है। किसी विषय पर कोई ग्रन्थ लिखने का विचार करते ही पहले उसके मुख्य-मुख्य विभाग कर लिये जाते हैं जो आगे चलकर परिच्छेदों या अध्यायों के रूप में प्रकट होते हैं। एक-एक अध्याय में मुख्य विषय के प्रधान-प्रधान अंशों का प्रतिपादन किया जाता है। इस संबंध में ध्यान रखने की बात इतनी ही है कि परिच्छेदों का निश्चय इस प्रकार से किया जाय कि मुख्य विषय की प्रधान-प्रधान बातें एक एक परिच्छेद में आ जायँ, उनकी आवृत्ति करने की आवश्यकता न पड़े और न वे एक-दूसरे को अतिव्याप्त करें। ऐसा कर लेने से सब परिच्छेद एक दूसरे से संबद्ध जान पड़ेंगे और प्रतिपादन विषय को हृदयंगम करने में सुगमता होगी। परिच्छेदों में प्रधान विषय को अनेक उपभागों में बाँटकर उन्हें सुव्यवस्थित करना पड़ता है जिसमें पदों की एक पूर्ण शृंखला-सी बन जाय। इस शृंखला की एक कड़ी के टूट जाने से सारी शृंखला अव्यवस्थित और असंबद्ध हो सकती है। पदों में इस बात का विशेष ध्यान रखना पड़ता है कि उनमें किसी एक बात का प्रतिपादन किया जाय और उस पद के समस्त वाक्य एक-दूसरे से इस भाँति मिले रहें कि यदि बीच में से कोई वाक्य निकाल दिया जाय, तो वाक्यों की स्पष्टता नष्ट होकर उनकी शिथिलता स्पष्ट दिखाई पड़ने लगे। मुख्य सिद्धांत को सामने रखकर पदों की रचना आरंभ करनी चाहिए। इस संबंध में दो बातें विशेष गौरव की हैं—एक तो वाक्यों का एक दूसरे से संबंध तथा संक्रमण, और दूसरे वाक्यों के भावों में क्रमशः विकास या परिवर्तन। वाक्यों के संबंध और संक्रमण में उच्छृङ्खलता को बचा कर उन्हें इस प्रकार से संघटित करना चाहिए कि ऐसा जान पड़े कि बिना किसी अवरोध या परिश्रम के हम एक वाक्य से दूसरे वाक्य पर

स्वभावतः सरकते चले जा रहे हैं और अंत में परिणाम पर पहुँचकर ही साँस लेते हैं। इन दोनों बातों में सफलता प्राप्त करने के लिये संयोजक और वियोजक शब्दों के उपर्युक्त प्रयोगों को बड़े ध्यान और कौशल से काव्य या लेख में लाना चाहिए। जहाँ ऐसे शब्दों की आवश्यकता न जान पड़े, वहाँ वाक्यों के भावों से ही उनका काम लेना चाहिए।

शैली के गुण

शब्दों, वाक्यों और पदों का विवेचन समाप्त करके हम शैली के गुणों या विशेषताओं के सम्बन्ध में कुछ विचार करना चाहते हैं। हम वाक्यों के सम्बन्ध में विवेचन करते हुए तीन गुणों—माधुर्य, ओज और प्रसाद—का उल्लेख कर चुके हैं, तथा शब्दों, वाक्यों और पदों के सम्बन्ध में भी उनकी मुख्य-मुख्य विशेषताएँ बता चुके हैं। पाश्चात्य विद्वानों ने शैली के गुणों को दो भागों में विभक्त किया है—एक प्रज्ञात्मक और दूसरा रागात्मक प्रज्ञात्मक गुणों में उन्होंने प्रसाद और स्पष्टता को और रागात्मक में शक्ति, करुण और हास्य को गिनाया है। इनके अतिरिक्त लालित्य के विचार से माधुर्य, सस्वरता और कलात्मक विवेचन की भी शैली की विशेषताओं में स्थान दिया है। शैली के गुणों का यह विभाजन वैज्ञानिक रीति पर किया हुआ नहीं जान पड़ता। हमारे यहाँ के माधुर्य, ओज और प्रसाद ये तीनों गुण अधिक संगत, व्यापक और सुव्यवस्थित जान पड़ते हैं। हमारे यहाँ आचार्यों ने इन गुणों और शब्दार्थालंकारों को रसों का परिपोषक तथा उत्कर्ष-साधक मानकर इस विभाग को सर्वथा संगत, व्यवस्थित और वैज्ञानिक बना दिया है। अतएव हमारे यहाँ काव्य की अंतरात्मा के अंतर्गत भावों को मुख्य स्थान देकर रसों को जो उसका मूल आधार बना दिया है; उससे इस विषय की विवेचना बड़ी ही सुव्यवस्थित और सुन्दर हो गई है। इन गुणों के विषय में हम पहले ही विशेष रूप से लिख चुके हैं। अतएव यहाँ उसके उद्धरण की आवश्यकता नहीं है।

वृत्त

शैली के सम्बन्ध में हमें अब केवल एक बात की ओर ध्यान दिलाने की आवश्यकता रह गई है। कविता के विवेचन में गद्य और पद्य के सम्बन्ध में विचार करते हुए हम इस पर जोर दे चुके हैं कि गद्य और पद्य का मुख्य भेद वृत्त पर निर्भर रहता है। काव्य-कला और संगीत-कला के पारस्परिक सम्बन्ध का भी हम उल्लेख कर चुके हैं। इस सम्बन्ध को सुदृढ़ और स्पष्ट करने के लिये ही कविता में वृत्त की आवश्यकता होती है। सच तो बात तो यह है कि ईश्वर की समस्त सृष्टि प्रकृति का समस्त साम्राज्य, संगीतमय है। हम जिधर आँख उठाकर देखते और कान लगाकर सुनते हैं, उधर ही हमें सौन्दर्य और संगीत स्पष्ट देख और सुन पड़ता है। जब हम यह समझ चुके हैं कि कविता समस्त सृष्टि से हमारा रागात्मक सम्बन्ध स्थापित करती और उसे सुदृढ़ बनाए रहती है, तब इस बात का प्रतिपादन करने की विशेष आवश्यकता नहीं रह गई कि संगीत उस कविता को कितना मधुर, कोमल, मनमोहक और आह्लादकारी बना देता है। इसी सृष्टि से हमारे आचार्यों ने कविता के इस अंग पर विशेष विचार किया है और इसका आवश्यकता से अधिक विस्तार भी किया है। संगीत कला का आधार सुर और लय है। अतएव काव्य में सुर और लय उत्पन्न करने तथा भिन्न-भिन्न सुरों और लयों में परस्पर मित्रता का सम्बन्ध स्थापित करने के लिए हमारे यहाँ विशेष रूप से विवेचन किया गया है। हम ऊपर वृत्तियों तथा शब्दालंकारों का उल्लेख कर चुके हैं। एक प्रकार से ये दोनों बातें भी संगीतात्मक गुण की उत्पादक और उत्कर्ष साधक हैं। परन्तु पिंगलशास्त्र में यह विषय बड़े विस्तार के साथ लिखा गया है। इसका मूल आधार वर्णों की लघुता और गुरुता तथा उनका पारस्परिक संयोग अथवा उनकी संख्या हैं। इस दृष्टि से हमारे यहाँ दो प्रकार के वृत्त माने गए हैं—एक मात्रामूलक और दूसरा वर्णमूलक। मात्रामूलक वृत्तों में लघु-गुरु के विचार से मात्राओं की संख्याएँ नियत रहती हैं

और इनकी गणना को सुगम करने तथा मात्राओं का तारतम्य व्यवस्थित करने के लिए गणों की कल्पना की गई है। वर्णमूलक छंदों के प्रत्येक चरण के वर्णों की संख्या नियत रहती है। दोनों प्रकार के छंदों में जिन स्थानों पर वर्णों को उच्चारण करने में जिह्वा को रुकावट या अवरोध होता है, अथवा जहाँ विश्राम की आवश्यकता होती है, उन स्थानों का भी विवेचन करके उन्हें नियत कर दिया है। ऐसे स्थानों को यति; विश्राम या विराम कहते हैं। यहाँ इस सम्बन्ध में विस्तारपूर्वक कुछ लिखने की आवश्यकता नहीं है।

उपसंहार

अंत में इस शैली-विवेचन को समाप्त करते हुए हम यह कह देना आवश्यक तथा उचित समझते हैं कि आजकल हमारे यहाँ शैली-विवेचन के सम्बन्ध में विशेष कर इसी विषय पर विचार किया जाता है कि अपने भावों और विचारों को प्रकट करने में हम अपने यहाँ के ठेठ, संस्कृत या विदेशी शब्दों का कहाँ तक प्रयोग करते हैं। मानों शब्दों की व्युत्पत्ति ही सबसे महत्त्व की बात है। जब दो जातियों का सम्मिलन होता है; तब उनमें परस्पर भावों, विचारों तथा शब्दों का विनिमय होता ही है। यही नहीं, बल्कि एक जाति की प्रकृति, रहन-सहन, सद्गुणों तथा दुर्गुणों तक का भी दूसरी जाति पर प्रभाव पड़ता है। वे इन बातों से लाख उद्योग करने पर भी बच नहीं सकतीं। जब यह अटल नियम सब अवस्थाओं में लग सकता है, निरंतर लगता आया है और लगता रहेगा, तब इस पर इतना आगा-पीछा करने की क्या आवश्यकता है? इस सम्बन्ध में जो कुछ विचार करने तथा ध्यान में रखने की बात है, वह यही है कि जब हम विदेशी भावों के साथ विदेशी शब्दों को ग्रहण करें, तो उन्हें ऐसा बना लें कि उनमें से विदेशीपन निकल जाय और वे हमारे अपने होकर हमारे व्याकरण के नियमों से अनुशासित हों। जब तक उनके पूर्व उच्चारण को जीवित रखकर, हम उनके पूर्व रूप-रंग, आकार-प्रकार को स्थायी बनाए रहेंगे तब तक वे हमारे अपने न होंगे और हमें उनको स्वीकार करने में सदा खटक तथा अड़चन रहेगी। हमारे लिये यह आवश्यक है कि हम उन्हें अपने शब्दकुल में पूर्णतया सम्मिलित करके बिल्कुल अपना बना लें। हमारी शक्ति, हमारी भाषा की शक्ति, इसी में है कि हम उन्हें अपने रंग में रंगकर ऐसा अपना लें कि फिर उनमें विदेशीपन की झलक भी न रह जाय। यह हमारे लिए कोई नया काम नहीं होगा। बहुत वर्षों से नहीं; अनेक शताब्दियों से हम इस प्रकार की विजय करते आए हैं और अब हमें इसमें हिचकिचाने की आवश्यकता नहीं है।

दूसरी बात, जिस पर हम ध्यान दिलाना चाहते हैं, यह भ्रमात्मक विश्वास है कि शैली की कठिनता या सरलता शब्दों के प्रयोग पर निर्भर रहती है। भाषा की कठिनता या सरलता केवल शब्दों की तत्समता या तद्भवता पर निर्भर नहीं रहती। विचारों की गूढ़ता, विषय-प्रतिपादन की गंभीरता, मुहावरों की प्रचुरता, आनुषंगिक प्रयोगों की योजना और शब्दों की जटिलता किसी भाषा को कठिन तथा इसके विपरीत गुणों की स्थिति ही उसे सरल बनाती है। रचना शैली में यह बात सदा ध्यान में रखना आवश्यक है।

सातवाँ अध्याय

साहित्य की आलोचना

आलोचना

साहित्य-क्षेत्र में, ग्रन्थ को पढ़कर उसके गुणों और दोषों क. विवेचन करना और उसके संबंध में अपना मत प्रकट करना आलोचना कहलाता है। यह आलोचना काव्य, उपन्यास, नाटक, निबंध आदि सभी की हो सकती है; यहाँ तक कि स्वयं आलोचनात्मक ग्रन्थों की भी आलोचना हो सकती है। यदि हम साहित्य को जीवन की व्याख्या मानें, तो आलोचना को उस व्याख्या की व्याख्या मानना पड़ेगा।

किसी ग्रन्थ की आलोचना करने के समय हम इस ग्रन्थ और उसके कर्त्ता का वास्तविक अभिप्राय समझना चाहते हैं; और तब उसके संबंध में अपनी कोई संमति स्थिर करना चाहते हैं। दूसरों ने किसी ग्रन्थ या उसके कर्ता की जो आलोचना की हो, उससे भी हम लाभ उठा सकते हैं; पर वह लाभ उतना अधिक और वास्तविक नहीं हो सकता जितना स्वयं अध्ययन करने से होता है; क्योंकि उस दशा में हम उस आलोचक के विचारों से प्रभान्वित हो जायेंगे और अपनी निज की कोई संमति स्थिर करने में असमर्थ होंगे। हाँ, अपनी आलोचना में हम दूसरे आलोचकों के अध्ययन और आलोचना से कुछ लाभ अवश्य उठा सकते हैं। यदि कोई अच्छा कवि जीवन की व्याख्या करता है, तो एक साधारण पाठकों की अपेक्षा अधिक ज्ञान-संपन्न होता है; उसका अध्ययन अधिक गंभीर और पूर्ण होता है; और इसलिए वह किसी कवि या लेखक की कृति के भिन्न-भिन्न अंगों पर प्रकाश डालकर हमें अनेक नई बातें बतलाता और अनेक नए मार्ग दिखलाता है। वह हमारे मार्ग में एक अच्छे मित्र और पथ-प्रदर्शक का काम देता है। वह हमें सिखाता है कि अध्ययन किस प्रकार सचेत होकर आँखें खोलकर करना चाहिए। चाहे उसकी संमति और निर्णय से हम सहमत हों और चाहे न हों, पर इसमें संदेह नहीं की उसकी आलोचना से हम बहुत कुछ लाभ उठा सकते हैं और हमारा ज्ञान बहुत कुछ बढ़ सकता है।

जैसा कि हम ऊपर कह चुके हैं आलोचना से दो काम होते हैं। एक तो किसी कवि या लेखक की कृति की विस्तृत व्याख्या की जाती है, और दूसरे उसके संबंध में कोई मत स्थिर किया जाता है। बहुधा आलोचक इन दोनों कामों को एक साथ मिला देते हैं और व्याख्या के अंतर्गत ही मत भी स्थिर कर लेते हैं। पर अब कुछ पाश्चात्य विद्वान् यह कहने लगे हैं कि आलोचक का काम केवल कृति की व्याख्या करना है और उसे अपना कोई मत प्रकट नहीं करना चाहिए; क्योंकि उस मत का दूसरों पर प्रभाव पड़ता है जिससे आगे चलकर आलोचना के काम में बाधा पड़ती है। पर यह मत उतना ठीक नहीं जान पड़ता। प्रत्येक व्यक्ति किसी ग्रंथ के विषय में उसकी आलोचना करने के साथ ही साथ अपना मत भी प्रकट कर सकता है और उसके उस मत से लोग लाभ भी उठा सकते हैं।

यदि हम थोड़ी देर के लिये यह भी मान लें कि आलोचक को अपना मत प्रकट करने का कोई अधिकार नहीं है; ओ भी यह प्रश्न उठता है कि व्याख्या के रूप में आलोचक का क्या मत है। यदि विचार-पूर्वक देखा जाय तो जान पड़ेगा कि व्याख्या का काम भी बहुत बड़ा और टेढ़ा है। किसी ग्रंथ की व्याख्या करने के लिये आलोचक को पूरा-पूरा अध्ययन करना पड़ेगा, उसे ग्रंथ के ऊपरी गुणों और दोषों को छोड़कर भीतरी भावों तक पहुँचना पड़ेगा और यह देखना पड़ेगा कि उसमें कौन-सी बातें साधारण और क्षणिक हैं और कौन-सी बातें विशेषतायुक्त और

स्थायी हैं; तथा उसे इस बात का पता लगाना पड़ेगा कि उसमें कला या नीति आदि के कौन-कौन सिद्धांत आदि हैं। उस ग्रंथ में जो गुण छिपे हुए होंगे, उनको वह प्रकाशित करेगा और उसमें इधर-उधर बिखरे हुए तत्त्वों को एकत्र करके उन पर विचार करेगा। इस प्रकार वह हमें बतलावेगा कि विषय, भाव और कला आदि की दृष्टि से वह ग्रंथ कैसा है। इस दशा में उस ग्रंथ के गुण या दोष लोगों के सामने आपसे आप आ जायेंगे। परन्तु आलोचना का यह काम वह अपनी निज की रीति से करेगा। वह केवल आलोच्य ग्रंथ को भी देखकर उसकी आलोचना कर सकता है और उसी विषय के दूसरे ग्रन्थों के साथ उसकी तुलना भी कर सकता है। यह आवश्यकता पड़ने पर ऐतिहासिक दृष्टि से भी उस पर विचार कर सकता है, नैतिक दृष्टि से भी विचार कर सकता है; सामाजिक दृष्टि से भी विचार कर सकता है और साहित्यिक दृष्टि से भी विचार कर सकता है। परंतु एक बात निश्चित है। वह चाहे जिस दृष्टि से और चाहे जिस प्रकार विचार करे, उसका एकमात्र उद्देश्य यही होगा कि वह स्वयं उस ग्रंथ तथा उसके कर्ता का अभिप्राय समझे और दूसरों को भी समझावे। हाँ, यह संभव है कि वह स्वयं अपनी रुचि के अनुसार उसके संबंध में किसी प्रकार का निर्णय न करे।

आलोचना के उद्देश्य

परंतु पाठकों के मन में यह प्रश्न उठना बहुत ही स्वाभाविक और अनिवार्य है कि अमुक ग्रंथ में जीवन की जो व्याख्या की गई है और जो दूसरी बातें बतलाई गई हैं, वे ठीक है या नहीं; कला की दृष्टि से वह ग्रंथ अच्छा है या नहीं, इत्यादि। इस प्रकार के प्रश्न हमारे मन में आप से आप उठते हैं और हम उनकी उपेक्षा नहीं कर सकते। उस ग्रंथ को पढ़ने से पहले कम से कम सचेत होने के लिये हमें ऐसे प्रश्नों के उत्तर जानना आवश्यक होता है। यहाँ इस बात का ध्यान रखना चाहिए कि हम जो कुछ कह रहे हैं, वह कोरे वैज्ञानिक ग्रंथों के संबंध में नहीं कह रहे हैं, बल्कि साधारण साहित्य के संबंध में कह रहे हैं; क्योंकि नीति और कला आदि की दृष्टि से शुद्ध साहित्य पर ही विचार किया जाता है; भूगर्भ शास्त्र, ज्योतिष शास्त्र या दूसरे अनेक शास्त्रों और वैज्ञानिक ग्रंथों का इस दृष्टि से विचार नहीं होता। भूगर्भ शास्त्र तो हमें केवल यही बतलाकर रह जाता है कि पृथ्वी का यह रूप किस प्रकार और कितने दिनों में हुआ, अथवा उसमें कितने समय में क्या परिवर्तन होता है। पर साहित्य का संबंध जीवन की व्याख्या, नीति, समाज आदि अनेक बातों से होता है और इसी कारण उसके गुणों और दोषों के विवेचन की भी आवश्यकता होती है। भूगर्भ शास्त्र के ग्रंथ में भी गुण और दोष हो सकते हैं, पर उन गुणों और दोषों का पता लगाना केवल भूगर्भ शास्त्र के पूर्ण पंडितों का ही काम है; साधारण पाठकों की शक्ति के यह बाहर है। साधारण साहित्य के संबंध में जहाँ गुणों और दोषों का विवेचन होगा, वहाँ विवेचक या आलोचक का मत और निर्णय आप से आप आ जाएगा।

''भिन्नरुचिर्हि लोकः'' वाले सिद्धांत के अनुसार सभी लोग अलग-अलग अपने मत के अनुसार किसी ग्रन्थ को अच्छा या बुरा बतलाते हैं। हमें जो कहानी अच्छी लगती है, संभव है कि वही आपको बिल्कुल पसन्द न आवे। हमारी समझ में जो नाटक किसी काम का नहीं है, उसी की और लोग लंबी-चौड़ी प्रशंसा कर सकते हैं। जो मनुष्य कुछ भी समझ रखता है, वह किसी ग्रन्थ को पढ़ने के समय उसके संबंध में अपनी कोई न कोई, अच्छी या बुरी, संमति भी अवश्य ही स्थित कर लेता है। जब हमारा कोई मित्र हमें कोई नई पुस्तक लाकर पढ़ने के लिये देता है, तब सबसे पहले हम उससे यही प्रश्न करते हैं कि यह पुस्तक कैसी है; और तब उसके उपरांत हम स्वयं उस पुस्तक को पढ़कर उसके संबंध में अपना भी कोई मत स्थिर करते हैं। एक बार किसी पुस्तक को पढ़कर जो मत निश्चित किया जाता है; दो-तीन बार विशेष ध्यान-पूर्वक उसी पुस्तक को पढ़ने पर उस मत में परिवर्तन भी हो सकता है। बल्कि ज्यों-ज्यों हम किसी पुस्तक का

अधिकाधिक अध्ययन करते हैं, त्यों-त्यों मत स्थिर करने में हमारी असमर्थता और कठिनता बढ़ती जाती है; और इस कठिनता को दूर करने के लिए अच्छे आलोचकों की आवश्यकता होती है। यदि हम केवल अच्छी पुस्तकें ही पढ़ना चाहें निकम्मी या रद्दी पुस्तकों से बचना चाहें, तो अच्छे आलोचकों की संमतियाँ हमारे बहुत काम की हो सकती हैं।

काव्य का विवेचन करते हुए हम यह बात बतला चुके हैं कि किसी कवि की कृति को अच्छी तरह समझने के लिए यदि उस कवि के अति श्रद्धा नहीं तो कम से कम सहानुभूति तो अवश्य होनी चाहिये। श्रद्धा या सहानुभूति का अभाव हमें उस कवि या लेखक की आत्मा तक पहुँचने ही नहीं देता। यही कारण है कि श्रद्धा या सहानुभूति के अभाव में तथा मन में राग-द्वेष का भाव रखकर जो आलोचना की जाती है; उसका विद्वानों में कोई आदर नहीं होता। यदि ध्यानपूर्वक देखा जाय तो ऐसी आलोचना कोई आलोचना ही नहीं होती। यहाँ हम संक्षेप में यह बतलाना चाहते हैं कि इस श्रद्धा और सहानुभूति के अतिरिक्त समालोचक में और किन-किन गुणों की आवश्यकता होती है।

आलोचक के आवश्यक गुण

सबसे पहले आलोचक को विद्वान्, बुद्धिमान्, गुणग्राही, और निष्पक्ष होना चाहिए; और जिसमें ये सब गुण न हों, उसको समालोचना के काम से दूर ही रहना चाहिए। ज़िस समालोचक में ये सब गुण होंगे; वह बहुत सहज में आलोच्य ग्रन्थ की बातों का अर्थ समझ जायेगा। आलोचक का मुख्य कार्य यह है कि वह आलोच्य ग्रन्थ को उसके बिलकुल वास्तविक स्वरूप में देखे। किसी बुरे भाव अथवा पक्षपात से प्रेरित होकर वह जो कुछ कहेगा, उसकी गणना निन्दा अथवा स्तुति में ही होगी; उसके उस कथन को आलोचना में स्थान न मिलेगा। समालोचक यदि विद्वान् न होगा, तो वह ग्रन्थ के गुण न समझ सकेगा, यदि वह बुद्धिमान न होगा तो नीर-क्षीर के विवेक में असमर्थ होगा और यदि वह निष्पक्ष न होगा, तो उसका विवेचन निरर्थक और अग्राह्य होगा। समालोचक के लिये आवश्यक विद्वत्ता, बुद्धिमत्ता और गुण-ग्राहकता तो बहुत से लोगों में हो सकती और होती है पर रागद्वेष या पक्षपात से बहुत ही कम लोग बचते या बच सकते हैं। अंग्रेजी के सुप्रसिद्ध विद्वान् और साहित्यिज्ञ जॉनसन के विषय में कहा जाता है कि जिन लेखकों के विचारों और सिद्धान्तों से उसकी सहानुभूति होती थी, उनके ग्रंथों की आलोचना तो वे बहुत ठीक ढंग से करते थे; पर जिनके विचारों के साथ उनकी सहानुभूति नहीं होती थी, उनके ग्रन्थों की आलोचना के समय उनकी साहित्यिक जानकारी न जाने कहाँ चली जाती थी और वे बहुत बुरी तरह से उनकी खबर लिया करते थे। पोप और एडिसन के साहित्यिक आदर्शों का जानसन बहुत आदर करते थे, इसलिए उनके जीवन-चरितों में उन्होंने उनकी कृतियों की बहुत ही योग्यतापूर्वक आलोचना की है। पर राजनीतिक विरोध के कारण मिल्टन की और व्यक्तिगत द्वेष के कारण ग्रे की कृतियों में उन्हें कुछ भी गुण दिखाई न दिये। हमारे यहाँ हिन्दी में भी ऐसे आलोचकों की कमी नहीं है जो कुछ विद्या और बुद्धि रखते हुए भी या तो पक्षपातवश ग्रन्थों की आवश्यकता से अधिक प्रशंसा कर चलते हैं और या द्वेषवश उनकी धूल उड़ाने लगते हैं। बात यह है कि अनुचित पक्षपात और द्वेष दोनों ही मनुष्य की आँखों के आगे एक ऐसा परदा डाल देते हैं जिसके कारण या तो उन्हें दोषों और गुणों का ठीक-ठीक पता ही नहीं चलता, या वे जान-बूझकर उनकी ओर ध्यान ही नहीं देते। हम इस विषय में और अधिक कुछ न लिखकर केवल यही कहना यथेष्ट समझते हैं कि इस पक्षपात या द्वेष के कारण भी कभी-कभी छोटे-मोटे अनर्थ और अन्याय भी हो जाते हैं। किसी ग्रन्थ की पक्षपातपूर्ण समालोचना देखकर बहुत से लोग उन पुस्तकों के पढ़ने में व्यर्थ अपना समय और धन गँवा सकते हैं; और द्वेषपूर्ण समालोचना के कारण वे किसी अच्छे ग्रन्थ से लाभ उठाने से वंचित रह सकते हैं। अतः समालोचक के लिये

पंडित और समझदार होने के अतिरिक्त निष्पक्ष होने की भी बड़ी आवश्यकता होती है। ऐसे समालोचक की समालोचना से ही साहित्य की भी उन्नति होती है और पाठकों का भी लाभ होता है।

समालोचक होने के लिये ऊपर बतलाए हुए कतिपय प्राकृतिक गुणों की तो आवश्यकता होती ही है, पर साथ ही समालोचना के लिये एक विशेष प्रकार की बुद्धि या सामर्थ्य की भी आवश्यकता होती है। कभी-कभी देखने में आता है कि अच्छे-अच्छे पंडित और विद्वान् उतनी अच्छी समालोचना नहीं कर सकते जितनी अच्छी और सटीक समालोचना उनसे कम विद्या और योग्यता के लोग करते हैं। एक साधारण बुद्धिमान् पाठक भी कभी-कभी किसी ग्रंथ के सम्बन्ध में बहुत ही अच्छे ढंग से और बहुत ही उपयुक्त सम्मति प्रकट कर सकता है, और उसकी उस संमति तथा आलोचना का ढंग देखकर अच्छे-अच्छे पंडित चकित हो सकते हैं। इसका कारण कदाचित् यही होता है कि उसकी सम्मति विचारपूर्ण होने के अतिरिक्त राग-द्वेष और पक्षपात आदि से बिलकुल शून्य होती है। यह ठीक है कि जिस व्यक्ति का काम ही प्रायः अध्ययन और समालोचना करना है, वह समालोचना के नियमों और रीतियों आदि से विशेष परिचित होगा और उसका ज्ञान भण्डार भी साधारण पाठकों के ज्ञान-भंडार की अपेक्षा अधिक पूर्ण होगा। पर उसकी आलोचना तभी काम की होगी जब उसमें आलोचना करने की शक्ति पूर्ण रूप से होगी और उसकी आलोचना राग-द्वेष या पक्षपात आदि से मुक्त होगी। करने को तो आलोचना सभी लोग कर लेते हैं पर आलोचना भी एक प्रकार की कला है और उसके लिए एक विशेष प्रकार की योग्यता तथा शिक्षा की आवश्यकता होती है। साथ ही उसे अपने मन तथा विचारों पर भी अधिकार होना चाहिए। यदि उसमें इन बातों का अभाव होगा, तो वह न तो ठीक-ठीक और न उदारतापूर्ण विचार कर सकेगा। उस दशा में उसकी आलोचना या संमति का भी कोई आदर न होगा।

आलोचना और साहित्यवृद्धि

यह तो स्वतः सिद्ध बात है कि आलोचना उन्हीं ग्रन्थों की होती है जो प्रस्तुत और प्रकाशित हो चुके हैं। जो ग्रंथ बने ही न हों, भला उनकी क्या आलोचना होगी। इसलिये कुछ विद्वानों का मत है कि आलोचना से केवल पुराने ग्रन्थों के गुण-दोष प्रकट होते हैं, नवीन साहित्य उत्पन्न करने में उससे कोई विशेष सहायता नहीं मिलती। कुछ लोगों का तो यहाँ तक मत है कि आलोचना से नये साहित्य की सृष्टि में बाधा पड़ती है। पर यह मत ठीक नहीं है। यदि हम थोड़ी देर के लिए आलोचना को साहित्य की सृष्टि में बाधक भी मान लें, तो भी हम इस संसार-व्यापी नियम को दबा नहीं सकते कि बाधक-तत्त्व भी प्रकारांतर से साधक ही सिद्ध होते हैं। संसार में भी सभी जगह हम देखते हैं कि सदा स्वतंत्रता और शासन, व्यक्तित्व और नियम, पुराने और नए तथा लकीर पीटने और नई बात निकालने में एक प्रकार का विरोध चलता रहता है। पर फिर भी कोई यह नहीं कह सकता कि शासन कभी स्वतंत्रता में बाधक होता है; अथवा लकीर पीटनेवालों के कारण कोई नई बात नहीं उत्पन्न होने पाती। दोनों पक्षों का झगड़ा सदा कुछ न कुछ चलता ही रहता है; और जिस समय यह झगड़ा बहुत बढ़ जाता है, उसी समय से नए सिरे से विकास और उन्नति होने लगती है। जिस समय स्वतंत्रता की मात्रा बढ़ते-बढ़ते उच्छृङ्खलता का रूप धारण करने लगती है, उस समय कुछ कठोर शासन की आवश्यकता आ खड़ी होती है, और जिस समय शासन की कठोरता, भयंकरता और उद्दंडता बढ़ जाती है, उस समय नए सिरे से स्वतंत्रता की स्थापना होती है। साहित्य-क्षेत्र में यही दशा नये ग्रन्थों की रचना और आलोचना की है। जिस समय लेखक मनमाने ढंग से कलम चलाने लगते हैं और जी में जो कुछ ऊटपटांग आता है; सब लिख चलते हैं, उस समय आलोचक के अंकुश की आवश्यकता होती है। आलोचना का अंकुश

लोगों के मनमाने रास्ते पर चलने से रोकता और उन्हें ठीक मार्ग पर चलने के लिए बाध्य करता है। कुछ दिनों तक लोग आलोचकों के बताए हुए मार्ग पर चलते हैं; पर आगे चलकर उस मार्ग से उकता जाते हैं और आलोचक के शासन से निकल कर नए-नए मार्ग ढूँढ़ने लगते हैं। जब वे कोई नया मार्ग ढूँढ़ लेते हैं, तब आलोचक मार्ग के कंटक आदि दूर करके उसे परिष्कृत करने लगते हैं और लोगों को गड्ढे में गिरने से बचाने का उद्योग करते हैं। बस यही क्रम, संसार के अन्यान्य क्षेत्रों के क्रम के अनुसार, चलता रहता है। ऐसी दशा में यह कहना कदापि उपयुक्त नहीं हो सकता कि आलोचना साहित्य की सृष्टि में बाधक होती है। यदि वह एक प्रकार से बाधक भी होती हो, तो भी प्रकारांतर से वह उस काम में अवश्य सहायक भी होती है। हाँ, यह अवश्य है कि आलोचना सदा साहित्य के पीछे-पीछे चलेगी और उसका नियंत्रण तथा शासन करती रहेगी। संसार में जब कोई नया आंदोलन अथवा नई बात उत्पन्न होती है, तब उसके संबंध में बहुत कुछ विरोध, टीका-टिप्पणी और आलोचना आदि होती है। पर धीरे-धीरे विरोधी अथवा आलोचक अपने आप नए विचारों और आदर्शों के अनुकूल बना लेते हैं, और उन्हीं नए विचारों और सिद्धान्तों के आधार पर नई बातें निकाल कर नए ढंग से लोगों को उनका अर्थ बतलाने लगते हैं। अतः आलोचना से डरने या घबराने की कोई बात नहीं है। उसे पथ दर्शक और सहायक समझना चाहिए।

आलोचना और उपयोगिता

प्रत्येक आलोचक को किसी ग्रन्थ या लेख आदि के संबंध में अपना मत प्रकट करने का पूरा-पूरा अधिकार है। साथ ही उसे इस बात की भी स्वतंत्रता है कि वह और लोगों को अपने मत से सहमत कराने का उद्योग करे। एक विद्वान् का मत है कि जब किसी ग्रंथ के संबंध में बराबर के दो विद्वानों के परस्पर विरोधी मत होते हैं, उस समय एक की आलोचना और संमति का दूसरे की आलोचना और संमति से आप से आप खंडन हो जाता है और आलोचना का उद्देश्य ही सिद्ध नहीं होने पाता; क्योंकि हमें उस ग्रन्थ की उपयोगिता या अनुपयोगिता का कुछ भी पता नहीं लगने पाता। इसका कारण प्रायः यही होता है कि ऐसे समालोचक बहुधा न्यायाधीश की भाँति नहीं, बल्कि वकील या प्रतिनिधि की भाँति अपना काम करते हैं और अपने पक्ष का आवश्यकता से अधिक समर्थन कर चलते हैं। यदि यह बात न भी हो, तो भी हमें यह ध्यान अवश्य रखना चाहिए कि आलोचना में जो मत प्रकट किया जाता है, वह प्रायः आलोचक का व्यक्तिगत और निजी मत होता है। यदि आपकी संमति में कोई पुस्तक आदर्श और हमारी समझ में बहुत ही साधारण हो तो यही माना जायेगा कि उस संबंध में आपकी और हमारी संमति बिलकुल व्यक्तिगत है। अब यदि कोई तीसरा व्यक्ति बीच में आ पड़े और हममें से किसी के अनुकूल या प्रतिकूल अपना मत प्रकट करे, तो उस समय मानों उस ग्रन्थ के संबंध में एक और तीसरी व्यक्तिगत सम्मति सामने आ खड़ी होगी। तात्पर्य यह कि सभी लोग अपनी-अपनी योग्यता, विचार, रुचि और प्रवृत्ति आदि के अनुसार एक ही ग्रंथ के संबंध में अपना अलग-अलग विचार प्रकट करेंगे, और उस दशा में इस बात का निर्णय करना बहुत ही कठिन हो जायेगा कि अमुक ग्रंथ की वास्तविकता महत्ता या उपयोगिता कितनी है, अथवा वह कहाँ तक अच्छा या बुरा है।

लार्ड जेफ्रे ने स्काट के संबंध में जो निबंध लिखे हैं, उनमें से एक निबंध में उन्होंने कहा है—''काव्य का मुख्य उद्देश्य मन को आनंद देना है। अतः जिस काव्य से जितने ही अधिक मनुष्यों को आनंद मिले, वह उतना ही श्रेष्ठ है।'' पर यह मत सर्वथा ठीक नहीं है। तुलसीदासकृत रामायण तो लाखों करोड़ों आदमी पढ़ते हैं; और उन्हीं तुलसीदास की विनय पत्रिका के आनंद उठाने वालों की संख्या अपेक्षाकृत बहुत ही कम है। यदि लार्ड जेफ्रे का उक्त मत ठीक मान

लिया जाय तो फिर रामायण के आगे विनय-पत्रिका का बहुत ही कम मूल्य या महत्व रह जाता है। पर जो काव्य के अच्छे मर्मज्ञ हैं, कह सकते हैं कि तुलसीदास के समस्त ग्रन्थों में काव्य की दृष्टि से विनय-पत्रिका ही सर्वश्रेष्ठ है। चन्द्रकांता और चन्द्रकांता संतति के आधे दर्जन से ऊपर संस्करण निकल चुके हैं। पर ठाकुर जगमोहन सिंह कृत श्यामास्वप्न को, जो उससे बहुत पहले का छपा हुआ है, आज तक नये संस्करण का सौभाग्य भी नहीं प्राप्त हुआ। तो क्या इससे हम मान लें कि चंद्रकांता उपन्यास बहुत अच्छा है और उसके सामने श्यामास्वप्न कोई चीज ही नहीं है? यदि सूक्ष्म दृष्टि से देखा जाय तो पता चलेगा कि एकमात्र सर्वप्रियता या प्रचार ही किसी ग्रंथ की श्रेष्ठता का कोई प्रमाण नहीं है। जो वस्तु लाखों अशिक्षितों को बहुत अच्छी जान पड़े, पर सौ दो सौ शिक्षितों की दृष्टि में उसका कुछ भी मूल्य न हो, अथवा अपेक्षाकृत बहुत ही कम मूल्य हो, क्या उसी को आप श्रेष्ठ मानने के लिए तैयार होंगे? हमारी समझ में कदापि नहीं। अतः यह सिद्धान्त निकलता है कि किसी ग्रंथ की श्रेष्ठता, या महत्ता या उपयोगिता आदि का ठीक-ठीक पता लगाने के लिए हमें इस बात का ध्यान रखना आवश्यक है कि उसके संबंध में शिक्षितों और परिष्कृत रुचिवाले, समझदारों की क्या संमति है। यदि हम केवल सर्वप्रियता और प्रचार पर जायेंगे, तो बहुत संभव है कि साहित्य के अमूल्य रत्न हमारे साथ ही न लगें और झूठे पत्थर या शीशे के टुकड़े ही हमारे पल्ले पड़ें। हमारे इस कथन का मुख्य तात्पर्य केवल यही है कि लोग अनेक प्रकार की आलोचनाओं के रहते हुए भी इस बात का निर्णय कर सकें कि कौन-सा ग्रन्थ कहाँ तक श्रेष्ठ और महत्त्वपूर्ण है।

मत-परिवर्तन

ऊपर हमने जो विवेचन किया है, उसका मुख्य तात्पर्य यही है कि आलोचनाओं में जो मत प्रकट किये जाते हैं, वे व्यक्तिगत रुचि के आधार पर होते हैं। इस व्यक्तिगत रुचि का एक और अंग है, जिसका विचार कर लेना आवश्यक जान पड़ता है। हम आज कोई ग्रन्थ पढ़ते हैं और उसके संबंध में, अपनी रुचि के अनुसार, कोई मत स्थिर करते हैं। अब प्रश्न यह है कि क्या हमारा वही मत अंतिम और निश्चित होता है; और क्या केवल उसी से सदा के लिये हमारा पूरा-पूरा समाधान और संतोष हो जाता है? हम किसी पुस्तक को पढ़कर कह बैठते हैं कि यह पुस्तक बहुत ही उपयोगी और शिक्षाप्रद है। पर क्या इतने से ही हमारा काम चल जाता है? कदाचित् नहीं चलता। यदि हम किसी ग्रन्थ का अवलोकन करके प्रसन्न हो जायँ, तो केवल हमारी वह प्रसन्नता ही उस पुस्तक के उत्तम होने के संबंध में प्रमाण का काम नहीं दे सकती। उस पुस्तक को श्रेष्ठता का प्रमाणपत्र देने से पहले हमें इस बात की जाँच कर लेनी चाहिए कि उस पुस्तक से हमारा प्रसन्न होना न्याय-संगत है या नहीं। हमारी प्रसन्नता का वास्तविक कारण तो हमारी रुचि थी, और हमारी रुचि से भिन्न-भिन्न रुचि रखनेवालों की उस पुस्तक से कुछ भी आनंद नहीं मिल सकता। बहुधा लोग पुस्तकों की उत्तमता की कसौटी अपना मत ही समझते हैं और रुचि-वैचित्र्य का कोई ध्यान नहीं रखते पर यदि एक बार उनके ध्यान में रुचि-वैचित्र्य का यह तत्त्व आ जाय तो फिर उनके लिए उचित रूप से विचार करने का मार्ग प्रशस्त हो जायगा। जब हम किसी पुस्तक के संबंध में यह न कहकर कि यह पुस्तक ऐसी है, यह कहेंगे कि यह पुस्तक हमारी सम्मति में ऐसी है तब मानों हम उस पुस्तक के संबंध में कोई विचार नहीं प्रकट करेंगे, बल्कि अपनी रुचि के संबंध में विचार प्रकट करेंगे। पर हाँ, इसके लिए कुछ उदाहरण और साहस की आवश्यकता होगी। अच्छे ग्रन्थ के गुण समझना कोई सहज काम नहीं है; और यही कारण है कि उसके अध्ययन से बहुत ही कम लोग प्रसन्न होते हैं और जो लोग थोड़ा बहुत प्रसन्न होते भी हैं; वे बहुधा उसके छोटे-मोटे गुणों को देखकर प्रसन्न होते हैं। इनमें भी बहुत से लोग ऐसे होते हैं जो यह मानने के लिए जल्दी तैयार ही नहीं होते कि हममें इस ग्रंथ को समझने की योग्यता नहीं है, अथवा उसके विषय से

हमारा परिचय नहीं है। परन्तु उचित यही है कि हम किसी ग्रंथ के छोटे-मोटे गुणों से ही संतुष्ट होकर न रह जायँ और उसमें भली भाँति अवगाहन करके उत्कृष्ट गुणों से परिचित होने का उद्योग करें। केवल इसी दिशा में हम उस ग्रंथ के विषय में ठीक तरह से विचार कर सकेंगे और उसके संबंध में अपना ऐसा मत स्थिर कर सकेंगे जिसका सब लोग आदर करें। यहाँ हम साधारण पाठकों के लिये किसी ग्रंथ की उत्तमता की एक और परीक्षा बतला देना चाहते हैं, जिसका ध्यान रखना बहुत आवश्यक है। किसी पुस्तक के संबंध में अपना विचार या मत स्थिर करने के लिए हमें यह पुस्तक कई बार पढ़नी चाहिये। यदि प्रत्येक बार पढ़ने में कुछ और आनंद आवे, यदि प्रत्येक बार के पारायण में हमें उसके कुछ विशेष गुणों और उत्तमताओं का परिचय मिले, तो हमें समझ लेना चाहिए कि वह ग्रंथ बहुत अच्छा और ध्यानपूर्वक पढ़ने योग्य है। इसके विपरीत यदि उसे दूसरी या तीसरी बार पढ़ने में कम या कुछ भी आनंद न आवे, तो हमें समझ लेना चाहिए कि कमसे कम हमारे लिये उस पुस्तक में कोई सार की बात नहीं है। पर यदि हम केवल अपनी ही रुचि को सर्वोपरि मान लें, तो फिर हमें यह भी समझ लेना चाहिए कि हम किसी ग्रंथ की आलोचना करने के अधिकारी नहीं है। सबसे पहले हमें यह जानना चाहिए कि पुस्तकों से किस प्रकार आनंद प्राप्त किया जाता है; और जब हमें यह बात मालूम हो जायगी, तब हम कभी अपने मत के संबंध में कोई आग्रह न करेंगे; क्योंकि इस दशा में हम स्वयं अपनी ही त्रुटियों से भली भाँति परिचित रहेंगे। इससे दूसरा लाभ यह होगा कि हम अपनी वे त्रुटियाँ भी दूर कर सकेंगे। पर ये सब बातें उन्हीं लोगों के काम की हैं जो अच्छी तरह और ध्यानपूर्वक साहित्य का अध्ययन करना चाहते हों। इस प्रकार के अध्ययन में वे लोग जितना परिश्रम करेंगे, उनको उतना ही लाभ होगा। पर जो लोग यह समझते हों कि हमें तो सब कुछ पहले से ही आता है और उस पुस्तक की क्या सामर्थ्य है जो हमें कोई नई बात बतला सके, उन्हें अपने सुधार और उन्नति की आशा छोड़ देनी चाहिए।

मान लीजिए कि हमने कोई पुस्तक पढ़ी और उसके संबंध में अपना कोई मत भी स्थिर किया। अब हम जानना चाहते हैं कि जो मत हमने स्थिर किया, वह कहाँ तक ठीक है। इस काम के लिये हम इस पुस्तक की कुछ प्रतियाँ लेकर अपने कुछ ऐसे मित्रों में बाँट देते हैं जिनकी रुचि या योग्यता एक दूसरे से बहुत भिन्न है; और उन लोगों से उस पुस्तक के संबंध में संमति माँगते हैं। जब उन सबकी संमतियाँ आ जायँगी, तब हम देखेंगे कि उन सबमें आपस में बहुत बड़ा अंतर और मतभेद है। यद्यपि वे सब मित्र भिन्न-भिन्न दृष्टियों से उस पुस्तक पर विचार करेंगे, तो भी इसमें संदेह नही कि उस पुस्तक के महत्त्व या गुणों आदि के संबंध में उनमें से अधिकांश की संमति अनेक अंशों में एक दूसरे की संमति से मिलती-जुलती होगी। यदि यह पुस्तक अच्छी होगी, तो हमारे अधिकांश मित्र भी उसकी प्रशंसा ही करेंगे। पर यदि वह पुस्तक साधारण कोटि की हुई तो वे लोग भी उसे साधारण ही बतलावेंगे। उस समय हम कह सकेंगे कि हमारे मित्रों ने किसी प्रकार का पक्षपात नहीं किया है और उनकी संमतियों का साधारण व्यक्तिगत संमतियों की अपेक्षा अधिक आदर होना चाहिए; क्योंकि यह संमति अधिक मत से स्थिर हुई है। अब जिस पुस्तक की हमारे दस पांच मित्रों ने प्रशंसा की है, उसी की यदि कोई मित्र कुछ निन्दा भी करें तो हमारा कर्त्तव्य हैकि हम उसकी संमति पर भी कुछ विचार करें और यह जानने का उद्योग करें कि उसने ऐसी संमति क्यों और किन आधारों पर दी है। और यदि भली भाँति विचार करने के उपरान्त भी हमें उसके मत की पुष्टि करने वाली कोई बात न मिले अथवा बहुत ही कम बातें मिलें तो हमें समझ लेना चाहिए कि या तो उसने किसी प्रकार के द्वेष के कारण और या किसी प्रकार के अज्ञान के कारण यह संमति दी है। आप पूछ सकते हैं कि हमारे इस उदाहरण के क्या सिद्धांत निकला? इससे यह सिद्धांत निकला कि किसी ग्रन्थ का महत्व या उपयोगिता आदि किस

प्रकार प्रमाणित होती है, इसका तात्पर्य यही है कि किसी ग्रंथ की उपयोगिता अथवा अनुपयोगिता आदि के सम्बन्ध में बहुत से शिक्षितों और समझदारों की जो संमति हो, वही मान्य होनी चाहिए। और यदि थोड़े से लोग उसके विपरीत अपनी संमति प्रकट करें तो पहले हमें उनकी संमति पर विचार करना चाहिए और यदि उनकी संमति में हमें कोई तत्त्व की बात न मिले तो हमें वह संमति अग्राह्य समझकर छोड़ देनी चाहिए; क्योंकि जो ग्रन्थ अनेक आलोचकों की परीक्षा में ठीक उतरा हो और जिसके सम्बन्ध में बहुत कुछ वाद-विवाद के उपरांत भी लोगों की संमति अनुकूल हो, उसे उत्तम ग्रन्थ मानने में हमें कोई आनाकानी न होनी चाहिए। सारांश यह है कि बहुत कुछ विकट परीक्षाओं के उपरांत भी जो ग्रन्थ अच्छा ही ठहरे, वह तो अच्छा है ही, और जो उन विकट परीक्षाओं में अच्छा न ठहरे, वह साधारण या निकम्मा है।

स्थायी साहित्य के गुण

एक बहुत प्रसिद्ध सिद्धांत है कि जो वस्तु सबसे अच्छी या उपयुक्त होती है, वहीं संसार में बच रहती है? और जो अनावश्यक या अनुपयुक्त होती है, वह नष्ट हो जाती है। साहित्य-क्षेत्र में भी इस सिद्धांत की सत्यता भली भाँति प्रमाणित हो जाती है। आज यदि कोई अच्छा ग्रन्थ प्रकाशित होता है, तो सर्वसाधारण में उसका बहुत आदर होता है, और जब तक लोगों का उससे मनोरंजन होता रहता है, तब तक वह पुस्तक बरांबर चलती रहती है, उसका अस्तित्व बराबर बना रहता है। पर जब उस पुस्तक से लोगों का मनोरंजन बन्द हो जाता है, तब उसकी उपयोगिता जाती रहती है और उसका अस्तित्व भी नष्ट हो जाता है। जिस समय उसका स्थान ग्रहण करने के लिए उससे अच्छी कोई पुस्तक साहित्य-क्षेत्र में आ जाती है उस समय लोग उनका पढ़ना सर्वथा बन्द कर देते हैं। यहीं नहीं बल्कि कुछ दिनों के उपरांत लोगों को इस बात का आश्चर्य होने लगता है कि किसी समय उस पुस्तक का जो आदर हुआ था, वह क्यों हुआ था। पर जो पुस्तकें केवल सामयिक नहीं होतीं, जिनमें बहुत दिनों तक काम आने वाली बातें अथवा और कोई स्थायी गुण होते हैं; वे सैकड़ों और कभी-कभी हजारों वर्षों तक बनी रहती हैं और लोगों के विचारों; सभ्यता और रुचि आदि के बहुत कुछ बदल जाने पर भी उनका अध्ययन निरंतर होता चलता है। इसका कारण यही है कि हमारे नैतिक और मानसिक जीवन में कुछ परिवर्तन हो जाने पर भी उनमें प्रकट किये हुए विचार आदि हमारे लिए अनुकूल, लाभदायक और ग्राह्य बने रहते हैं। जिस समय वे पुस्तकें रची जाती हैं, उस समय दृष्टि से तो वे उपयोगी होती ही हैं, उसके पीछे भी बहुत दिनों तक उनकी उपयोगिता बनी रहती है। बहुत समय बीत जाने पर भी उनमें लोगों को उत्साहित और प्रसन्न करने वाले तत्त्व वर्तमान रहते हैं। जब इस प्रकार किसी पुस्तक का बहुत दिनों तक अस्तित्व बना रहता है और सैकड़ों-हजारों वर्ष बीत जाने पर भी लोग बड़े चाव से उसे पढ़ते हैं, तब मानों वह पुस्तक व्यक्तिगत संमतियों और आक्षेपों आदि के क्षेत्र से बाहर निकल जाती है और इसकी उपयोगिता तथा उत्तमता सर्वमान्य हो जाती है। फिर उसके सम्बन्ध में किसी प्रकार का मतभेद या विवाद नहीं रह जाता। इसी कोटि के ग्रन्थ साहित्य-क्षेत्र में रत्न कहलाने के अधिकारी होते हैं और सभी देशों तथा कालों में उनका समान आदर होता है।

साहित्य की महत्ता का सबसे बड़ा प्रमाण उसका स्थायी होना है। पर यह प्रमाण हमें उन्हीं ग्रन्थों के सम्बन्ध में मिल सकता है जो आज से दो-चार सौ या हजार-दो हजार वर्ष पहले बने हों। अब जो ग्रन्थ बहुत थोड़े दिनों के बने हों, उनकी उपयोगिता की परीक्षा किस प्रकार हो सकती है? ऐसे किसी ग्रन्थ को देखकर हम यह कह नहीं सकते कि तुलसीकृत रामायण की भाँति तीन सौ वर्ष से अधिक बीत जाने पर उस ग्रन्थ की क्या दशा होगी। फिर भी हम अपने ज्ञान और अनुभव की सहायता से किसी ग्रन्थ के विषय में यह कह सकते हैं कि वह स्थायी होगा या नहीं।

पर हमारा यह कथन बिल्कुल ठीक और निश्चित नहीं हो सकता, क्योंकि हम यह नहीं कह सकते कि आगे चलकर पाठकों की रुचि में कहाँ तक परिवर्तन हो जायेगा और शीघ्र इससे भी अच्छे और स्थायी ग्रन्थों की रचना हो जायेगी या नहीं। अतः आधुनिक साहित्य की उपयोगिता जानने के लिये हमें आलोचकों की संमतियों का ही सहारा लेना पड़ेगा। एक विद्वान् का मत हैकि यदि तुम अच्छी और पढ़ने योग्य पुस्तक देखना चाहो, तो बाजार में जाकर कोई पुस्तक देखो, और बारह वर्ष के उपरान्त फिर बाजार में जाओ। उस समय यदि वही पुस्तक फिर तुम्हें बिकती हुई दिखाई दे, तो जान लो कि वह पुस्तक अच्छी और पढ़ने योग्य है। इससे भी यही सिद्धांत निकलता है कि जो पुस्तक जितने ही अधिक समय तक बनी रहे, वह उतनी ही अच्छी है। पर इन सिद्धांतों से साधारण पाठकों का काम नहीं चल सकता। आप सब लोगों से यह आशा नहीं कर सकते कि वे किसी पुस्तक के प्रकाशित होने के उपरांत बारह वर्षों तक उसकी उपयोगिता के प्रमाण की परीक्षा करें और तब उसके उपरांत उसे लेकर पढ़ें। आजकल तो पुस्तकों के तैयार होते ही लोग उनको पढ़कर उसके विषय की सब बातें जानना चाहते हैं कि कौन-सी पुस्तक पढ़ने योग्य अथवा अच्छी है और कौन-सी न पढ़ने योग्य और निकम्मी है, तो उनको यही देखना चाहिए कि किसी पुस्तक के संबंध में अधिकांश विद्वानों और आलोचकों की संमति क्या है।

आलोचना के प्रसार

साहित्य जब अपने स्वरूप का विश्लेषण स्वयं करना लगता है तब समालोचक का जन्म होता है। जैसा कि हम पहले कह चुके हैं, आलोचना करना मनुष्य की एक स्वाभाविक प्रवृत्ति है। किसी न किसी रूप में वह सब में पाई जाती है। साहित्य भी मानव-मस्तिष्क में उत्पन्न होता है। वह उसके भावों, विचारों तथा अनुभूतियों का भंडार है अतः समालोचना का भी साहित्य के अंतर्गत स्वाभाविक स्थान होना चाहिए और वस्तुतः है भी यही बात। उसको सब काल और सब देशों के साहित्य में महत्त्वपूर्ण स्थान मिला है। वह साहित्य का एक आवश्यक अंग है। जिस साहित्य में समालोचना का अंग न हो अथवा जिसका वह अंग भली-भाँति विकसित न हो उसे अधूरा समझना चाहिए।

आधुनिक समालोचना चार प्रकार की मानी जाती है—

(1) सैद्धांतिक (Speculative) समालोचना जिसमें साहित्य के विभिन्न रूपों के विवेचन के द्वारा साहित्यिक सिद्धांतों की स्थापना होती है।

(2) व्याख्यात्मक (Inductive) समालोचना जिसमें साहित्यिक रचनाओं का विश्लेषण और व्याख्या की जाती है इससे रचनात्मक साहित्य की विभिन्न कृतियों के वर्गीकरण और विकास में सहायता पहुँचती है।

(3) निर्णयात्मक (Judicial) समालोचना जिसमें सामान्य सिद्धांतों के आधार पर साहित्यिक रचनाओं के महत्त्व का निर्णय किया जाता है।

स्वतंत्र अथवा आत्मप्रधान (Free or Subjective) आलोचना जिसमें आलोचक आलोच्य विषय की विवेचना करता हुआ उसमें उतना तल्लीन या उसके इतना विमुख हो जाता है कि विवेचन को छोड़कर भाव लहरी में बह चलता है। आलोच्य रचना या विषय उसके भावों का आलंबन बन जाती है। ऐसी आलोचनाएँ रचनात्मक साहित्य की कृतियाँ हो जाती हैं।

यद्यपि समालोचना में इन चारों अथवा एक से अधिक का मिश्रण पाया जाता है फिर भी तिल-तंडुलवत् इसका स्वरूप-भेद स्पष्ट है। आधुनिक समालोचना की यह विशेषता है कि वह विस्तृत अथवा सार्वदेशिक और सार्वकालीन साहित्य को अपना आधार बनाती है। यह बात प्राचीन अथवा परंपराभुक्त समालोचना में नहीं मिलती है। फलतः साहित्य के विस्तार के साथ ही साथ साहित्याभिरुचि भी व्यापक और प्रगतिशील हो गई है।

इस विभाजन में से समालोचना का एक और स्थूल विभाजन हो सकता है---(1) शुद्ध सिद्धांत, (2) उसका प्रयोग। काव्य-मीमांसा, काव्यप्रकाश, साहित्यदर्पण आदि ग्रन्थ पहली प्रकार की समालोचना के उदाहरण हैं और सूर तुलसी, जायसी कबीर आदि पर विद्वानों की लिखी हुई समालोचनाएँ, दूसरे वर्ग के अंतर्गत हैं।

हम पहले शुद्ध सैद्धांतिक समालोचना पर ही विचार करते हैं क्योंकि यही समालोचना का सामान्य---विशेष नहीं---और चिरंतन स्वरूप है; और सर्वदा ही साहित्य के विषय में तो सिद्धांत स्थापना होता ही रहेगा। यह साहित्य और उसकी समालोचना के लिये एक प्रकार से सामान्य मापदंड उपस्थित करती है। प्रमेय वस्तुओं पर विचार करने के लिए पहले मापदंड चाहिए। अतः पहले इसी का विचार करना उचित है।

सामान्य सिद्धांत-समीक्षा

जैसा कि ऊपर कहा गया है, इस प्रकार की समालोचना सामान्य सिद्धांतों की स्थापना करती है। इसका विषय है साहित्य या काव्य के स्वरूप का विश्लेषण। साहित्य क्या है? कविता क्या है? उसका लक्ष्य क्या है? प्रत्यक्ष सामग्री को कला किस रूप में और किन माध्यमों से ग्रहण करती है? इन प्रश्नों पर विचार करके कला के विषय में कुछ संमति निर्धारित करना इस प्रकार की आलोचना का विषय है। रचनात्मक साहित्य के दो पक्ष होते हैं। एक कवि का पक्ष और दूसरा श्रोता या पाठक का पक्ष। अतः काव्य क्या है, केवल इसी पक्ष पर नहीं बल्कि काव्य का अनुशीलन किस दृष्टि से और कैसा होना चाहिए, पाठक की साहित्याभिरुचि कैसी होनी चाहिए, परम्पराभुक्त साहित्याभिरुचि से काव्य का अनुशीलन करने में क्या त्रुटियां होती हैं; कैसे प्रगतिशील या विकासमयी साहित्याभिरुचि ही काव्यानुशीलन के लिये आवश्यक है और काव्य के साथ पूर्ण न्याय कर सकती है, क्योंकि काव्य स्वयं प्रगतिशील है, नित्य नूतन सामग्री और साधनों की ओर उसकी प्रगति होती है, इस प्रकार के प्रश्नों को हल करना और फिर कुछ निष्कर्ष पर पहुँचना सैद्धांतिक समीक्षा की गंवेषणा के विषय है। यह आलोचना एक प्रकार से आलोचना का शास्त्रीय पक्ष है और शेष प्रकार की आलोचनाएँ भिन्न-भिन्न दृष्टिकोणों से उसके प्रयोग। हां, इतना अपवाद अवश्य है कि व्याख्यात्मक आलोचना उतना ही सैद्धांतिक आलोचना का आधार भी है जितना प्रयोग। सैद्धांतिक आलोचना के इतिहास से भी विभिन्न युगों के इतिहास को समझने में सहायता मिलती है। सिद्धांत का विचार करते समय केवल परम्परा प्राप्त रूढ़ि, कवि समय और तर्कपूर्ण नियमों के ही फेर में न पड़ जाना चाहिए। समालोचक को यह स्मरण रखना चाहिए कि इन सिद्धांतों का आधार साहित्य है, साहित्य का अध्ययन करने के उपरांत ही सिद्धांत निश्चित होते हैं। अतः जब सिद्धांतों में कोई दोष अथवा कमी खटके तो तुरंत मूल आधार अर्थात् साहित्य की ओर दृष्टि दौड़ानी चाहिए। ऐसे स्वतंत्र अध्ययन से सिद्धांत कसौटी पर कस जाते हैं। सच बात तो यह है कि कवि ही भाषा और भाव के शासक होते हैं और समालोचक तो उन्हीं, कवियों, अपने पाठकों तथा अपनी सहायता के लिए अनुशासन करते हैं। अतः जब कहीं संदेह हो तब अपने बड़ों से (कविकर्म करने वालों से) बात समझ लेनी चाहिए। ऐसा विद्या-विनय संपन्न आलोचक वही हो सकता है जो स्वयं भी कवि-हृदय हो, साहित्यिक रुचि का हो।

व्याख्यात्मक समालोचना

वास्तव में व्याख्या या विश्लेषण ही ऐसी प्रधान वस्तु है कि जिस पर चारों प्रकार की समालोचना अवलंबित है। इसी व्याख्या से हम सामान्य सिद्धांतों तक पहुंचते हैं। इसी व्याख्या के बल पर हम किसी कृति के महत्त्व का निर्णय कर सकते हैं। भावमयी समालोचना करने के लिये भी प्रस्तुत रचना का स्वरूप-ज्ञान वांछनीय है, जो कि व्याख्या ही से प्राप्त होता है। इसी प्रकार की समालोचना व्यापक, समीचीन और श्रेष्ठ ठहराई जाती है। समालोचक किसी भी रचना का

अध्ययन एक अन्वेषक के रूप में करता है न्यायाधीश के रूप में नहीं। वह सूक्ष्म से सूक्ष्म बातों तक पहुँचता है तथा इस बात का पता लगाता है कि इसका विषय क्या है। रचयिता के ढंग, दृष्टि-कोण और मत से उदारतापूर्ण अपने मस्तिष्क का सामंजस्य स्थापित करके वह अपनी साहित्यिक अभिरुचि को अनुदारता से उदारता की ओर ले जाता है। तात्पर्य यह है कि वह पूर्ण व्याख्या करके उस रचना के प्रति एक सामान्य धारणा बना लेता है। परन्तु साथ ही यह भी ध्यान देने योग्य बात है कि उसकी वह धारणा भी प्राप्त वाक्य का रूप धारण नहीं करती, वरन् उत्तरोत्तर बढ़ते हुए पर्यवेक्षण के अनुसार वह भी अपने रूप में सुधार करती रहती है। अतः यह स्पष्ट है कि ऐसी आलोचना उदारतापूर्ण तथा प्रस्तुत रचना के पूर्ण पर्यवेक्षण पर अवलंबित होती है। अतः यह न्यायपूर्ण और बुद्धिसंगत होती है। इसीलिए ऐसी समालोचना जो आजकल श्रेष्ठ और उपयुक्त मानी जाती है। इसका सबसे सरल और प्रारंभिक स्वरूप टिप्पणियों और भाष्यों में मिलता है।

कुछ लोग आपत्ति कर सकते हैं कि व्याख्याकी यह पद्धति निर्जीव कल की तरह चलती है। वह आलोच्य रचना के सौंदर्य का संहार तथा कला का चीर-फाड़ करती है और उसको ऐसा सामान्य रूप देती है कि वह साहित्याभिरुचि-रहित प्राकृत मनुष्य की कोटि तक उतर आती है। परन्तु ऐसा विचार भ्रममूलक है। व्याख्या के लिये सूक्ष्म बुद्धि और पर्यवेक्षण की कुशलता तथा पूर्णता की आवश्यकता है। चलती कला कहकर उसका तिरस्कार नहीं किया जा सकता। व्याख्या करते समय कुछ बातों का ध्यान रखना पड़ता है। एक तो रचना के अंग-प्रत्यंग को व्यष्टि रूप से न देखकर समष्टि रूप से देखना चाहिए, क्योंकि कला का रूप सदा संश्लेषात्मक ही होता है। पर साथ ही यह भी ध्यान रखना चाहिए कि समष्टि का आधार व्यष्टि ही है। इसलिये यह आलोचना भी आलोच्य रचना के भिन्न-भिन्न अंगों के शुद्ध और पूर्ण अध्ययन की अवहेलना नहीं कर सकती। दूसरी बात यह है कि व्याख्या का तात्पर्य किसी रचना में केवल उपदेशों को ही ढूँढ़ना नहीं है, अथवा किसी पात्र के चरित्र-चित्रण अथवा कथानक को आद्योपांत न देखकर किसी एक कथन अथवा घटना के बल पर व्याख्या करते हुए काव्यकार पर सहसा असंगति का दोषारोपण कर देना नहीं है। कभी-कभी असंगति के मिलने का यह अर्थ हो सकता है कि आलोचक की गवेषणा अपूर्ण है। तीसरी बात यह है कि व्याख्या प्रस्तुत रचना में आए हुए साक्ष्य पर ही अधिकतर अवलंबित होनी चाहिए, ऊहा के द्वारा बाहर से आए हुए बेमेल या कृत्रिम साक्ष्य पर नहीं। ऊपर के दोष तो ऐसे हैं जो व्याख्याओं में बहुधा आ जाते हैं। पर कुछ अन्य दोष ऐसे भी हैं जो साहित्य-सम्बन्धी अशुद्ध धारणाओं के कारण आते हैं, व्याख्या करते समय उनसे भी बचना चाहिए।

कवि के स्वभाव और प्रवृत्ति के ज्ञान से भी उसकी रचनाओं को समझने में सहायता मिल सकती है परन्तु इसको बहुत दूर नहीं ले जाना चाहिए। किसी भी रचना में रचना के बाह्य आशयों को नहीं ढूँढ़ना चाहिए। कवि अपनी रचना का स्रष्टा है। उसे असमर्थ स्रष्टा नहीं समझना चाहिए। अपनी कृति को उसने जो रूप दिया है वही उसका वास्तविक रूप है। उसके अतिरिक्त उसे दूसरा रूप देना अनुचित होगा। किसी कवि को जीवन में अधिक शृंङ्गारप्रिय देखकर उसकी स्पष्टतया निर्वेदमयी उक्तियों को भी वस्तुतः शृंङ्गार ही की कृतियाँ समझना अनाधिकार चेष्टा है। संभवतः अपने जीवन की विरल अनुभूतियों ने उसे साहित्य-सृजन में प्रवृत्त किया हो, सामान्य अनुभूतियों ने नहीं। बहुधा विरल अनुभूतियों की तीव्रता सामान्य अनुभूतियों को नहीं मिलती। हमें रचना से चलकर रचयिता के आशय तक पहुँचना चाहिए। बाह्य-साक्ष्य के आधार पर कल्पित अभिप्राय को ढूँढ़ निकालने के लिये रचना की व्याख्या करनी चाहिए।

समालोचना अंतर या भेद को दिखाकर अपने उद्देश्य की ओर अग्रसर होती है। अतः

व्याख्या करते समय कुछ लोग सब अंतरों को मात्रा का ही अंतर समझते हैं और तुलना करते समय जब कोई भेद देखते हैं तो एक रचना को उच्च कोटि की और दूसरी को निम्न कोटि की कह देते हैं; या एक को शुद्ध और दूसरी को अशुंद्ध बता देते हैं। परन्तु अंतर प्रकार का भी हो सकता है और व्याख्यात्मक आलोचना का विषय प्रकार के भी भेदों को देखना है। उदाहरणार्थ यदि एक कवि ने बालकृष्ण को लिया है और दूसरे ने प्रौढ़ कृष्ण को तो हम इन दोनों के कृष्ण-काव्यों में एक को उच्च और दूसरे को निम्न नहीं कह सकते, उनमें मात्रा का अंतर नहीं है, वरन्. प्रकार का अंतर है, बालकृष्ण-काव्य उतना ही उत्तम हो सकता है जितना प्रौढ़ कृष्ण-काव्य।

अतः व्याख्या करते समय हमारे लिये यह कहना ही ठीक हैकि इनके काव्यों में प्रकार का अंतर है। दोनों के अपने-अपने दृष्टिकोण हैं और दोनों प्रकार आवश्यक और महत्वपूर्ण हैं। दोनों की निजी विशेषताएँ हैं। विशेष रूप से तुलनात्मक समालोचना में इस बात का ध्यान रखना आवश्यक है। वाल्मीकि के राम और तुलसी के राम अपने-अपने प्रकार के हैं; एक में वे मनुष्य के रूप में गृहीत हैं, दूसरे में अवतार के रूप में। अतः एक के रामचरित्र-चित्रण को श्रेष्ठ और दूसरे के राम चरित्र-चित्रण को साधारण कहना भूल है। ऐसे समय में दोनों प्रकार के चरित्र-चित्रणों में प्रकार का भेद हैं। इतना दिखाना ही व्याग्ख्यात्मक समालोचना का विषय हैं; उच्चकोटि, निम्नकोटि का फैसला देना नहीं।

किसी कवि की कृति की व्याख्या करते समय एक बात और ध्यान देने योग्य है। किसी कवि पर यह दोषारोपण नहीं किया जा सकता हैं कि उसने कानून या नियम का उल्लंघन किया है। साहित्य के कानून या नियम राजनीतिक कानून की तरह किसी बाहरी प्रभु-शक्ति के बनाए हुए नहीं हैं जिनका उल्लंघन अपराध ठहराया जाय। साहित्य के ये नियम तो स्वयं विकसित होते हैं अतः जब कोई कवि किसी गृहीत सिद्धांत के विपरीत चलता है तो उसका सामान्यतया यह अर्थ लेना चाहिए कि वह किसी नये नियम का विकास कर रहा है। वह दोषी नहीं वरन् स्रष्टा है। नियमों के उल्लंघन के द्वारा कला का विकास होता है और वह सजीव बनी रहती है। अतः साहित्य के नियमों के पालन-उल्लंघन और किसी राज्य के नियमों के पालन-उल्लंघन में क्या अंतर है इस पर भी ध्यान देना व्याख्यात्मक समालोचना के अस्तित्व के लिये आवश्यक है।

एक और बात पर ध्यान देना आवश्यक है। कुछ लोग कहते हैं कि समालोचक किसी कृति पर विचार करते समय ऐसी बातें कह देते हैं या ऐसा अर्थ निकालते हैं जो उस रचना में शायद अभिप्रेत भी न हों वरन् जो केवल समालोचक के मस्तिष्क की उपज या खींचा-तानी मात्र है। वास्तव में यह दोषारोपण कुछ अंश तक सत्य भी है। व्याख्यात्मक समालोचक को इस प्रकार अपनी ओर से ऊहापोह करने में संयम से काम लेना चाहिए और किसी कृति में आए हुए साक्ष्य पर ही अवलंबित रहना चाहिए। परन्तु उक्त दोषारोपण का तात्पर्य यह नहीं है कि इस प्रकार की समालोचना सर्वथा अग्राह्य या भ्रामक है; क्योंकि इस प्रकार की समालोचना की सबसे बड़ी विशेषता यह है कि इस पद्धति के द्वारा निश्चित व्याख्या या सम्मति की—अधिकाधिक गवेषणा और जाँच के अनुसार साहित्य में परिवर्धन परिवर्तन तथा सुधार की—ओर प्रवृत्ति होती है और उसे उदार दृष्टि मिलती है।

निर्णयात्मक समालोचना

इस प्रकार की समालोचना व्याख्यात्मक समालोचना के ठीक विपरीत होती है। व्याख्यात्मक समालोचना में समालोचक अन्वेषक के रूप में दिखाई भी देता है; उसका विषय व्याख्या करना है; उसकी जिज्ञासा होती है "इस काव्य में क्या हैं?" वह उसके द्वारा अपनी साहित्याभिरुचि को विकसित करने का अवसर पाता है; नवीन-नवीन साहित्यिक शैलियों का अस्तित्व मानने की उदारता रखता है और अपने समालोचक स्वरूप को उस कृति के मेल में रखता है। परन्तु

निर्णयात्मक समालोचना में समालोचक न्यायाधीश के रूप में आता है; फैसला देना उसका काम है; उसकी जिज्ञासा "यह काव्य कैसा होना चाहिए था" के रूप में होती है। वह देखता है कि काव्य एक निश्चित आदर्श के अनुरूप है या नहीं। अपनी निश्चित साहित्याभिरुचि के मापदंड से वह उस कृति को देखता है; नवीनता पर नियंत्रण रखता है। कभी-कभी उसका उनसे विरोध भी हो जाता है। वह साहित्यिक कृतियों को अपनी विचार-पद्धति के मेल में रखने का प्रयत्न करता है। इस प्रकार की समालोचना आजकल अधिक प्रचलित है। ऐसी समालोचना भले-बुरे का फैसला देने के कारण साहित्य की प्रगति को रोकनेवाली होती है।

यह समालोचना एक भ्रम से पूर्ण है। अंग्रेजी शब्दों का अनुकरण करते हुए हम इसको "मूल्य का भ्रम" कह सकते हैं। समालोचक कला के संपूर्ण स्वरूप—उत्पादन, उपकरण, माध्यम—का मूल्य निर्धारित करना चाहता है, जो असंगत है, क्योंकि कला का एक ही अंग मूल्य निर्धारण का विषय बन सकता है, सब नहीं। जैसे किसी चित्रकार के द्वारा किया गया प्रकाश का प्रयोग विश्लेषण और मूल्य निर्धारण का विषय हो सकता है, परन्तु स्वयं प्रकाश नहीं; अतः कला को जो रूप और अंश—(उदाहरणार्थ शैली)—इस प्रकार की समालोचना के लिये उपयुक्त है उतना ही इसका विषय होना चाहिए, संपूर्ण को एक ही मापदंड से नापना भ्रामक है। एक बात और विचारणीय है। फैसला देने के लिए किसी प्रामाणिक माप-दंड की आवश्यकता है जिससे परखकर कोई फैसला किया जा सकता है। अतः समालोचना के क्षेत्र में साहित्यिक अभिरुचि का प्रामाणिक स्वरूप क्या हो सकता है यह देखना चाहिए। इनमें दो भिन्न मत हैं। एक तो किसी समालोचना संस्था की सम्मति को प्रामाणिक मानते हैं, जैसे फ्रांस की एकेडेमी। आर्नाल्ड ऐसी संस्था का समर्थन करते हैं। परन्तु इसको मान लेने पर भी यह देखना आवश्यक है कि कोई भी संस्था किसी कलाकार की मौलिकता और प्रतिभा को रोक नहीं सकती। अतः ऐसी संस्थाओं की सम्मति को आवश्यक परिवर्तनों के साथ स्वीकार करना चाहिए। दूसरा मत समालोचक कोर्टहोप का है। उसका कहना है कि ऐसी संस्था पर विश्वास करना भ्रमरहित नहीं है। समालोचना में भी अंतःकरण का ही अनुसरण करना चाहिए। ऐसा साहित्यिक अंतःकरण, कलाकार की आत्मा और स्वयं अपनी आत्मा दोनों को विचार में रखकर साहित्याभिरुचि का ऐसा प्रामाणिक रूप बना लेता है जो निर्णय करने में सहायक होता है।

अंत में इस प्रकार की समालोचना के विषय में दो बातें और कहनी हैं। पहले ऐसी समालोचना व्याख्या के बिना न्यायपूर्ण और उचित नहीं हो सकती। ऐसी समालोचनाओं में हम समालोच्य रचना के विषय में उतना अधिक परिचय नहीं पाते जितना कि फैसला देनेवाले समालोचक की आत्मा का। शेक्सपियर और मिल्टन पर फैसले देनेवालों—राइमर, एडिसन, जॉनसन, वाल्टियर—के भिन्न-भिन्न और कभी बिलकुल विपरीत निर्णयों को देखकर इन निर्णायकों की विचार-धारा का ही पता लगता है, शेक्सपियर और मिल्टन की कला का नहीं। शेक्सपियर तो शेक्सपियर ही है और रहेगा, परन्तु इन समालोचकों ने उसे और का और बना दिया है। और कदाचित् आगे भी समालोचक ऐसा ही करते जायँ। निर्णय देनेवाले आलोचक तीन प्रकार के होते हैं। पहले वे जो अपनी रुचि और भावानुभूति के अनुसार निर्णय करते हैं; वे नियम नहीं जानते। दूसरे वे जो केवल नियमों को मिलाकर सम्मति स्थिर करते हैं। तीसरे वे बड़े निर्णायक होते हैं जो नियमों के विशेषज्ञ तो होते हैं, पर रहते हैं नियमों के परे। ये तीसरे प्रकार के निर्णायक सबसे बड़े माने जाते हैं। दूसरी श्रेणी में आते हैं स्वभावानुगामी आलोचक, पर केवल नियम के पीछे मरनेवालों का कोई आदर नहीं होता। इन्हीं अंध नियम-प्रेमियों की हँसी उड़ाते हुए लोकमान्य तिलक ने लिखा था कि कालिदास के जिन ग्रन्थों के आधार पर ही लक्षणा-ग्रन्थों की रचना हुई है उन ग्रन्थों में लक्षणा-ग्रन्थों के अनुसार दोष देखना कैसी विचित्र बात है।

आत्मप्रधान अथवा स्वतंत्र आलोचना

जैसा कहा जा चुका है, इस प्रकार की आलोचना में भावादेश अधिक होता है, विवेचन की मात्रा इसमें कम रहती है। जब आलोचक विवेचन-पद्धति को छोड़कर केवल अपनी व्यक्तिगत रुचि या अरुचि को अपनी आलोचना का आधार बनाता है तब इस प्रकार की समालोचना का जन्म होता है। मनुष्य मनुष्य है, वह अपनी रुचि अथवा अरुचि को साहित्यिक आलोचना में से सर्वदा अलग नहीं कर सकता। इसी कारण उस समालोचना का उदय होता है। जिसमें आलोच्य ग्रन्थ या ग्रन्थकार को प्रधानता नहीं प्राप्त होती, आलोचक के दृष्टिकोण को प्रधानता मिलती है। जितनी एकपक्षी साहित्यिक निंदाएँ या प्रशंसाएँ हुआ करती हैं उन सबको भावात्मक आलोचना के अंतर्गत समझना चाहिए। ऐसी आलोचनाओं को इसलिये नहीं पढ़ना चाहिए कि आलोच्य ग्रन्थ कैसा है, उसमें क्या है; किन्तु इसलिये कि आलोच्य ग्रन्थ को वह आलोचक क्या और कैसा समझता है। उन आलोचनाओं से आलोच्य ग्रन्थ के सम्बन्ध में हमारा ज्ञान-वर्धन नहीं होता है, स्वयं आलोचक के सम्बन्ध में ज्ञानवर्धन होता है। ऐसी आलोचना चाहे आलोचना की दृष्टि से उपयुक्त न हो किन्तु सन्देह नहीं कि उसका रचनात्मक साहित्य में स्थान है। ज्यों-ज्यों साहित्य में व्यक्ति प्रधानता बढ़ती जायेगी त्यों-त्यों इस प्रकार की आलोचना का भी आधिक्य होता जायेगा।

इसके अतिरिक्त आधुनिक आलोचकों ने कुछ अन्य प्रकार की आलोचना प्रणालियों को जन्म दिया है—

(1) तुलनात्मक—इस प्रणाली के अन्तर्गत कवियों और लेखकों की रचनाओं की तुलना अन्य भाषा और साहित्य की रचनाओं से अथवा उसी भाषा और साहित्य के दूसरे कवियों से की जाती है तथा उनकी विशेषताओं एवं अभावों की समीक्षा की जाती है। ये कवि या लेखक समान धर्मी या विषमधर्मी होने के कारण आपस में कुछ न कुछ समानता या विषमता रखते हैं।

(2) मार्क्सवादी—यह आलोचना जहाँ काव्य की जन-जीवन प्रेषणीयता पर विचार करती है, वहाँ वह सामान्य को ही इसका आधार मानती है, वैचित्र्य को नहीं। वैचित्र्य का आस्वाद भी सामान्य के ही माध्यम से सम्भव बताती है। इस सामान्य का निर्माण मानव की गहन तथा अपेक्षाकृत स्थायी वृत्तियों सामाजिक अवस्थाओं और संस्कारों से होता है। इसमें सामूहिक भाव और साधारणीकरण दोनों के मिश्रित स्वरूप और अन्योन्याश्रित सम्बन्ध को स्वीकार किया गया है। आर्थिक या भौतिक आधार को प्रमुख स्थान देती है।

(3) मनोविश्लेषणात्मक—इस पद्धति की आलोचना लेखक के अचेतन अवचेतन या अर्द्धचेतन मन का सूक्ष्म अध्ययन करती है। इसके अनुसार लेखक को अपनी रचना की प्रेरणा मूलतः अवचेतन मन से ही प्राप्त होती है। इस पद्धति को संचालित प्रेरणा फ्रायड से मिली है।

(4) व्यक्तिवादी—इस पद्धति के आलोचकों की यह मान्यता है कि काव्य अथवा साहित्य व्यक्ति के व्यक्तित्व का प्रकाश मात्र है और इस व्यक्तित्व तक पहुंचने और उसको परखने के लिये कवि का लिखा हुआ काव्य अत्यन्त सफल साधन होता है। काव्य में व्यक्ति या व्यक्तित्व को सर्वाधिक स्थान दिया जाता है।

(5) जीवन चरित मूलक समीक्षा—साहित्य लेखक या कवि के जीवन चरित की अभिव्यक्ति होती है। विशेष प्रकार की रचनाओं की पृष्ठभूमि में कवि के जीवन की कौन सी घटना उसे प्रेरणा प्रदान कर रही है। उस घटना का अथवा कवि के जीवन का कौन सा अंश उसकी रचना में व्यक्त हुआ है—यह अध्ययन अरुचिकर साथ ही आलोचना की दृष्टि से भी महत्वपूर्ण है।

(6) ऐतिहासिक—एक युग, देश और जाति के साहित्य के विभिन्न ग्रंथों और कलाकारों में पारस्परिक वैषम्य होते हुए भी एक महत्त्वपूर्ण साम्य और एक-सूत्रता होती है। युग चेतना एक

सीमा निर्धारित कर देती है और कवि उस सीमा का अतिक्रमण नहीं कर पाता है। विभिन्न देशों, जातियों और युगों के साहित्य के अध्ययन से साहित्य और परिवृत्ति के इस सम्बन्ध को स्पष्ट कर दिया है। साहित्य के इतिहास के लेखन में यह मूल आधार होता है। इस प्रकार यह आलोचना प्रणाली वातावरण तथा देशकाल का पूर्ण विवरण अपने सामने रखकर उसके आधार पर आलोचना प्रक्रिया में संलग्न होती है। इस समीक्षा के अनुसार ऐतिहासिक घटनाओं, व्यक्तियों, आन्दोलनों से साहित्य की विशिष्ट धारा उत्पन्न होती है।

(7) सौष्ठववादी—इस आलोचना प्रणाली के मानदण्ड के तत्वों का निर्माण छायावाद की प्रमुख विशेषताओं से हुआ है। स्वच्छन्दता और सौष्ठव इसका प्रधान तत्व है। आलोचक रूढ़ और परम्परा मुक्त शैली से रस, अलंकार आदि उदाहरण न खोजकर काव्य में सूक्ष्म सौन्दर्य और सौष्ठव देखने का प्रयत्न करता है क्योंकि छायावाद में ये विशेषताएं तो विरल हो गयी हैं। इस प्रणाली के अन्तर्गत वही आलोचक सफल होता है जो कवि की अनुभूति के साथ तादात्म्य स्थापित कर सकता है।

(8) अभिव्यंजनावादी—सौन्दर्यवादी चिन्तक बेनेडेटोक्रोचे इटली का दार्शनिक विचारक था। उसने साहित्य में जिस सिद्धान्त का प्रतिपादन किया उसे अभिव्यंजनावाद की संज्ञा दी जाती है। अभिव्यंजना मनोभाव का प्राम है। इस प्रणाली के अन्तर्गत किसी रचना की आलोचना करते समय इस बात की परख की जाती है कि वह रचना सौन्दर्य की अभिव्यक्ति कितने अंशों में करती है। यदि रचना सौन्दर्याभिव्यक्ति की दृष्टि से असफल है तो ऐसी रचना को आलोचक श्रेष्ठ रचना के रूप में नहीं स्वीकार करता। इस समीक्षा के अनुसार (Illusion is expression) स्वयं प्रकाशजन्य आनन्द ही काव्यात्मक अभिव्यंजना की कुञ्जी है।

तुलनात्मक आलोचना प्रणाली

किसी वस्तु के स्वरूप और महत्त्व का वास्तविक ज्ञान तभी होता है जब कुछ समानधर्मी वस्तुओं के साथ उसकी समानता और असमानता की सम्यक विवेचना की जावे तो असमान वस्तुओं के साम्य और विरोध का निरूपण वस्तु के स्वरूप के ज्ञान के लिये आवश्यक है। जब तक किसी वस्तु को शेष संसार के विभिन्न विरोधी अथवा समानधर्मी वस्तुओं के समकक्ष रखकर उसकी उपादेयता, महत्त्व तथा सौन्दर्यादि पर पूर्णतया विचार नहीं किया जाता तब तक उसके मूल्य के सम्बन्ध में निश्चयपूर्वक कुछ भी कहना युक्तिसंगत न होगा। किसी प्रत्यय के सामान्य परिचय की अपेक्षा विवेचनात्मक ज्ञान के लिये तुलनात्मक प्रणाली अधिक उपयोगी है। दो कवियों अथवा दो कृतियों का तुलनात्मक अध्ययन पाठक के अन्तरतम में प्रविष्ट होकर उनके कलागत सौन्दर्य की यथार्थ अनुभूति में सहायक होता है। इस प्रणाली में कवियों और लेखकों की रचनाओं की तुलना अन्य भाषा के साहित्यकारों की कृतियों से अथवा उसी भाषा और साहित्य के दूसरे कवियों और लेखकों से की जाती है तथा उनमें निहित विशेषताओं एवं अभावों की समीक्षा की जाती है। इससे श्रेष्ठता सम्बन्धी प्रचलित भ्रान्तियों के निराकरण में सहायता प्राप्त होती है। जैसे संस्कृत में महाकवि माघ के पूर्व तक भारवि का ही महत्त्व और यश था। बाद में उसका यश माघ की धूपकी तरह धूमिल हो गया। पद लालित्य, अर्थ गौरव और उपमा की दृष्टि से माघ अन्य कवियों की अपेक्षा सर्वश्रेष्ठ ठहराये गये क्योंकि संस्कृत के अन्य कवियों में इन गुणों में से किसी एक का ही सौन्दर्य समावेश है जब कि माघ में तीनों ही निहित हैं। हिन्दी में भी प्रसिद्ध उक्ति "सूर सूर तुलसी, उड़गन केशवदास" का उल्लेख तुलना नहीं तो और क्या है? साधारणतया इस प्रणाली में तुलना के आधार पर एक ही न्यूनता तथा दूसरे की श्रेष्ठता सिद्ध की जाती है लेकिन यह बहुत संगत नहीं है। आलोचक के तुलना करते समय सन्तुलित दृष्टि का रखना अत्यन्त आवश्यक है। यदि आलोचक अपने को पूर्वाग्रहों से मुक्त नही कर पाता तो

आलोचना के क्षेत्र में न्यायपूर्ण और निष्पक्ष नहीं रह पाता। देव और बिहारी की आलोचना में जो विवाद खड़ा हुआ था उसके मूल में यही बात थी कि सम्बन्धित आलोचकों में पूर्वाग्रहों की सशक्तता थी। क्योंकि वह पहले से ही मानकर चले थे कि या तो देव को श्रेष्ठ सिद्ध करना है या बिहारी को। ऐसी दृष्टि से आलोचना करना तुलनात्मक प्रणाली के न्याय संगत और तर्कसंगत रूप को कलुषित कर देती है। किसी रूप अथवा शैली पर कलाकार विशेष द्वारा डाले जानेवाले प्रभाव की खोज करना ही इस आलोचना प्रणाली का मूल उद्देश्य है। एक कवि को अन्य से अलग करते समय अथवा उसकी विशेषताओं का निर्देश करते समय आलोचक का अचेतन अथवा सचेतन मन इस प्रक्रिया का आश्रय लेता है। आधुनिक हिन्दी साहित्य समीक्षा के आविर्भाव काल से ही इस प्रणाली का प्रयोग मिलता है। श्री महावीर प्रसाद द्विवेदी ने इस पद्धति का उपयोग कई स्थानों पर किया है। तुलनात्मक प्रणाली के आलोचक को विभिन्न कालों की युगीन चेतना, साहित्यिक प्रवृत्तियां, मानसिक एवं आध्यात्मिक विकास सूत्रों का आकलन और चिन्तन करना पड़ता है। आलोचक का ज्ञान यदि विशद और व्यापक नहीं है तो इस प्रकार की आलोचना करने में सक्षम नहीं होगा और नाही न्याय कर सकेगा। साहित्य केवल अभिव्यंजना का साधन मात्र नहीं है, उसमें मानवीय विचारों तथा भावनाओं का प्रतिनिधित्व भी होता है, उसमें सामाजिक जीवन और चेतना का प्रतिबिम्ब भी होता है।

हिन्दी साहित्य में व्यवस्थित और प्रौढ़ तुलनात्मक पद्धति का प्रवर्तन आचार्य पद्मसिंह शर्मा की बिहारी सतसई के भाष्य की भूमिका से हुआ है। श्री कृष्णबिहारी मिश्र द्वारा रचित ग्रन्थ "देव और बिहारी" तथा लाला भगवानदीन का "बिहारी और देव" नामक ग्रन्थों में तुलनात्मक आलोचना प्रणाली को ही प्रश्रय दिया गया है। तुलना के लिये दोनों कवियों और लेखकों की रचनाओं के क्षेत्र, प्रवृत्तियां तथा विषयवस्तु में साम्य हो—इस तथ्य पर तुलना करते समय आलोचकों को अवश्य ध्यान देना चाहिए। तुलनात्मक समीक्षा के विवेच्य कवियों की विशेषताएँ प्रभावशाली ढंग से स्पष्ट हो जाती हैं।

मार्क्सवादी आलोचना प्रणाली

मार्क्सवादी आलोचना प्रणाली को प्रगतिवादी आलोचना प्रणाली के नाम से भी जाना जाता है। साहित्य की चिरन्तनता और विकास क्षमता उसकी सांस्कृतिक पृष्ठभूमि पर निर्भर करता है। जिस साहित्य का सांस्कृतिक पृष्ठ भूमि पर निर्भर करता है। जिस साहित्य का सांस्कृतिक सन्देश व्यापक और मानवमात्र के कल्याण के लिये है वह उतना ही चिरस्थायी होता है। रामायण और महाभारत आदि काव्यों की लोकप्रियता और दीर्घायु के मूल में हिन्दू संस्कृति तथा जीवन दर्शन है। आज का प्रगतिवादी साहित्य भी एक नूतन जीवन दर्शन, जीवन की समस्याओं के नये समाधान और जीवन के नये मूल्यों के साथ साहित्य क्षेत्र में प्रवेश कर रहा है। इस कोटि का साहित्य कहाँ तक स्थायी होगा यह केवल समय ही बतावेगा।

मार्क्सवादी विचारधारा दर्शन के समस्त आदर्शवादी प्रवृत्तियों का विरोध करती है तथा द्वन्द्वात्मक भौतिकवाद (Dialectual Materialism) की वैज्ञानिक पद्धति की पुष्टि करती है। यही द्वन्द्वात्मक भौतिकवाद की चिन्तना मार्क्सवादी आलोचना का भी आधार है जिसमें कला के अन्य तत्वों की अपेक्षा सामाजिक तत्व को प्रधानता दी जाती है। मार्क्सवादी आलोचना के सिद्धान्तों को सुसम्बद्ध रूप से रखने का सर्वप्रथम प्रयास क्रॉस्टोफर कॉडवेल ने अपनी पुस्तक (Illusion and Reality) में किया है। इस पुस्तक ने साहित्य समीक्षा प्रणाली को एक नयी दृष्टि दी। आधुनिक हिन्दी के मार्क्सवादी अथवा प्रगतिवादी आलोचकों ने कॉडवेल के अतिरिक्त गोर्की के "Life and Literature" जेम्स. टी. फेरेल की "A Note on Literary Criticism" बेल्फ फोक्स की "The Novel and the people" तथा जोजेफ फ्रीमैन की "Proletariat Literature in the U.S." नामक ग्रन्थों से आवश्यक सामग्री प्राप्त किया। मार्क्स जगत के पार्थिव रूप को ही चरम सत्य मानता है। हीगेल का विरोध करते हुए मार्क्स वस्तु को ही चरम सत्य मानता है तथा बुद्धि विचार अथवा आत्मा को उसी का प्रतिबिम्ब रूप कहता है। उसकी मान्यता यह है कि भौतिक जगत का मानव के मस्तिष्क में पड़ा हुआ प्रतिबिम्ब ही विचार है। हीगेल ने विचार को सत्य तथा भौतिक जगत को उसकी बाह्य अभिव्यक्ति मात्र माना है। एंजिल्स का कहना है कि इन्द्रियों द्वारा प्रत्यक्ष जगत ही सत्य है और इन्द्रियातीत प्रतीत होने वाली चेतना सत्ता तो इसी का परिणाम मात्र है। आत्माभूत तत्व के विकसित रूप के अतिरिक्त कुछ नहीं है। मार्क्स हीगेल से असहमति व्यक्त करते हुए तथा एंजिल्स का समर्थन करते हुए मस्तिष्क को पदार्थ का चरम विकास और दृश्यमान भौतिक जगत को ही परम सत्य मानता है। इस दर्शन के अनुसार जगत की कोई भी वस्तु पूर्णतः स्वतन्त्र और शेष जगत से नितान्त विच्छिन्न एवं सत्तावान नहीं है। प्रत्येक वस्तु का अस्तित्व शेष जगत् पर आश्रित है, इसलिये उसका ज्ञान भी शेष जगत के सम्बन्ध की अपेक्षा रखता है। यह सारा वस्तु जगत परिवर्तनशील है। जगत की प्रत्येक वस्तु में परस्पर विरोधी तत्व उपस्थित रहते हैं और उनका शाश्वत संघर्ष चलता रहता है। वस्तु में ही उनके विनाश के तत्व विद्यमान हैं। वस्तु के दो पक्ष हैं—निषेधात्मक (Negative) और विधायक या विकासमान (Positive) वस्तु का प्रस्तुत अवस्थान (Thesis) ही अपने विरोधी तत्वों के नैसर्गिक और आन्तरिक संघर्ष के फलस्वरूप प्रत्यवस्थान (Antethesis) में परिणत होता है। दोनों में संघर्ष निरन्तर चलता रहता है और एक अवस्था ऐसी आती है जब वस्तु के दोनों पारस्परिक विरोधी तत्वों का संतुलन हो जाता है—इसी अवस्था को मार्क्सवादी साम्यावस्थान (Communism) कहते हैं। कुछ समय तक तो यह अवस्था बनी रहती है, लेकिन धीरे-धीरे उनमें क्षोभ पुनः प्रबल हो जाता है फलतः पुनः पूर्ववत् संघर्ष शुरू हो जाता है और इस प्रकार नवीन अवस्थान क्रम की सृष्टि हो जाती है। सारा वस्तु जगत इन्हीं अवस्थाओं के चक्र में निरन्तर विकासमान रहता है। मार्क्स परिवर्तन को निरर्थक चक्र नहीं मानता, विकास का सिद्धान्त ही उसे मान्य है। वस्तु का परिवर्तन हमेशा ही उन्नयन और उत्कर्ष का हेतु है। प्रत्येक वस्तु की परिवर्ती अवस्था अपनी पूर्ववर्ती से अधिक प्रौढ़, विकसित और उत्तम होती है। विरोधी के संघर्ष का ही दूसरा नाम विकास है। परिवर्तन का तात्पर्य क्रमिक विकास नहीं प्रत्युत क्रान्ति है। वस्तु का विकास अपने पूर्व रूप को साथ लेकर नहीं होता। वह पहले उसका समूल विनाश कर देता है तब एक नवीन वस्तु का स्वरूप धारण करता है।

मानव का पारस्परिक सम्बन्ध उसका सामाजिक, राजनीतिक और धार्मिक जीवन, उसकी नैतिक और आध्यात्मिक धारणायें सभी कुछ उपार्जन की पद्धति या आर्थिक भूमिका पर आश्रित हैं। सारी संस्कृति की मूल प्रेरणा शक्ति अर्थ व्यवस्था ही है। इसलिये साहित्य का नियंत्रण भी इसी के द्वारा होता है। अर्थ व्यवस्था और उपार्जन पद्धति चिर परिवर्तनशील है इसलिये इनके साथ ही सारा जीवन दर्शन ही बदलता जाता है। साहित्य की मार्क्सवादी व्याख्या में भी युग और साहित्य का अभिन्न सम्बन्ध सिद्धान्ततः मान लिया गया है। मार्क्स अर्थ उत्पादन के प्रकारों द्वारा ही साहित्य के स्वरूप निर्देश का सिद्धान्त मानते हैं। विचार अन्तोगत्वा अर्थ एवं वस्तु जगत के द्वारा ही निर्मित होता है। कलाकार के व्यक्तित्व का निर्माण उसके वर्ग की मान्यता के द्वारा होता है। पूँजीवादी समाज व्यवस्था में मजदूर-मालिक, व्यक्ति-समाज का जो सम्बन्ध होता है वह सम्बन्ध समाजवादी व्यवस्था में नहीं होता। दोनों समाज की मान्यतायें एक दूसरे से पृथक् और भिन्न होंगी। कलाकार वर्ग की मान्यताओं के इस नियंत्रण से कभी मुक्त नहीं हो सकता। फलतः इन्हीं से बँधकर वह साहित्य का सृजन करता है। मार्क्सवाद इसी अर्थ में साहित्य का अर्थ का नियंत्रण मानता है। मार्क्स मानता है कि हर युग में समाज में केवल दो ही वर्ग होते हैं शासक और

शासित अथवा शोषक और शोषित। अतएव वर्गहीन साहित्य की रचना वर्गहीन समाज में ही सम्भव है। कलाकार को युग की विचारधारा का प्रतिनिधि कहने का तात्पर्य केवल इतना ही है कि प्रत्येक युग में चिन्तन की एक सीमा होती है। उस सीमा से कलाकार भी मर्यादित रहता है। साहित्यकार अपने युग की समस्याओं पर विचार करता है तथा उसका कोई समाधान प्रस्तुत करता है। उसका विचार करने का ढंग तथा समाधान दोनों ही युग की मर्यादाओं से सीमित और प्रभावित रहता है। इसका यह मतलब भी नहीं लगाना चाहिए कि कलाकार समकालीन स्वार्थों और विचारधाराओं का केवल प्रतिपादन और पोषण ही करता है कभी-कभी वह इनके विरुद्ध व्यापक विद्रोह भी कर बैठता है। इसलिये मार्क्सवादी साहित्य समीक्षा कलाकार को युग का उपभोक्ता और निर्माणकर्त्ता दोनों ही मानती है। क्योंकि उसे युग की मर्यादाओं में सीमित रहते हुए भी साहित्य में वर्ग की विचारधारा के खंडन का सिद्धान्त भी मान्य है। लेकिन यह विरोध और खंडन एक सीमा तक ही सम्भव है। सामन्त युगीन कलाकार जीवन के उन मूल्यों की कल्पना भी नहीं कर सकता था जो आज के युग की देन है। मार्क्सवाद इसी अर्थ में साहित्य को वर्गवाद की उपज कहता है। मार्क्सवादी साहित्य दर्शन रूढ़िवादी और जड़ता ही है वह चिरन्तन प्रगति का समर्थक है। उसमें कलाकार के निरपेक्ष स्वातंत्र्य का समर्थन नहीं है तो वह कलाकार को युग की शृंखला से जकड़ भी नहीं देना चाहता। ऐसा संकुचित दृष्टिकोण तो द्वन्द्वात्मक और ऐतिहासिक भौतिकवाद को रूढ़ और जड़ रूप में ग्रहण करने का परिणाम है। मार्क्सवाद काव्य की उत्पत्ति और विकास के सम्बन्ध में एक और विचार भी रखता है कि उपज युद्ध आदि के कार्यों में मानव को प्रवृत्त करने के लिए सामूहिक भावों को अभिव्यक्ति द्वारा सामूहिक भ्रान्ति का वातावरण उपस्थित करना आवश्यक होता है। मानव को श्रम करने की प्रेरणा मिलती है साथ ही श्रम उसे हलका प्रतीत होता है। कॉडवेल ने भी अपनी पुस्तक ``Illusion and Reality" में कहा है कि काव्य के लिये सामूहिक भावों द्वारा सामूहिक भ्रान्ति के वातावरण को उत्पन्न करना आवश्यक है। ``Marxism and Poetry" नामक पुस्तक में भी आदिमकाल की कविता का उद्देश्य काल्पनिक उपज में सत्य की प्रतीति करा के मानव को उपज में सामूहिक रूप से प्रवृत्त होने की प्रेरणा प्रदान करना माना गया है। आदिमकाल का मानव नृत्य संगीतादि में इसी विश्वास से प्रवृत्त होता था कि इससे उसकी उपज की रक्षा भी होती थी साथ ही वृद्धि भी। इसलिये परोक्ष रूप से कला भी उपज का साधन मानी गयी और कला के जन्म का यही प्रयोजन माना गया।

मार्क्सवादी की दृष्टि से काव्य में मानव के सामूहिक भावों को ही स्थान मिलना चाहिए। कला में सदैव व्यक्तिवाद की अभिव्यंजना रही है ऐसा वह मानने को तैयार नहीं। जीवन से सम्पर्क तोड़ लेने तथा सामूहिक भावों के स्थान पर व्यक्ति वैचित्र्य को स्थान देने से कला में प्राणशक्ति का अभाव हो जाता है। चिरस्थायी साहित्य का वर्ण्य विषय सामाजिक और सामूहिक होना चाहिये। काव्य में प्रकृत चित्रण भी मानव सापेक्ष ही होना चाहिए। मार्क्सवादी आनंद को काव्य का लक्ष्य नहीं मानते प्रत्युत मात्र साधन के रूप में ग्रहण करते हैं। काव्य का उद्देश्य तो मानव को भौतिक विकास की प्रेरणा प्रदान करता है। वह साहित्य की रसानुभूति मात्र से सन्तुष्ट नहीं बल्कि बौद्धिक ज्ञान का पथ प्रदर्शक बनाना चाहता है। सिद्धान्ततः मार्क्सवादी मानव के भौतिक विकास को साहित्य का चरम लक्ष्य मानता है लेकिन भौतिक विकास की निश्चित रूपरेखा में अटल विश्वास रखने के कारण व्यावहारिक रूप में उसने विशुद्ध प्रचारवादी दृष्टि को अपना लिया है। वह एक ही वस्तु के महत्व को युगानुकूल भिन्न-भिन्न तरह से आँकता है, लोक या जनमन के इन्हीं विश्वासों, मान्यताओं, संस्कारों, प्रभावों और प्रतिक्रियाओं के समष्टिगत रूप को कॉडवेल सामूहिक भाव की संज्ञा देना चाहते हैं। सामूहिक या राशिभूत भाव अपने युग के लोक हृदय की अनुभूति की अभिव्यक्ति होती है। मार्क्सवादी जगत और जीवन को चिर

परिवर्तनशील मानने के कारण यह स्वीकार करता है कि प्रत्येक युग की आर्थिक और राजनीतिक स्थितियाँ भिन्न-भिन्न होती है। अतएव एक युग का सामूहिक भाव दूसरे युग में प्रतिगामी तत्व बन जाता है। जैसे आज भारत में राष्ट्रीयता की भावना सामूहिक भाव है पर आज से हजार दो हजार वर्ष पहले भारत में धर्म और जातीयता की भावना प्रबल थी। जातिगत स्वाभिमान की यह पुरानी मान्यता आज प्रतिक्रियावादी तत्व माना जाता है। जीवन में नीति, सदाचार, आचार-विचार के मानदंड बदल गये। इस प्रकार एक काल का सामूहिक भाव परवर्ती काल के लिये अनुपादेय तथा विकास में बाधक बन ह्रास का प्रतीक बन जाता है। इसीलिये वह साहित्य दर्शन प्रत्येक कलाकार के लिये जन जीवन में घुलमिल कर उसकी वास्तविक स्थिति को अनुभूति के माध्यम से ग्रहण करना आवश्यक मानता है। सम्पूर्ण जन जीवन के साथ अपने आपको एकाकार कर देने से ही कलाकार सामूहिक भावों को समुचित रूप से ग्रहण कर पाता है। हिन्दी में इस दृष्टि से प्रेमचन्द का साहित्य ही वास्तविक प्रगतिवादी साहित्य है, क्योंकि उसमें देश के किसानों का सच्चा चित्र है, उनकी दीनता, पीड़ा, वैषम्य आदि के साथ आशाओं और आत्मविश्वासों का भी चित्र है। जन जीवन का बौद्धिक अथवा केवल कल्पना पर आश्रित ज्ञान साहित्य में अपेक्षित संवेदनीयता प्रेषित करने में असमर्थ रहता है। साहित्य की लोक-प्रियता और स्थायित्व जन जीवन की सम्वेदनीयता पर आश्रित है। कलाकृति में सामूहिंक भावों अथवा जन जीवन का जितना सच्चा और अनुभूतिमय चित्र अंकित होगा उतनी ही वह संवेदनीय होगी। मार्क्सवादी समीक्षा के संवेदनीयता का भी मूल आधार सामूहिक भावों की सच्ची अनुभूति ही मानती है। इस प्रकार वह व्यक्ति वैचित्र्य तथा कल्पना की ऊहात्मकता वाले काव्य को हेयकोटि में स्थान देती है। भारत में रचना-औचित्य का आधार सांस्कृतिक और दार्शनिक माना जाता है। जब मार्क्सवादी सामूहिक भावों के एक स्वरूप को विशेष युग के लिये प्रतिगामी कहता है उस समय उसके पास समाजवादी यथार्थवाद का मानदण्ड रहता है। लेकिन भारतीय आचार्य अपने विशेष सांस्कृतिक, दार्शनिक और धार्मिक मानदण्डों के आधार पर जीवन की कुछ मान्यताओं विश्वासों और धारणाओं को अधर्म और मानव के लिये अमंगल कारक मानता है। भारत के पास धर्म और संस्कृति का एक मानदण्ड है जो शाश्वत है जिसमें मानव की चिर और शाश्वत कल्याण की भावना अन्तर्निहित है। लेकिन मार्क्सवादी भौतिक मंगल की दृष्टि से विचार करता है। समाजवादी यथार्थवाद के विषय में वह रूढ़िवादी है। इसके विरोध करने वाले तत्त्वों को वह प्रतिक्रियावादी कहता है तथा ऐसे साहित्य को भी प्रतिक्रियावादी कहता है जिसमें ऐसे चित्रण होते हैं। मार्क्सवादी आलोचक जहाँ काव्य की प्रेषणीयता पर विचार करता है वहाँ वह सामान्य को ही इसका आधार मानता है, वैचित्र्य को नहीं। क्योंकि वैचित्र्य का आस्वाद भी सामान्य के ही माध्यम से सम्भव है। ट्राटस्की ने भी अपनी विचारधारा में सामूहिक भाव और साधारणीकरण दोनों के मिश्रित स्वरूप और अन्योन्याश्रित सम्बन्ध को आश्रय दिया है। मार्क्सवादी आलोचक वर्ण्य विषय की तरह शैली और भाषा को भी जनवादी बनाने का समर्थक है। अत्यन्त ऊहात्मक और चमत्कार प्रधान शैली जनवादी साहित्य के लिये उपयुक्त नहीं होती। भाषा के अन्दर अत्यधिक कोमलता और मिठास को वह सामाजिक ह्रास का चिन्ह मानता है।

जनवादी साहित्य की भाषा सरल और प्रवाहपूर्ण होती है अलंकारों का अनावश्यक जमघट नहीं। उसकी भाषा में कलाबाजी और चमत्कार के स्थान पर हृदय स्पर्शिता और संवेदनीयता होती है। वह काव्य के विषयों और शैलियों का सम्बन्ध वर्ग विकास से स्थापित करता है।

मार्क्सवादी दृष्टिकोण को समझने के लिए उनके सामाजिक यथार्थवाद को भी समझ लेना आवश्यक है। यथार्थवाद के सम्बन्ध में यूरोप में साधारणतया यह धारणा रही कि नीति, आदर्श अथवा किसी भी प्रकार के भावात्मक एवं कल्पना के आवरण के शून्य प्रत्यक्ष भौतिक जगत की

वस्तुओं का ज्यों का त्यों वर्णन कर देना ही यथार्थवाद है। इसमें कलात्मकता के व्यक्तित्व की छाप कम रहती है। ऐसे यथार्थवाद को मार्क्सवादी काव्योपयोगी नहीं मानता। जीवन के नग्न चित्रों अथवा तथ्यों का वर्णन कला और काव्य नहीं है। मानव का जीवन किस दिशा में विकास कर रहा है और उसकी प्रेरक शक्तियाँ क्या हैं? जीवन की घटनाओं के अन्तस्तल में जाकर उन भावनाओं, विचारों और प्रेरक शक्तियों का उद्‌घाटन करना ही कलाकार का धर्म है। मानव के राग-द्वेष, पक्षपात, वादों और मान्यताओं से ऊपर उठकर चित्रण करना—मार्क्सदर्शन के अनुसार यथार्थवाद है। एंज़िल्स इसे समझाते हुए उदाहरण देता है कि मान लीजिए किसी रचना में युद्ध का वर्णन करना है तो उस रचना में केवल युद्ध के वर्णन की विभीषिकाओं का चित्रण करना जीवन का एकांगी चित्रण है अपितु लेखक को युद्ध के कारणों की उद्‌भावना तथा उस शक्ति का दर्शन भी कराना चाहिये तभी वास्तविक यथार्थवाद है। काव्य की यथार्थता के लिए अनुभूति की सच्चाई अपरिहार्य है, इसलिये यथार्थवाद पर आस्था रखनेवाला कवि केवल कल्पना लोक में विचरण नहीं कर सकता। काव्य न मात्र ऐतिहासिक और प्रत्यक्ष जगत के तथ्यों का नग्नचित्र है और न कल्पना लोक की आशापूर्ण अभिव्यक्तियाँ। उसका यथार्थवाद आदर्शोन्मुख यथार्थवाद है—वह आदर्श जो बाहर से आरोपित नहीं किया जाता। कलाकार स्वयं किसी आदर्श की कल्पना करके घटनाओं को उसकी प्राप्ति के लिए अग्रसारित नहीं करता, बल्कि घटनायें स्वाभाविक रूप से उसी ओर बढ़ती है। कलाकार का आदर्श उसकी अपनी वैयक्तिक और पूर्व निर्दिष्ट मान्यताओं का परिणाम नहीं होना चाहिये वह तो वर्णित घटनाओं के अन्दर प्रवाहित जीवनी शक्ति का ही विकास मानरूप होता है। वही प्रेरणा जीवन को उन्नति की ओर अग्रसर करती है। कलाकार का कार्य केवल इतना ही है कि वह उस शक्ति का उद्‌घाटन तथा घटनाओं से सम्बन्ध स्थापित करे। उसे अपनी कल्पना के प्रयोग की इतनी ही स्वतंत्रता है। मार्क्सवादी मान्यता है कि प्रत्येक वस्तु में गुणात्मक परिवर्तन हो रहा है और इस प्रकार जीवन की निरन्तर उन्नति की ओर बढ़ रहा है। इसलिये काव्य का यथार्थवाद जीवन की घटनाओं में विकास की प्रेरक शक्ति का दर्शन करना ही है। साहित्य एक सामाजिक कृति है और उसका मूल्यांकन भी समाज की उपयोगिता की दृष्टि से होना चाहिए। मार्क्सवादी आलोचक आलोचना को समाज-शास्त्रीय आलोचना मानता है जो साहित्य के ऐतिहासिक तथा गतिशील सम्बन्ध का उद्‌घाटन करने के साथ ही साथ समाज को बदलनेवाले साहित्य की रचना की ओर लेखक का ध्यान जागरुक करती है।

मार्क्सवादी आलोचना-प्रणाली में यथार्थवाद और रोमांसवाद का समन्वय रहता है। रोमांसवाद से तो वह स्वतंत्रता की भावना और एक उच्च आदर्श के प्रति निरन्तर प्रयास करने की भावना ग्रहण करता है तथा यथार्थवाद से यथार्थ जीवन के वास्तविक दृष्टिकोण अपनाता है तथा उसके सही चित्रण का आग्रह करता है। यह प्रणाली मानवजाति की उन्नति में बाधक शक्तियों का नग्न चित्रण कर उत्कृष्ट मानवता के स्वप्न की प्राप्ति के लिये मनुष्य को प्रवृत्त करता है। लेकिन इसके साथ ही साथ आज का मार्क्सवादी आलोचक अपने को एक द्विविधा की स्थिति में भी पाता है क्योंकि एक ओर तो वह कला का प्रचार का अस्त्र घोषित करता है और दूसरी ओर उसे मानव हृदय की कोमल भावना को, उसकी सौन्दर्यानुभूति और कल्पना से भी पृथक् नहीं करना चाहता। मार्क्सवादी विचारधारा ने कलाकार के व्यक्तित्व एवं उसके मानसिक स्वतंत्रता की बहुत अवहेलना किया है। साहित्य पर राजनीति के कठोर नियंत्रण ने उसकी प्रगति में व्यवधान उपस्थित किया है। कवि को निश्चित वर्ण्य विषयों और विचारधारा से बाँध देने पर साहित्य तथा राष्ट्रीय इतिहास के प्रति प्रतिक्रिया के नाम पर अरुचि जागृत करने की प्रवृत्ति के भी दर्शन होते हैं।

व्यक्तिवादी आलोचना-प्रणाली

जब हम काव्य का अध्ययन करते हैं तो सहज ही कवि हृदय का परिचय मिलता है। साथ

ही उसके सम्बन्ध में हम यथेष्ट जानकारी सफलता पूर्वक प्राप्त कर सकते हैं। जिस प्रकार अपने मित्र से जब हम बात-चीत करते हैं तब हम उसकी अनेक भावनाओं और मानसिक विकासों तथा उसके विचारों से परिचित हो जाते हैं। उसी प्रकार कविता के अध्ययन के पश्चात् हम कवि के कृतित्व से भी परिचित हो जाते हैं। आधुनिक काल में जितने कवियों की जीवनी प्रकाशित हुई है उन सब में इस बात का इस श्रेणी के आलोचकों ने प्रयास किया है कि कवि के अनेक अनुभवों और उसके जीवन की घटनाओं से उसकी रचना का सम्बन्ध स्थापित किया जावे। यह आलोचक यह मानते हैं कि कोई भी साहित्य व्यक्तित्व का प्रतिबिम्ब है। इस व्यक्तित्व तक पहुँचने और उसके परीक्षण के लिये कवि की रचना अत्यन्त सुगम और सफल साधन है। व्यक्तित्व पर किंचित मात्र ध्यान न देना और मात्र काव्य को ही दृष्टि में रखकर समीक्षा करना ये उचित और संगत आलोचना नहीं मानते। ये आलोचक काव्य को कवि की मानसिक प्रौढ़ता और परिपक्वता का लेखा मात्र, मानस का चित्र तथा कवि के परिवर्तनशील जीवन का वर्णन मानते हैं। लेखक की रचनाओं में उसके जीवन की घटनाओं, कठिनाईयों, उलझनों, सफलताओं और विसफलताओं की प्रतिच्छाया रहती है, जीवन के जटिल प्रश्नों को प्रस्तुत करता है जिनका समाधान यह नहीं ढूँढ़ सका। इस सिद्धान्त का प्रतिपादन नाटक में अधिक सरलता से किया गया है।

इस आलोचंना प्रणाली के अनुसार तो फिर यह मानना पड़ेगा कि दांते शेक्सपियर और गेटे की रचनाओं में उनके व्यक्तिगत विफलताओं और अविश्वास की कहानी है, कालिदास का अपना विरह 'मेघदूत' में, जयदेव की स्नेहाभिसिक्त लालसा, गीत गोविन्द में और तुलसीदास की पारिवारिक असफलता रामचरितमानस, में व्यक्त हुई है। राम का विरह-वर्णन, सीता की खोज, सीता का सौन्दर्य-वर्णन आदि अनेक वर्णनों में तुलसीदास और उनकी पत्नी रत्नावली के सम्बन्धों का प्रतिबिम्ब है। इस सिद्धान्त के अनुसार तो काव्य का अर्थ हुआ जिस काव्य में कवि का सम्पूर्ण व्यक्तित्व प्रतिबिम्बित हो। वास्तव में यह आलोचना प्रणाली सत्य और औचित्यपूर्ण नहीं है क्योंकि यदि हम कोई वर्णनात्मक कविता या महाकाव्य पढ़ें तो उसमें न कवि का प्रतिबिम्ब ही दिखाई पड़ेगा और न कवि का विशिष्ट-परिचय ही प्राप्त होगा। अलबत्ता गीत काव्य में यह प्रणाली सिद्ध उतर सकती है वह कुछ अंशों या सीमाओं तक। सच तो यह है किसी भी काव्य की आत्मा तक पहुंचने के लिए हमें कवि की चेतना और आनन्दानुभूति का साझीदार बनना पड़ेगा न कि निर्णायक।

मनोवैज्ञानिक तथा जीवन वृत्तान्तीय आलोचना प्रणाली

व्याख्यात्मक आलोचना न केवल साहित्य का अध्ययन ऐतिहासिक परिस्थितियों की पृष्ठभूमि में करती है वरन् वह लेखक की मनोवृत्ति तथा उसके ज़ीवन चरित का सम्बन्ध भी उसकी साहित्य सर्जना से स्थापित करती है। बाह्यपद्धति के अन्तर्गत कवि के जीवनक्रम और स्वभाव आदि के अध्ययन के द्वारा उसकी अन्तर्वृत्तियों का सूक्ष्म अनुसन्धान मनोवैज्ञानिक आलोचना कहलाती है। किसी भी लेखक की रचनाओं का अध्ययन सुचारु रूप से तभी हो सकता है जब उस लेखक के व्यक्तित्व के विषय में जानकारी हो। कुछ आलोचक तो यहाँ तक मानते हैं कि सभी कलायें एक प्रकार की आत्मकथा ही होती हैं। लेखक की जीवनी और उसकी कृति का बहुत निकट का सम्बन्ध होता है। कवि एक संवेदनशील प्राणी होता है। दूसरों की अनुभूतियों और अनुभवों को छू लेने की उसमें क्षमता होती है। अतः जहां वह काव्य में स्वानुभूति व्यक्त करता है वहीं दूसरों की अनुभूति और अनुभवों को भी कला का रूप देने में सफल होता है।

जीवन चरित या वृत्तान्त के आधार पर किसी लेखक की आलोचना करने पर सबसे अधिक सेंट ब्यू (Saint Beauve) ने दिया था। उसका कहना था कि आलोचक का पहला कर्त्तव्य है कि

वह लेखक के जीवन चरित का वैज्ञानिक ढंग स अध्ययन करे, उसके व्यक्तित्व के बारे में हर सम्भावित स्त्रोतों से जानकारी प्राप्त करे, लेखक की जाति, वंश और उसके वातावरण (race, heredity and environment) का पता लगावे मित्र मंडली और समाज के विषय में भी जाने जिसमें वह उठता बैठता है। यह साधारणतया उसकी प्रारम्भिक कृतियों में ही मिल सकता है जिसमें उसके प्रेरणात्मक तत्व निहित होते हैं। क्योंकि ये प्रेरणात्मक तत्व उस गर्भाशय की भाँति हैं जिसमें उसके रूपका निर्माण होता है। उदाहरण के लिये शेक्सपियर का प्रेरणा बिन्दु हमें उसकी 'वीनस एण्ड एडोनिस' नामक कृति में मिलता है, जहाँ उसके दुःखान्त भाव का दर्शन मिलता है जो उसके कालान्तर के साहित्य में विकसित और पल्लवित हुआ।'' उसी प्रकार शेली का प्रेरणा केन्द्र 'क्लीन मेव' नामक रचना में मिलता है। तेन ने ऐतिहासिक पद्धति के अन्तर्गत जाति, परिस्थिति तथा युग तीन तत्वों को रखा था, व्यू ने इसमें दो नये तत्व जोड़ दिये लेखक के वृन्द या ग्रुप तथा उसके काव्यात्मक प्रेरणा-केन्द्र का अध्ययन। इस प्रकार व्यू ने आलोचना में एक महत्वपूर्ण तत्व जीवन चरित या जीवन वृत्तान्त का समावेश तो किया ही। निस्सन्देह बहुधा लेखक को जीवन तथा उसकी कृतियाँ एक दूसरे से बहुत निकट से जुड़ी रहती हैं कि उन्हें अलग करना जरा कठिन हो जाता है। ऐसी स्थिति में लेखक की कृतियों को समझने के लिये उसके जीवन चरित पर प्रकाश डालना भी आवश्यक हो जाता है। सेंट बफं आलोचक में वैज्ञानिक का गुण चाहता है। यह सम्भव नहीं क्योंकि किसी भी वैज्ञानिक पद्धति का सहारा लेकर किसी भी लेखक का न तो जीवन का न उसकी मनोवृत्तियों का सही अध्ययन हो सकता है फलतः उसकी कृतियों का सफल व्याख्या भी सम्भव नहीं।

साहित्य जीवन की अभिव्यक्ति होता है और यह अभिव्यक्ति व्यष्टि द्वारा ही सम्भव है समष्टि द्वारा नहीं। कलाकार के व्यक्तित्व तथा कलाकृति में पारस्परिक सम्बन्ध का निरूपम मनोवैज्ञानिक आलोचना का कार्य है लेकिन जीवन की घटनाओं, विशेष परिस्थितियों और तज्जनित मानसिक अवस्थाओं का कला कृति के वर्ण्य विषय, भाव-शैली आदि के साथ सम्बन्ध निर्देश जीवन वृत्तान्तीय या चरितमूलक आलोचना प्रणाली है। जीवन में घटित महत्वपूर्ण घटनायें मानव की प्रकृति और स्वभाव का निर्माण करती हैं जिससे मनुष्य का व्यक्तित्व विशेष दिशा में विकास करता है। आलोचक इन घटनाओं और व्यक्तित्व के समन्वित रूप का साहित्य के साथ सम्बन्ध स्थापित करके देखता है। एक प्रकार के साहित्य की अन्तः प्रवृत्तियों का विश्लेषण करता है। जीवन वृत्तानतीय एवं मनोवैज्ञानिक आलोचनाओं का परस्पर बहुत ही गहरा सम्बन्ध है। शिपले ने इस आलोचना प्रणाली की व्याख्या करते हुए कहा है—"Biographical Criticism may establish Significant relations between the creator and his work, may indicate the genesis the driving force or the conscious purpose of a work of art." यह आलोचना रचना में व्यक्त प्रयोजन को भी स्पष्ट करती है। विशेष प्रकार की रचनाओं की पृष्ठभूमि में कवि के जीवन की कौन सी घटना उसे प्रेरणा प्रदान कर रही है। वह घटना अथवा कवि के जीवन का कितना और कौन सा अंश उसकी कविता में अभिव्यक्त हुआ है, यह अध्ययन बहुत ही रुचिकर और आलोचना की दृष्टि से महत्वपूर्ण हो सकता है लेकिन सदैव नहीं। आलोचक इसे दृष्टि में न रखकर यदि पूर्णतया कवि के जीवन की घटनाओं के ही आधार बना लेता है तब वह कवि सीमा का अतिक्रमण कर जाता है। जैसे महाकवि कालिदास के 'कुमारसम्भव' में शिव पार्वती के सम्भोग शृंङ्गार अथवा रीतिकालीन कविताओं में नग्न शृंङ्गार के चित्रों को ध्यान में रखकर उन्हें लम्पट और चरित्र भ्रष्ट की संज्ञा से विभूषित करें तो यह उन कवियों के साथ न्यायं नहीं होगा। कवि केवल अपने जीवन की घटनाओं का ही चित्र अपनी कविता में प्रस्तुत करता है—पूर्ण या नितान्त सत्य नहीं है। वह जिस वर्ण्य विषय की कल्पना

करता है, जो शैली अपनाता है, जिन भावों और विचारों को काव्य में स्थान देता है, उनके सबके अन्दर उसका व्यक्तित्व एक शक्ति केन्द्र का काम करता है लेकिन वह भी एक सीमा तक। क्योंकि कवि का व्यक्तित्व सामूहिक चेतना, सामूहिक भाव तथा लोक सामान्य भाव भूमि के सामंजस्य में ही काव्य के लिये उपादेय हो सकता है अन्यथा नहीं। कवि के व्यक्तित्व को काव्य के लिए उपादेय स्वीकार कर लेने का अर्थ यह नहीं है कि उसके अवगुणों और विकारों को भी काव्य में अभिव्यक्त होने की स्वतन्त्रता दी जाये। कविता न तो पूर्णतया निर्वैयक्तिक ही हो सकती है और न विशुद्ध वैयक्तिक। निर्वैयक्तिकता का तात्पर्य है कि कवि अपने निजी योगक्षेम को मानव सामान्य के कल्याण के साथ एकाकार कर दे। इस समन्वयात्मक दृष्टिकोण को रखकर ही जीवन वृत्तान्तीय आलोचना का उपयोग अपेक्षित है।

आलोचना के विकास के प्रारम्भिक वर्षों में कवियों के जीवन चरित उपस्थित किये गये लेकिन उनमें आलोचना के तत्त्व कम थे। अभी हिन्दी में जीवन चरितात्मक आलोचना प्रणाली का सर्वथा अभाव सा है, इसका विकास अभी उन्नत रूप से नहीं हो सका है।

ऐतिहासिक आलोचना प्रणाली

कलाकार के व्यक्तित्व, प्रकृति एवं जीवन चरित्र का उसकी कलाकृति से अभिन्न सम्बन्ध होता है। इसके पहले बताया जा चुका है कि कलाकार के व्यक्तित्व को अभिव्यक्ति का आश्रय अपनी परिवृत्ति में मिलता है। इसके साथ ही साथ अपने काव्य अथवा कला के लिये कवि या कलाकार वर्ण्य-विषयों के संकलन के लिए अपने युग और परिवृत्ति का मुखापेक्षी होता है। युग का साहित्य पर बहुत अधिक नियंत्रण रहता है क्योंकि साहित्य के लिए युग केवल सामग्री ही नहीं प्रदान करता प्रत्युत युगीन चेतना साहित्य का दिशा-निर्देश भी करती है। साहित्य और युग का यही सम्बन्ध साहित्य के अध्ययन की ऐतिहासिक शैली का आधार है। हर एक प्रौढ़ साहित्य में आलोचना की यह प्रणाली प्रचलित है। कारलाइल ने लिखा है—"किसी राष्ट्र के काव्य का इतिहास वहां के धर्म, राजनीति और विज्ञान के इतिहास का सार है—काव्य के इतिहास में लेखक को राष्ट्र के उच्चतम लक्ष्य, उसकी क्रमागत दिशा और विकास को देखना अत्यन्त आवश्यक है। इससे राष्ट्र निर्मित होता है। यही राष्ट्र का काव्य है।" इस कथन से यह स्पष्ट हो जाता है कि साहित्य राष्ट्र के इतिहास का लेखा जोखा होता है जिसमें युग का जीवन प्रतिबिम्बित रहता है। कोई भी साहित्य सर्वथा शून्य से विकसित नहीं हो जाता है। वह अपनी सामग्री अपने युग की सामाजिक राजनीतिक, सांस्कृतिक तथा आर्थिक परिस्थितियों से ही ग्रहण करता है। अस्तु साहित्य का अध्ययन करते समय हमारे लिये यह भी आवश्यक है कि हम इन विविध ऐतिहासिक शक्तियों को भी ध्यान में रखें।

पाश्चात्य आलोचना साहित्य में ऐतिहासिक प्रणाली पर सेन्ट वेव तथा तेन (Taine) ने सर्वाधिक बल दिया। तेन ने अपनी पुस्तक History of English Lett में साहित्यिक कृति के अध्ययन करते समय तीन बातें ध्यान में रखने का परामर्श दिया है—Race (जाति), Surroundings (परिवृत्ति अथवा परिस्थिति), Epoch (युग या काल)। इन तीनों को वह साहित्य की प्रधान प्रेरणा शक्ति मानते हैं और तेन के विचारानुसार यदि किसी रचना का अध्ययन हम उपयुक्त तीनों बातों को ध्यान में रखकर करेंगे तो हमारी व्याख्या कभी गलत नहीं हो सकती। साहित्यकार की प्रवृत्तियाँ बहुत कुछ उसकी जाति पर निर्भर होती हैं जैसे आर्य जाति की प्रवृत्तियाँ अनार्य और सेमाटिक जाति की प्रवृत्तियों से सर्वथा भिन्न होगी। आर्य जाति के लोग सारे संसार में पाये जाते हैं और उन पर तत्सम्बन्धित देशों की भाषा, संस्कृति, दर्शन आदि का प्रभाव भी पड़ चुका होगा लेकिन हम यदि उन सबका मिला जुला कर अध्ययन करें तो हमें उन सबमें अद्भुत साम्य मिलेगा। लेकिन इसी के साथ ही साथ एक ही स्थान पर रहनेवाली दो विभिन्न जातियों के

लोगों की भाषा संस्कृति तथा आचार-विचार में बड़ा अन्तर है—ऐसा भी हमें दिखाई पड़ेगा। अतः लेखक की प्रवृत्तियों के निर्माण में जाति का बड़ा योगदान रहता है। दूसरी बात है परिस्थिति अथवा परिस्थिति अथवा परिवृत्ति जिस पर तेन बल देता है। इसमें भौगोलिक, राजनीतिक, सामाजिक आर्थिक आदि सभी प्रकार की परिस्थितियों का अन्तर्भाव है। ये सभी साहित्य को अपनी-अपनी दृष्टि से प्रभावित करती हैं। एक जाति या एक देश का साहित्य दूसरे देश या जाति के साहित्य से भिन्न होगा। क्यों? परिस्थिति। भारतीय एवं योरोपीय साहित्य का भौतिक अन्तर इसी परिवृत्ति या परिस्थिति पर अवलम्बित है। भारत और यूनान के निवासी आर्य जाति के होते हुये भी इतने भिन्न क्यों हैं? क्योंकि दोनों ही परिस्थितियाँ भिन्न हैं। तीसरी बात है युग या काल। काल सतत् परिवर्तनशील है। कालिदास का युग आज के युग से भिन्न था, भक्तिकाल अथवा रीतिकाल से आधुनिक युग भिन्न है। यदि कालिदास या भक्ति-रीति काल के कवि आज जन्म लेते तो उनकी कला का स्वरूप दूसरा ही होता। प्रत्येक वस्तु, प्रत्यय एवं विचारधारा निरन्तर परिवर्तनशील और प्रवाहमान है। सौ वर्ष पहले की विचारधारा और मान्यतायें आज लागू नहीं हो सकतीं। गति जीवन और चेतना का लक्षण है। अस्तु तेन यह मानते हैं कि युग चेतना चिर विकासशील है और वह अपने साथ पूर्व युग के संस्कारों को लेकर आगे बढ़ती रहती है। अगर हम इन तीनों तत्वों को ध्यान में नहीं रखेंगे तो हमारी व्याख्या या आलोचना एक पक्षीय होगी।

साहित्य का अध्ययन और मूल्यांकन युग, परिवृत्ति और जाति से पृथक् करके नहीं किया जा सकता। हडसन ने प्रत्येक कलाकृति को एक राष्ट्र के विशेष युग की अवस्थाओं का सहज परिणाम मात्र कहा है। वह इसका प्रतिबिम्ब है। इसी को स्पष्ट करते हुये वह कहते हैं—"A nation's literature is not a miscellaneous collection of books which happened to have been written in the same tongue or within a certain geographical area. It is the progressive relation age by age of such nations and character."[1] हडसन साहित्य को युग की मूल चेतना और आदर्शों की अभिव्यक्ति मानते हैं तो तेन साहित्य के व्यष्टि रूप को इन्हीं तीन प्रेरणाओं का परिणाम मानते हैं—"It was perceived that a work of Literature is not a mere play of imagenation, a solitary caprice of a heated brain but a transcript of contemporary manners a type of a certain kind of mind."[2] तेन का कहना है कि रचना का वर्ण्य विषय, भाव, भाषा, शैली, विचारधारा आदि सभी कुछ उस युग विशेष की देन होती है। साहित्य मानव समाज और प्रकृति समन्वित सतत् परिवर्तनशील पदार्थ जगत से उद्‌भूत वस्तु है और उसे प्रतिबिम्बित करता है। नवीन युग में टी.एस. इलियट ने भी ऐतिहासिक पद्धति पर बल देते हुए कहा है कि प्रत्येक युग अपने साथ कला के नये मापदण्ड लाता है। वह आगे कहते हैं कि—"It is that no generation is intrested in Art in quite the same way as anyother; each generation like each individual, brings to the certain plabian of art, its own categries of appreciate an, makes its own demands upon art and his own uses of art."[3]

इस प्रकार इलियट भी आलोचना के मापदण्डों के निर्धारण में युग चेतना के शक्तिशाली प्रभाव को स्वीकार करता है। साहित्य और उसकी आलोचना हर युग के साथ परिवर्तित होती जाती है क्योंकि दोनों ही प्रवाहशील तत्त्व हैं। इलियट कहता है कि साहित्यकार तो परम्परा की ही उपज होता है अतएव उसे उसकी परम्परा से अलग किया ही नहीं जा सकता। कोई भी साहित्यकार अपने उत्तराधिकार की अवहेलना करके प्रगति के पद पर नहीं बढ़ सकता। वह

1. Hudson......An Introduction to the Study of Literature.... Page 31
2. Taine......History of English Literature
3. T.S. Elliot.......The use of Poetry and the use of Criticism.

परम्परा का अर्थ गतिशीलता लगाता है गतिहीनता नहीं।

हिन्दी में साहित्य की आलोचना बहुत ही नयी है और अभी अपनी शिशु अवस्था में ही है लेकिन विकास और प्रगति की शक्ति से गर्भित है इसका स्पष्ट आभास मिलता है। आधुनिक आलोचना प्रणाली की आरम्भ से ऐतिहासिक आलोचना प्रणाली के दर्शन होते हैं। भारतेन्दु हरिश्चन्द्रजी ने अपने कपितय लेखों द्वारा साहित्य के विकास की धारायें स्पष्ट करने का प्रयत्न किया है। साहित्य की तत्कालीन परिस्थितियों का अनुमान भी किया गया है। पंडित महावीर प्रसाद द्विवेदी तथा मिश्र बन्धुओं ने भी कवियों की रचनाओं से तत्कालीन अवस्थाओं का अनुमान लगाया है। आजकल ऐतिहासिक प्रणाली का बहुत प्रचलन हो रहा है। आज आलोचक साहित्य की व्याख्या युग की आर्थिक, सामाजिक, सांस्कृतिक और राजनीतिक सभी परिस्थितियों की पृष्ठभूमि में करता है। आचार्य रामचन्द्र शुक्ल, डा0 रामकुमार वर्मा, हजारी प्रसाद द्विवेदी, नन्ददुलारे वाजपेयी आदि सभी ने साहित्य का अध्ययन युग तथा समाज की पृष्ठभूमि में किया है।

मनोविश्लेषणात्मक आलोचना प्रणाली

सृजन के समय कवि की मनः स्थिति क्या होती है तथा काव्य सृजन की प्रेरणा उसे किस मनः स्थिति में मिलती है इस प्रश्न पर भारतीय आचार्यों की अपेक्षा पाश्चात्य आचार्यों का ध्यान शुरू से ही रहा। प्रायः सभी प्रधान आचार्यों ने साहित्य की प्रेरणा पर विचार किया है। मनोविज्ञान आचार्यों का इस प्रणाली में विशेष योगदान रहा है और उनके सिद्धान्तों ने इस क्षेत्र में एक क्रान्ति सी ला दी है। इन आचार्यों में प्रमुख हैं फ्रायड, एडलर और युंग। मनोविश्लेषणात्मक आलोचना प्रणाली मुख्यतया इन्हीं तीनों की मान्यताओं पर आधारित है। दमित इच्छाओं और वासनाओं की अभव्यक्ति स्वप्न, दैनिक भूल, हास्यविनोद और कला में होती है जिसमें कला और साहित्य इन अभिव्यक्तियों का सबसे सुन्दर साधन है। इन मनोविश्लेषण शास्त्रियों के अनुसार कलाकार अनिवार्यतः मनस्तापी अथवा रुग्ण होता है। मनस्ताप की ऊर्जा कला की ओर प्रवाहित हो जाती है। कलाकार की मनोवृत्ति अन्तर्मुखी होती है। वह सम्मान, शक्ति, सम्पत्ति, यश और नारी का प्रेम प्राप्त करना चाहता है किन्तु इन परितुष्टियों को प्राप्त करने के साधनों से वंचित है। अतएव असन्तुष्ट काम भावना के कारण दूसरे व्यक्तियों के समान ही वह वास्तविकता से दूर हो अपनी सारी अभिरुचि तथा कामोत्तेजना को रम्य कल्पना, दिवास्वप्न और इच्छाओं की सृष्टि की ओर लगा देता है जिससे मनस्ताप उत्पन्न होता है। कलाकार अधिकतर अपनी शक्तियों के आंशिक निरोध से तथा मनस्ताप से ग्रस्त रहता है। सम्भवतः उसकी संरचना उदात्तीकरण की सबल शक्ति होती है। वह जानता है कि अपने दिवा स्वप्नों का किस प्रकार विस्तार करे। उसमें वह रहस्यात्मक योग्यता भी होती है जो उसकी विशिष्ट सामग्री को कल्पना जन्य विचारों में ढाल देती है। प्लेटो ने भी कवि को उन्मादी और आविष्ट जीव माना था। यह तथ्य यदि कवियों और लेखकों पर देखा जाय तो बहुत कुछ सत्य मिलता है कि उनके जीवन की हीनता और अतृप्ति ही कहीं न कहीं किसी न किसी रूप में उनकी रचनाओं में व्यक्त है और ऐसे रचनाकारों की एक लम्बी सूची तैयार हो सकती है। उदाहरण के लिये पोप कुबड़ा और बौना प्रसूत स्नायु रोगी, बायरन की फीलपाँव, कीट्स नाटा और टामस वूल्स अनावश्यक रूप से लम्बा था। हिन्दी में भी प्रेमानुराग के प्यासे सूरदास अन्धे थे। रत्नावली द्वारा तिरस्कृत तुलसीदास के मनस्ताप का उदात्तीकरण भक्ति और काव्य में हुआ। रसखान और घनानन्द की कविताओं में भी प्रेमानुरक्ति की अतृप्ति की अभिव्यक्ति है।

मनोविश्लेषणात्मक प्रणाली का आलोचक लेखक के अचेतन मन का सूक्ष्म अध्ययन करता है तथा उसकी रचनाओं में उसके अचेतन अवचेतन मन के अवचेत मन के अनेकानेक तथ्यों आदि को प्रतिफलित देखता है। हिन्दी आलोचना पर इस प्रणाली का यथेष्ट प्रभाव पड़ रहा है

तथा इलाचन्द जोशी, नगेन्द्र और अज्ञेय आदि इस प्रणाली का उपयोग कर रहे हैं।

प्रभाववादी, सौष्ठववादी, अभिव्यंजनावादी आलोचना प्रणाली

सौष्ठववाद दृष्टिकोण की चरम स्थिति ही अर्थात् जिसमें काव्य की उपयोगिता सौष्ठव आदि पर सर्वसामान्य की दृष्टि से विचार न करके पूर्णतः आत्मप्रधान समीक्षा हो ऐसी स्थिति ही प्रभावाभिव्यंजक (Impressionist) या प्रभाववादी समीक्षा या आलोचना है। ऐसा आलोचक आलोचना के विधान को नहीं देखता। वह साहित्य को इतिहास, मनोविज्ञान और चरित्र शास्त्र आदि की दृष्टियों से नहीं देखता, सौन्दर्य शास्त्र के नियमों को उसके लिये कोई महत्व नहीं। वह साहित्य को अपनी रुचि से आँकता है। उसके लिए काव्य का एकमात्र उद्देश्य प्रेषणीयता है। आलोच्य पुस्तक द्वारा प्राप्त आनन्द ही मापदण्ड और उसका निर्णय है। रचना के औचित्य-अनौचित्य पर विचार करने की जरूरत नहीं केवल यही कहे जैसा प्रभाव उस पर पड़ा है। भिन्न-भिन्न आलोचकों पर एक ही कलाकृति का अलग-अलग प्रभाव पड़ सकता है। उन प्रभावों का आपस में कोई साम्य न हो, कोई आपत्ति नहीं क्योंकि प्रत्येक को उसे भिन्न-भिन्न रूप में ग्रहण करने का पूरा अधिकार है। ऐसी समीक्षा स्वयं एक स्वतन्त्र कलाकृति हो जाती है। कलाकृति बाह्य जगत और जीवन की प्रतिक्रिया है और यह समीक्षा प्रतिक्रिया की प्रतिक्रिया। प्रभाववादी समालोचक इन सबको गुण मानता है। यह आलोचना मूल पुस्तक की अपेक्षा आलोचक के मनोभावों और अनुभूतियों को प्राधान्य देती है। फलतः आलोच्च वस्तु से दूर हट जाती है। वह यह मानता है कि यह प्रणाली कलाकृति के आधार पर मनोविज्ञान या सौन्दर्यशास्त्र की पुस्तकों का निर्माण करती है तथा एक कलाकृति से दूसरी कलाकृति का जन्म होता है इसीलिए कहता भी है कि ``Art can find only its alter ego in art." सैंट्सबरी तथा स्पिनशार्न इसी आलोचना के समर्थक रहे हैं। प्रभाववादी आलोचना प्रणाली में आत्म प्रधान समीक्षा को महत्व दिया जाता है तो स्वच्छन्द व्यक्तिवाद एवं आत्मचेतना पर आधारित होता है। सहज आन्तरिक प्रतिक्रिया कृति का स्वेच्छापूर्वक ज्ञान और अन्त में उसका मूल्यांकन करना ही इस प्रणाली का मुख्य उद्देश्य होता है। आलोचक किसी प्रचलित मान्यताओं को स्वीकार न करके मात्र अपनी व्यक्तिगत रुचि को ही आश्रय देता है। स्पिनशार्न के अनुसार समीक्षा का नितान्त स्वाभाविक रुप वही है जिसमें पुस्तक की साहित्यिक विशेषताओं, कलात्मकता और गुणों की अपेक्षा आलोचक के ऊपर पड़े हुए प्रभावों एवं उसकी आत्मानुभूतियों को अधिक महत्व दिया जाता है, औचित्यानौचित्य के मूल्यांकन का तो प्रश्न ही नहीं उठता। इस आलोचना प्रणाली की कुछ सीमायें हैं। जैसे इस प्रणाली का आलोचक अपनी-अपनी दृष्टि अपनाने के कारण तथा किसी भी मान्यता, बन्धन अथवा नियन्त्रण न स्वीकार करने के कारण वह स्वच्छन्द रहता है फलतः एक ही कृति के सम्बन्ध में एक से अधिक आलोचक एक से अधिक और भिन्न-भिन्न मत व्यक्त करते हैं जिससे अराजकता की स्थिति पैदा हो जाती है कि पाठक किस आलोचक की आलोचना को स्वीकार करे। क्योंकि आलोचक अपना कोई निर्णय तो देता नहीं केवल अपने ऊपर पड़े हुए प्रभाव को ही अभिव्यक्त कर देता है। यह अभिव्यक्ति कोई बहुत औचित्यपूर्ण नहीं होगा। और न ही तर्कसंगत या न्यायपूर्ण समीक्षा प्रस्तुत करता है।

इसी प्रकार सौष्ठववादी आलोचक, सौन्दर्य जन्य आह्लाद को भी समीक्षा का एक मापदण्ड मानता है। लेकिन भारत के शास्त्रीय रस आदि तत्वों में इसका इतना अन्तर्भाव हो गया है कि इसकी पृथक् सत्ता नहीं रह गयी है। इन आलोचकों ने कलाकार के व्यक्तित्व का मनोवैज्ञानिक निरूपण ही अधिक किया है। कलाकृति के सौन्दर्य से आह्लादित हुए इसकी कोई व्यंजना विशेष नहीं मिलती।

अभिव्यंजनावाद के जन्मदाता सौन्दर्यान्वेषी चिन्तक बेनेडेरो क्रोचे के अनुसार चरम सत्य

मानस है—मानस जो विभिन्न रूप ग्रहण करने वाली सृष्टि की शक्तियों की आधारशिला है। यह अभिव्यंजना को ही काव्य या कला मानते हैं। क्रोचे का कहना है कि अभिव्यक्ति आभ्यन्तर तथा मानस में होती है। सौन्दर्य का आधार साँचा या रूप होता है। काव्य का एकमात्र उद्देश्य होता है सौन्दर्य की अभिव्यक्ति करना और उसके सम्बन्ध में नीति या उपयोगिता की बातें करना निरर्थक है। कला के लिए सत्यं और शिवं शब्दों का उपयोग क्रोचे अनुपयुक्त बतलाते हैं। वह काव्य या कला को विशुद्ध सौन्दर्य का क्षेत्र मानते हैं और उसमें किसी अन्य तत्व को खोजना व्यर्थ है। वह कला और कृति को दो भिन्न वस्तुयें मानता है और अभिव्यक्ति के क्रम में आह्लाद तत्व का समावेश मानता है। इस प्रकार काव्य में सौन्दर्य एवं आह्लाद का समन्वय स्पष्ट है और यह सारा निरूपण कला के लिए है, कलाकृति के लिए नहीं।

क्रोचे वस्तु, आकार की पूर्ण उपेक्षा तो नहीं करता लेकिन उसकी तुलना में अभिव्यंजना को अधिक महत्त्व देते हुये अभिव्यंजना के चार क्रम स्वीकार किये हैं—(क) मनः संवेदना, (ख) मनः संवेदना के उद्‌बोधन से आत्मिक अभिव्यक्ति, (ग) सुन्दर वस्तुओं के प्रत्यक्षीकरण से उत्पन्न आनन्द भाव, (घ) सौन्दर्य बोध के तत्त्वों की भौतिक तत्वों में अवतरण। उसकी यह सारी मान्यतायें कलाकृति से सम्बन्धित न होकर कला से हैं। सहज अनुभूति तथा अभिव्यंजना का मूल स्वरूप उसने एक माना है क्योंकि सौन्दर्य भावना आकृति प्रधान होता है। जिसमें आध्यात्मिक सत्ता के तत्त्व निहित रहते हैं। मात्र वस्तु में रस निष्पत्ति और सौन्दर्य बोध की सत्ता नहीं स्वीकार करता। आकृति सौन्दर्य बोध का आधार तत्त्व है लेकिन वस्तु की सत्ता की पूर्ण उपेक्षा भी नहीं करता। सत्य और यथार्थ का केन्द्र है मानव। बाह्य आकृतियाँ सत्य और यथार्थ नहीं हैं क्योंकि उनका केन्द्र हमारे मानस में नहीं है। कला सहज ज्ञान है तथा मानस के अन्तर्गत प्राप्त प्रभावों की अभिव्यंजना मात्र है। इस प्रकार अभिव्यंजना ही मनोभाव का प्राण है। समीक्षा करते समय यह ध्यान में रखना चाहिए कि अमुक रचना सौन्दर्य की अभिव्यक्ति कितने अंशों में करती है और यदि वह रचना सौंदर्य की अभिव्यक्ति में सफल नहीं है तो वह किसी प्रकार से भी श्रेष्ठ रचना की कोटि में नहीं रखा जा सकता। इस श्रेणी के आलोचकों का कार्य है कलाकृति के सौन्दर्य से आह्लादित होकर उस सौन्दर्य तत्व का उद्‌घाटन करना न कि काव्य शास्त्र के नियमों के आधार पर कलाकृति की व्याख्या करना। उस आलोचक को यह नहीं बताना है कि उसमें काव्यशास्त्र के नियमों का कितना प्रतिपादन हुआ है। उसे तो यह बताना है कि कलाकृति कितनी सुन्दर है और उसके सौन्दर्य के कारण क्या हैं? वह कलाकृति का मूल्यांकन अपनी सहृदयता और सौंन्दर्यशास्त्र के नियमों के आधार पर करता है। इस प्रकार के आलोचक को क्रोचे सौन्दर्यान्वेषी (Aesthetic Critic)की संज्ञा दी है। वह सौन्दर्य को अपने आप में पूर्ण और स्वतः प्रमाण मानता है।

हिन्दी में अभिव्यंजनावाद का जो स्वरूप मिलता है वह पूर्णतया पाश्चात्य मान्यताओं से ही प्रभावित नहीं है प्रत्युत उस पर भारतीयता का भी यथेष्ट प्रभाव पड़ा है। सौंदर्य के सम्बन्ध में भारतीय धारणा अत्यन्त व्यापक है। भारतीय धारणा कला का मूल उत्स आनन्द मानता है और आनन्द प्रयोजनातीत है। सुन्दर फूल देखकर, प्रभात की उज्जवलता एवं सन्ध्या की स्निग्धता को देखकर चित्त को अपूर्व शान्ति के साथ ही साथ आनन्द की प्राप्ति होती है। लेकिन उससे न तो कोई शिक्षा मिलती है, न कोई स्वार्थ सिद्ध होता है, और न कोई सांसारिक लाभ ही मिलता है। विश्व की इस अनन्त सौन्दर्यमयी दृष्टि की भाँति ही कला भी आनन्द का ही प्रकाश है जो हमारे हृद्‌तन्त्र को झंकृत कर देता है। यही आनन्द की प्राप्ति ही हमारा चरम लाभ है। उच्चकोटि के कला के अन्दर किसी तत्व को खोजना उसे कलुषित करना है। इस प्रकार भारतीय सौन्दर्य में मंगल एवं सत्य का समन्वय होता है, वासना इसमें उपेक्षित रहती है। काव्य का उद्देश्य होता है नीति-उपयोगिता-निरपेक्ष सौन्दर्य की सिद्धि करना। काव्यास्वाद चित्त की ऐसी मंगलमयी अवस्था

है कि उसमें आपाततः अश्लील प्रतीत होनेवाली सारी वस्तुयें स्वयं मंगलमयी हो जाती हैं। अतएव श्लील-अश्लील, नैतिक-अनैतिक, सत-असत, उपदेश-आनन्द आदि द्वन्द्वों के जिस रूप को पश्चिम में ग्रहण हुआ जिसमें परिणामस्वरूप अनेकानेक मत-मतान्तर, वाद-विवाद एवं सम्प्रदायों का जन्म हुआ यहाँ भारतीय परम्परा में वह व्यर्थ, निरर्थक तथा छिछला माना जाता है। वस्तु के सौन्दर्य को उपेक्षणीय स्थान प्रदान कर किसी रचना प्रक्रिया में अभिव्यक्ति की सुन्दरता मात्र की परख जिस आलोचना प्रणाली के माध्यम से किया जाता है वह अभिव्यंजनावादी आलोचना प्रणाली के उद्देश्य को पूरी कर देती है। सौन्दर्यवाद तथा अभिव्यंजनावाद का विशुद्ध रूप हिन्दी के आलोचकों में तो नहीं मिलता लेकिन इतना तो निर्विवाद सत्य है कि इन प्रवृत्तियों ने हिन्दी आलोचना प्रणाली को यथेष्ट प्रभावित किया है। हिन्दी का सारा छायावादी साहित्य इनसे प्रभावित है। छायावाद में अभिव्यंजना और सौन्दर्य सृष्टि की ही प्रधानता है। छायावादी कवि प्रत्येक वस्तु का विच्छितिमय और भंगिमापूर्ण शैली में ही वर्णन करता है। प्रतीत विधान और लाक्षणिकता उसकी शैली की प्रधान विशेषता है। सौन्दर्यसृष्टि और अभिव्यंजना की भंगिमा के द्वारा ही पाठक के हृदय को भाव-विभोर एवं आह्लादित करता है। चमत्कार ही छायावादी काव्य का प्राण है फलतः पाठक या श्रोता उसके उक्तिवैचित्र्य से प्रभावित हुए बिना नहीं रह सकता। इससे यंह स्पष्ट हो जाता है कि कलावाद और अभिव्यंजना ने हिन्दी काव्य धारा को बहुत अधिक प्रभावित किया है। इसके अतिरिक्त स्वच्छन्दतावादी आलोचकों का दृष्टिकोण भी अभिव्यंजनावादी ही रहा है। वे काव्य की उत्कृष्टता का मापदण्ड सौन्दर्य की सृष्टि तथा तज्जनित आह्लाद ही मानते हैं।

पर्यालोचना

पर्यालोचना का शाब्दिक अर्थ है किसी कृति को चारों ओर से देखना। किन्तु हिन्दी में यह शब्द अंग्रेजी के रिव्यू शब्द के अर्थ में प्रयुक्त किया जाता है। हिन्दी में पत्र-पत्रिकाओं के प्रकाशन से पर्यालोचन का काम उन्नीसवीं सदी से आरम्भ हुआ। आज भी हिन्दी में जितने मासिक या साप्ताहिक पत्र प्रकाशित होते हैं। उन सभी में पुस्तकों की समीक्षा प्रकाशित हो रही है। 'सरस्वती' में पर्यालोचना का एक विशेष स्तम्भ होता है। साहित्य-संदेश (आगरा), समीक्षा (पटना) और आलोचना (दिल्ली) में पर्यालोचना सम्बन्धी लेख बराबर छपते हैं। इनमें नवीन ग्रन्थों की समीक्षा विस्तार से रहती है। हिन्दी में प्रतिवर्ष हजारों की संख्या में पुस्तकों के छपने से पर्यालोचना का इस युग में विशेष महत्त्व बढ़ गया है। पर्यालोचना ही यह बताती है कि कौन ग्रन्थ पठनीय है कौन अपठनीय। वही पर्यालोचक सफल हो सकता है। जो लेखक, प्रकाशक तथा संपादक के प्रभाव से अपने को सदा मुक्त रखे वह न तो पैसे के ल ओभ से लिखे और न किसी के दबाव से, और न किसी की झूठी प्रशंसा करे। किसी भी रूप में उसे लेखक ग्रन्थ या प्रकाशक का विज्ञापन नहीं करना चाहिए। पर्यालोचना करनेवाले को विवेच्य कृति के विषय का विशेषज्ञ होना आवश्यक है। पत्र-पत्रिकाओं में पुस्तक्ष-समीक्षा के लिए बहुत सीमित स्थान रहता है। अतः पर्यालोचना का काम बहुत दक्षता से करना चाहिए।

आलोचना की इतनी सामान्य चर्चा कर लेने पर अब मुख्य बातें केवल तीन रह जाती हैं—(1) आलोचना की वैज्ञानिक प्रक्रिया, (2) आलोचना की ऐतिहासिक समीक्षा और (3) उसकी वर्तमान गतिविधि (अर्थात् उसका अपने साहित्य में प्रयोग)। स्वरूप-निर्णय के बाद सहज ही प्रक्रिया का प्रश्न आता है और किसी भी विषय की वैज्ञानिक प्रक्रिया का विवेचन बिना इतिहास के सहारे नहीं हो सकता। इन सबके अंत में वाग्योगविद् अघध्यापक और व्यवहार चतुर विद्यार्थी के लिये यह भी आवश्यक हो जाता है कि कुछ तथ्यों को स्थिर करके उनका व्यवहार और प्रयोग जाना जाय। इस प्रकार यह किसी भी विषय के आलोचना की साधारण विधि है। यही आलोचना

की भी विधि होनी चाहिए।

स्वरूप-निर्णय पर एक दृष्टि

आलोचना के क्षेत्र में कवि और भावक (अर्थात् साहित्यकार और साहित्य-समालोचक) दोनों के कर्म और स्वभाव को सदा ही ध्यान में रखकर चलना होता है। दोनों के ही कर्म सुकुमार और कठिन होते हैं और दोनों ही स्वभाव से अनुभूतिवाले मनुष्य होते हैं। इस प्रकार हमारी दृष्टि से दोनों ही एक लोक के—एक मधुमती भूमिका के—रहनेवाले, एक जाति के और एक समान हृदयवाले व्यक्ति होते हैं, दोनों ही प्रकाशमयी चेतना के दर्शन करने-करानेवाले हैं। जिस प्रकार कवि जीवन की चेतना का प्रत्यक्ष* करता है और अपने कवि-कर्म द्वारा उसका आनंदानुभव स्वयं करता है और दूसरों को कराता है उसी प्रकार आलोचक उस कवि कर्म अर्थात् साहित्य की चेतना का प्रत्यक्ष करता है; एक सहृदय के नाते उसका रस लेता है और अपने आलोचना-रूपी कर्म से दूसरों को उसका मूल्य और महत्त्व समझाता है। दोनों ही चेतना को अंकित करते हैं पर दोनों की कला में भेद होता है। साहित्यकार जीवन की अनुभूतियों के अपनी कला से इस प्रकार अभिव्यंजित करता है कि वे अभिव्यंजन सरस और संवेदनीय हो जायँ, पर समालोचक उन्हीं अभिव्यंजनों का भावन करके अपनी कला से उनका ऐसा विवेचन करता है कि उनका मूल्य निर्णय हो जाय। अर्थात् कवि की कला अभिव्यंजना प्रधान होती है और आलोचक की कला है विवेचना-प्रधान। एक का लक्ष्य होता है संवेदन और दूसरे का लक्ष्य होता है मूल्य निर्णय अथवा निर्धारण। इसी लक्ष्य-भेद से दोनों की प्रक्रिया में भी भेद होता है—कवि की प्रक्रिया तरंगों में बहनेवाली भावना-प्रधान होती है, और आलोचक की प्रक्रिया होती है सीधी, सरल, स्थिर और दोनों ओर देखकर चलनेवाली विज्ञान-प्रधान।

तुलना

आजकल की वैज्ञानिक प्रक्रिया के दो सामान्य पक्ष हैं तुलना और इतिहास। साहित्य की आलोचना भी तभी वैज्ञानिक होती है जब तुलना और इतिहास के आधार पर उसकी भित्ति उठाई जाती है। जिस आलोचक की दृष्टि तौलनिक और ऐतिहासिक न होगी वह भले ही साहित्य का भाव ग्रहण करके भावुक बन जाय, पर वह सच्चा पारखी तो कभी नहीं हो सकता। जो बिना देश और काल का विचार किये शेक्सपियर और कालिदास की अथवा मिल्टन और माघ की तुलना करने बैठते हैं वे धोखा खाते हैं और प्रायः अनर्थ कर बैठते हैं। तोलने (अर्थात् तुलना करने) के पहले अपनी तुला ठीक कर लेनी चाहिए। भारत की तुला दूसरी है और यूनान अथवा इंग्लैंड की तुला दूसरी है। इतना ही नहीं, भारत के प्राचीन काल में आलोचना की जो कसौटी थी वह अर्वाचीन काल में दूसरी हो गई है। यूरोप में ही अरस्तू के काल में जो आलोचना की कसौटी थी वह एडिसन आदि के अर्वाचीन काल में नहीं रही। अतः उन्हीं कवियों की परस्पर तुलना हो सकती है जो एक ही देश और काल के हों, जिनकी सीमा और लोक-रुचि एक-सी रही हो। कभी-कभी आंशिक तुलना भी लाभकर होती है पर उस अर्द्ध-तुलना को कामचलाऊ ही समझकर आगे बढ़ना चाहिए।

तुलना के उपरांत प्रश्न आता है इतिहास का। जिस साहित्य के एक रत्न को भावक परखना चाहता है उस साहित्य की रूप-रेखा उसे अवश्य जाननी चाहिए। किसी साहित्य का इतिहास लिखना स्वयं ही आलोचना का काम है पर साधारण आलोचक के लिये इतिहास की सहायक होता है। अतः जिस साहित्य की अथवा जिस विषय की आलोचना करना हो उसका इतिहास जानना परमावश्यक है। जो इतिहास नहीं जानते वे साधारण पूर्वापर की भूलें तो करते

* प्रत्यक्ष से वही पर-प्रत्यक्षवाला अर्थ लेना चाहिए जिसका विवेचना पीछे रस-प्रकरण में हो चुका है।

ही हैं, कभी-कभी वे बड़ी बातें भी कह डालते हैं। जैसे आजकल के कई कलाविद् बननेवाले और आलोचक-नामधारी सज्जन कह बैठते हैं कि 'गुप्तकाल के लोगों का वेश तो हमें अच्छा नहीं लगता', हमें तो कालिदास और भवभूति की रुचि भी कुछ-कुछ अच्छी-सी नहीं लगती', 'अरे भाई, ऋग्वेद में तो कई बातें अश्लील लगती है।' ये सज्जन यदि उस समय की लोक-रुचि, उस समय की संस्कृति तथा उस समय का मापदंड जानते, यदि वे थोड़ा इतिहास जानकर सहृदय की भाँति व्यवहार करते तो कभी ऐसे अशिष्ट और भ्रामक बातें उनके मुँह से न निकलीं। अतः किसी भी कवि अथवा काव्य की आलोचना करने के लिये ऐतिहासिक दृष्टि रखकर ही कलम उठानी चाहिए।

विश्वरुचि अर्थात् मानव-आदर्श

तुलना और इतिहास के साथ ही आलोचक को इस सामान्य बात पर भी दृष्टि रखनी चाहिए कि यद्यपि देश-काल तथा व्यक्ति का भेद रखना परम आवश्यक है तथापि एक मानव आदर्श अथवा विश्वरुचि की भी स्थापना करनी पड़ती है। आजकल के युग में सभी देश, समाज और साहित्य एक दूसरे के इतने निकट आ रहे हैं कि दूरदर्शी, तटस्थ और विश्वहृदय के उपासक आलोचक को इस एकता पर अवश्य ध्यान देना पड़ता है।

सच बात तो यह है कि भाव-जगत् का पारखी कवि जब साधारणीकरण की अवस्था में कुछ रचता है तब उसकी कृति विश्व भर की संपत्ति हो जाती है। यद्यपि कवि के साधन देश-काल से सीमित रहते हैं तथापि उन साधनों के भीतर एक प्रकाश छिपा रहता है जिसे परखना और पहचानना समालोचक तथा सहृदय दोनों का ही कर्त्तव्य है।

गुणी और दोष

इस प्रकार तुलना ही इतिहास की दृष्टि के साथ ही भाव-जगत् की पहचान रखनेवाला पारखी आलोचक 'गुणी' माना जाता है, अपनी कला का पंडित माना जाता है। पर अब ऐसे दोषों को भी जानना चाहिए जिनके कारण ऐसा 'गुणी' 'निरगुनिया' हो जाता है। इन दोषों में पहला दोष है पारिभाषिक शब्दों का अज्ञान। पारिभाषिक शब्द होते हैं जिन्हें कवि अथवा साहित्यकार ने अपने विशेष अर्थों में प्रयुक्त किया है, उनका अर्थ वही लेना चाहिए जो कवि को मान्य हो। दूसरे वे संज्ञाएँ आती हैं जिनका प्रयोग स्वयं आलोचक करता है।

(1) पारिभाषिक शब्दों का निर्णय

यदि आलोचक अपनी शब्दावली को पहले भी नष्ट नहीं कर देता है तो उसकी आलोचना प्रायः आलोचक के बदले अंधकार ही फैलाती है। उसे एक अर्थ में एक ही शब्द का व्यवहार करना चाहिए, क्योंकि उसके शब्द तो मान-तुला के बटखरों का काम करते हैं और बटखरों की गड़बड़ी से तो सारा शब्द-व्यापार ही बिगड़ सकता है।

शब्दों का यह विचार तो कवि और आलोचक के लिये ही नहीं सभी पाठकों के लिये आवश्यक है। आजकल हिन्दी-संसार में जो कहीं-कहीं धाँधली देख सकती है और कभी-कभी अकारण भ्रम फैल जाता है, उसका एक बड़ा कारण है शब्दों की स्थिरता और भ्रम। लेखक एक अर्थ में प्रयोग करता है और पाठक उसे दूसरे अर्थ में समझ लेता है। दोनों को सतर्क और सावधान होने की आवश्यकता है। उदाहरण के लिये यदि कोई पाठक आलोचक हमारे साहित्यालोचन को पढ़ने बैठे तो उसे हमारे माने हुए अर्थों में ही शब्दों को समझकर हमारा भाव ग्रहण करना चाहिए, अन्यथा भ्रम होगा। हमने संस्कृत के साहित्यशास्त्र, पश्चिम के आलोचनाग्रन्थ और कुछ हिन्दी के चलते विचार—सभी से सहायता ली है। आजकल की हिन्दी (साहित्य और भाषा दोनों) पर पश्चिम का बड़ा प्रभाव पड़ रहा है, हमारी आलोचनाओं में शब्द तो संस्कृत के रहते हैं पर उनके साथ संसर्ग और भाव तीन समुद्र तेरह नदी पार पश्चिम के रहते

हैं। इससे बड़ी कठिनाई यह होती है कि उन संस्कृत शब्दों में युग के और हमारी परिस्थिति के अनुरूप कुछ नए अर्थ भी आ जाते हैं। ऐसी स्थिति में सदा प्रत्येक लेखक द्वारा प्रस्तुत शब्दों का अर्थ समझकर ही आलोचना-प्रत्यालोचना करना चाहिए।

अँग्रेजी का एक शब्द है लिटरेचर (Literature)। स्वयं अँग्रेजी भाषा में भी इसके दो अर्थ होते हैं—एक रसात्मक साहित्य और दूसरा साहित्य मात्र। दूसरे शब्दों में एक को काव्यमय और दूसरे को शास्त्रीय साहित्य कहते हैं। इसी व्यापक अर्थ में साहित्य का प्रयोग हिन्दी में हो रहा है; जैसे हिन्दी-साहित्य-सम्मेलन, साहित्य-परिषद्, साहित्य का इतिहास, वैज्ञानिक साहित्य इत्यादि। हमने भी साहित्य का यही व्यापक अर्थ लिया है। संस्कृत में साहित्य का अर्थ थोड़ा भिन्न होता है—'शब्दार्थयोः सहभावेन विद्या साहित्य विद्या साहित्य विद्या'। इस प्रकार साहित्य संस्कृत में एक विद्या है। कहीं-कहीं साहित्य काव्य का पर्याय भी माना जाता है। अतः संस्कृत के विद्यार्थी को साहित्य शब्द से हमारी रचना में हमारा अर्थ लेना चाहिए, संस्कृतवाला अर्थ नहीं। साहित्य का अर्थ इतना व्यापक हो जाने से हमने शुद्ध साहित्य अर्थात् काव्यमय साहित्य के लिये काव्य शब्द का व्यवहार किया है। संस्कृत में काव्य शब्द का बड़ा व्यापक अर्थ होता है तो भी काव्य को कविता (अर्थात् अँग्रेजी के Poetry) शब्द का पर्यायमान लेने से बड़ा भ्रम हो सकता है। जैसे अँग्रेजी में (शुद्ध) लिटरेचर के अन्तर्गत कविता, नाटक, उपन्यास, गद्य-काव्य, निबंध, आलोचना आदि सभी आ जाते हैं। उसी प्रकार हमारे काव्य के भीतर सभी का अंतर्भाव हो जाता है। कुछ निबन्ध और आलोचनात्मक प्रबन्ध ऐसे भी हो सकते हैं जो अधिक शास्त्रीय हों तो उन्हें हम छाँटकर शास्त्रीय साहित्य में रख देंगे पर साधारणतया तो निबन्ध और आलोचना भी हमारे काव्य में आ जाते हैं, क्योंकि हम काव्य के भीतर उन सब ग्रन्थों को रखते हैं जो अपनी विषय-वस्तु और वर्णन शैली के कारण सामान्यतः सभी मनुष्यों को रुचते हैं और जिनमें रूप और रूपजन्य आनन्द का होना परमावश्यक माना जाता है। इतिहास, व्याकरण, भाषा-विज्ञान, दर्शन, ज्योतिष, राजनीति आदि का ग्रन्थ काव्यमय भाषा में होने पर भी काव्य इसलिये नहीं माना जा सकता कि वह सर्वसाधारण का विषय नहीं है, उसकी चाह करते हैं उन उन विषयों के जिज्ञासु (विद्यार्थी अथवा पाठक) ही। दूसरा कारण यह है कि शास्त्रीय ग्रन्थ का लक्ष्य रहता है ज्ञान-प्रतिपादन और काव्यमय ग्रन्थ का लक्ष्य सदा भावप्रधान होता है। यद्यपि काव्य से भी शिक्षा मिल सकती है तथापि उसका प्रधान लक्ष्य होता है सुखात्मक भाव अथवा कलात्मक निवृत्ति (aesthetic satisfaction)।

अँग्रेजी और संस्कृत के अर्थ

आज दिन हिन्दी के विद्यार्थी और लेखक सभी अँग्रेजी साहित्य और साहित्यशास्त्र दोनों का नित्य आलोचन करते हैं; इसी से हमारे विवेचन और व्यवहार में भी अँग्रेजी के अर्थ आ गये हैं। तथापि हिन्दी का अपनापन रखने के लिए हम सदा संस्कृत और हिन्दी के भावों की रक्षा करते हैं। हिन्दी की समालोचना-प्रक्रिया में पूर्णता लाने के लिए संस्कृत के सभी सुन्दर तत्त्वों को लेना होगा। काव्य-स्वरूप-निर्णय, काव्य भेद निर्णय, रस-मीमांसा आदि सभी में हमने संस्कृत-शास्त्र का यथा शक्ति इतना अधिक उपयोग किया है कि उस विवेचन से संस्कृत के विद्यार्थी भी लाभ उठा सकते हैं और इसी प्रकार पश्चिम और पूर्व के समन्वय से हिन्दी अपनी अपूर्व और निजी वस्तुएँ अपने लिए अलग बना लेगी। यह सब लिखने का अभिप्राय इतना ही है कि आलोचक को सहृदय और संवेदनापूर्ण होकर दूसरों के भावों तथा अर्थों को पहले देखना चाहिए; व्यर्थ शब्दों की खाल न खींचनी चाहिए। जैसे साधारणीकरण से अँग्रेजी का जेनरलाइजेशन और अलौकिक से सुपरनेचुरल का अर्थ न लेना चाहिए। इनकी व्याख्या यथास्थान देखकर ही उन पर टीका-टिप्पणी करनी चाहिए। यदि धीरज के साथ शब्दाकार के अर्थों पर ध्यान दिया जाय तो

समालोचना से कटुता शीघ्र ही चली जाय और सचमुच तत्त्व का बोध और निर्णय होने लगे।

हम तो कहते हैं कि आलोचना और अध्ययन के क्षेत्र में यदि शब्दों का उचित अर्थ समझकर आगे बढ़तें हैं तो सभी बातें सहज हो जाती हैं। लेखक, आलोचक, अनुवादक, वक्ता सभी को अपनी निश्चित शब्दावली रखनी चाहिए। इसी से भारतीय ग्रंथों में सबसे पहले संज्ञा प्रकरण आता है; इसमें संज्ञाओं अर्थात् पारिभाषिक शब्दों का अभिधान रहता है।

यदि विचार कर देखें तो हमारा साहित्यालोचन क्या है—कुछ शब्दों की व्याख्या जैसे कला, साहित्य, काव्य, कविता, उपन्यास, नाटक, निबंध, रस, शैली, आलोचना आदि। इस प्रकार यह सब शब्दों की ही लीला है; अतः शब्दकार और उसकी कृति के साथ यदि न्याय करना हो तो शब्दों का विचार और व्यवहार दोनों ही ठीक होना चाहिए।

शब्द-विचार अथवा वाग्योग कहने में तो बड़ा सरल लगता है पर इसका निर्वाह इतना सरल नहीं होता। जिस प्रकार यह कहना सहज है कि अपने समान ही सबको समझना चाहिए ('आत्मौपम्येन सर्वत्र' अथवा 'आत्मवत् सर्वभूतेषु') उसी प्रकार शब्द-व्यवहार की बात भी है। करना दोनों का बड़ा कठिन पर साथ ही बड़ा उपकारक होता है।

(2) शब्द-शक्ति का ज्ञान

जिस प्रकार पारिवारिक शब्दों का ज्ञान अनिवार्य है उसी प्रकार शब्दशक्ति का ज्ञान भी अधिकारी समालोचक के लिये अनिवार्य होता है। कवि यदि सिद्ध हो जाते हैं तो उनके शब्द भी सिद्ध हो जाते हैं, वे जो शब्द बोल अथवा गा देते हैं उनमें एक अर्थ आ जाता है, पर आलोचक ओ उनके अभिप्रेत अर्थ लगाने में ही अपनी कला दिखाता है। साधारण समझ की बात है कि पहले मन में अर्थ सामने आता है तथा उसका प्रकाशन होता है शब्द द्वारा। इसी प्रकार जब पाठक अथवा भावक पहले अपने ज्ञान, अनुभव तथा संस्कार के सहारे अर्थ का साक्षात्कार कर लेता है तभी उस शब्द (अर्थात् भाषा) का सच्चा बोध होता है। कोष और व्याकरण से शब्द का सच्चा बोध नहीं होता। इसी से भारतीय प्राचीन मर्मज्ञ और आधुनिक पश्चिमी आलोचक सभी एक वाक्य होकर कहते हैं कि आलोचक के लिए यह बड़े महत्त्व का कार्य है कि वह शब्दों की सच्ची (आलंकारिक तथा औपचारिक अर्थों आदि वाली) शक्ति को स्वयं समझे और समझवे। इसी से शब्द-शक्ति भारतीय-आलोचना शास्त्र का मुख्य विषय बन गई है। इस विषय के अज्ञान से भी हिंदी में बड़ा अनर्थ हुआ है। अतः इस दोष से भी बचने का सदा यत्न करना चाहिये।

विद्यार्थी शब्द-शक्ति विचार में ऐसी बातों का भी विचार कर लेता है कि किस प्रकार प्रसंग, वक्ता, श्रोता, प्रयोग आदि का विचार न करके शब्दों, वाक्यों अथवा काव्यों का उलटा अर्थ लगाया जाता है। जैसे एक आलोचक कहता है कि गोसाईं जी ने स्त्रियों की बड़ी निंदा की है—

नारि-स्वभाव सत्य कवि कहहीं।
अवगुण आठ सदा उर रहहीं॥

इन पंक्तियों में निंदा मालूम पड़ती है पर यदि यह देखा जाय कि किसने कहा, किस प्रसंग में कहा है और किस अवस्था में कहा है तो स्पष्ट हो जायगा कि झगड़े के समय रावण ने मंदोदरी से ऐसा कहा है। क्या कोई भी समझदार विवाद अथवा कलह के समय कही हुई बातों को ठीक मानता है। इस प्रकार यह तो वास्तव में रावण का भी सच्चा विचार नहीं है और कवि का तो इससे कोई संबंध ही नहीं है। इस प्रकार वक्ता, बोधव्य, प्रसंग आदि का विचार शब्द-शक्ति के भीतर ही आ जाता है और समालोचना से इनका संबंध बिना कहे ही सिद्ध है।

(3) साहित्य की आत्मा

समालोचना में तीसरा दोष आता है साहित्य की आत्मा न पहिचानने से। आलोचना अंग-प्रत्यंग का विवेचन करने में इतना भूल जाता है कि उसे वह ध्यान ही नहीं रहता कि इस वाक्य

में एक ऐसा लावण्य* है जो किसी एक अंग में नहीं है। अतः पूरे काव्य का क्या सौंदर्य है, इस पर ध्यान रखकर तब अंग-प्रत्यंग की परीक्षा करनी चाहिए। अन्यथा सब विश्लेषण और विवेचन हो चुकने पर और शब्द-शक्ति की सहायता लेकर भी कोई पाठक सच्चा सहृदय अथवा आलोचक नहीं हो सकता। इस प्रकार व्याकरण, कोष, आलोचनाशास्त्र के आश्रित आलोचक को ही डॉ० जानसन ने निकृष्टतम और अधम आलोचक माना है। विज्ञान के जगत् में अंग-अंग की व्याख्या से ज्ञान हो सकता है, पर भाव और सौंदर्य के लोक में अंग-अंग की व्याख्या से ज्ञान हो सकता है, पर भाव और सौंदर्य के लोग में तो जो उन अंगोवाले पूरे अंगों को नहीं समझता वह उसके अंगों को भी नहीं समझ सकता।

आलोचक शब्द-शक्ति की ओर ध्यान नहीं देते अतः उसका मर्म नहीं पहचान पाते। साथ ही उन्होंने आलोचना की इतनी विधियाँ अपना ली हैं कि प्रायः एकांगी आलोचना ही संभव होती है पर इन दोषों का परिहार आवश्यक है।

(4) विषय और मानदंड

ऐसी ही दोषों में से एक भयंकर दोष है विषय और मान तुला (समालोचनाशास्त्र) का अनिश्चय। जो आलोचक स्वतंत्र (free and subjective criticism) लिखते हैं उन्हें भी इतना तो ध्यान में रखना ही चाहिए कि उस कृति का विषय क्या है और उस पर भारतीय दृष्टिकोण से विचार करना है अथवा आधुनिक सिद्धांतों के अनुसार। इन दोनों बातों का संकेत तो ऐतिहासिक बुद्धि में ही मिल जाता है, पर यहाँ स्पष्ट कहना इसलिये आवश्यक हो गया क्योंकि इस दोष से बड़ी गड़बड़ी होती है। विषय तो है उपन्यास अथवा निबंध पर। आलोचक जी केवल रस-निर्णय ही में लगे रहते हैं तो कैसे पूरा पड़ सकता है। उन्हें तो उपन्यास के सभी तत्त्वों को लेकर आधुनिक विधि से आलोचना करना चाहिए। ये अधिक अंशों में आधुनिक युग की कृतियाँ हैं। उनके लिये नियम भी आधुनिक ही होंगे। इसी प्रकार यदि भाषा-विज्ञान अथवा साहित्य-शास्त्र का विषय है तो उस पर जानकार को ही कलम उठानी चाहिए। कभी यदि किसी अनुवाद की आलोचना करनी है तो वहाँ भी पहले अपनी कसौटी सामने रखकर कि ऐसा अनुवाद आदर्श होता है, उस कृति का गुणदोष विवेचन करना चाहिए। अतः गुण-ग्राहक होने के लिये तो यह विषय और मानदंड (= प्रमेय और प्रमाण) का ज्ञान पहली आवश्यकता है। समालोचना लक्ष्य और लक्षण के आधार पर ही चलती है।

(5) लक्ष्य की अनन्यता और अनासक्ति

पाँचवा दोष आता है लक्ष्य भ्रष्ट होने से। किसी भी कला-कृति अथवा काव्य की आलोचना के दो ही प्रधान लक्ष्य माने जाते हैं रसास्वादन और मूल्य निर्धारण। हम पीछे जिन्हें व्याख्याकार और स्वतंत्र समालोचक बता चुके हैं वे दोनों प्रकार के भावक साहित्य का विवेचन केवल इसीलिये करते हैं कि उनकी व्याख्या अथवा प्रबंध-रचना से वे स्वयं रस ले सकें और दूसरे को भी वही रस पिला सकें। अब बचे वे सज्जन जो मूल्य-निर्धारण द्वारा निर्णायक और आचार्य बनते हैं। इन दोनों ही प्रकार के आलोचकों का लक्ष्य रहता है साहित्य का उपकार और अनुशासन। प्रायः मूल्य निर्धारण इसीलिये किया जाता है जिससे गुणी के गुणों का ग्रहण हो और दोषों का परिहार हो। इसी कार्य के लिये सिद्धांतों की स्थापना भी की जाती है।

अब देखना यह है कि रसवाले तो अधिक नहीं भटक सकते क्योंकि यदि वे रस के लक्ष्य से भ्रष्ट हो जाते हैं तो रस नहीं ले पाते। बस, यहीं उन्हें दंड मिल जाता है। जो रस नहीं ले पाया वह

* देखिये—ध्वन्यालोक—
प्रतीयमानं पुनरन्यदेव वस्त्वस्ति वाणीषु महाकवीनाम।
यत्तत्प्रसिद्धावयवातिरिक्तं विभाति लावण्यमिवाङ्गनासु।।1-4।।

अरसिक न व्याख्या ही लिख सकता और न वह कोई स्वतंत्र प्रबंध ही उस संबंध में लिख सकता है। असली दोष तो फैलता है मूल्य आँकनेवालों से। यदि ये भूल जाते हैं कि हम साहित्य का उपकार तथा अनुशासन करनेवाले हैं और कहीं ये समझ बाठते हैं किं कुछ साहित्यकारों का उपकार करना है औह हम शासक और आचार्य हैं तो अवश्य ही साहित्य में राग-द्वेष बढ़ता है और आलोचना शाप बन जाती है। इसी से यह लक्ष्य सदा ध्यान में रखा चाहिए कि हमें गुणी से कोई मतलब नहीं है, हमें तो उसके गुणों का ग्रहण और दोषों के विवेक द्वारा साहित्य की सेवा करना है। इस प्रकार की हँस-बुद्धिवाला सज्जन ही नीर-क्षीर-विवेक द्वारा दूध पिलाकर साहित्य को पुष्ट कर सकेगा। ऐसी सद्‌बुद्धि प्राप्त करने का उपाय है अनासक्ति।

(6) अस्पष्टता

एक दोष और आलोचना के लिये बड़ा घातक होता है। वह है भाषा और शैली की गहनता तथा अस्पष्टता। जैसा पहले कह चुके हैं, यदि पारिभाषिक शब्दों का प्रकरण स्पष्ट हो जायगा तब तो यह कठिनाई आधी दूर हो जायगी। तो भी जो लोग समास शैली और क्लिष्ट भाषा का प्रयोग करते हैं उनसे कभी-कभी हानि हो जाती है। और अधिक लाभ तो कभी भी नहीं होता, क्योंकि उन आलोचनाओं की भी फिर व्याख्या करनी पड़ती है। अतः व्यास शैली और सरस व्यवहार ही आलोचना में आदर्श माना जाता है। प्राचीन काल के भी शंकर, सायण, मल्लिनाथ आदि प्रसिद्ध आलोचकों ने सरल व्यास शैली में ही लिखा है।

संस्कृत आलोचनापद्धति की विशेषताएँ
पूर्वपक्ष और उत्तरपक्ष

यह पक्षपात का दोष—सबसे बड़ा गुण

जब जब हम सायण की भूमिका, मम्मट की वृत्ति तथा वाचस्पति मिश्र की टीका पढ़ते हैं तब तब हमें ऐसा प्रतीत होता है कि इन लोगों का प्रतिपादित पूर्वपक्ष ही सुन्दर बन पड़ा है। यह बड़ी अद्‌भुत विशेषता है और आलोचना के इतिहास में बड़े गौरव की बात है। जब कोई आलोचक आपके सामने खंडन मंडन करता है तब वह पहले एक पक्ष रखता है, उसका स्वरूप बताकर तब उसका खंडन करता है। वह पहले जिस विषय अथवा पक्ष का मंडल करता है उसे पूर्व पक्ष कहते हैं; और उस पक्ष का खंडन करके फिर वह जिसका मंडन तथा निरूपण करता है उसे उत्तरापक्ष कहते हैं। बड़े-बड़े समालोचकों में यह दोष होता है कि वे पूर्वपक्ष को बिगाड़कर दिखाते हैं और सहज ही में उसका खंडन कर डालते हैं। पर ऐसी आलोचना उस विषय के मर्मज्ञ को कभी नहीं सुहाती। यदि आलोचक पूर्वपक्ष को भेदभाव को छोड़कर देखा करे तो निश्चय ही वाद-विवाद कम हो। तत्त्वबोध अधिक हो और किसी भी कृति का सच्चा मूल्य सामने आ जाय। अपने पक्ष का मोह—इतना सहज होता है कि बड़े-बड़े विद्वान् बिना जाने यही भूल कर जाते हैं। इसी से आचार्यों ने कहा है—

नात्रातीव कर्त्तव्यं दोषदृष्टिपरं मनः।
दोषोऽविद्यामानोऽपि तज्जित्ताना प्रकाशते॥

हमारे मन का साधारण दोष है अपने पराये का भेद करना। इसी से अपने से मोह और दूसरे से द्रोह अकारण हुआ करता है। 'मैं और मेरा' की भावना का यह तो प्रत्यक्ष फल है कि मन पराए की चीज को अपनी से हीन अवश्य समझता है। ऐसी स्थिति में मन बहुत अधिक दोषदृष्टि पर न होने-पावे, नहीं तो जहाँ दोष नहीं विद्यमान रहता वहाँ भी दोष देखनेवालों को दोष सूझने लगता है। अतः मन का निर्दोष रखने का यथासंभव अभ्यास करना चाहिए।

इस मन को निर्दोष बनाने और परपक्ष तथा पूर्वपक्ष को समझने योग्य बनाने का अभ्यास कैसे हो? साधारण उत्तर हो सकता है—ज्ञान से। पर सच बात तो यह है कि साधारण पढ़ने-

पढ़ाने से यह ज्ञान नहीं होता और न साधारण साहित्य अभ्यास से ही ऐसा निर्मल स्वभाव बनता है। इसके लिये तो दो ही साधनाएँ हो सकती हैं—एक संतों की साधना और दूसरी कवियों की। पहली (ज्ञानवाली) साधना को वेदांत, योग आदि के साधक अपनाते हैं। दूसरी साधना होती है भाव की। वह या तो जन्म से प्राप्त रहती है अथवा सरस बनने से सिद्ध हो जाती है। पहला उपाय सबके लिये सुलभ नहीं है पर दूसरा सर्वसाधारण के लिए है। सभी सरस होकर अपनी दृष्टि विशाल और पक्षपात-रहित बना सकते हैं। यह सरसता, तो ऐसा गुण है जो मनुष्य-मात्र में होना चाहिए—कवि भावक और भावुक सभी में होना चाहिए। यही आनन्द, ज्ञान, सुख-संपत्ति सभी का मधु-स्रोत है। आलोचना का तो यह प्राण है।

साक्षरता और सरसता

लोग भ्रम से साक्षरता को अधिक महत्त्व दिया करते हैं, पर जो अनुभवी हैं वे जानते हैं कि जीवन और साहित्य दोनों में ही साक्षरता से सरसता का महत्त्व अधिक है। हम पीछे भी कह चुके हैं कि कोई व्यक्ति पढ़ा-लिखा होने पर भी बिना पूर्ण दृष्टि के किसी कृति की परख नहीं कर सकता। वह पूर्ण दृष्टि के किसी कृति की परख नहीं कर सकता। वह पूर्ण दृष्टि तो मिलती है सरस होने से और तभी सब चीजें सच्चे रूप में देख पड़ती हैं। इसी से हमारे यहाँ की परिपाटी है कि सरसता पहले और साक्षरता पीछे। सरस हृदय को ही विद्या और अधिक योग्य बना सकती है, पर नीरस हृदयहीन को वह कुछ नहीं कर सकती। एक प्रसिद्ध उक्ति है—

साक्षरा* विपरीताश्चेद् राक्षसा एक केवलम्।
सरसो विपरीतोपि सरसत्वं न मुञ्चति॥

यदि साक्षर मनुष्य थोड़ा उलटा चला, भावभ्रष्ट हुआ, भेद-भाव में पड़ा तो वह कोरा राक्षस ही होता है (अपनी विद्या-बुद्धि से अनर्थ करता है), परन्तु सरस बिगड़ने पर भी सरसता नहीं छोड़ता।

अतः कला और साहित्य के क्षेत्र में सरसता का प्रथम स्थान है और समालोचक का यहस बसे बड़ा गुण है। यह पूर्व, पश्चिम, प्राचीन, नवीन सभी ढंग के लोगों का मत है। इस गुण के रहने से आलोचक अवश्य गुण-ग्राहक होगा और उसके सभी कार्मों में जीवन रहेगा।

विधि और अनुवाद

समालोचना का प्राण समझ लेने पर भी एक दोष से बचने की आवश्यकता है। वह है मर्मस्थल का ज्ञान। यद्यपि सरस भाव मर्मों का भावन सहज ही कर लेता है तथापि यह भ्रम पाया जाता है कि आलोचक ऐसी बातों की आवलोचना करते हैं जिनकी आलोचना होनी हीन चाहिए। इसका कारण होता है उनका प्रधान-गौण का भेद करना। भारत की मीमांसा-शास्त्र की 'आलोचना-पद्धति' अपूर्व है। उसमें विधि और अर्थवाद का बड़ा सुन्दर भेद किया गया है। विधि कहते हैं प्रधान कथन को और अर्थवाद कहते हैं उसके साथ लगे हुए तथ्यों को। यह अर्थवाद कई प्रकार का होता है। किसी भी विषय के प्रतिपादन में हम अपनी बात कहने के साथ ही बहुत-सी बातें—दूसरों की मानी बातें—चुपचाप कह जाते हैं। ऐसी गृहीत बातों का वर्णन अथवा कथन अनुवाद कहलाता है जैसे गीत में लिखा है—

स्त्रियों वैश्यास्तथा शूद्रास्तेऽपि यान्ति परां गतिम्

स्त्री, वैश्य और शूद्र भी परागति और मोक्ष को पाते हैं। अब हमारे आलोचक कहते हैं कि गीतकार स्त्री, वैश्य आदि को हीन अधिकारी समझते थे पर यह कथन बुद्धियुक्त नहीं है। उस समय के कुछ लोगों का ऐसा मत था जिसका अनुवाद गीताकार ने किया और फिर अपना मत दिया कि नहीं सब उस लक्ष्य पर पहुँच सकते हैं।

---

* इस श्लोक में अर्थ के साथ ही शब्द का भी चमत्कार है 'साक्षरा' शब्द को उलटने से राक्षसा बनता है, पर सरस को उलटने से सरस ही बनता है।

इसी प्रकार ऋग्वेद के पुरुष-सूक्त में से एक-एक पंक्ति लेकर लोग प्रमाण उपस्थित करते हैं, नई खोज करते हैं पर वे यह भूल जाते है कि उस पूरे सूक्त में वर्णन है एक परमात्मा का। यदि आलोचक विधि का ज्ञान रखता है तो वह अवश्य ही उस सूक्त की भिन्न-भिन्न बातों में एकता का अर्थ देख लेता है। उसी प्रकार तुलसी-कृत रामायण की व्याख्या करते समय राम के लोक-संग्रह को प्राधान्य देने का अर्थ है कि तुलसीदासजी का प्रधान लक्ष्य था लोक-संग्रह। पर कवि और भक्त तुलसी का लक्ष्य था काव्य और भक्ति का रसास्वादन। अतः लोक संग्रह की भावना उनके महाकाव्य में है, पर वही सर्वप्रधान भावना नहीं है। इस प्रकार के विधि विवेक से अध्ययन बड़ा युक्त और सुन्दर हो जाता है।

शूद्र गँवार ढोल पशु नारी।
ये सब ताड़न के अधिकारी॥

यहाँ भी कवि ने अपने समय के विचार का अनुवाद मात्र किया है। इसे कवि का विचार मानकर कवि के मत्थे दोष मढ़ना बड़ा अनर्थकारी होता है। साथ ही यहाँ 'ताड़न' शब्द में बड़ा चमत्कार है। उसमें नीति, व्यवहार, कला और काम-शास्त्र आदि सभी का हलका पुट है। उसे समझ लेने से तो तनिक भी भ्रम नहीं रह जाता।

प्रधान कथन और गौण-विवेचन का भेद न रखने से अध्ययन और आलोचन में बड़ा दोष आ जाता है। यदि ऐसी विवेक-दृष्टि से देखा जाय तो तुलसीदासजी के ऊपर की गई सभी शंकाएँ दूर हो जाती हैं। अतः मीमांसा के विधि और अर्थवाद (अनुवाद, गुणवाद आदि) का व्यापक अर्थ करके उनका समालोचना में भी उपयोग हो सकता है और होना चाहिए।

रूढ़ि की पहचान

अब अंत में एक दोष रह गया जो आधुनिक आलोचकों को बहुत खलता है। वह है रूढ़ि का आग्रह। मूल्य निर्णय करने वाले सदा कुछ नियमों और आदर्शों को हाथ में लेकर कला को अच्छा-बुरा ठहराते हैं। इसी से लोगों को रूढ़ि से चिढ़ हो जाती है। प्रायः अधिक कवि और रसिक रूढ़ि की निन्दा करते मिलते हैं। पर तत्त्व की बात यह है कि न तो रूढ़ि का अति संग्रह ही अच्छा है और न उनका सर्वथा त्याग ही उपकारक होगा। अतः मध्य मार्ग से चलना चाहिए, परंपरा-प्राप्त रूढ़ि में जो भाव भरा है उसे पहचानकर चलना चाहिए। 'संग्रह त्याग न बिनु पहिचाने' यदि कवि और आलोचक दोनों ही सरस होकर रूढ़ि के प्राण को पहचानकर काम करें तो कभी कोई अनिष्ट न हो। इसी से तो कहा जाता है कि रचयिता और आलोचक दोनों का ही सबसे बड़ा गुण है सरसता।

रूढ़ि-त्याग से हानि

कला और काव्य के क्षेत्र में लोग हँसते हुए कह देते हैं कि 'निरंकुशः कवयः' 'सर्वमात्मवशं सुखम्।' कवि और कलाकार किसी का अंकुश नहीं मानते। सुख तो स्वाधीनता में है। अतः रूढ़ि के बंधनों से मुक्त होकर स्वच्छंद विचरने में ही कला की सफलता और रस की पराकाष्ठा होती है। पर इस स्वच्छंदवाद से आज यूरोप में बड़ा गड़बड़ मचा हुआ है। प्रत्येक कलाकार और कवि अपने सिद्धांत, लक्ष्य, नियम आदि की व्याख्या करता है और यदि वह ऐसा नहीं करता तो उसके आलोचक उसके लिए शास्त्र तैयार करते हैं। इस प्रकार व्याख्या और सिद्धांत प्रतिपादन की अनावश्यक वृद्धि हुई है और आवश्यकता से अधिक वाद चल पड़े हैं। अतः इन अनुभवों से भी हमें लाभ उठाकर रूढ़ित्याग की महा भूल कभी न करनी चाहिए। हाँ अपने साहित्य-मंदिर का पुनरुद्धार और परिष्कार अवश्य करते रहना चाहिए।

रूढ़ि और वाद

रूढ़ि के समान ही वाद भी समझदार के लिए उपकारक होते हैं पर उन्हीं वादों से अविवेकी

का गला घुट जाता है। अतः समालोचना में तो वाद की गंध भी न आनी चाहिए। वाद विज्ञान और दर्शन में ही शोभा पाते हैं।

इस प्रकार आलोचना की प्रक्रिया तथा उसके आवश्यक गुण-दोषों का विवेचन हो चुकने पर आलोचना के इतिहास की जिज्ञासा होती है। आज हिन्दी को पूर्व और पश्चिम दोनों के समालोचना-शास्त्र देखकर अपना शास्त्र बनाना है। अतः संक्षेप में दोनों प्रकार की समालोचना-पद्धतियों का इतिहास हमें जानना चाहिए।

पश्चिमी आलोचना का इतिहास

पश्चिम का सबसे पहला साहित्याचार्य है प्लेटो। उसने साहित्य का साहित्यिक दृष्टि से अध्ययन किया था। इस प्रकार ईसा से कोई तीन शताब्दी पूर्व ही यूनान में साहित्य और काव्य का व्यवस्थित अध्ययन प्रारंभ हो गया था। प्लेटो के शिष्य अरस्तू ने उस साहित्यालोचन को आगे बढ़ाया। प्लेटो के 'रिपब्लिक' नामक ग्रंथ का एक अंग था साहित्य का आलोचन तथा विवेचन, पर अरस्तू ने तो इस विषय पर एक स्वतंत्र ग्रंथ ही लिखा था। इन दोनों दिग्गज आचार्यों के पीछे फिर केवल टीका-टिप्पणी करनेवाले आलोचक हुए जिन्होंने उन्हीं स्थिर सिद्धान्तों पर ही कुछ लिखा-पढ़ा। ईसा की तीसरी शताब्दी में लॉङ्गीनस (Longinus) नाम का अच्छा विवेचक हुआ जिसने "दी सब्लाइम" नामक प्रसिद्ध प्रबन्ध लिखा है, पर उसने भी कदाचित् प्लेटो और अरस्तू के काव्य तथा कला-सम्बन्धी विचारों को इतने व्यापक और बड़े रूप में नहीं देखा अर्थात् पश्चिम की आलोचना का प्राचीन रूप सार-रूप से इन्हीं दो विद्वानों के लेखों में मिल जाता है। अतः आधुनिक्र काल प्रारम्भ करने के पहले प्लेटो और अरस्तू के विचार कम से कम सूत्र-रूप में अवश्य जान लेने चाहिए।

प्लेटो ने कला और सत्य का घनिष्ठ सम्बन्ध माना है। और सत्य भी आधुनिक कवि-सत्य अथवा आदर्श सत्य के अर्थ में ही नहीं प्रत्युत अपने सभी रूपों में कला का लक्ष्य होना चाहिए। इस प्रकार सत्य से सदाचार और नीति का अर्थ लेकर प्लेटो ने कहा कि कलाकार अथवा कवि को सत्यपुरुष होना चाहिए। कला के सत् अथवा असत् होने से समाज अच्छा अथवा बुरा होता है। अतः प्लेटो का महत्त्वपूर्ण सिद्धांत यह हुआ कि कला अथवा काव्य की सबसे बड़ी कसौटी यह है कि उसके द्वारा जो कुछ प्रतिपादित अथवा अभिव्यक्त हुआ है वह यथार्थ है—अपने आधारभूत प्राकृतिक सत्य से मेल खाता है। अर्थात् काव्य का अर्थ लौकिक अर्थ का प्रतिरूप होना चाहिए, दोनों में तात्त्विक विरोध न होना चाहिए।

इस प्रकार प्लेटो ने यथार्थवाद पर जोर दिया पर उनकी समालोचना पद्धति आदर्शवादी कही जाती है; क्योंकि वे सत्य के निश्चित आदर्श सामने रखकर कला और काव्य की परीक्षा करते थे। इसी से प्लेटो आदर्शवादी ही प्रसिद्ध हैं।

प्लेटो के शिष्य अरस्तू ने यथार्थवादी प्रणाली को अपनाया, उनके सामने जो साहित्यिक सामग्री प्रस्तुत थी उसको आधार बनाकर साहित्य की विवेचना की। इन्होंने वास्तव में काव्य को ललित कला माना। जहाँ प्लेटो ने काव्य को सत्य की 'प्रतिमा' माना था अरस्तू ने उसे 'अनुकृति' माना और कला तथा विज्ञान का भेद बताकर काव्य साहित्य और सामान्य साहित्य का भेद किया। अरस्तू ने कहा कि काव्य-साहित्य में विशेष घटनाओं तथा स्थूल सत्यों का ही नहीं, प्रस्तुत सामान्य घटना और सूक्ष्म सत्यों का भी प्रतिपादन होता है। इस प्रकार अरस्तू ने वही बात कही जो आधुनिक आलोचक के इस कथन में है कि आदर्शीकरण कलाकार के चित्त की अनोखी प्रक्रिया है। रसवादियों के साधारणीकरण की भी यहाँ एक झलक मिल सकती है। पर इतना स्मरण रखना चाहिए कि आदर्शीकरण और साधारणीकरणवाले आत्मपक्ष को प्राधान्य देते हैं पर अरस्तू ने विषय (Object) और कथावस्तु को ही प्रधान माना है। यद्यपि वे मानते थे कि

अनुकारक (कवि) की प्रस्तुत की हुई अनुकृति और अनुकार्य (Thing imitated) की समानता का अनुभव ही काव्यानंद है तथापि वे काव्य की आत्मा वस्तु (Plot) को ही मानते थे। इसी से उन्होंने सुषमा (Symmetry) पर साहित्य-समालोचना में अधिक जोर दिया है। प्लेटो ने पूर्ण सत्यको काव्य की कसौटी माना था पर अरस्तू ने रूपविधान की पूर्णता अथवा सुषमा को कलात्मक गुण की परख ठहराया। आधुनिक आलोचना का प्रारंभ अरस्तू के इसी सुषमावाद अथवा रीतिवाद से हुआ; क्योंकि अरस्तू ने वस्तु, चरित्र, भाव और भाषा आदि के शास्त्रीय नियम बनाकर पथ-प्रदर्शन करा दिया था।

अर्वाचीन काल में एडीसन ने आलोचना के क्षेत्र में कल्पना का प्रतिपादन किया। उन्होंने कहा कि कल्पना पर प्रभाव डालने की शक्ति ही काव्य तथा कला का प्राण है। उन्होंने मनोविज्ञान के आधार पर कल्पना और कल्पना के सुख का वर्णन किया। इस प्रकार इस काल में सत्य, सुषमा और कल्पना के आधार पर आलोचना के तीन तत्त्व स्थिर हुए (1) वस्तु, (2) रीति, (3) सुखानुभव कराने की योग्यता। कल्पना और सुखानुभववाला तत्त्व ही आधुनिक आलोचना की विशेषता है। पीछे चलकर इसी कल्पना का स्वरूप निर्णय कई आलोचकों ने किया। पर कल्पना का प्रभुत्व सभी ने स्वीकार किया है।

इसके अनंतर मेथ्यू आर्नाल्ड, वर्सफोल्ड, अबरक्रांबी, रिचर्ड्स आदि की कृति का विवेचन करने से आधुनिक समालोचना का रूप खड़ा हो सकता है, पर यहाँ हम स्थानाभाव से इतना ही कहेंगे कि समालोचना के प्रधान तत्त्व तो ये तीन ही हैं। और इन्हीं के आधार पर किसी भी रचना की आलोचना की जाती है, पर ध्यान देने की बात यह है कि आजकल रूढ़ नियमों की अपेक्षा व्यापक सिद्धांतों की समालोचना का आधार बनाया जाता है। समालोचना के बंधन कम हो गए हैं और व्यक्ति-वैचित्र्य तथा निजी रुचि का भी समुचित विचार किया जाता है। एक ही कृति किसी सहृदय को प्रिय होती है और किसी दूसरे को अप्रिय।

भारतीय सिद्धांत

जिस प्रकार संक्षेप में हमने पश्चिमी समालोचना की चर्चा मात्र की है उसी प्रकार भी हम भारतीय आलोचना की चर्चा नहीं कर सकते क्योंकि यहाँ तो कोई दो हजार वर्ष तक बराबर इसका विकास और वर्धन होता रहा है। जो सिद्धांत पश्चिम में स्पष्ट रूप से आज बने हैं वे हमारे भारत में 'काव्य-प्रकाश' और 'ध्वन्यालोक' के समय में ही बन चुके थे। आज का निर्णय है कि मैटर (matter—वस्तु), मैनर (manner—रीति) और आइडियलाइजेशन (idealisation—आदर्शीकरण) इन्हीं तीन तत्त्वों का आधार लेकर काव्यालोचन किया जाता है। मानव के साहित्य-शास्त्र का सिद्धांत क्या है? अर्थ, शब्द और रस—इन्हीं तीन की दृष्टि से काव्य परखना चाहिए। तीनों की क्रम से तुलना करने से कोई बड़ा भेद नहीं देख पड़ता। आइडियलाइजेशन (आदर्शीकरण) वाली बात को लोग पश्चिमी साहित्य-शास्त्र की उपज बताते हैं, पर विचार करने पर स्पष्ट हो जाता है कि रस के प्रतिपादन में आचार्यों ने इससे भी अधिक बातें कह दी हैं। यदि कल्पना पर विचार करें तो हमारे यहाँ भी कल्पना का विवेचन हुआ है, पर प्रतिभा के नाम पर। प्रतिभा के हमारे आचार्यों ने दो भेद किए हैं—कारयित्री और भावयित्री। इस प्रकार जो रुचि और सामान्य भावना (general sense) की विशेषता बताई जाती है वह भी हमारे यहाँ है। कुछ लोग मैथ्यू आरनाल्ड की जीवन से संबंधवाली बात को आधुनिक आलोचना की बड़ी विशेषता बतलाते हैं, पर हमारे यहाँ भी तो इसे स्वीकार करके ही कहा है कि काव्य का प्राण है पुरुषार्थ। इसी का अतिरेक और दुरुपयोग होने से धर्मशास्त्र, और अर्थशास्त्र, कामशास्त्र आदि पढ़कर काव्य की रचना होने लगी थी। एक और बहुत बड़ी विशेषता आधुनिक आलोचना की यह है कि वे नियमों की अपेक्षा सिद्धान्तों का अधिक मान करते हैं। भारत में भी यही बात थी। वे तो सदा

कहा करते थे कि लक्षण और नियम बनानेवाले विद्वान् अनुशासन करते हैं, उन्हें कभी भी कठोर शासक नहीं बनना चाहिए और लक्षण भी देश और काल के अनुसार बदला करते हैं क्योंकि 'उत्तरोत्तरं' मुनीनां प्रामाण्यम्।' उत्तरोत्तर आनेवाले मुनियों में पहले से दूसरे का प्रामाण्य माना जाता है। यदि दूसरा मनन करनेवाला शिष्य गुरु के नियमों को घटाता-बढ़ाता है तो वही संस्कृत और संशोधित नियम ही आगे चलता है। इस प्रकार हमारे यहाँ भी नियम की अपेक्षा सिद्धांत का ही आदर अधिक होता है।

इस परकार हम इस बात का दिग्दर्शन कर सकते हैं कि आधुनिक आलोचना और भारत की प्राचीन आलोचना में समन्वय हो सकता है; दोनों में समन्वय क्या, अभेद्य देखने का यत्न करना और भी ठीक होगा। आजकल प्राचीन आलोचना से यूनान और रोम की रूपप्रधान आलोचना का अर्थ लिया जाता है। इससे प्रायः अनेक विद्यार्थी भारत की आलोचना-पद्धति को भी प्राचीन, आलोचना के नाम पर अपूर्ण और अयुक्त समझ बैठते हैं। यदि वे अलंकार, रीति, गुण, रस, ध्वनि आदि के आलोचना-ग्रंथों को पढ़ें तो उन्हें स्पष्ट विदित हो जाय कि यहाँ साहित्य का कितना अध्ययन हुआ था।

बड़ा अच्छा होता यदि यहाँ हम भामह के काल से लेकर आज तक के साहित्य-शास्त्र की रूप-रेखा खींच सकते पर यह तो एक ग्रन्थ का विषय* है। अतः हम यहाँ केवल यह दिखा देना चाहते हैं कि हमारे यहाँ सिद्धांत और व्यवहार दोनों के ही पर्याप्त उदाहरण मिल सकते हैं। जिन चार प्रकार की आधुनिक आलोचनाओं का उदाहरण दे आए हैं उनमें से सिद्धांत के बारे में तो भारत प्रसिद्ध ही है। साधारण विद्यार्थी भी (भामह के) काव्यालंकार, (दण्डी के) काव्यादर्श, (मम्मट के) काव्यप्रकाश, (आनंदवर्धन के) ध्वन्यालोक, (विश्वनाथ के) साहित्य-दर्पण, (राजशेखर के) काव्य-मीमांसा आदि के नाम बता देता है। ऐतिहासिक तो जानता है कि साहित्य सिद्धांत संबंधी ग्रन्थों का स्वयं एक बड़ा साहित्य है और उसकी परंपरा भी चली आई है। आज हमारा कर्त्तव्य इतना ही है कि हम उन ग्रन्थों को ठीक-ठीक समझें और उनका युगानुरूप प्रयोग करें।

इसी प्रकार निर्णयात्मक समालोचना के उदाहरण टीकाओं और व्याख्यानों में भरे पड़े हैं। व्याख्यात्मक आलोचनाएँ भी हमारे यहाँ बहुत हुई हैं। वृत्ति, भाष्य आदि और है ही क्या? अब रही स्वतंत्र आलोचना की बात। यह भी हमारी थी, पर दूसरे रूप में थी। इसका अधिक प्रयोग शास्त्रों में हुआ करता था। शास्त्र का निर्माण हो चुकने पर कोई वृत्ति लिखता था और कोई उन पर स्वतंत्र प्रबंध लिखता था। साहित्य और काव्य के क्षेत्र में ऐसी आलोचना प्रायः नहीं होती थी। क्षेमेंद्र जैसे लेखक फुटकर टिप्पणियाँ लिख दिया करते थे; जैसे भासो भासः कविकुलगुरु कालिदासो विलास इत्यादि।

इस प्रकार आलोचना-भरी स्वतंत्र उक्तियाँ भारतीय साहित्य में अभी तक खूब चलती हैं। उदाहरणार्थ—

1. उपमा कालिदासस्य भारवेरर्थगौरवम्।
दण्डिनः पालालित्यं माघे सन्ति त्रयो गुणाः॥

2. वाणोच्छिष्टं जगत्सर्वम्।

3. कविता रही सो कबिरा कहिगा सूरै कही अनूठी।
रही सही कठमलिया कहिगा और कही सब झूठी॥

इतना पढ़ चुकने पर तो किसी को सन्देह नहीं हो सकता कि हमारे यहाँ आलोचना की

---

* देखिए De's Sanskrit Poetics Kaue's introduction to Sahitya Darpana इत्यादि।

व्यवस्था नहीं थी। संस्कृत के विद्वान वाङ्मय के दो भेद करते हैं—(1) काव्य और (2) शास्त्र। आलोचना शास्त्र मानी जाती है। इसी से आलोचना के अन्य अनेक प्रकारों को जानना हो तो हमें शास्त्र-निर्देश[1] के समान प्रकरणों पर विचार करना चाहिये। यहाँ सूत्र, वृत्ति, टीका, भाष्य, विवेचना, वार्तिक आदि सभी का विचार मिलता है। हम यहाँ केवल वार्तिक की परिभाषा देते हैं जिसमें आलोचना का कितना सुन्दर आदर्श मिलता है—

उक्तानुक्तदुरुक्तचिन्ता वार्तिकम्

वार्तिक में उक्त बातों का मूल्य-निर्धारण, अनुक्त बातों का निर्देश तथा दुरुक्त बातों की विवेचना आदि सभी कुछ रहता है। यदि वार्तिक के ढंग की आलोचनाएँ हमारे साहित्य में निकलने लगे तो समालोचना का सोना चमक उठे और साहित्य दिन-दूना समृद्ध होने लगे।

दोनों का समन्वय

वास्तव में आलोचना के इतिहास में नई बातें नहीं मिलतीं। हाँ, नया प्रतिपादन मिलता है। तत्त्व तो प्रायः एक ही रहते हैं। भारत के अनेक वादों का यदि सहृदय होकर समन्वय करें तो सभी मतों में कुछ न कुछ सत्य मिलता है। इसे तो मम्मट जैसे आचार्य ने अलंकार, गुण, रीति, रस आदि का समन्वय करके एक प्रणाली बनाई है।

यदि पश्चिम के विशद साहित्यशास्त्र को पढ़कर उसे हम अपनी प्रणाली से मिलावें तो कोई भी कठिनाई नहीं आती। हम पीछे ऐसा करके देख चुके हैं। हमें केवल एक बात ध्यान में रखनी चाहिए कि हम सरस और सजीव होकर काम करें, कभी रूढ़ि के पीछे प्राण निछावर न करें। इसी प्रकार के समन्वय से हिंदी समालोचना बढ़ेगी।

वर्तमान स्थिति

हिंदी आलोचना के अभी तक चार रूप रहे हैं—(1) इतिहास, (2) तुलना, (3) भूमिका और (4) परिचय। साहित्य के इतिहास लिखे गये हैं, कई कवियों का तुलनात्मक आलोचन हुआ है, प्राचीन तथा नवीन ग्रन्थों की भूमिकाएँ लिखी गई हैं और नित्य प्रति पत्र-त्रिकाओं में परिचय के रूप में बहुत-सी छोटी-छोटी आलोचनाएँ निकला करती हैं पर अभी दो बहुत आवश्यक अंग अछूते से पड़े हैं—

(1) कवि की सांगोपांग आलोचना।

(2) आलोचना-शास्त्र का स्थिर रूप।

इन दोनों क्षेत्रों में यत्न हो रहा है पर सभी विशेष उल्लेख योग्य कार्य नहीं हुआ है।

उपसंहार

अंत में हम यही कहना चाहते हैं कि पुस्तकों के महत्व और उपयोगिता आदि का निर्णय करना बहुत ही कठिन है। किसी पदार्थ को देखकर उसका वास्तविक स्वरूप समझना केवल कठिन ही नहीं, प्रायः असंभव भी है। हम तो अपनी योग्यता, संस्कार और रुचि आदि के अनुसार ही उसका स्वरूप समझेंगे। साहित्य के महत्त्व का निर्णय करने के लिए चाहे हम कितते ही निष्पक्ष क्यों न बन जायँ, पर हमें सदा इस बात का ध्यान रखना चाहिए कि साहित्य की सृष्टि सदा व्यक्तियों से होती है; और उसमें जो कुछ कहा जाता है। वह भी व्यक्तियों के उद्देश्य से ही। उसमें अनेक विषयों पर अनेक प्रकार के विचार होता है। उससे लोगों में उत्तेजना भी फैलती है, सहानुभूति भी उत्पन्न होती है, मनोरोग भी उत्पन्न होते हैं और इसी प्रकार की और न जाने कितनी ही बातें होती हैं। साहित्य का प्रभाव बहुत कुछ रुचि पर ही अवलंबित रहता है; और इसीलिये सब कठिनाईयों को पार करने के उपरांत भी यहाँ आकर साहित्य की विवेचना करनेवाले को हार

---

* देखो 'काव्यमीमांसा', पृ0 5।

माननी पड़ती है। आलोचना से हम व्यक्तित्व और रुचि-वैचित्र्य को कभी अलग नहीं कर सकते। हमें मानना पड़ता है कि इसमें मतभेद का होना सर्वथा अनिवार्य है। इससे किसी को दुखी नहीं होना चाहिए, बल्कि यह तो एक प्रकार से प्रसन्नता और सन्तोष की बात है। यदि रुचि की प्रधानता का प्रश्न हमारे सामने आता है तो इस संबंध में शिक्षा और संयम आदि की सहायता से हम अपनी रुचि में भी बहुत कुछ सुधार करके उसे संस्कृत कर सकते हैं। यदि हम साहित्य के अध्ययन से पूरा पूरा लाभ उठाना और आनंद प्राप्त करना चाहें; तो हमें विद्वानों के दिखलाए हुए मार्ग पर आप से आप चलने का उद्योग करना चाहिए। बिल्कुल दूसरों के भरोसे न तो कभी कोई काम हो सकता है और न होना ही चाहिए।

परिशिष्ट—1

हिन्दी साहित्यशास्त्र के कतिपय पारिभाषिक शब्द

अध्यात्म—From the idividual point of view.

अनुकरण—imitation, making after.

अनुकारक—imitator.

अनुकृति—देखो अनुकरण

अनुभाव—physical stimuli to aesthetic, reproduction.

अनुभूति—experience.

अनुमान—inference; deduction.

अनुरूप—like the model, true to nature, analogous.

अपरोक्ष—not indirect, not symbolic, immediate.

अभिधा—denotation, reference.

अभिधानग्रन्थ—reference book.

अभिनय—aesthetic apparatus, means of registering (specially) conventional gestures employed in the dramatic dance.

अभिव्यंजना—expression (in a technical sense).

अभिव्यंजनावाद—expressionism (of Croce.).

अभिव्यक्ति — suggestion, manifestation.

अभ्यास—practice, training.

अर्थ—meaning, end, interest, use, advantage, motive, value, determination.

अलौकिक—not belonging to contingent world, supersensuous.

आगम—scripture.

आचार्य—a master, one expert in his art.

आत्मप्रधान—subjective.

आत्माभिव्यंजन—self-expression.

आदर्श—ideal.

आदर्शीकरण—idealisation.

आधिदैवता—from the angelic point of view.

आधिदैविक—relating to angels, divine, super-natural.

आनंद—aesthetic pleasure, bliss.

आनंदचिन्मय—compounded of delight and reason, characterising.

(रसास्वादन)—aesthetic experience.

आनंदोद्रेक की योग्यता—capacity to produce pleasure.

आभास—semblance, reflection.

आलेख्य—painting.

आलोचन—criticism, study.

आलोचना—criticism.

आस्वाद—tasting of रस—aesthetic experience.

उपचार—metaphor.

ऊर्जस्वलीकरण,

ऊर्जितीकरण—sublimation.

कर्तृप्रधान—देखो आत्मप्रधान

कर्मप्रधान—objective.

कला—art.

कल्पना—imagination.

कवि—poet, artist (by extention).

कविता—poetry.

कसौटी—test.

कारयित्री—creative.

काव्य—literature (pure), Poetry (prose or verse), literature as distinct from श्रुति etc. (by extension in means art).

काव्यरीति—technique of Poetry.
कौतूहल—interest in a work of art.
गद्य—prose.
गमन—motion.
गुण—and specific merit in a work of art; art a quality of factor in the phenomenal world.
ग्रहण—understanding of anything.
ग्राहक—appreciator.
ग्राह्य—able to de comprehended.
चमत्कार—amazement.
चित्तवृत्ति—fluctuations of the mind, fugitive emotions and creature images.
चित्र—representative art, picture.
चित्रकाव्य—pictorial or illustrative poetry.
चित्रगत—represented in a work of art.
चित्राभास—semblance of art.
चेतना—life.
छंद—rhythm, metre.
ढंग—manner देखो रीति।
तत्त्वनिरूपिका—देखो सिद्धांतात्मक।
तात्पर्यार्थ—meaning or significance of the whole phrase or works of art as distinct from that of its separate parts or elements.
दिव्य—angellic.
दृश्य—bisible, the phenomenal world.
दैवत—देखो दिव्य।
धर्म—conduct, morality, principle.
ध्यान—undistracted attention.
ध्वनन—echoing, synonym of व्यंजना।
ध्वनि—sound, sounding tone of meaning, resonance of sense content (as distinguished from intent).
नाम—name, idea.
नाम रूप—name and aspect words and images.
निबंध—essay.
नियम—rule.
निर्णयात्मक—judicial.
परख—test.
परनिवृत्ति—aesthetic satisfaction.
परीक्षा—esperiment.
परीक्षा करना—(to) experiment.
प्रज्ञा—pure intellect.
प्रतिकृति—portrait.
प्रतिबिंब—representation.
प्रतिभा—vision, imagination, poetic faculty.
प्रतीक—symbol.
प्रतीति—clear institution, manifestation. (of रस)
प्रमाण—aesthetic standard.
प्रमाता—judge, critic.
प्रयोजन—purpose, intent.
प्राण—life, breath, spirit.
प्रातिभ—intuition (intuitional knowledge).
बिंब—model, subject, presentation, semblance (as contrasted with प्रतिबिंब, representations, resemblance).
बुद्धि—देखो प्रज्ञा।
भाव—nature, emotion, sentiment of mood as represented in a work of art, the vehicle of रस।
भावना—origination, imagination, emotional impression, surviving in conscious or unconscious memory.
भावक—critic (an expert student of art and poetry).
भावुक—a man of feelings, (a mature appreciator of art and poerty.).
भोग—physical experince and enjoyment (in sanskrit it means physical experience and aesthitic appreciation both).

मन---mind.

मनोहर---delighting to mind or heart.

मान---measure.

मूर्त---material, formal.

मूर्ति---form, image.

मूल्य---value.

मूल्य निर्धारण---evaluation.

रमणीयता---beauty (from subjective point of view.)

रस---experience knowable only in the activity of tasting (रसास्वादन)।

रसात्मक भाव---pleasure.

रसास्वादन---tasting of aesthetic enjoyment.

रसिक---a man of enjoyment.

रीति---style, diction, manner.

रूढ़---देखो मूर्त।

रूप संबंधी---देखो मूर्त।

लक्षण---connotation.

लावण्य---salt, charm.

लीला---play unmotivated. manifestation.

लेख---writing.

लोक---world, sphere, universe, the conditioned world including heaven in part.

लोकोत्तर---(supernatural, same as अलौकिक).

वस्तु---object, plot.

वाक्य---word or expression.

विभाग---physical stimulant to aesthetic reproduction.

विषयप्रधान---देखो कर्मप्रधान।

वैदग्ध---skill.

व्यंजना---suggestive power of an expression.

व्यवस्थित---sytematic.

व्यावहारिक---wordly, empirical, sensational.

व्युत्पत्ति---scholarship.

शक्ति---power, genius, talent.

शास्त्रीय---देखो मूर्त।

संवेदनीय---communicable.

सत्य का प्रतिपादन---frepresentation of truth.

समालोचना---criticism.

सहृदय---having a heart, imaginatively or spiritually gifted.

साधारण---ideal sympathy (having a common support).

साधारणीकरण---ditto.

साहित्य---literature.

सिद्धांत---principle.

सिद्धांतात्मक---speculative.

सुषमा---symmetry.

सौंदर्य---beauty (from objective point of view).

स्थायी भाव---permanent mood.

हृदय---heart, the entire being, sensible and intelligent.

परिशिष्ट—2

उन ग्रन्थों की सूची जिनके अध्ययन से आलोचना-शास्त्र के भिन्न-भिन्न अंगों और उपांगों का विशेष ज्ञान प्राप्त हो सकता है और जिनमें ग्रन्थों से साहित्यालोचन के निर्माण में सहायता ली गई है।

A

Abercrombie, L—The Idea of great Poetry; The Theory of Poetry; An Introduction to the Principles of Criticism.
Addision—Spector.
Albright, E. M.—The Short Story.
Aristotle—The Poetics (by S. H. Butcher).
Archer, William—Play Making.
Arnold, Matthew—Essays in Criticism.
Arnold, Thomas—Manual of English Literature.

B

Bain, A.—English Composition and Rhetoric.
Baker, G. P.—Dramatic Technique.
Baker, H. T.—The Contemporary Short Story.
Becker, K. F.—On Style and Diction.
Besant, Sir Walter—The Art of Fiction.
Bett, Henry—Some Secrets of Style.
Blunden, Edmund—Nature in English Literature.
Brown, G. B.—The Fine Arts.
Butcher, Prof. S. H.—Aristotle's Theory of Poetry and Fine Arts.

C

Coan, T. M.—Critic and Artist.
Coleridges, S. T.—Literary Remains.
Colvin, S.—Fine Arts (Ency. Brit. 9th Ed.)
Coomarswamy, A. K.—Transfermation of Nature in Art.
Cotterill, H. B.—An Introduction to the Study of Poetry.
Cousin, Victor—The True, the Beautiful and the Good.
Cowl prof. R. P.—Theory of Poetry in England.
Crawshaw, W. H.—The Interpretation Literature.
Croce, Benedetto—Aesthetics.

D

Dallas, E. S.—Poetics : An Essay on Poetry.
De, S. K.—History of Sanskrit Poetics.
Dewey, J.—Psychology.
Daiches, D.—New Literary Values.
Dukes, A.— Drama.

E

Eastman, M.—The Literary Mind.
Eliot, T. S.—Selected Essays.
Eacycl, Brit.—Aesthetics (8th Ed.).

F

Foster, E. M.—Aspects of the Novel.

G

Gayley, C. M. & Scott, F. M.—Methods and Materials of Literary Criticism.
Genning, J. T.—The Evolution of Figures of Speech.
Grabo, C. H.—The Technique of the Novel.
Gumuere, E. B.—A Hand Book of Poetics.

H

Hegel, G. W. F.—Introduction to the Philosophy of Fine Art.
Henderson—Novel Today.
Hudson, W. H.—An Introduction to the Study of Literature.
Hunt, T. W.—Studies in Literature & Style.

K

Kane—Introduction to Sahitya Darpana.
Keith, A. B.—Sanskrit Drama : The Ved Akhyana and the Indian Drama (J. R. A. S. 1811).
Kellet, E. E.—Fashion in Literature.
Knight, W.—Studies in Philosophy & Literature.

L

Lamborn, E. A. G.—Peotic Values : Rudiments of Criticism.
Lessing, C. E.—Loacoon.
Lewisohn, L.—Modern Book of Criticism.
Lubbock, P.—The Graft of Fiction.

M

Macdonell, A.—Sanskrit Literature.
Maier, N. R. F. & Reninger, H. W.—Psychological Approach to Literary Criticism.
Mathews. B.—Study of the Drama.
Minto, W.—Manual of English Prose Literature.
Monier, Williams, Sir M.—Indian Epic Poetry.
Montague, C. E.—Dramatic Values.
Moulton, R. G.—Modrn Study of Literature, Shakespeara as a Dramatic Arist.
Muir, E.—The Structure of Novel.
Murry, J. M.—Problem of Style.

N

Nicoll, A.—The Theory of Drama, The Development of the Theatre.

P

Pain, B.—Short Stories.
Pater, W.—(Essay on) Style.
Plato—The Republic.
Pope, A.—Essay on Criticism.
Powell, A. E.—Romantic Theory of Peotry.

R

Releigh, W.—Style.
Raymond, Prof, G. L.—Poetry as Representative Art.
Ready, A. W.—Essay Writing.

Richards, I. A.—Principle of Literary Criticism.
Redgeway, W.—Dramas and Dramatic Dances of Non-Eurokpean Race.
Rose, W. and Issacs, J.—Contemporary Movements in European Literature.

S

Saurat, D.—Literature and Occult Tradition.
Saintsbury, G.—Loci Critici.
Schelling, F. E.—The english Drama.
Scott James, R. A.—The Making of Literature.
Shastry, Harprasad.—The Origin of Indian Drama.
(J. A. S. B. 1909)
Spencer, H.—The Philosophy of Style.

W

Walker, H.—English Essays and Essayists.
Walpole, H. & others—Tendencies of the Modern Novel.
Ward, A. G.—Aspects of Modern Short Story.
Walter, P.—(Essays on) Style.
Weber, A.—History of Indian Literature.
Warton, E.—The Writing of Fiction.
Wilson, H. H.—Hindoo—Dramatic Literature.
Woolf, V.—Phase of Fiction.
Wersold, W. B.—Principle of Criticism : Judgment in Literature.

आनंदवर्धन — ध्वन्यालोक
जयदेव — चंदालोक
दंडी — काव्यादर्श
धनंजय — दशरूपक
पंडितराज जगन्नाथ — रसगंगाधर
भरत मुनि — नाट्यशास्त्र
मम्मटाचार्य — काव्यप्रकाश
राजानक रुय्यक — अलंकार सर्वस्व
राजशेखर — काव्यालंकार
विश्वनाथ महापात्र — साहित्यदर्पण
श्यामसुंदरदास — रूपक-रहस्य

अनुक्रमणिका

इ

उ

ल

व

वाक्य

ह